코드와 수학 없이 이해하는

AI와 DATA 시각화의 모든 것

All About AI and DATA Visualization

강민수 · 김병준 · 김태훈 · 송서원 · 이원로 · 정상우 · 최정현 공저
김민선 감수

도서출판 홍릉

AI와 DATA 시각화의 모든 것

All About AI and DATA Visualization

인 쇄: 2024년 8월 12일 초판 1쇄
발 행: 2024년 8월 19일 초판 1쇄

저 자: 강민수 · 김병준 · 김태훈 · 송서원 · 이원로 · 정상우 · 최정현
감 수: 김민선
발행인: 송 준
발행처: 도서출판 홍릉
주 소: 01093 서울시 강북구 인수봉로 50길 10
등 록: 1976년 10월 21일 제5-66호

전 화: 02-999-2274~5, 903-7037
팩 스: 02-905-6729
e-mail: hongpub@hongpub.co.kr
http://www.hongpub.co.kr
ISBN: 979-11-5600-214-7(93000)

정 가: 29,000원

저자 소개

강민수(을지대학교 빅데이터의료융합학과 교수):

을지대학교 빅데이터의료융합학과에 재직 중인 강민수 교수는 의료원 전산처 통합전산센터장과 한국인공지능학회 회장을 맡고 있으며, 을지대학교 병원의 심장내과, 류마티스내과, 진단검사의학과와 함께 의료분야의 머신러닝 연구를 진행 중이다. 최근에 ETRI와 협력하여 OLED기술에 인공지능을 적용하는 연구를 진행하고 있으며, 한양대학교 융합전자공학부 겸임교수, 한양사이버대학교 정보통신공학과 교수를 거쳐 지식경제부의 RFID/USN Program Director 업무를 수행하였고, 현재 사물인터넷과 인공지능 분야에서 연구를 진행 중이다. 저서로는 〈Machine Learning: Concepts, Tools and Data Visualization〉, 〈Getting Started with Machine Learning using Microsoft Azure Machine Learning〉 외에도 〈RFID 기초〉, 〈VHDL을 이용한 디지털 회로설계〉, 〈국가공인 RFID GL 기술자격검정〉 등을 출간하였다.

김병준(AWS Higher Education Sales Team 이사):

김병준 이사는 경희대학교 전자공학과를 졸업하고 삼성 SDS, 한국 오라클, 엘라스틱 코리아를 거쳐 아마존 웹서비시즈 코리아 공공부문에 재직중이다. 특히 삼성 SDS에서는 Healthcare 분야의 개발업무를 담당했으며, 심평원 차세대 프로젝트, 삼성병원 차세대 프로젝트 개발에 참여하였다. 이러한 프로젝트 개발 경험과 글로벌 솔루션 회사에서의 기술 경험을 바탕으로 스타트업 대상 기술 컨설팅 및 Cloud/AI 기반 교육 커리큘럼을 설계 및 개발하는 업무를 담당하고 있다.

김태훈(을지대학교병원 통합전산센터 개발팀):

김태훈 연구원은 을지대학교 의료IT마케팅학과를 졸업하고 을지대학원에서 의료인공지능 과정을 공부하고 있으며 의료지능정보연구센터(MIIC: Medical Intelligence Information R&D Center)에서 최적의 딥 러닝 알고리즘을 활용하여 OLED 디스플레이에서 결함을 감지하는 연구를 진행하였다. 현재 을지대학교병원(EMC: Eulji Medical Center) 통합전산센터에서 일하고 있으며, 주 업무로는 환자의 데이터를 활용하여 의료정보시스템(OCS: Order Communication System)과 전자의료기록(EMR: Electronic Medical Record) 프로그램을 개발하고 있다.

송서원(엔코아 DT사업부 매니저):

한국외국어대학교 산업경영공학과를 졸업하고 을지대학교 의료IT마케팅 석사 학위를 취득하였다. 현재 (주)엔코아에서 데이터 품질진단, 모델링 등의 데이터 관리·컨설팅 업무와 그래프 데이터베이스 구축 및 그래프 데이터 관련 업무를 하고 있다.

이원로(Nascalab 대표):

을지대학교 의료인공지능학과 석박 통합과정에 재학 중인 이원로 연구원은 (주)나스카랩 대표로서 병원을 중심으로 의료정보와 연계한 콜센터 솔루션 및 CRM(Customer Relationship Management) 솔루션을 제공하고 있으며, 현재 동대학원 의료지능정보연구센터(MIIC: Medical Intelligence Information R&D Center)에서 자연어처리(NLP: Natural Language Processing) 및 AI기술을 통한 의료기관용 챗봇과 콜봇 연구를 통해 현업 적용 및 고도화를 연구 중에 있다.

정상우(올포랜드 영업전략본부 연구개발팀 부장):

(주)올포랜드 연구소에 재직중인 정상우 부장은 세종대학교 컴퓨터 공학과를 졸업하고 현재 GIS(Geographic Information System) 엔진 개발 및 영상 변화탐지, OCR 등 AI를 이용한 이미지 분석 연구를 진행하고 있다.

최정현(LG U+ 기업영업2담당):

엘지 유플러스 공공영업담당에 재직중인 최정현 이사는 20여년간 통신회사에서 근무하면서 '연결성에 기반한 상호작용'이라는 통신서비스의 가치를 넘어 ICT 기술과 비즈니스 혁신을 통해 고객 일상과 사회발전에 기여할 수 있는 방법에 대해서 끊임없이 고민하고 탐구하고 있다. 현재 비즈니스 현장에서의 경험과 인문 사회과학적인 지식, 인공지능 빅데이터를 활용한 데이터 사이언스를 통해 다양한 현상과 문제를 개선하는 연구를 계획중이다.

감수 : 김민선 (사단법인 한국경영분석연구원 원장)

서평:

이론에서 활용까지 실질적인 도움이 되는 Machine Learning과 AI가 일목요연하게 잘 설명돼 있다. 무엇보다도 비전문가도 쉽게 Machine Learning 도구를 사용할 수 있게 설명돼 있어, 쓰고 익히는 데 무리가 없다. 실제 현장에서 꼭 필요한 예제 중심으로 잘 구성돼 있어서, 개발자들에게 직접적 도움이 되는 참고서적이 될 것으로 믿어 의심치 않는다.

차 례

Part 1 _ 인공지능 개론

3 모델 검증 및 평가 / 45

4 머신러닝을 위한 데이터 및 소스 수집 / 63

5 딥 러닝 / 73

6 Case Study / 89

Part 2 _ 플랫폼 기반의 인공지능

Part 1

인공지능 개론

1. 인공지능의 개요
2. 머신러닝
3. 모델 검증 및 평가
4. 머신러닝을 위한 데이터 및 소스 수집
5. 딥 러닝
6. Case Study

1. 인공지능의 개요

1.1 인공지능의 정의

인공지능은 "기계로부터 만들어진 지능", "인간이 지닌 지적 능력의 일부 또는 전체를 인공적으로 구현한 것" 등 여러 가지 정의가 있다. 인공지능의 여러 가지 정의를 정리해보면 "인간의 판단, 행위, 인지 등을 이해해서 인간의 지능을 기계가 갖출 수 있도록 하는 것" 이라고 할 수 있다. 지능이라고 하는 것은 "도전적인 새로운 과제를 성취하기 위한 사전지식과 경험을 적용할 수 있는 능력" 이라고 말하고 있다. 이는 결국 인간의 지적 능력을 지칭하는 것이라고 할 수 있다. 이러한 능력은 다양한 상황과 문제에 융통성을 갖고 반응하는 데 사용될 수 있고 학습 능력과도 관련이 있다. 학습 능력의 사전적 의미는 "개인이 새로운 지식, 기술, 경험 등을 습득하고 이해하는 능력"을 의미한다. 이는 지적인 능력과 기억력, 문제 해결 능력 등 다양한 인지적 프로세스와 관련이 있다. 학습 능력은 새로운 정보를 습득하고, 이해하며, 필요한 경우 적용하고 활용하는 데 중요한 역할을 한다.

인공 지능 분야에서의 학습 능력은 '프로그램을 하나의 문제를 수행한 후에 그 추론과정에서 얻은 경험을 바탕으로 시스템의 지식을 수정 및 보완하여, 다음에 그 문제나 또는 비슷한 문제를 수행할 때에는 처음보다 더 효율적이고 효과적으로 문제를 해결할 수 있는 적응성'이라고 정의한다. 즉, 배우는 능력을 말하는 것으로, 학습 능력이 뛰어나다는 것은 남들이 배우기 힘들어 하는 내용을 배울 수 있거나 같은 내용을 배우더라도 더 빠르게 혹은 그 배움의 활용도가 넓게 배우는 것을 의미한다. 그래서 일반적으로는 지능이란 "문제를 해결할 수 있는 능력" 이라고 정의하고 시작한다. 우리는 여러 가지 문제를 해결하기 위해서 고도의 지능을 필요로 한다. 예를 들면, 체스경기를 할 때 체스와 관련된 많은 문서, 많은 체스게임, 인터넷 등을 통하여 학습된 정보를 활용하여 예측한 후 그 다음 행동을 취할 것이다. 이런 행동은 인간의 높은 지능이 요구되는 일이고, 이러한 지능을 기반으로 학습한 결과를 나타내는 것은 생각에서 비롯된다. 생각을 과학적으로 설명하면 큰 범위에서 의식이라고 할 수 있으며 넓은 뜻으로는 대상에 관한 '경험'과 같다고 한다. 경험도 지식으로 판단할 수 있으며 특정 분야에서 상당한 경험을 한 사람은 전문가로서의 역할을 할 수 있을 것이다. 따라서 지능은 인간이 가질 수 있는 생각과 경험 등을 기계가 인지하고 분석하고 이해하는 것이고 이것을 인공적으로 만든 지능이 인공지능이라고 할 수 있을 것이다. 인간처럼 생각하는 기계를 만들려면 인간의 생각과 행동을 연구해야 하는데 듣기, 말하기, 보기, 행동이 포함되어야 한다. 이러한 행위가 매우 쉬운 것처럼 보이지만 컴퓨터가 듣고 말하고 본 것을 행동하는 능력을 가지는 것은 어려운 작업이기 때문에 인간의 모든 행위 자체를 모방하는 것이 가장 빠를 것이다. 그래서 과학적인 접근방법으로 인간과 같은 생각과 그로 인한 행동이 필요하다. 이를 실천하기 위해서는 어린아이가 경험에 의한 학습으로 스스로 생각해서 행동하는 것처럼 반복된 학습이 스스로 생각하고 행동할 수 있는 것인지 연구해야 할 것이다. 그래서 인간의 생각과 행동에 대해서 캐슬린 맥코운Kathleen McKeown 교수는 크게 4가지로 구분하고 있다.

(1) 인간처럼 생각하는 시스템(Systems that think like humans)

1985년 호지랜드Haugeland와 1978년 벨맨Bellman에 의해 정의된 것으로 인간과 유사한 사고 및 의사결정을 내릴 수 있는 시스템으로 인지모델링 접근 방식이다. 인지 모델링은 문헌적인 개념을 넘어, 주변 환경과 상호작용하며 자율적으로 행동하는 과정을 나타낸다. 이는 전문가 시스템, 자연어 처리, 신경망, 로봇 공학, 인공지능 분야에서 활용되며, 이를 통해 컴퓨터 모델을 개발하여 인간의 사고과정을 모방하려는 목표를 가지고 있다. "System that think like humans"는 인간처럼 사고하는 시스템을 의미하는 표현이다. 이는 인공지능과 관련이 있으며, 인간의 사고와 판단 능력을 모델링하여 컴퓨터 시스템이 유사한 방식으로 작업을 수행하고 의사결정을 내릴 수 있도록 만드는 것이다. 따라서 인간처럼 사고하는 시스템을 실현하기 위해서는 머신러닝, 딥 러닝, 자연어 처리, 컴퓨터 비전 등 다양한 인공지능 기술이 연구되고 발전되어야 한다.

(2) 합리적으로 생각하는 시스템(Systems that think rationally)

1985년 차니악Charniak과 맥더멋McDermott, 1992년 윈스턴Winston에 의해 정의된 것으로 계산 모델을 통해 지각, 추론, 행동 같은 정신적 능력을 갖춘 시스템으로 사고의 법칙[1]접근 방식이다. 이러한 접근 방식에는 2개의 큰 문제가 있다. 첫째로 비형식적인informal 지식을 취해서 형식적

1 사고의 법칙 접근 방식: 인공지능 시스템이 문제 해결과 의사 결정을 위해 인간의 사고 과정을 모델링하는 접근 방식

인[formal] 용어로 서술하기가 쉽지 않은데, 특히 지식이 100% 확실하지 않을 때 그렇다. 둘째로 "원칙적으로" 문제를 해결할 수 있다는 것과 실제로 해결하는 것 사이에 큰 차이가 존재한다. 이는 인간의 논리적 사고 방식을 모델링하려는 접근 방식 중 하나이기 때문이다. 이러한 시스템은 주어진 정보와 규칙을 기반으로 특정 문제를 해결하고 최적의 결정을 내릴 수 있도록 설계되어 있다.

(3) 인간처럼 행동하는 시스템(Systems that act like humans)

1990년 커즈와일[Kurzweil]과 1991년 리치[Rich]와 나이트[Knight]에 의해 정의된 것으로 인간의 지능을 필요로 하는 어떤 행동을 기계가 따라 할 수 있는 시스템으로 튜링 테스트[2] 접근 방식이다. 튜링 테스트는 앨런 튜링이 1950년에 제안한 테스트로 기계와 인간이 얼마나 비슷하게 대화할 수 있는지를 기준으로 기계에 지능이 있는지를 판별하는 즉 인간과 같은 수준의 성능을 이루어 내는 능력이라고 할 수 있다. 즉 인간과 기계를 다른 공간에 배치하고 질문자는 기계와 텍스트로 대화를 나눈다. 질문자는 어떤 공간에 누가 있는지 알지 못한다. 만약 대화를 통해 질문자가 기계와 인간을 구분하지 못하면 기계가 지능을 가졌다고 판단한다.

(4) 합리적으로 행동하는 시스템(Systems that act rationally)

1990년 쇼코프[Schalk Off]와 1993년 루거[Luger]와 스터블필드[Stubblefield]에 의해 정의된 것으로 계산모델을 통해 지능적 행동을 하는 에이전트 시스템으로서 합리적인 에이전트 접근방식이다. 에이전트란 사전적으로는 '대리인', '대행자' 라는 뜻을 나타내고 컴퓨터 분야에서는 사람 대신 업무를 처리하는 지능적인 소프트웨어 또는 하드웨어를 의미하며, 정보를 알아서 찾아주는 검색엔진과 검색로봇이 대표적 예이다. 합리적인 에이전트란 최상의 결과, 불확실성이 있는 경우에는 최상의 기대 결과를 얻을 수 있도록 행동하는 것이다. 합리적 행동은 설정된 목표를 달성하는 방식으로 추론이 합리적인 결과를 얻기 위한 메커니즘이다. 왜냐하면 단순 행동 즉 본능적 행동이 아니라 신중한 사고 과정 후에 행해지는 행동이기 때문이다. 결론적으로 인공지능은 기계로부터 만들어진 인간의 인지, 추론, 학습 등을 컴퓨터나 시스템 등으로 구현하는 것으로 그와 같은 지능을 만들 수 있는 방법론이나 실현 가능성 등을 연구하는 기술 또는 과학 분야라고 할 수 있다.

1.2 인공지능의 역사

1.2.1 인공지능의 시작

인공지능의 태동[3]이라고 할 수 있는 것은 1943년 워렌 맥컬로치Warren McCulloch와 월터 피츠Walter Pitts가 인공지능을 연구하면서 시작되었다. 이들이 인공지능을 연구하게 된 것은 뇌에서의 기초 생리학과 뉴런[4]의 기능에 대한 지식, 러셀Russell 과 화이트헤드Whitehead에 따른 명제 논리의 형식적 분석, 튜링의 계산 이론 연구 3가지 동기로부터 시작되었다고 알려져 있다. 이들은 인간의 뇌를 모사한 형태를 인공지능의 모델로서 구상하여 뉴런이 시냅스Synapse [5]에 의해 상호간 정보를 처리하는 연결 모델을 제안하였다. 시냅스는 뉴런의 신경세포 부분 중 자극을 세포 밖으로 전파시키는 돌기인 축삭의 끝 부분과 신경전달 물질이 오고 가는 다음 뉴런 사이의 틈을 의미한다. 하나의 뉴런이 다른 연결된 뉴런으로부터 자극을 받으면 on으로, 아니면 off로 표시하며 뉴런 상호간의 작용 관계를 모델화 한 것으로 인공신경망을 그물망 형태로 연결하면 사람의 뇌에서 동작하는 아주 간단한 기능을 흉내 낼 수 있다는 것을 이론적으로 증명한 것이다. 이때의 뉴런은 인공지능 측면에서 '충분한 자극을 제공하는 하나의 명제'라고 개념적으로 정의한 최초의 뉴런 인공신경망 모델이다. 또한 맥컬로치McCulloch와 피츠Pitts는 뉴런으로 연결된 네트워크에 학습의 개념이 필요하다고 주장하여 1949년 헤브Hebb는 뉴런 간의 연결 정도를 변화시킬 수 있는 학습 규칙을 제안하여 '헤브의 학습 규칙' 이라 정의하였다. 이후 1950년에 앨런 튜링Alan Turing이 생각하는 기계의 구현 가능성에 대한 튜링 테스트를 발표하고 1951년에 맨체스터 대학의 페란티 박사가 마크 1 기계를 개발하였고 크리스토퍼 스트레이Christopher Strachey와 디트리히 프린츠Dietrich Prinz는 체스 프로그램을 출시했다. 이후 1959년에 아서 사무엘Arthur Samuel의 "기계가 일일이 코드로 명시하지 않은 동작을 데이터로부터 학습하여 실행할 수 있도록 하는 알고리즘을 개발하는 연구 분야"로 머신러닝을 정의하여 이에 대해 도전할 수 있는 충분한 기술적 발전을 이루었다. [그림 1-1]에 인공지능의 역사를 설명하였다.

3 태동 : 어떤 사물 또는 현상이 생기려고 싹트기 시작하는 것
4 뉴런 : 신경해부학적 사실을 토대로 하여 고안된 간단한 연산기능만을 갖는 처리기
5 시냅스 : 한 뉴런에서 다른 뉴런으로 신호를 전달하는 연결 지점

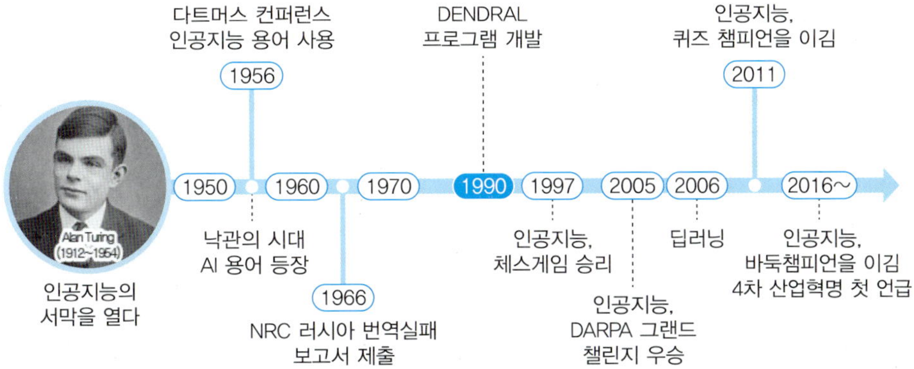

그림 1-1 인공지능의 역사

1955년 당시 다트머스Dartmouth 대학의 젊은 수학 조교수인 존 맥카시John McCarthy는 생각하는 기계에 대한 아이디어를 명확하게 했으며 이를 개발하기 위해 그룹을 조직하기로 결정했다. 1950년대 초반 "사고(생각)하는 기계" 분야에는 사이버네틱스, 오토마타 이론, 복잡한 정보 처리 등 다양한 이름이 있었다. 그러나 존 매카시는 자동 이론에 초점을 맞추지 않고 새롭게 '인공지능' 이라는 이름을 선택했다. 1955년9월2일에 이 프로젝트는 맥카시, 마빈 민스키, 나다니엘 로체스터 및 클로드 섀넌에 의해 공식적으로 제안 되었고, ‹인공지능› 이라는 용어를 도입해서 사용한 것이라고 볼 수 있다. 1956년에 열린 다트머스 인공지능 컨퍼런스는 AI 분야 연구의 시작이었고, 차세대 과학자들에게 IT 기술이 심오한 방식으로 인간에게 유익할 수 있는 가능성을 처음으로 느끼게 한 일이었다.

제안의 내용은 컴퓨터, 자연어 처리, 신경망, 계산 이론, 추상화 및 창의성에 대해 논의하는 것으로 되었다. 그러나 다트머스 워크샵 이후 인공지능에서는 별다른 성과는 없었으나 이후에 인공지능의 여러 분야를 연구하게 되는 직접 적인 계기가 되었고 실제로 미국의 MIT, 카네기 멜론 대학교, 스탠포드 대학교, IBM 등에서 계속적으로 연구하게 된 계기를 마련하게 되었다.

제안서

A Proposal for the Dartmouth Summer Research Project on Artificial Intelligence

우리는 1956 년 여름 뉴햄프셔 주 하노버에 있는 다트머스 대학(Dartmouth College)에서 2 개월, 10 인의 인공지능 연구를 수행할 것을 제안합니다. 학습의 모든 측면 또는 지능의 다른 특징들이 원칙적으로 기계가 그것을 시뮬레이션 하도록 만들어 질 수 있도록 원칙적으로 정확하게 설명될 수 있다는 추측에 기초하여 연구가 진행됩니다. 기계가 언어를 사용하고, 추상화와 개념을 형성하고, 현재 인간을 위해 예약된 문제를 해결하고, 스스로를 향상시키는 방법을 찾으려고 노력할 것입니다. 우리는 신중하게 선택된 과학자 그룹이 여름 동안 함께 작업하면 이러한 문제 중 하나 이상에서 상당한 발전을 이룰 수 있다고 생각합니다.

In the summer of 1956, we propose conducting a 2-month, 10-person artificial intelligence research project at Dartmouth College in Hanover, New Hampshire. The research is driven by the conjecture that all facets of learning and various characteristics of intelligence can be theoretically described with precision to enable machines to simulate sssssthem. Based on this conjecture, the study aims to progress in several areas. The focus will be on enabling machines to use language, create abstractions and concepts, solve problems that are currently reserved for humans, and develop methods for self-improvement. We believe that by making a deliberate effort to establish a group of carefully chosen scientists to collaborate over the summer, substantial advancements can be achieved in one or more of these areas.

(a) 다트머스 컨퍼런스 참석자　　(b) 다트머스 컨퍼런스의 인공지능 창시자

그림 1-2　다트머스 컨퍼런스 참여자

1.2.2 인공지능의 초기

인공지능을 위한 컴퓨터와 프로그래밍 툴의 개발은 원시적이지만 간단한 계산 능력을 갖추기 시작하였다. 이 시점에 노웰Nowell과 사이먼Simon은 연산의 여러가지 요인을 변화시켜 결과와 예상되는 결과의 차이를 줄일 수 있는 GPS[6]시스템을 개발하였으며 이는 매우 성공적이었다. GPS는 논리학Logic Theorist과 달리 인간이 문제를 해결해 나가는 과정을 모델화한 프로그램이었다. 논리학은 검색, 목표지향적 행동Goal-oriented behavior, 규칙의 응용Application of rules을 복합하여 사용한 추론 프로그램으로써 비수치적으로 사고하는 인간처럼 생각하는 접근방식을 가진 최초의 프로그램이라고 할 수 있다. GPS는 방법 - 목적 분석 방법과 순환적인 문제들이 시스템으로 방법 - 목적 분석은 한 연산자가 적용된다면 이에 대한 적용의 목적이 있다는 것을 확신하게 만드는 기법이다.

GPS는 인공지능이 인간처럼 생각 할 수 있는 최초의 프로그램이 되었다. 이러한 인공지능과 사람의 인지 능력도 결국 컴퓨터와 같을 것이라는 접근 방법으로 오늘날에도 생물학, 언어학, 심리학, 컴퓨터 등이 함께 연구하는 인지 과학의 근간이 되고 있다. 그 후 인공지능의 시작을 알린 맥카시는 1958년 다트머스에서 MIT로 옮겨가면서 중요한 3가지 업적을 남겼다.

6 GPS(General Problem Solver): 1959년 존 클리프 쇼, 허버트 사이먼, 앨런 뉴엘이 만든 프로그램으로 인간의 문제 해결 과정을 컴퓨터 프로그램으로 시뮬레이션 할 수 있는 프로그램이다.

첫째, 인공지능 프로그램 언어의 대표적인 LISP언어를 개발하였다.

둘째, 시분할 시스템Time Sharing[7]을 도입하게 되었는데, 이는 컴퓨터의 사용료가 비싸다는 것이 지속적으로 문제가 되어 이를 해결하기 위해 시작된 것이다. 당시에는 컴퓨터의 사용료가 비싸기 때문에 짧은 시간 동안에 한 사람의 사용자가 사용하던 것에서 벗어나 다른 사용자도 돌아가면서 사용함으로써 한 대의 컴퓨터를 여러사람이 동시에 쓰는 효과를 낼 수 있었다.

셋째, 1958년에 'Programs with Commonsense'란 논문을 발표하면서 'Advice Taker[8]'라는 최초의 완전한 인공지능 시스템 이라고 볼 수 있는 프로그램을 개발하게 되었다.

1.2.3 인공지능의 침체기

처음부터 인공지능 연구자들은 성공을 예측했고 심지어 "지금 세상에는 생각하고, 학습하고, 창조하는 기계가 있다" 라고 1957년에 하버트 사이먼Herbert Simon이 언급하였으나, 사이먼은 당시의 간단한 문제일 경우에만 인공지능으로 해결할 수 있었다. 그러나 거의 모든 경우에 있어서, 초기의 시스템은 문제를 더 넓게 선택하고 더 어렵게 되었을 경우 한계를 느낄 수 밖에 없었다. 그 이유는 첫째, 초기 인공지능 프로그램들은 단순한 문법적 조작에 대해서만 성공했다는 것이다. 실제로 미국 국립연구회의에서 러시아어를 번역하기 위한 예산을 지원하였으나 언어의 애매하고 모호함을 해결하기에는 어려움이 있었다. 결국 1966년에 자문위원회에서 "더 이상 텍스트를 기계가 번역하는 것은 있을 수 없으며 즉시 사용할 수 있는 전망이 없음" 보고서를 냈다. 그러자 학문적인 번역 프로젝트에 대한 정부차원의 재정 지원이 모두 취소되었다.

둘째, 인공지능이 해결하고자 하는 문제들이 매우 어렵다는 점이다. 초기 인공지능 프로그램은 매우 간단한 프로그램으로써 특정 해법을 발견해서 문제를 해결할 수는 있었으나 복잡한 인공지능 프로그램은 불가능하였다. 그래서 당시에는 좀 더 나은 컴퓨터 기계나 메모리가 확보되면 가능하리라고 기대했지만 시간이 지나 계산 복잡도 이론이 개발되면서 하나의 프로그램이 한 개의 문제를 해결하는 것이 문제의 난이도에 따라 시간과 공간이 선형적으로 비례하지 않는다는 것을 알게 되었다.

셋째, 지능화된 행동을 생성하기 위한 기본적인 구조의 한계가 있었다. 예를 들면, 1969년 민스키와 파퍼트에 의하면 불가능한 사실을 학습하는 것 자체가 문제가 된다는 것이 증명되

7 시분할 시스템: 컴퓨터를 여러 사용자가 동시에 사용할 수 있도록 하는 운영 체제의 한 형태

8 Advice Taker: 주변 환경과 상호작용하며 지식을 습득하고 추론하는 시스템

었다. 이 후 세월이 지나 다층 신경 회로망을 위한 역전파 알고리즘[9]이 도입되어 이 문제를 해결할 수 있었지만 당시에는 해결할 수 없는 문제였다.

1.2.4 인공지능의 활성기

인공지능 기술이 발전하는데 어려웠던 이유는 여러 가지가 있었지만 문제 해결 방법이 일반 범용 탐색 방법 뿐이었다는 것이다. 이는 해결할 부분에 대한 지식이 부족해서 복잡한 부분을 해결하기에는 성능이 떨어질 수밖에 없었다. 이러한 접근 방법을 불충분한 방법[10]이라고 부르는데, 그 이유는 일반적이기는 했지만 크거나 어려운 문제를 해결하기에는 무리가 따를 수 밖에 없었을 것이다. 이를 해결하기 위해서 전형적으로 발생하는 경우를 보다 더 쉽게 다루고 더 큰 추론단계를 허용하는 더 강력한 특수 영역의 지식을 사용하는 것이다. 누군가 어려운 문제를 해결하려 한다면 이미 그 해답을 알고 있는 누군가 즉, 전문가의 지식을 활용한다면 효율적으로 해결할 수 있다는 것을 깨달았다. 그 대표적인 예가 뷰캐넌[Buchanan]이 DENDRAL프로그램을 발표를 하면서 시작됐다. '65년에 DENDRAL은 최초의 실용적인 인공지능으로써 에드워드 파이젠바움이 유전학자 조슈아 레더버그의 외계 생명체 연구를 돕기 위해 화학 분야에서 개발한 것이다. 이는 AI의 활동 영역 중 전문가 시스템에서 성공적으로 사용되고 있는 모델로서 유기 분자의 구조를 추론하도록 설계되었다. DENDRAL은 전문가 시스템의 컨셉과 맞게 화학 분야에 인간 전문가들의 기술, 경험과 지식 등을 논리적 법칙으로 변환해서 문제를 해결하였다. 즉, 전문가의 '노하우'를 분석하여 하나의 규칙으로 만들어서 표현하는 기법이라고 할 수 있다. 그래서 DENDRAL은 새로운 것이나 아직 알려지지 않은 화학 물질의 가장 그럴듯한 가능성 있는 구조를 제시했는데, 그것의 성능은 유기물질의 어떤 부류에서는 인간 전문가와 경쟁할 정도였다. 그래서 DENDRAL의 중요성은 최초의 성공적인 지식 집약적 시스템이라고 할 수 있을 것이다.

1.2.5 인공지능의 융성기

DENDRAL이후 전문가 시스템의 성공으로 인공지능이 다시 인식 되기 시작하였고 전

---

9 역전파 알고리즘(Backpropagation): 모델의 출력값과 기대값을 비교하여 오차를 줄여나가는 방향으로 가중치를 갱신하는 방법으로 출력층에서 입력층 방향으로 오차를 전파하여 각 변수를 갱신하는 알고리즘이다.

10 불충분한 방법: 인공지능 시스템이 현실적인 상황에서 다양한 정보와 지식을 활용하여 더 효과적으로 문제를 해결하고자 의사 결정을 내릴 수 있도록 하는 접근 방식

문가 시스템의 성공적 적용을 경험한 기업들은 응용하기 시작하였다. Digital Equipment Corporation(DEC)에서 사용된 R1은 상업적으로 성공한 전문가 시스템으로 새로운 컴퓨터 시스템을 도입할 때 주문을 조정하는 작업을 도와주는 것이었다. 1988년까지 DEC의 AI그룹은 40개의 전문가 시스템을 더 사용하였으며, 1986년에는 매년 약 4천만 달러를 절감할 수 있었다고 한다. 그 이후에는 신경 회로망이 다시 융성하기 시작하여 여러 분야에 신경 회로망을 이용하려는 경향을 보였다. '70년 말에 신경망 분야를 포기했지만 다른 분야에서는 지속적으로 작업이 이루어졌다. 이후 존 홉필드John Hopfield박사는 역전파 알고리즘을 개발하였고, 이로 인해 신경망 모델을 널리 사용하게 되었다. 이는 물리학적 스핀모델로부터 홉필드 네트워크를 착안하여 기존의 알고리즘과 달리 고정된 가중치를 이용하여 완전한 정보를 연산하는 차이점을 제시하였다. 즉 신경회로망을 네트워크에 적용하여 네트워크의 통신량을 미리 예측하여 통신 부하를 최소화하여 효율적으로 운영하는 것이다. 현재는 지능이 부여된 지능적인 에이전트에 관한 연구들이 상당히 많이 진행되고 있다. 특히, 정보탐색 시스템에서의 지능형 모바일 시스템은 매우 활성화되어 있으며 지속적으로 발전으로 전 세계 수많은 산업 시스템에 적용되고 있다.

1.3 인공지능의 구분

인공지능은 철학적 관점에서 강인공지능strong AI과 약인공지능weak AI로 구분된다. 강인공지능은 어떤 문제를 스스로 사고하고 해결할 수 있는 컴퓨터 기반의 인공적인 지능을 만들어 내는 것이고 약인공지능은 어떤 문제를 스스로 생각하거나 해결할 수는 없지만 룰Rule 기반이나 정해진 알고리즘에 의해 인공적인 지능을 만들어 내는 것에 관한 연구라고 할 수 있다. 즉, 스스로 연구하고 판단하고 실행할 수 있는 강인공지능과 정해진 룰에 의해 만들어진 약인공지능으로 구분된다.

1.3.1 강인공지능

인공지능의 강한 형태는 지각력이 있고, 스스로를 인식하는 것이라고 말할 수 있다. 실제로 스스로 생각하거나 해결할 수 있다는 점에서 약인공지능과 차이가 있으며, 인간의 생각과 같이 컴퓨터 프로그램이 행동하고 생각하는 인공지능인 것이다. 정리하면 강인공지능은 단순한 컴퓨터가 아니라 인간의 지능을 가지고 생각을 할 수 있는 컴퓨터로써 예를 들면 인간과 전쟁을 일으켰던 영화 터미네이터처럼 명령을 받지 않아도 스스로 일을 할 수 있으며, 자신이 생각했을 때 불합리하다면 명령을 거부하는 것이 가능한 형태이다. 그래서 인간의 생각처럼 컴퓨터 프로그램이 행동하고 사고하는 인간형 인공지능과 인간과 다른 형태의 지각과 사고 추론을 발전시키는 컴퓨터 프로그램인 비인간형 인공지능으로 두 형태가 존재하는 것이다. 결국 강인공지능의 개발 가능 여부는 인간의 정신을 뇌가 아닌 컴퓨터에 구현할 수 있느냐에 대한 문제이다. 이것이 가능하게 하려면 뇌를 인위적으로 재현함과 동시에 정신도 함께 표현할 수 있어야 한다. 따라서 강인공지능을 가능하다고 보는 것은 "마음과 몸이 서로 분리되어 있는 것이 아니고 상호 연관되어 있다고 본다"는 심신일원론적인[11] 시각과 부합된다.

(1) 인공 일반 지능

인공 일반 지능 Artificial General Intelligence은 용어에서 말하는 '일반적이다'라는 의미보다는 '범용적이다'의 뜻으로 이해해야 할 것이다. 즉 특정한 조건하에서만 적용할 수 있는 약인공지능과 달리 모든 상황에 일반적이고 범용적으로 적용할 수 있는 인공지능을 말한다. 인공 일반 지능은 약인공지능과 달리 한 번도 해보지 않은 일을 남들이 하는 것을 보고 배워서 실행하는 것이다. 보고 듣고 따라하는 자기 학습이 가능한 형태가 되는 것이다. 이는 현재 인공지능 연구자들이 어느 정도 목표로 하는 "기계를 인간 행동과 같이 행동하게 만드는 것"이 바로 인공 일반 지능이다. 결국 인간이 할 수 있는 어떠한 지적인 업무도 성공적으로 해낼 수 있는 기계의 지능으로 우리가 하고 싶은 인공지능 연구의 주요 목표이며, 영화나 미래학자들의 중요한 소재일 것이다.

(2) 인공 의식

인공 의식Artificial Consciousness은 강인공지능 중의 하나로 기계 의식machine consciousness, 인조 의식synthetic consciousness이라고도 불린다. 인공 일반 지능의 다음 형태 라고도 할 수 있으며, 일반적인 인공지능이 평범한 사물을 분석하고 이해하는 것이라면 인공 의식은 그것을 뛰어넘어 감정, 자아, 창의성 등을 흉내 내거나 아예 갖추어서 받아들이고, 자기 자신을 조작하며 환경에 알맞다고 판단하면 해당 요소를 적극적으로 이용해 명령을 받지 않은 일도 스스로 필요하다고 생각해서 판단한 모든 일을 행동할 수 있는 인공지능이라고 할 수 있다. 그리고 일반적인 기준은 자기 인식이다. 'Conscious'의 사전적 의미를 보면 '자신이 처한 환경, 자신의 존재, 감각,

11 심신일원론: 정신과 육체가 하나의 본질적인 실체로 이해되는 것

사고를 자극한다.' 라고 되어 있다. 2023년 캠브리지 영어사전에 의하면 웹스터 사전에서는 conscious를 "내부의 의식 체험, 또는 외부에서의 관측에 의해서 지식을 가진다" 라고 정의하고 있으며, 이는 특정 사물이나 사람이 존재하거나 존재한다는 것을 알아차리고 깨어 있고, 생각하고, 주변에서 무슨 일이 일어나고 있는지 알아차리는 것을 뜻한다.

자기 인식은 매우 중요하지만, 그것은 주관적으로 검증하기 어렵다고 말할 수 있을지도 모른다. 따라서 인공 의식은 인간과 유사하게 작동하는, 인간과 비슷하거나 그를 뛰어넘는 지성이 전제되므로, 단순히 주어진 것을 실행하는 컴퓨터에 불과한 약인공지능과는 달리 도구가 아니라 인간과 동일한 지성체라고 할 수 있는 셈이다. 그래서 인공지능이 발달하면 인공 의식에 도달할 수 있다고 생각을 할 수 있지만, 현 시점에서는 가설 정도로 생각해야 할 것이다. 인간처럼 생각하는 의식을 기계적으로 구현할 수 있는지에 대한 여부와 이론적으로 구현이 가능하더라도 사람과 같은 기계를 만들어도 되는지에 대한 여부는 큰 윤리적인 논란이 될 수 있을 것이다.

1.3.2 약인공지능

약인공지능 Weak Artificial Intelligence은 어떤 문제를 스스로 생각하거나 해결할 수는 없지만, 컴퓨터 기반의 인공적인 지능을 만들어 내는 연구로써 정의된 학습을 통해 특정한 문제를 해결하는 것이다. 실제로 지능이나 지성을 갖추고 있지는 않지만, 미리 정의된 규칙의 모음을 이용해서 지능을 흉내내는 프로그램을 개발하는 것으로 지능적인 행동처럼 보인다. 강인공지능 분야의 연구는 현재의 인공지능 연구자들이 이루고자 하는 연구이기는 하지만 아직은 불가능에 가깝다고 볼 수 있다. 목표의 관점에 따라 판단해 본다면 약인공지능 분야에서는 원하는 만큼 꽤 많은 발전이 이루어졌다고 볼 수 있다. 오늘날 가장 쉽게 볼 수 있는 구글의 딥 마인드가 개발한 알파고, IBM의 왓슨은 모두 룰Rule based기반의 인공지능인 약인공지능이다. 최적화된 인공지능은 특정 영역의 문제를 푸는 인공지능 기술로써 문제를 해결하거나, 해결하고자 하는 업무를 처리하는 것이라고 할 수 있다.

약인공지능은 알고리즘, 기초 데이터와 규칙을 입력해야 한다. 즉 지도를 해야 한다는 특징이 있다. 지도 기반으로 입력과 시간에 따라 더 나은 출력을 내는 "학습"이 구현되면서 제한적인 분야에서 인간을 능가하거나 유사한 성능을 보이는 프로그램이 속속 등장했지만 이것도 결국 인간의 학습 능력의 극히 일부를 구현해낸 것에 불과하므로 이런 물건들을 인간과 같이 바라보는 것은 매우 곤란하다. 하지만 약인공지능의 발전 방향은 굉장히 긍정적인 방향으로 생각될 수 있는데, 왜냐하면 인공지능이 반드시 인간의 모방에 사로잡힐 이유는 없기 때문이다. 이미 가능한 기능만으로도 인간의 능력을 한참 초월하고 있으며 단순히 주어진 문제를 해결하는 능력은 강인공지능보다도 뛰어날 수도 있을 것이다.

오늘날 약인공지능은 의료, 경영, 교육과 서비스 등에서 활발하게 이용되고 있다. 다만 사람처럼 자아를 가질 수 있다고 판단하는 강인공지능과 달리 인간의 인지적 능력 중 한정적인 부분만 생각과 연산을 할 수 있다는 한계가 있다. 컴퓨터는 인간과 비교했을 때 압도적인 계산속도, 기억능력, 정확성, 근면성 등의 장점을 가지고 있다. 이미 컴퓨터는 그 성능이 너무나 매우 뛰어나서 음성이나 이미지 처리가 뛰어나 AR, VR 뿐만 아니라 메타버스[12] 등에 대한 표현이 가능하고 천문학적인 수의 데이터를 기억하고 신속하게 검색할 수 있으며, 수 천명의 이용자들에게 365일 내내 중단 없는 서비스를 즉시 제공할 수도 있다. 실제로 마크와이저가 제시한 유비쿼터스 컴퓨팅[13]이 실현 되고 있는 상황이다. 지금까지의 인공지능은 미리 정의된 알고리즘과 방대한 데이터를 토대로 비교적 지능적으로 보이는 행동이나 결정을 할 수 있게 구현한 수준이다. 인공지능이 스스로 규칙을 찾아내서 문제를 해결할 수 있어도 왜 그렇게 해결했는지를 알 수가 없으며, 제한된 범위에서만 문제를 해결할 수 있을 뿐이다. 이러한 상황으로 볼 때 인간이 만들어낸 현재의 대부분의 인공지능은 약인공지능이라고 볼 수 있다.

---

12 메타버스(Metaverse): 현실에서의 상호작용을 가상 공간에 구현한 여러가지 형태나 콘텐츠들을 통칭하는 신조어

13 유비쿼터스 컴퓨팅(Ubiquitous Computing): 언제, 어디서나, 누구나 상호 접속의 컴퓨팅이 이루어지는 것

2. 머신러닝

2.1 머신러닝 정의

머신 러닝은 인간이 학습을 통해 정확도를 점진적으로 개선하는 방식을 모방하기 위한 데이터와 알고리즘의 사용에 초점을 맞춘 인공지능(AI) 및 컴퓨터 사이언스의 한 분야라고 IBM에서 언급하고 있고, SAP에서는 머신러닝은 인공지능(AI)의 하위 집합으로 학습과 개선을 위해 명시적으로 컴퓨터를 프로그래밍하는 대신, 컴퓨터가 데이터를 통해 학습하고 경험을 통해 개선하도록 학습하는 데 중점을 둔다고 말하고 있다.

정리해보면, 머신러닝은 인공지능의 한 분야이며, 컴퓨터가 학습할 수 있도록 알고리즘과 기술을 개발하는 분야로써 표현과 일반화를 중점으로 두고 있다. 표현이란 데이터의 평가이며, 일반화란 아직 알 수 없는 데이터에 대한 처리이다. 즉 어떻게 생성된 데이터인지는 모르지만 그 데이터를 이용하여 분석하고 처리한 결과를 평가한 형태를 표현이라고 한다면 생성된 데이터를 활용할 수 있게 처리하는 것을 일반화라고 할 수 있을 것이다. 머신러닝이라는 용어는 IBM의 인공지능 분야 연구원이었던 아서 사무엘이 자신의 논문 "Studies in Machine Learning Using the Game of Checkers"에서 처음으로 사용했다. 여기서 머신이라는 것은 프로그래밍이 가능한 컴퓨터를 말하는 것으로 서버로 통용되기도 한다. 머신러닝은 3가지 접근법으로 연구가 진행되어 왔다.

첫 번째는 인간의 신경을 해부학적으로 분석하여 모델을 만든 것이다. 신경 모델은 퍼셉트론[1]에서 출발해서 지금 딥 러닝으로 이어지고 있다.

두 번째는 심볼 개념의 학습 모델이다. 이 모델은 숫자나 통계이론 대신 논리학이나 그래프 구조를 사용하는 것으로 '70년 중반부터 '80년대 후반까지 인공지능의 핵심적인 접근법이었다.

1 퍼셉트론(Perceptron): 인공신경망의 한 종류로서, 뇌의 학습 기능을 모델화 한 알고리즘

세 번째는 현대지식의 집약적 방법이다. '70년대 중반부터 시작된 이 방법은 백지 상태에서 학습을 시작하는 신경 모형을 지양하고 이미 학습된 지식은 재활용해야 한다는 이론이 대두되면서 시작됐다.

이 3가지 방법은 인공지능 연구에 매우 대표적인 모델이지만, '90년대에 들어서면서 컴퓨터의 학습 방법론에 중점을 뒀던 기존의 접근법보다는 실생활에서 필요한 문제를 해결할 수 있는 실용적인 머신러닝 연구가 주류를 이뤘다. '90년대의 머신러닝 패러다임은 컴퓨터를 이용한 통계학에 가까웠다. 통계학 관점에서 데이터를 분석하는 데이터 마이닝과 이론적으로 많은 부분을 공유했으며, 급격히 발전된 고성능 컴퓨터의 보급과 인터넷의 확산으로 인한 디지털 데이터의 손쉬운 확보도 이러한 움직임에 많은 영향을 끼쳤다. 머신러닝은 명시적으로 프로그램을 작성하지 않고 컴퓨터에 학습할 수 있는 능력을 부여하기 위한 연구 분야라고 아서 사무엘은 말하고 있다. 이 후 톰 미첼은 머신러닝을 좀 더 명확하게 제시하였다. 톰 미첼은[2] "만약 컴퓨터가 어떤 작업(T)를 하는데 있어서 경험(E)로부터 학습하여 성능에 대한 측정(P)를 향상시키는 것' 이라고 설명하였다. 예를 들어, "컴퓨터에 글자를 인식하는 학습을 시킨다" 라고 했을 때 컴퓨터가 새롭게 입력된 글자를 분류하는 것, 미리 만들어진 데이터 셋으로 학습한 것은 경험을 하는 것, 정의된 수준으로 글자를 인식하는 것, 이것을 컴퓨터는 "학습을 했다"라고 말하는 것이다. 결국 경험을 통해 특정 작업의 성능을 향상시키는 방법인 것이다.

머신러닝은 종종 데이터 마이닝[3]과 혼용되어 사용되기도 한다. 그 이유는 아마도 머신러닝에서 사용하는 분류나 군집과 같은 방법을 데이터 마이닝에서도 비슷하게 사용하기 때문이다. 그래서 데이터 마이닝과 머신러닝의 차이점을 간단히 알아보고자 한다. 머신러닝은 데이터에서 현상 및 특성을 발견하기 위해서 분류, 군집 같은 알고리즘을 사용하여 문제를 해결하기 위하여 새로운 데이터에 대한 예측값을 알아내는 것이라고 하고, 통계학 관점에서는 분류, 군집 같은 알고리즘을 사용하여 문제를 해결하거나 데이터에서 현상 및 특성을 발견하는 것은 "데이터 마이닝"이라고 할 수 있다. 머신러닝과 데이터 마이닝의 혼용은 '90년대에 들어서면서 실용적인 머신러닝 연구를 위해 통계학에서 다루고 있는 사례들을 컴퓨터 과학자들이 좀 더 효율적인 해결 방안을 찾아내는 과정에서 비롯됐다고 할 수 있다. 결국 데이터 마이닝과 머신러닝의 큰 차이점은 데이터 마이닝은 데이터의 특성인 속성을 발견하는

---

2 Tom Mitchell(1988): A computer program is said to learn from experience E with respect to some task T and some performance measure P, if its performance on t, as measured by P, improves with experience E

3 데이터 마이닝(Data Mining): 대량의 데이터를 처리 및 탐색하는 과정에서 가치 있는 정보를 얻어내는 것

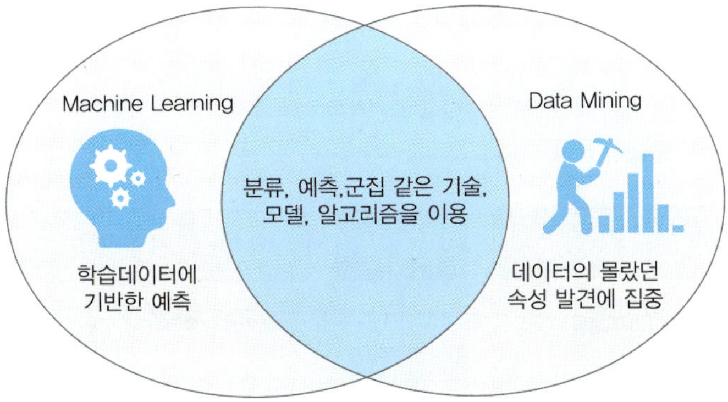

그림 2-1 머신러닝과 데이터 마이닝의 차이점

것이 주 목적이고 머신러닝은 학습 데이터를 통해 알려진 속성을 활용하여 예측하는 것에 초점을 두고 있다.

[그림 2-1]은 머신러닝과 데이터 마이닝의 겹쳐지는 부분을 보여주고 있으며 컴퓨터 과학 측면에서는 예측에 집중하는 것은 머신러닝, 속성 패턴 발견이 목적인 것은 데이터 마이닝이라고 생각하면 이해하기 쉬울 것이다.

2.2 머신러닝의 분류

머신러닝은 학습데이터에 레이블[4]이 있는 경우와 그렇지 않은 경우에 따라 지도학습 Supervised Learning 과 비지도학습 Unsupervised Learning 으로 구분한다. 지도학습과 비지도학습의 가장 큰 차이점은 레이블을 제공하는 것이다. 레이블은 오브젝트(사람, 컵, 고양이, 강아지 등)라고 볼 수 있다. 이는 학습 데이터의 속성을 정의하여 학습시키는 것으로 레이블을 제공하는 경우 지도학습, 레이블을 제공하지 않는 방법은 비지도학습으로 구분한다. [그림 2-2]에 지도학습과 비지도학습을 구분하였다.

4 레이블(Label): 항목, 레코드, 파일 등을 관리 및 처리하거나, 식별하기 위하여 사용되는 부호 및 문자

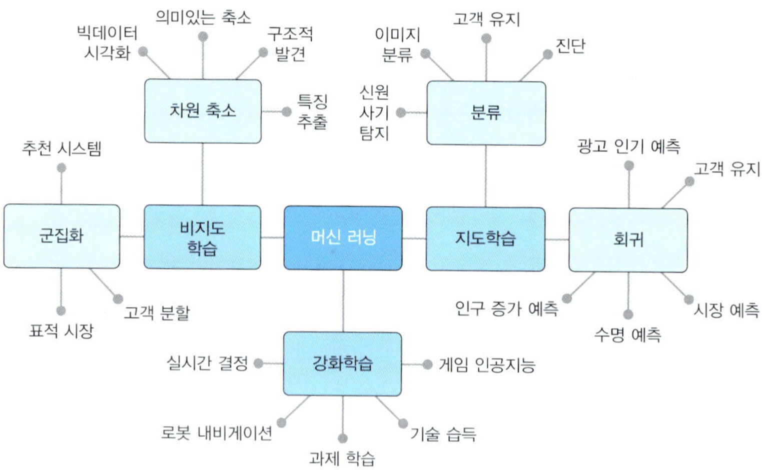

그림 2-2 지도학습과 비지도학습의 분류

지도학습이란 말 그대로 정답이 있는 데이터를 활용해 데이터를 학습시키는 것이다. 입력 값이 주어지면 입력 값에 대한 레이블을 알려줘서 학습시키는 것을 말한다. 예를 들어 인물 사진과 동물 사진을 주어 '이건 사람이고 이건 동물이야' 라고 알려주는 학습 방식이다. 따라서 기계가 정답을 잘 맞혔는지 아닌지를 쉽게 알 수 있다. 지도학습에는 대표적으로 분류와 회귀가 있다. 분류는 전형적인 지도학습으로 주어진 데이터를 정해진 카테고리에 따라 분류하는 문제를 말한다. 회귀는 어떤 데이터들의 예측 변수Predictor variable라 불리는 특성[5]을 기준으로, 연속된 값을 예측하는 문제로 주로 패턴이나 트렌드, 경향을 예측할 때 사용된다. [표 2-1]에 분류와 회귀에 대해서 알아보기 쉽게 구분하였다.

표 2-1 지도학습의 분류와 회귀

분류	이진분류	어떤 데이터에 대해 두 가지 중 하나로 분류할 수 있는 것
	다중분류	어떤 데이터에 대해 여러 값 중 하나로 분류할 수 있는 것
회귀	어떤 데이터들의 특징을 토대로 값을 예측하는 것(결과 값은 실수 값을 가질 수 있음)	

지도학습에 대해 추가로 설명하자면, 우리는 어떤 사물을 인식하기 위해서 가장 먼저 하는 것이 오감을 이용하여 보거나 듣는 등의 형태로 사물을 인식한다. 그래서 컴퓨터도 인간이 사물을 인식하는 것처럼 사물을 보여주거나 듣게 하는 등의 행위를 할 수 있도록 사진이

5 특성(Feature): 머신러닝 분야에서 어떤 데이터를 분류하거나 값을 예측할 때, 데이터의 값을 잘 예측하기 위한 데이터의 특징

나, 소리를 제공해야 한다. 만약 사진을 제공한다면 사진은 학습할 데이터라고 할 수 있고 실물이나 사진 속 사물 인 '컵', '책상', '자전거', '고양이'라는 객체를 레이블이라고 한다. 이 객체는 사람이 사물이나 사진을 보고 정의한 것이기 때문에 레이블 된 사진을 읽어서 학습을 하는 컴퓨터 입장에서는 사람으로부터 배운 것이 된다. 반면 입력 데이터에 레이블이 없다면 컴퓨터가 사람으로부터 지도를 받은 것이 없기 때문에 비지도학습이라고 한다. 따라서 학습하는 방법은 2가지로 구분되는데 무언가를 제시해서 지도하는 지도학습과 제시된 것없이 현상만으로 학습하는 비지도학습으로 나눌 수 있다. 지도학습에는 분류, 회귀가 있고, 비지도학습에는 군집, K-평균, 차원 축소 등 다양한 학습 모델이 있다.

2.3 지도학습

지도학습은 레이블이 있는 데이터를 학습한다. 학습데이터는 입력에 따른 출력이 명확하기 때문에 주어진 모델을 활용하여 데이터를 학습함으로써 새로운 데이터가 입력되었을 때 예측한 값과 실제 값의 차이를 줄여 나가는 학습 방법이다. 즉, 지도학습은 레이블이 지정된 데이터에서 모델을 학습하는 머신러닝 기술이다. 지도학습은 크게 회귀와 분류로 나뉘는데 회귀분석이 대표적이다. 분류와 회귀는 둘 다 지도학습 모델이기 때문에 레이블이 있는 입력 데이터로 학습한다는 공통점이 있다. 분류와 회귀의 차이점에 있어서 분류는 그 결과값이 고정되어 있고, 회귀는 그 결과 값이 데이터 셋의 범위 내 어떠한 값도 가능하다는 것이다. 즉, 분류의 결과값은 학습 데이터 셋에 포함된 레이블 중 하나이고 회귀의 결과값은 학습 데이터 셋으로 결정된 함수식으로 계산한 임의의 값이다.

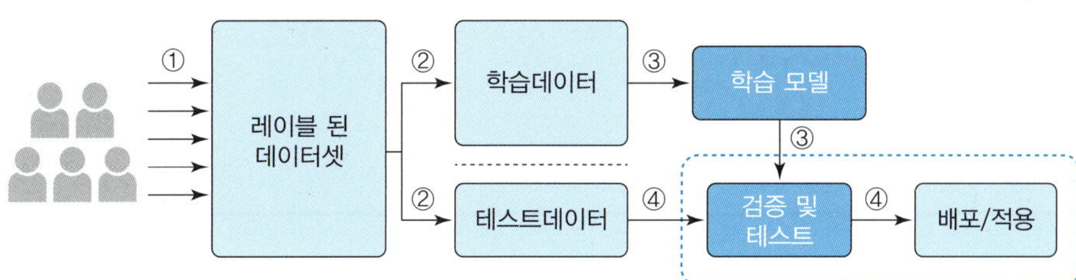

그림 2-3 지도학습

[그림 2-3]은 지도학습의 전반적인 과정이다. 지도학습은 학습 과정에서 정답이 주어진다. 데이터셋 내에는 변수들이 있는데, 예측 목표가 되는 변수를 종속 변수 라고 하며 종속 변수를

예측하는데 사용되는 변수를 독립 변수 라고 부른다. 여기서 입력은 데이터의 특징[Feature]이고 출력은 해당 레이블 또는 대상 변수[Target]이다. 지도학습의 목표는 새로운 입력 데이터에 대해 출력을 예측할 수 있는 매핑 함수[6]를 학습하는 것이다. 이 매핑 함수는 입력 데이터를 입력으로 사용하고 출력 데이터를 출력으로 생성하는 수학적 모델 또는 알고리즘으로 표현하여 예측된 출력과 실제 출력 사이의 오차를 최소화 하는 것이다. 이 오차는 일반적으로 예측된 출력과 실제 출력의 차이를 계산하는 손실 함수[7]를 사용하여 측정된다. 지도학습은 분류 및 회귀 등 다양한 작업에 사용될 수 있는데, 분류는 입력에 대한 이산적인 레이블이나 클래스[8]를 예측하는 것이 목표이다. 예를 들어, 분류는 개 또는 고양이로 구분하는 이미지 라고 한다면 회귀는 예측하고자 하는 종속 변수(예측 값) 값이 연속적인 경우이다. 어떤 학생이 공부한 시간에 대해서 시험성적이 오를 것인지 내릴 것인지에 대한 예측 점수, 역세권이나 학군 등의 영향으로 집값의 상승 또는 하락에 대한 예측, 회사에서의 거래량, 매출량 등을 예측할 수 있을 것이다. 결국 회귀 문제는 실수형 변수를 통해 예측하여 결과 값이 연속성을 지니고 있는 경우 회귀 문제라고 할 수 있다. 분류와 회귀의 차이점에 있어서 분류는 그 결과 값이 학습데이터 내에 고정되어 있고, 회귀는 그 결과 값이 데이터 셋의 범위 내 있다는 것이다. 즉, 분류의 결과 값은 학습 데이터 셋에 포함된 레이블 중 하나이고 회귀의 결과 값은 학습 데이터 셋으로 결정된 함수 식으로 계산한 임의의 값이 되는 것이다. 다음 회귀와 분류의 차이점은 [그림 2-4]와 같다.

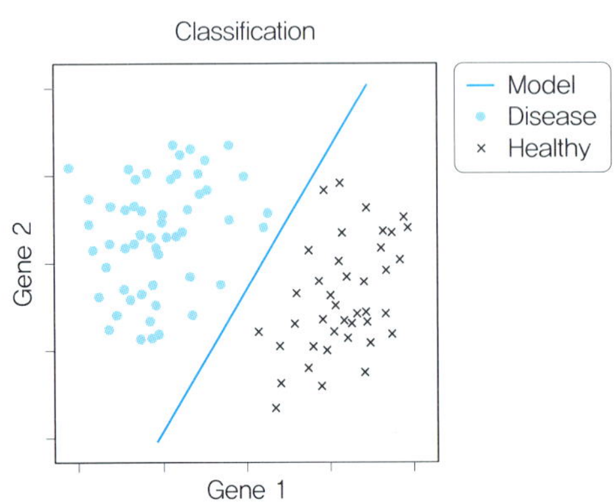

(a) 분류

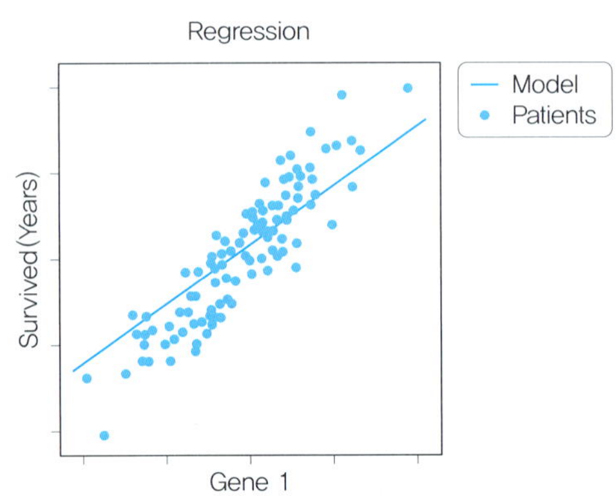

(b) 회귀

그림 2-4 분류와 회귀의 비교

[표 2-2]는 분류와 회귀를 비교한 표를 나타내었다. 좀 더 구체적으로 설명하면 분류 모델은 레이블이 적힌 학습 데이터로 학습한 후 새로 입력된 데이터가 속한 그룹을 찾아내는 것

이 목적이어서 분류 모델의 결과 값은 반드시 학습 데이터의 레이블 중의 하나여야 한다. 예를 들면, 자전거, 고양이, 강아지, 책, 책상이라는 레이블로 구성된 데이터 셋이 있다면 분류 모델의 결과 값은 자전거, 고양이, 강아지, 책, 책상 5개 중 하나가 되어야 한다. 따라서 분류되는 그룹의 수가 2개인 경우 이진 분류 또는 이항 분류라고 하고 3개 그룹 이상인 경우에는 다항 분류라고 한다.

표 2-2 분류와 회귀 비교 분석

비교 근거	분류	회귀 분석
기본	객체의 매핑이 미리 정의된 클래스 내에서 이루어지는 모델 또는 함수의 발견	객체의 매핑이 값으로 이루어지는 고안된 모델
데이터의 예측을 포함	이산 값	연속 값
알고리즘	의사 결정 트리, 로지스틱 회귀, 나이브 베이즈, K-최근접 이웃, 서포트 벡터 머신 등	회귀 트리, 랜덤 포레스트, 선형 회귀 등
계산 방법	측정 정확도	제곱 평균 제곱 오차의 측정

통계학에서, 회귀 분석Regression Analysis은 관찰된 연속형 변수들에 대해 두 변수 사이의 모형을 구한 뒤 적합도를 측정하는 분석 방법이다. 그래서 회귀 모델은 레이블 된 학습 데이터를 가지고 특성과 레이블의 관계를 함수식으로 표현함으로써 어떤 특정한 패턴을 찾아내고 일정한 패턴 내에서 연속된 값을 예측하는 것이다. 그래서 회귀 분석은 연속된 값을 예측하는 예측 모델이라고도 한다. 회귀 모델도 분류와 같이 몇 가지 범주형 결과 값을 예측하는 경우에 적용할 수 있다. 이러한 경우에 사용되는 회귀 모델을 로지스틱 회귀라고 한다. 로지스틱 회귀는 'S' 자 모양의 로지스틱 함수 또는 시그모이드sigmoid 함수를 이용하기 때문에 입력 데이터 [0,1] 경계를 가지고 이진 분류하는데 탁월한 성능을 보인다. 지도학습의 대표적인 모델로는 분류와 회귀가 있으면 이에 따른 관련 알고리즘은 K-최근접 이웃, 서포트 벡터 머신, 결정트리, 선형 회귀, 로지스틱 회귀, 랜덤 포레스트, 신경망 등의 방법이 있으니 대표적인 방법 몇 가지만 알아보기로 한다.

2.3.1 분류

분류 Classification의 사전적인 의미로는 개념이나 주체를 인지하고 차별화하고 이해하는 과정을 말하는 것으로, 주체가 범주 안에 있는 것을 암시하며, 보통 특정한 목적을 가지고 있다. 그래서 언어, 추측, 추론, 의사결정, 그리고 환경과 관련한 모든 종류의 상호 작용에 필수적이다. 머신러닝에서 분류는 데이터 분석의 대표적인 기법으로 다수의 속성 또는 변수를 갖는 객체를 사전에 정해진 그룹 또는 범주 중의 하나로 분류하는 것이다. 분류 모델은 알고리즘에 따라 여러 가지 모델로 나뉘는데, 그중에서 K-최근접 이웃, 서포트 벡터 머신, 의사결정 트리 모델 알고리즘이 대표적이다.

(1) K-최근접 이웃

K-최근접 이웃 K-Nearest Neighbor 알고리즘은 머신러닝 모델 가운데 가장 직관적이고 간단한 지도학습 모델 중 하나이다. 새로운 입력 데이터를 특정 값으로 분류하기 위해서 현재(새로운 입력데이터) 데이터와 가장 가까운 K개의 데이터를 찾아서 가장 많은 분류 값으로 분류하는 알고리즘이다. K-NN 알고리즘은 분류나 회귀에 사용되는 비모수 방식[9]으로, 두 경우 모두 입력이 특정 공간 내 *k*개의 가장 가까운 학습 데이터로 구성되어 있다. K-NN은 학습과 분류 과정 중 하나로써, 현재까지의 학습데이터가 존재하고 새로운 data *x*가 주어졌을 때, *x*에 대한 결과값을 *x*에 가장 가까운 data들을 이용하여 구하는 방법이라고 할 수 있다. 그래프상에 데이터를 보면 분류로 처리해야 할 문제인지 회귀로 처리해야 할 문제인지를 파악할 수 있다. 즉 분류 방법과 회귀 방법으로 적용할 수 있다는 것이다.

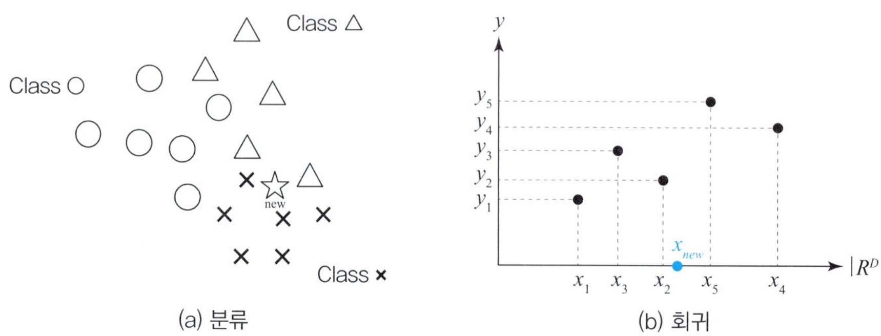

그림 2-5 K-최근접 이웃의 다양한 방법

[그림 2-5]의 (a)을 보면 확연히 분류에 대한 문제로 보여질 수 있다. [그림 2-5]에서 (b)를

9 비모수 방식(nonparametric method): 통계학에서 모수에 대한 가정을 전제로 하지 않고 모집단의 형태에 관계없이 주어진 데이터에서 직접 확률을 계산하여 통계학적 검정을 하는 분석법

보면 회귀의 문제로 보일 수 있다. 어떤 상황이든 새로운 데이터에 대해서 가장 가까운 K개 갯수의 데이터를 찾아서 특성을 파악하면 될 것이다. 객체는 *k*개의 최근접 이웃 사이에서 가장 공통적인 항목에 할당되는 객체로 과반수에 의해 분류된다. 따라서 *k*는 홀수개로 측정하는 것이 유리하다고 할 수 있다.

[그림 2-5](a)에서 새로운 데이터의 특성을 파악하기 위해서는 근접하고 있는 K개의 수에 따라서 다수결에 의해 정해지게 된다. 즉 [그림 2-6]에서 처럼 $k = 3$이면 세모의 특성을 $k = 8$일 경우 역시 세모의특성 즉 클래스 B의 특성을 가지게 된다.

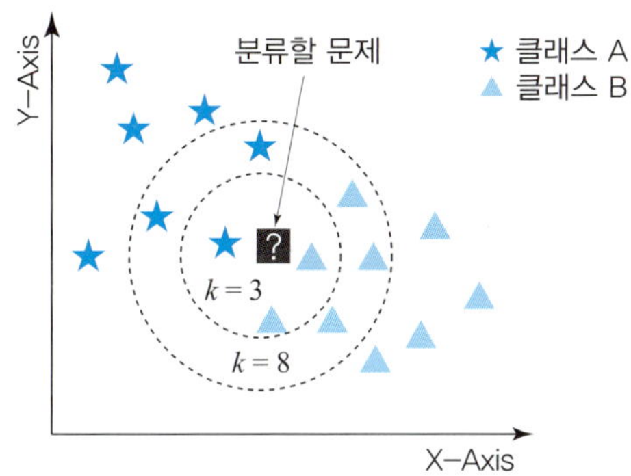

그림 2–6 K–최근접 이웃 알고리즘

[그림 2-7]의 경우 회귀에 대한 문제이다. 새로운 데이터가 어느 지점에 가까이 있는지 거리를 계산해보면 X2가 가장 가까이 있는 3개의 데이터 특성을 가지게 된다. K-NN 회귀에서 출력은 객체의 특성 값이다. 이때 값 $y(x_{new})$은 *k*개의 최근접 이웃이 가진 값의 평균이며 수식은 [그림 2-7]과 같다.

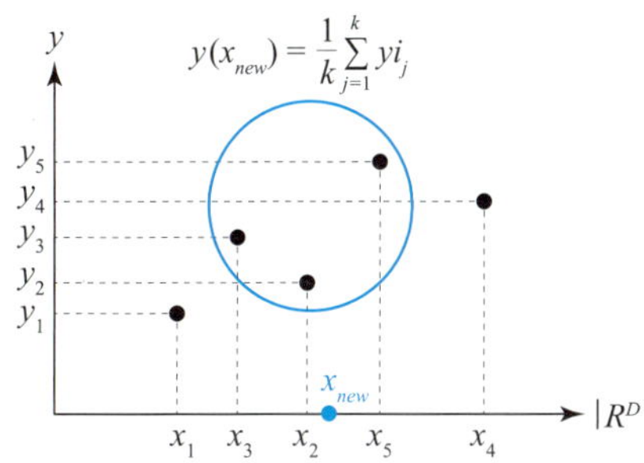

그림 2–7 KNN회귀

K-NN회귀는 K개의 최근접 이웃의 평균이라고 한 것에 대한 예를 들어보자. 사람들이 갤러리에 가서 그림에 대한 선호도를 예측하고자 한다. 그림에 대한 이웃한 데이터 K = 3으로 두었을 때 각각의 선호도는 3, 5, 9 라고하고 새로운 데이터와의 거리도 임의로 가정하자. 표현을 [선호도, 새로운 데이터와의 거리]라고 했을 때 [9, 5], [5, 10], [3, 2]일 경우 이들의 평균을 구하면 5.66으로 나타날 것이다. 그렇지만 새로운 데이터와 거리가 가까운 것은 [3,2]로 선호도는 낮지만 새로운 거리가 가까운 이유로 무언가 더 중요하다고 판단할 수 있을 것이다.

거리를 파악할 때 문제점이 있다. K를 선정하기 전에 선행되어야 할 일은 거리 척도에 대한 문제이다. 거리 척도에 관한 문제는 거리의 표준에 관한 것이어야 하고 이는 유클리드 거리 또는 맨하튼 거리로 정의한다. 유클리드 거리는 두 점 사이의 거리를 계산할 때 쓰는 방법으로 계산식은 [그림 2-6]과 같다. 거리가 가까울수록 데이터 간 유사성을 보인다. 유클리드 거리 계산 방법은 (1)과 같다.

$$(1) \quad d(x, y) = \sqrt{(x-y)\cdot(x-y)} = \sqrt{(x_1-y_1)^2+(x_2-y_2)^2}$$

단순하게 보면, 좌표상의 단위는 눈에 띄는 거리이지만 단위는 돈, 무게 등이 될 수 있다. 즉 좌표상의 거리가 단위에 따라 바뀔 수 있다. 따라서 K-최근접 이웃 알고리즘을 정의할 때 데이터의 단위에 대한 표준은 매우 중요하다. 이때 단위는 거리로 표현하며 이 거리를 맨하튼 거리라고 한다. 맨하튼 거리는 두 점 사이의 거리를 측정하는 방법이다. 이는 각 좌표 축을 따라 이동하는 거리의 총합으로 계산된다. 구체적으로, 두 점 (x_1, y_1), (x_2, y_2) 사이의 맨하튼 거리는 $|x_1 - x_2|$, $|y_1 - y_2|$의 절대값을 더한 것이다. 여기서 절대값을 사용하는 이유는 거리가 음수가 될 수 없기 때문이다. 따라서 맨하튼 거리는 두 점 간의 수평 거리와 수직 거리를 각각 계산하고, 이들을 더해 전체 거리를 구한다.

(2) 서포트 벡터 머신

서포트 벡터 머신 Support Vector Machine은 머신러닝의 분야 중 하나로 패턴 인식, 자료 분석을 위한 지도학습 모델이며, 분류와 회귀 분석에 사용이 가능하다. 원래 이진 분류를 위하여 개발되었으나 현재는 인공지능 전반에 다양하게 적용되고 있다. SVM이 주목받는 이유는 분류에서 발생하는 문제를 해결하기 위해 최적의 초평면 분리 경계를 제공함으로써 학습해야 할 데이터의 양이 적어도 결과 해석이 용이하고 구조적 위험 최소화의 원칙에 기반한 경험적 위험도 역시 최소화할 수 있는 장점이 있다. 초평면은 주변의 공간보다 한 차원 낮은 공간으로 3차원은 2차원의 평면이고 2차원은 1차원의 선이 된다. 2차원의 경우 분리 경계를 선으로 구분하면 [그림 2-8]과 같다. [그림 2-8]을 보면 데이터는 파란 사각형과 빨간색 원 2가지로 분류를 할 수 있다. 이 데이터를 나누기 위해 긋는 경계선을 초평면이라고 하고, 이 초평면을 긋기 위해 사용되는 초평면에 가장 가까이 있는 데이터를 서포트 벡터라고 한다. 그리고 경계선인 초평면과 서포트 사이의 거리를 마진[Margin]이라고 한다.

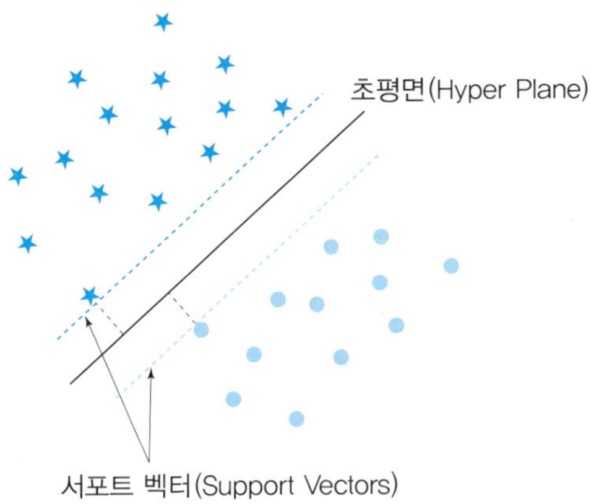

그림 2-8 서포트 벡터 머신

서포트 벡터 머신에서는 두 데이터를 나눌 수 있는 수많은 경계선 중에 가장 최선의 경계선을 찾는 것이 목표이다. 여기서 가장 최선의 경계선을 찾는다면 서포트 벡터와 초평면 사이가 가장 멀리 있는 직선이 가장 이상적인 경계선이다. 왜냐하면 분리하기 위한 선과 데이터의 거리가 멀어질수록 안정적으로 두 집단을 분리할 수 있기 때문이다. [그림 2-8]과 같이 2차원 평면의 경우 직선은 $y = Wx + b$와 같이 기울기 W와 y절편 b에 따라서 결정이 되므로 마진을 가장 크게 만드는 W와 b를 찾아야 한다. [그림 2-9]를 보면 서포트와 마진(마진이 무엇인지 질문)을 통해 두 클래스 사이를 분류하는 최적의 초평면을 구하는 방법은 Hard Margin방법과 Soft Margin방법 두 가지가 있는데, Hard Margin 방법은 매우 엄격하게 두 개의 그룹을 분리하는 경계를 구하는 방법으로 몇 개의 방해 요소가 있으면 사용하기 힘들다. Hard라는 의미는 오분류 되어 있는 것을 허용하지 않고 완벽하게 분류하겠다는 의미로 선형 분리 라고 한다. 결국 오류는 허용하지 않는다는 의미로 이해하면 될 것이다. Hard margin은 각 데이터 클래스들이 완벽하게 구분이 되어 선형 분리한 경우에만 가능하지만 실제로는 이런 경우는 거의 없을 것이다. 이러한 경우 마진은 최대화하기 위해서 오 분류된 경우를 어느 정도 허용해야만 한다. 이러한 경우를 Soft란 용어를 써서 Soft margin이라고 한다. 주어진 샘플을 완벽하게 두 개의 그룹으로 선형 분리할 수 없을 경우, 오 분류 에러를 허용하게 된다.

어쨌거나 분류를 잘 하기 위해서는 마진의 폭이 넓어야 한다. 서포트 벡터가 위치한 경계선에 약간의 여유를 두는 방식이다.

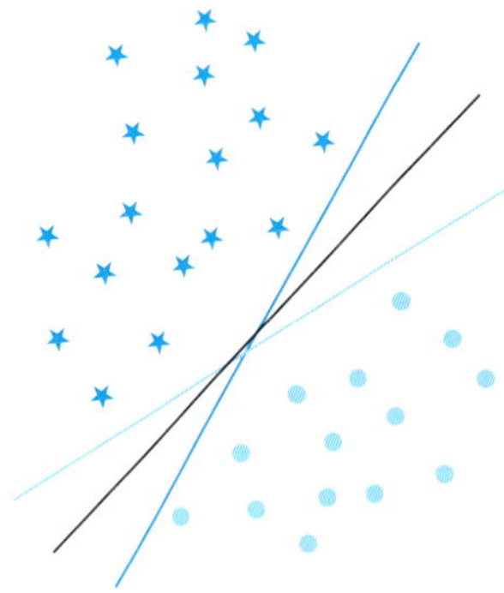

그림 2-9 SVM의 초평면

[그림 2-9]를 예시로 볼 때, SVM의 최종의 목표는 두 개의 그룹을 분리하는 직선을 찾는 것이다. 두 그룹을 구별하는 초평면을 구분하되, 초평면을 사이에 두고 가능하면 두 그룹이 멀리 떨어져 있도록 초평면을 구하는 것이다. 왜냐하면 두 그룹이 멀리 떨어질수록 나중에 추가로 입력된 데이터를 판별하는데 더 높은 신뢰도로 예측할 수 있기 때문이다. SVM에서는 분류 문제와 회귀 분석에 적용할 수 있다고 했다. 지금까지는 분류에 대한 문제를 설명하였고 다음으로 회기에 대한 분석을 해보고자 한다. 회기문제도 분류와 같은 맥락에서 보면 된다. 초평면을 기준으로 마진을 최대화한다면 효율적인 분석이 이루어질 수 있다. [그림 2-10]에서 SVM에서 회귀분석 하는 그림을 나타내었다.

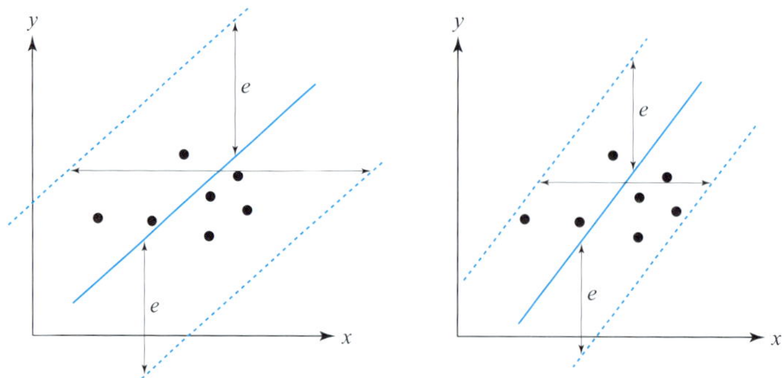

(a)초평면이 넓은 경우 (b) 초평면이 좁은 경우

그림 2-10 회귀문제의 초평면

[그림 2-10]은 E범위내에 데이터를 포함하고 있다. 여백을 보면 (a)가 (b) 보다 더 넓다. 여기서 E가 커질 수록 데이터가 초평면을 벗어날 경우는 줄어 들 것이다. (a)의 1의 데이터는 초평면을 기준으로 (b)보다 마진이 넓기 때문에 (a)형태로 만들려고 할 것이다. 즉 마진이 좁다는 것은 오 분류가 발생할 확률이 높다는 것이다.

(3) 의사결정 트리

의사결정 트리 Decision Tree는 분류와 회귀Regression 모두 가능한 지도 학습 모델 중 하나로써 데이터에 있는 규칙을 학습을 통해 자동으로 찾아내 트리 기반의 분류 규칙을 만드는 것이다. 입력되는 관측 값과 목표 값을 연결시켜주는 예측 모델로 데이터를 분석하여 이들 사이에 존재하는 패턴을 예측 가능한 규칙의 조합으로 나타낸다. 의사 결정 트리는 통계학과 데이터 마이닝, 머신러닝에서 사용하는 일반적인 예측 모델링 방법으로써 독립변수(X)간의 관계나 척도에 따라 종속변수(Y)를 예측하거나 분류하는 문제에 활용되는 것으로 독립변수의 관측 값을 모델에 입력해 종속변수를 분류하거나 예측하는 지도학습 기반의 방법론이다. 의사결정트리 모델을 사용하는 주된 이유는 종속변수를 예측하거나 분류 문제를 해결함에 있어서 어떤 독립변수가 가장 중요한 영향을 미치는지에 대해 확인할 수 있다. 나아가 각 독립변수마다 어떤 척도에 따라 예측 또는 분류를 했는지 상세한 기준을 알 수 있으며, 직관적인 해석이 가능해 주요 변수와 분리 기준 제시, 변수 간의 상호작용을 고려하여 선형 및 비선형 관계를 탐색할 수 있는 장점이 있다. 그러나 단점으로는 데이터 수가 적을 경우 불안정하고 과대적합 발생률이 높으며 분리 경계점 근처에 오류 발생 가능성이 있다는 단점이 있다.

2.3.2 회귀

회귀 Regression 분석은 연속형 변수들에 대해 두 변수 사이의 모형을 구한 뒤 적합도를 측정하는 통계적 분석 방법이다. 즉, 변수들 사이의 함수적인 관련성을 찾기 위해 수학적 모형을 가정하고 이 모형을 측정된 변수들의 자료로부터 추정하는 통계적 분석 방법이다. 정리하면, 회귀 분석은 기본적으로 변수들 사이에서 나타나는 경향성Tendency 또는 의존성Dependency을 수학적으로 알아보는 것이다. 이는 회귀분석은 인과관계를 증명하는 방법이 아니라, 인과관계가 상정된 모델을 구현할 수 있다고 볼 수 있다. 오늘날 회귀 분석은 경제학, 의학, 공학 등 다방면의 영역에서 활용성이 입증되면서 현재 가장 많이 사용되는 통계 모델로 자리잡고 있다. 다음은 회귀 분석에 대해 대표적인 모델에 대해 설명하고자 한다.

(1) 선형 회귀

선형 회귀 Linear Regression는 널리 사용되는 대표적인 회귀 알고리즘으로, 종속 변수 y와 한 개 이상의 독립 변수(설명 변수) X와의 선형 상관 관계를 모델링하는 회귀분석 기법이다. 한 개의 독립변수는 단순 선형 회귀simple linear regression [10], 둘 이상의 독립변수는 다중 선형 회귀라고 한다. 즉, 일반적인 선형 방정식의 종속변수 값을 적절히 예측하는 독립변수가 한 개 이상 포함될 것이다. 일반적인 선형 회귀에 대한 예시를 [그림 2-11]에 나타내었다.

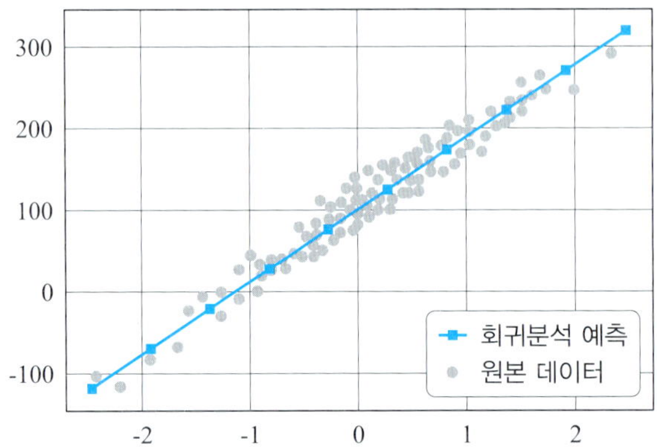

그림 2-11 선형 회귀

다음은 선형 회귀의 종류에 대해 설명하고자 한다.

단순 선형 회귀

단순 선형 회귀 Simple Linear Regression는 $y = w_x + b$의 식으로 나타낼 수 있으며, 머신러닝에서는 독립 변수 x에 곱해지는 W(Weight)를 가중치로 표현하고 상수항에 대항하는 b(bias)로써 적절한 W와 b값을 찾는 것이다. 모델의 형태를 보면 직선, 혹은 평면, 그리고 4차원 이상의 공간에서는 초평면hyperplane이 될 것이다. 따라서 선형 회귀 모델은 결국 데이터를 표현하는 차원의 공간에서, 데이터들과 이루는 오차가 가장 작은 직선 혹은 평면(초평면)을 찾는 모델이라고 할 수 있다.

10 선형 회귀는 독립 변수 x와 한 개의 종속 변수 y의 관계를 가질 경우 단순 선형 회귀라 부르며, 독립 변수를 여러 개로 확장한 것이 다중 선형 회귀임, 실세계의 거의 대부분의 문제는 여러 개의 독립 변수를 포함하고 있어서 일반적으로 선형 회귀라 하면 다중 선형 회귀일 경우가 다수임

다중 선형 회귀

다중 선형 회귀 Multiple Linear Regression는 $y = w_1x_1 + w_2x_2 + \cdots + w_nx_n + b$의 식으로 나타나며 여러 독립 변수에 의해 영향을 받는 경우이다. 즉, 두 개 이상의 독립 변수가 종속 변수에 영향을 미치는 관계를 모델링 한다. 이를 위해 주로 최소 제곱법이 사용되며, 이를 통해 회귀 계수들을 선택하여 모델을 구축한다. 예를 들어, 집의 가격을 예측하는 모델에서는 단순히 역세권에 대한 문제만이 아니라 방의 개수, 욕실의 개수, 크기 등에 따라 예측 값이 달라질 것이고, 임금을 예측하는 부분에 있어서도 단순히 교육 수준만을 변수로 사용하지 않고 경력, 나이, 대외활동 등 여러 독립 변수들이 집의 가격, 임금에 어떤 영향을 미치는지 분석할 수 있다.

(2) 로지스틱 회귀

로지스틱 회귀 Logistic Regression 모델은 예측과 분류가 가능한 모델이다. 독립 변수의 선형 결합을 이용하여 사건의 발생 가능성을 예측하는데 사용되는 통계기법으로써 종속 변수가 범주형 데이터(독립변수 값이 아무리 크게 변해도 종속 변수는 0과 1사이의 값, 그림 [2-12]참조)를 대상으로 하며 입력 데이터가 주어졌을 때 해당 데이터의 결과가 특정 분류로 나뉘기 때문에 일종의 분류 기법이기도 하다.

다음은 로지스틱 회귀 모델을 [그림 2-12]에 나타내었다. 로지스틱 회귀는 이미 언급했듯이 범주형의 경우에 사용한다. 선형회귀의 종속변수는 일반적으로 연속적인 정규 분포를 가질 경우에 사용하는데 만약 종속 변수가 범주형(예/아니오, 1/0, 합격/불합격, 구매/비구매)으로 표현될 때 로지스틱 회귀 분석 방법을 사용한다. 이와 같이 종속 변수가 2가지 범주에 속할 때는 이진형 로지스틱 회귀 모델이라고 한다. 로지스틱 회귀는 선형 회귀와 다르게 종속 변수가 범주형 데이터가 대상이고 입력 데이터가 주어졌을 때 해당 데이터의 결과가 특정 분류로 나누어지기 때문에 일종의 분류 기법으로도 볼 수 있다. 모든 데이터가 선형 특성을 가지는 게 아니기 때문에 여러 개의 클래스를 가진 로지스틱 회귀가 등장하게 되었다. [그림 2-12]에서 특정 데이터를 분류하는 기준을 바탕으로 기준을 넘어서면 분류 내에 속하고 아니면 분류에 속하지 않는 것으로 판별하기 때문에 0과 1로 나타낸다. 그래서 메일이 스팸인지 아닌지, 암 판단에 있어서 양성인지 악성인지를 구분한다.

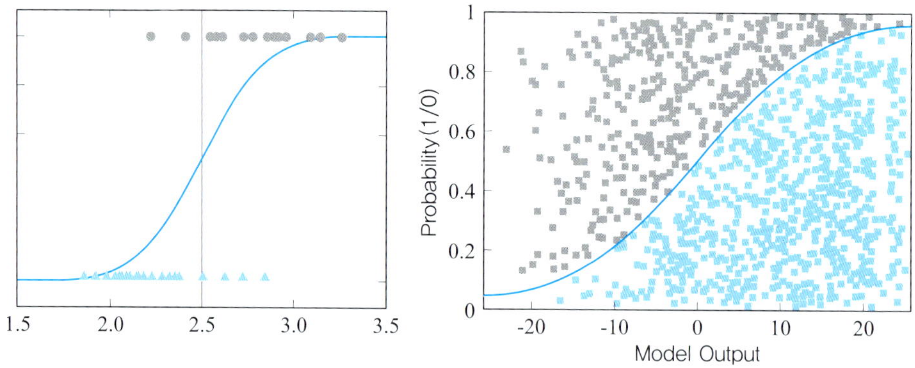

그림 2-12 **로지스틱 회귀모델**

로지스틱 모델은 [그림 2-12]처럼 선형모델에 시그모이드 함수를 적용하여 분류 형태로 문제를 해결할 수 있다. 그러나 분류 모델에서는 선형 모델과 달리 회귀 계수를 통한 직관적 해석이 어려운데, 이때 사용하는 개념이 바로 [그림 2-13]에 나온 오즈Odds와 로짓 변환 Logit Transform이다.

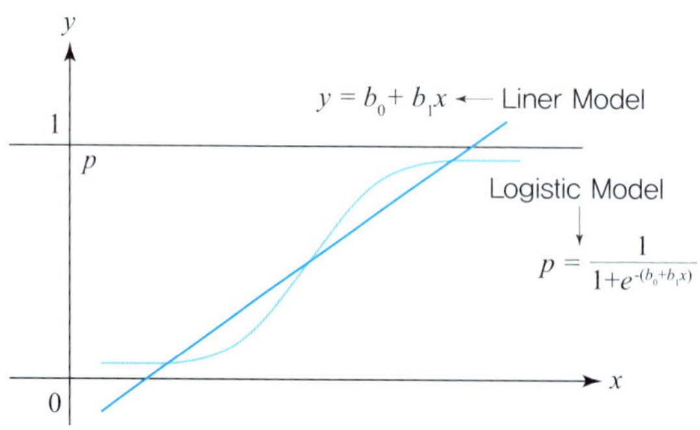

그림 2-13 **오즈와 로짓 변환**

오즈는 실패확률에 대한 성공확률의 비를 말하는 것으로 "P = 성공확률"과 "1 − P = 실패확률"로 표현 된다. Odds = 5라면 성공확률이 실패확률의 5배라는 뜻이다. 로짓Logit은 ±∞의 범위에서 어떤 클래스에 속할 확률을 결정하는 함수이며 로그오즈log odds는 변환모델(선형)의 종속변수 값을 통해 확률을 구한다. 오즈는 2가지의 한계가 있는데 $0<odds<\infty$에 속하기 때문에 범위에 제약이 있다. 오즈의 값과 확률값은 비대칭성을 띄게 된다. 그래서 로그함

수를 취하게 된다. 오즈에 로그를 변환하는 과정을 로짓 변환이라고 한다. 로짓 변환[11]을 통해 선형의 식을 도출해내고, 독립 변수 *X*에 따른 로짓의 변화를 알 수 있게 된다.

로지스틱 회귀는 인공 지능 및 머신러닝 분야에서 중요한 기법으로 사용되고 있으며 학습을 통해 사람의 개입 없이 복잡한 데이터 처리 작업을 수행할 수 있다. 어떤 회사가 비즈니스 관련된 데이터에서 유용한 인사이트를 얻는다면 관련된 인사이트를 예측 분석에 사용하여 운영 비용을 절감하고 효율성을 높이며 더 빠르게 규모를 조정할 수 있다. 예를 들면, 기업이 직원 유지율을 개선하거나 더 수익성 높은 제품 설계로 이어지는 패턴을 발견할 수 있을 것이다.

2.4 비지도학습

비지도학습 Unsupervised Learning은 머신러닝 알고리즘을 사용하여 레이블이 지정되지 않은 데이터 셋을 분석하고 군집화 하는 것으로 학습 알고리즘에 결과물이라고 할 수 있는 출력을 미리 제공하지 않고 인공지능이 입력 데이터 셋에서 특정한 패턴과 상관 관계를 찾아내는 것이다. 비지도학습은 데이터 자체가 부족하거나 학습 데이터를 수집하기에는 비용이 너무 높은 등의 이유로 출력에 대해 알 수 없거나 활용할 수 없을 때 주로 사용된다. 예를 들어 아이가 처음 태어났을 때 일반적으로 말을 가르칠 때 부모님은 "아빠" "엄마"라는 말을 아이에게 가르치게 될 것이다. 이렇게 알려 주면서 가르치는 방법이 지도학습이라고 생각하면 될 것이다. 즉, 지도학습은 색깔, 숫자 또는 어휘와 같이 인간이 이미 알고 있는 것을 아이에게 가르치는 것이지만 비지도학습은 아이가 스스로 문제를 풀고 추론할 수 있도록 내버려두는 방식이라고 할 수 있다. 보통 아이가 상상을 통한 놀이 또는 글쓰기와 그림 그리기 등의 창의적인 활동을 하면서 스스로 배우도록 한다. 비지도 학습은 다음과 같은 특징을 가진다.

① 레이블이 지정되지 않은 데이터를 처리한다.
② 사용자가 보다 복잡한 처리 작업을 수행할 수 있도록 한다.
③ 더 예측이 어렵다.
④ 데이터의 근본 구조를 발견하는데 사용할 수 있다.

11 odds는 (*k*가 게임에서 이길 확률 / *k*가 게임에서 질 확률) = $p/(1-p)$로 계산될 수 있어서Odds를 알면 *k*가 게임에서 이길 확률을 역으로 계산할 수 있다. 그러나 만약 *k*가 1번 이기고 6번 질 경우, *k*의 승리에 대한 Odds는 0.17이다. 반대로 *k*가 6번 이기고 1번 질 경우, *k*의 승리에 대한 Odds는 6이다. 즉, 이기는 횟수가 지는 횟수보다 적을 경우, 0~1 사이의 값을 가지지만, 반대의 경우 1~무한대까지 값을 가진다. 즉, 대칭이 아니기 때문에 이러한 문제를 해결하기 위해서 대부분 Odds가 아닌 Log(Odds)인 logit을 사용한다.

⑤ 실시간으로 발생한다.

비지도학습은 주어진 데이터에 레이블이 주어지지 않은 상태에서 컴퓨터를 학습시키는 방법으로 데이터의 숨겨진 특징이나 구조를 발견하는 것이다. 이미 설명한 지도학습의 분류는 레이블이 있는 학습 데이터를 기반으로 분류를 위한 판별식을 만든 후 이 판별식을 이용해 새롭게 입력되는 데이터를 구분하거나 예측하는 것이다. 비지도학습은 레이블이 없는 데이터를 분류하는 것이기 때문에 입력된 데이터의 유사한 특성을 가진 그룹으로 분포된 데이터의 그룹을 찾거나 독립성분분석Independent Component Analysis [12]을 하는데 그 목적을 두고 있다. 따라서 비지도 학습은 구체적인 결과에 대한 사전 지식은 없지만 해당 결과 데이터를 통해 유의미한 지식을 얻고자 할 때 사용되며, 명시되지 않은 본질적인 문제나 데이터에 숨겨진 특징이나 구조 등을 연구할 때 많이 활용된다. 대표적인 방법이 군집화이다. 군집 모델은 학습 데이터가 레이블을 가지지 않는 경우이므로 입력된 데이터들이 어떤 형태로 그룹을 형성하는지가 중요하다. 즉 레이블 없이 확보된 데이터의 특성을 분석해서 서로 유사한 특성을 가진 데이터끼리 그룹화 하는 것이 군집 모델의 기본이다. 레이블이 없다는 것을 빼고는 군집은 지도학습의 분류 모델과 그 목적이 동일하다. [그림 2-14]에 군집화에 대한 예시를 나타내었다.

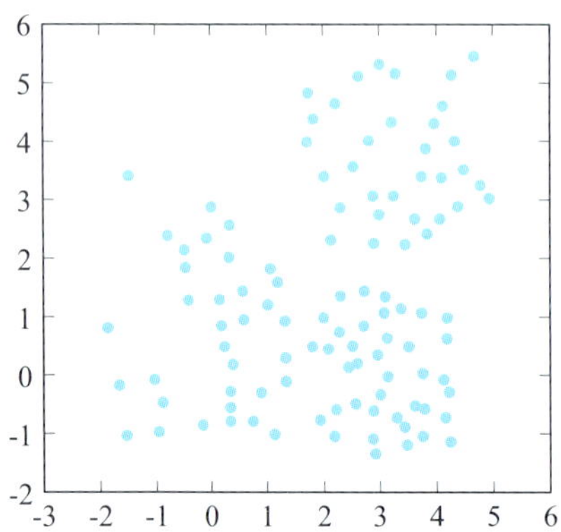

(a) 원본데이터

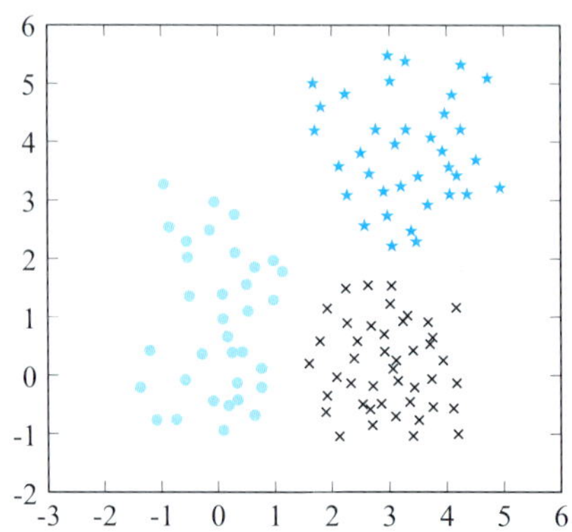

(b) 군집화 결과

그림 2-14 비지도학습의 군집 모델

12 다변량의 신호를 통계적으로 독립적인 하부 성분으로 분리하는 계산 방법이다. 각 성분은 비 가우스 성 신호로서 서로 통계적 독립을 이루는 성분으로 구성되어 있다. 독립 성분 분석은 블라인드 신호를 분리하는 특별한 방법, 예를들어 실내에서 녹음 된 여러 사람의 대화에서 특정 인물의 목소리를 빼내는 음원을 분리하는 것

[그림 2-14]에서 보면 그림 (a)원본데이터에서는 레이블이 없기 때문에 데이터가 어떤 특성을 가지고 있는지 알 수 없다. 그러나 (b) 군집화 결과를 보면 유사한 데이터끼리 모이는 군집화 된 현상을 볼 수 있다. 이런 형태로 군집이 이루어진 데이터를 분석해보면 특정한 패턴이나 특징, 구조 등을 알 수 있을 것이다. 군집 모델은 [그림 2-14]의 (b)를 보면 분류 형태로도 보일 수 있는데, 분류와 군집이 비슷해 보일 수 있다. 레이블이 없는 데이터를 분류하는 것이다. [그림 2-15]는 분류와 군집을 비교하였다.

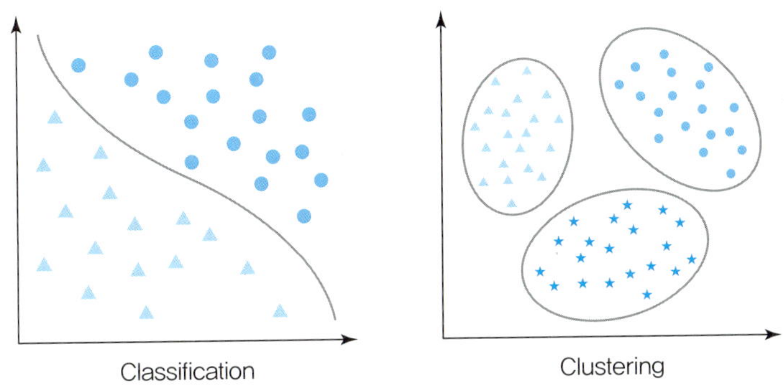

그림 2-15 분류와 군집 비교

분류와 군집의 비슷한 점은 데이터 분석이라는 목적을 가지고 숨겨진 패턴이나 구조를 찾아내려는 목표를 가지고 있으며, 데이터의 특성을 파악하고 그룹을 형성하는 것은 유사한 방법이다. 그러나 분류와 군집의 차이점은 분류는 레이블이 있을 때, 새로운 데이터의 그룹을 예측하기 위한 분석 기법이고, 군집은 각 개체의 범주가 군집의 정보를 모를 때, 즉 레이블이 없을 때 데이터 자체의 특성에 대해 알고자 하는 목적이 있다. 군집 모델은 크게 2가지로 나눌 수 있다. 첫 번째는 평활[13]또는 분할 기반의 군집화 방법이고 두번째는 계층적 군집화 방법이다.

분할 기법의 군집화는 몇 개의 군집을 만들 것인지를 최초에 지정한 후 데이터를 K개의 군집으로 분할하고 다양한 기준으로 중심 centroid를 수정하면서 군집을 재분류하는 방법이다. 분할적 군집화에는 K-means(평균, 연속형 데이터 등), K-medoids(중위 값, 연속형 데이터 등),k-modes(평균과 최빈 값, 혼합형 데이터), DBSCAN(밀도 분석, 이상치 탐지 등)등의 기법 등이 있다.

13 평활: 변동의 폭이 큰 시계열 자료 값을 변화가 완만한 값으로 변환하는 것

각 관측치를 하나의 최초 군집으로 지정한 후, 한 번에 두 개씩 하나의 군집으로 만들어, 모든 군집들이 하나의 군집이 될 때까지 군집들을 결합해 나가는 방법이다. 클러스터 개수를 미리 설정하지 않아도 되며 텍스트, 수치 상관없이 모든 클러스터링 기법에서 사용할 수 있다는 장점이 있다. 그러나 모든 쌍에 대해서 반복적으로 유사도를 구해야 하므로 계산량이 매우 많아 대용량 데이터에는 사용하기 어렵다는 단점이 있다.

군집 모델이 적용되는 분야는 매우 다양하다. 예를 들면, 전화기에서 통화음질을 개선하기 위해 사람 목소리와 노이즈를 구별하는 것은 레이블이 없는 데이터를 구별하기 좋은 예이다. 의학 분야에서 임상실험을 할 때 질병군과 환자군을 구별할 때도 군집 모델을 사용하고, 마케팅 분야에서도 고객을 세분화할 때도 군집모델이 사용된다. 최근에는 마케팅 분야에서 시장 및 고객 분류 등에 활용되고 있으며, 페이스북과 같은 소셜 네트워크 서비스에서는 유사한 관심사를 가진 사용자를 위한 커뮤니티를 만들 때도 사용되고 있다. 구글은 뉴스 서비스에서 같은 주제의 뉴스들을 같은 카테고리로 묶어주는데 군집 모델을 사용하고 있다. 의학 분야에서는 특정 질병에 대한 공간 군집 분석을 통해 질병의 분포면적과 확산 경로 등을 파악하는 역학 조사 등에서 활용되고 있으며, 홍보 분야에서는 고객을 세분화할 때 군집화를 활용하고 있다. 또한, 통계 분야에서도 분석하고자 하는 데이터에 다양한 군집화 알고리즘과 방법론을 사용하여 데이터 분석에 활용해 나가고 있는 추세이다. 군집화는 매우 다양한 분야에서 사용되고 있는 머신러닝의 한 방법으로 많이 사용되는 K-means 알고리즘과 DBSCAN 군집화 알고리즘을 알아보기로 한다.

(1) K-means 알고리즘

K-means 알고리즘 [K-means clustering algorithm]은 주어진 데이터를 K개의 군집으로 묶는 알고리즘이다. K-Means 알고리즘 각 클러스터와 거리 차이의 분산을 최소화하는 방식으로 K-means는 레이블이 없는 데이터들을 군집화하는 가장 간단한 비지도학습 중 하나다. 쉽게 말하자면 클러스터의 개수를 미리 정하여 반복적으로 클러스터의 평균을 업데이트 하면서 중심점과 가장 가까운 점들을 군집화하는 방법이다.

K-means의 경우 레이블이 없는 데이터에서는 몇 개의 클러스터가 존재하는지 모르기 때문에 분류할 클러스터의 수를 미리 정한다. K-means에서의 *k*가 바로 클러스터의 개수를 의미한다.

적절한 K값을 정하는 것은 중요한 일이다. 그래서 K값을 정하는 방법은 엘보우 방법과 실루엣 분석 방법이 있다. 엘보우 방법은 K-means 알고리즘을 실행할 때, 클러스터 개수 K를 점차 증가시키면서 클러스터링을 수행하고, 이에 따른 SSE Sum of Squared Errors[14] 값을 계산하여 그래프로 나타내어 최적의 K값을 선택하는 방법이다.

실루엣 분석은 각 군집 간의 거리가 얼마나 효율적으로 분리돼 있는지를 나타내는 것으로 효율적으로 잘 분리됐다는 것은 다른 군집과의 거리는 떨어져 있고 동일 군집끼리의 데이터는 서로 가깝게 존재하고 있다는 의미가 되겠다.

분류할 클러스터의 수가 정해지면 각 클러스터마다 초기 중심 값을 정한다. K-means에서 사용되는 중심의 의미는 클러스터를 대표하는 가상의 그룹이며 각 학습 데이터가 자신이 속한 클러스터를 결정하는 데 기준점이 된다. 초기 중심은 임의로 정하게 되고 학습이 진행되면서 업그레이드되어 각 클러스터마다 최적의 중심으로 이동한다. [그림 2-16]에 K-means clustering 수행절차를 나타냈다.

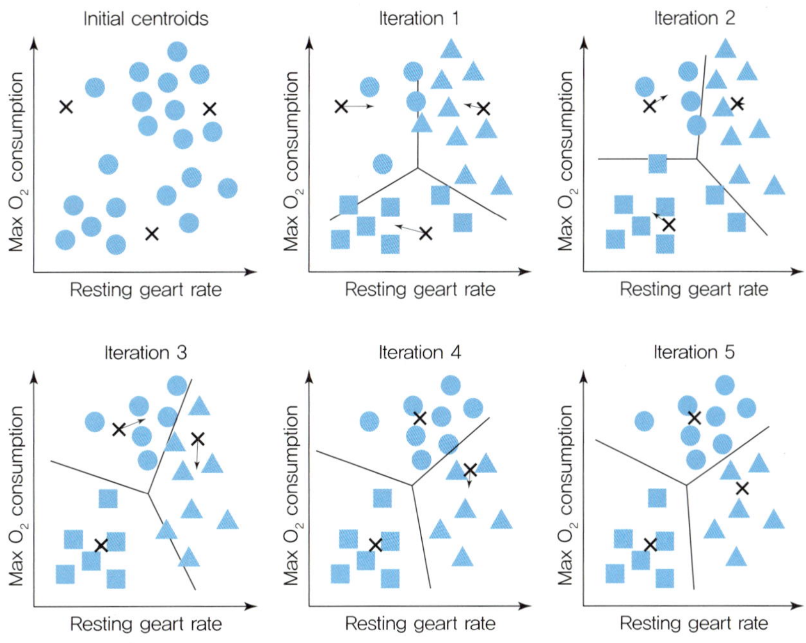

그림 2-16 K-means clustering 과정

최적의 중심을 구하는 것이 K-means 알고리즘의 핵심이다. 최적의 중심을 구하는 개념은

14 각 데이터 포인트와 해당 클러스터 중심점 사이의 거리를 제곱한 값의 합을 의미하는 것으로 SSE 값이 작을수록 클러스터링의 성능이 좋다고 판단할 수 있음

매우 직관적이고 간단하다. 즉, 모든 데이터는 임의로 정한 k개의 초기 중심 까지의 거리를 계산하고 가장 가까이에 있는 중심을 클러스터의 중심이라고 생각할 수 있다. k개의 클러스터가 정해지면 각 클러스터에 속한 학습 데이터의 좌표 값 평균을 구해 이를 새로운 중심으로 정한다. 다시 모든 학습 데이터는 새롭게 정의된 k개의 중심 까지의 거리를 계산하고 가장 가까운 중심을 자기가 속한 클러스터로 정의한다. 이를 반복하면서 거리를 업그레이드하게 되고 지정된 클러스터에서 다른 클러스터로 변경되는 경우가 생기지 않을 때 종료한다. 이를 알고리즘으로 표현하면 다음과 같다.

① 클러스터 개수 결정($k = n$) 후 임의의 중심 n개를 설정한다.
② 모든 데이터는 n개의 중심까지 각각 거리를 계산한 후 가장 가까운 중심을 자신의 클러스터 중심이라고 정한다.
③ 각 클러스터마다 학습 데이터의 좌표 값 평균을 계산한 후 이를 새로운 중심으로 설정한다.
④ 각 데이터는 오브젝트의 소속 클러스터가 바뀌지 않을 때까지 2, 3단계 반복한다.
⑤ 만약 모든 학습 데이터 중에서 자신이 속하는 클러스터를 변경하는 경우가 발생되지 않으면 학습을 완료한다.

K-means 모델은 학습을 위한 데이터 계산이 매우 빠르다. 학습 데이터의 규모가 n일 때, 대부분의 다른 알고리즘이 $O(n^2)$, O(nlogn)의 계산 값을 갖는데 K-means는 O(n)이다. 결국 소프트웨어 공학 측면에서 알고리즘의 복잡도를 계산할 때 복잡도가 가장 낮은 알고리즘으로 표현되는 것이다. 따라서 K-means 알고리즘의 장점은 비교적 이해하기 쉽고 구현하기가 쉬운 편이다. 또한, 비교적 빠르고 대용량 데이터에도 잘 작동하여 가장 인기 있는 군집 알고리즘이다. 하지만, 단점으로는 평균이 정의되어야 적용 가능하고, 무작위 초기화를 사용하여 알고리즘의 출력이 난수[15] 초기값에 따라 달라진다는 단점이 있다. 가장 큰 단점은 클러스터의 모양을 원으로 가정하고 있기 때문에 활용 범위가 비교적 제한적이며, 찾으려 하는 클러스터의 개수를 지정해야만 한다는 것이다.

(2) 밀도 기반 알고리즘

DBSCAN Density Based Spatial Clustering of Application with Noise은 Multi Dimension의 데이터를 밀도 기반으로 서로 가까운 데이터 포인트를 함께 그룹화하는 알고리즘이다. K-means클러스터링이 군집간의 거리를 이용하여 클러스터를 만들지만, 밀도 기반의 클러스터링은 관측데이터가 세

15 난수: 정의된 범위 내에서 무작위로 만들어진 수

밀하게 몰려 있는 밀도가 높은 부분을 클러스터링 하는 방식이다. 기본적으로 최소 클러스터 크기Minimum cluster size와 클러스터 된 포인트간 최대 거리Maximum distance between clustered points의 두 가지 매개 변수가 필요하다.

최소 클러스터의 크기는 하나의 클러스터를 형성하기 위해 필요한 최소 데이터 포인트의 수를 나타내며 이 값은 무시할 만큼 작은 클러스터를 결정하는데 영향을 미치게 된다. 여기서 핵심포인트와 경계포인트가 있어서 주어진 데이터 포인트 주변에 있는 이웃하는 포인트의 개수가 "최소 클러스터 크기"보다 크거나 같다면, 해당 데이터 포인트는 핵심 포인트로 간주된다. 핵심 포인트 Core Point는 클러스터의 중심 역할을 하며, 주변의 이웃 포인트들과 함께 같은 클러스터에 속하게 된다. 경계포인트Border Point는 한 클러스터 내의 데이터 포인트 간의 최대 거리를 나타낸다. 이 값은 각 클러스터 내의 데이터 포인트가 얼마나 멀리 떨어져 있는지를 제한하는 역할을 한다. 주어진 클러스터 내의 모든 데이터 포인트들은 서로의 거리가 "클러스터 포인트 간 최대 거리" 값보다 작거나 같아야 해당 클러스터에 속할 수 있다. 이를 통해 클러스터 내의 데이터 포인트들이 일정한 밀도와 근접성을 유지하게 되는 것이다. [그림 2-17]에 DBSCAN을 이용한 클러스터링을 나타내었다. 기준점 부터의 거리 epsilon 값과, 이 반경내에 있는 점의 수 minPts를 인자로 minPts = 7이라고 한다면,

① (a)는 기준점 부터의 거리 epsilon값과, 이 반경 내에 있는 점의 수 minPts를 인자로 전달 P반경 내 7개의 점이 있기 때문에 군집으로 판단하여 P를 핵심 포인트로 하나의 군집이 된다.
② P2의 경우 점 P2를 기반으로 epsilon 반경내의 점이 3개이고 minPts = 7에 미치지 못하기 때문에, 군집의 중심이 되는 core point는 되지 못하지만, 앞의 점 P를 core point로 하는 군집에는 속하기 때문에 이것이 경계포인트가 된다.
③ P4는 어떤 점을 중심으로 하더라도 minPts = 7을 만족하는 범위에 포함이 되지 않는다. 즉 어느 군집에도 속하지 않는 outlier가 되는데, 이를 noise point로 무시할 수 있다.

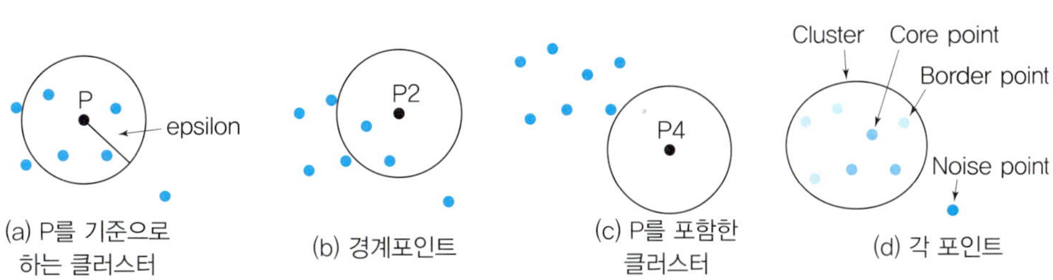

그림 2-17 DBSCAN 클러스터링

[그림 2-17]의 설명에서 보듯이 DBSCAN은 특정 데이터를 중심으로 밀도가 높은 곳에 포함된 데이터에는 클러스터를 할당하고 밀도가 낮으면 그 데이터를 이상치로 취급함으로써 클러스터를 생성하는데 영역 외의 데이터는 잡음이나 경계지점으로 간주한다.

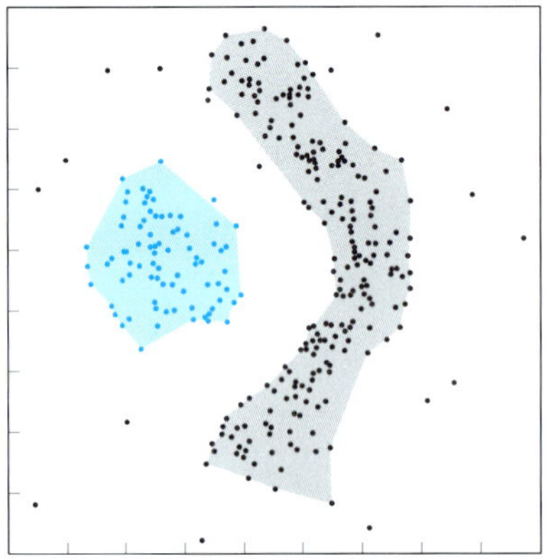

그림 2-18 밀도기반 클러스터 알고리즘

K-means 모델에서는 모든 데이터들이 자기가 속한 클러스터를 정할 때 K개의 중심으로부터 거리를 측정해 가장 짧은 거리에 있는 중심을 자신의 클러스터라고 정하지만 [그림 2-18]에서 나타난 바와 같이 DBSCAN은 일정한 밀도를 가지는 데이터의 무리가 거리의 개념과는 관계없이 같은 클러스터로 판단한다. [표 2-3]에 K-means와 DBSCAN을 비교하였다.

표 2-3 DBSCAN, K-means 비교

특징	DBSCAN	K-means Clustering
Cluster의 모양	데이터의 Cluster 모양이 arbitrary하게 묶이는 경우 잘 Clustering 됨	데이터의 Cluster 모양이 Spherical 한 경우에 잘 Clustering 됨
Cluster의 개수	군집화의 개수를 미리 정해주지 않아도 됨(밀도 기반)	군집화 될 개수를 미리 정해줘야 함 (centroid기반)
Outlier	Clustering에 포함되지 않는 Outlier를 특정 할 수 있음.	모든 데이터가 하나의 Cluster에 포함됨
Initial Setting	초기 Cluster 상태가 존재하지 않음	초기 Centroid 설정에 따라 결과가 많이 달라짐

DBSCAN의 장점은 클러스터의 개수를 미리 지정할 필요가 없으며 이상치Noise를 효과적으로 제외할 수 있다는 것이다. 이미 설명했듯이 미리 정해야 하는 것은 반경의 크기 epsilon와 최소 군집의 크기 MinPts이 2가지이다. 반경의 크기란 얼마나 가까워야 연결되었다고 볼 것인지에 대한 거리 값을 말하고, 최소 군집의 크기란 몇 개가 연결되어 있어야 군집으로 볼 것인지 데이터의 개수를 뜻한다. 즉, MinPts가 10이라면, 6개 데이터가 아무리 잘 모인다 하더라도 원하는 군집으로 보지 않고 노이즈로 보겠다는 의미이다. 결과적으로 불규칙 데이터를 다룰 때, 노이즈와 아웃라이어가 많을 것으로 예상될 때, 데이터에 대한 사전 예측이 어려울 때, 활용하는 것이 좋지만, Computational Cost가 많이 든다는 점, 예측과 해석이 어렵다는 단점이 있다.

2.5 강화 학습

강화 학습은 반복적인 시행착오 상호작용을 통해 작업을 수행하는 것으로 현재의 상태State에서 어떤 행동Action을 취하는 것이 최적인지를 학습하는 것이다. 행동을 취할 때마다 외부 환경에서 보상Reward이 주어지는데, 이러한 보상을 최대화 될 수 있도록 상호작용에 의한 학습을 진행한다.

앞서 살펴본 알고리즘들은 주어진 데이터를 정적인 상태에서 학습을 진행하였다면, 강화학습은 에이전트[16]가 어떤 행동을 해야 하는지 알지 못하는 상태에서 보상을 받을 수 있는 행동을 극대화하기 위한 방향을 찾는 학습 방법이라고 할 수 있다.

다시 말하자면, 강화학습은 수많은 시행착오를 통해서 최적의 행동을 찾아낸다. 에이전트는 환경과 상호작용하면서 보상과 패널티를 경험하고, 이런 반복적인 과정을 통해 에이전트는 보상을 최대화하는 방법을 학습한다. 또한 행동의 결과가 시간적으로 지연된 보상으로 표현될 수도 있다. 이는 에이전트가 현재의 행동이 미래에 어떤 결과를 가져올지 예측하고 고려하도록 유도한다. 예를 들어 게임을 할 때 지금 당장은 보상받을 일을 했을 수 있지만 결과적으로 지금의 행동으로 게임에서 질 수도 있을 것이다. 순간적인 보상은 있을 수 있겠지만 보상이 끝났다고 더 나은 방법을 택하지 않을 수 있게 된다. 그래서 에이전트는 장기적인 목표를 위해 단기적인 보상도 고려해야 한다. 이미 알고 있는 최적의 행동을 지속적으로 선택함으로써 보상을 최대화할 수 있게 해주는 것이다.

16 에이전트는 의사 결정을 수행하는 주체로서 주어진 환경(에이전트의 행동하는 상태와 보상을 결정하고, 행동이후 받을 보상을 예측하며 학습)과 상호작용하며, 행동을 결정하고 그에 따른 보상을 받음

어떤 상황에 대해서 시행착오 과정을 거쳐 학습하기 때문에 사람의 학습방식과 유사하다고 볼 수 있다. 에이전트는 환경으로부터 상태를 관측하고 이에 따른 적절한 행동을 하면 이 행동을 기준으로 환경으로부터 보상을 받는다.

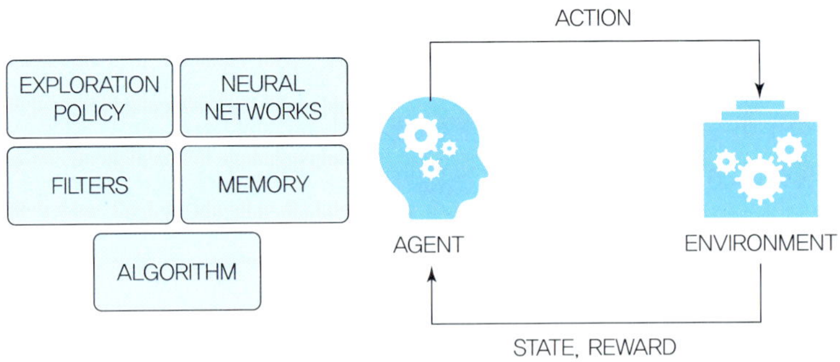

그림 2-19 **강화 학습의 형태**

[그림 2-19]는 관측–행동–보상의 상호 작용을 반복하면서 환경으로부터 얻는 보상을 최대화하는 태스크를 수행하기 위한 일련의 과정이다. 상태의 관측 – 행동 – 보상의 과정을 경험이라고 한다.

강화 학습을 발전시킨 학문 분야는 여러 가지가 있는데, 그 중에서 특히 행동 심리학과 제어이론이 가장 큰 영향을 끼쳤다. 행동심리학에서 말하는 '시행착오', 즉 사람과 동물이 학습하는 원리를 머신러닝에 적용한 경우다. 에이전트는 모든 행동에 대한 보상과 벌칙을 기억해서 최선의 결정을 내리도록 학습한다. 강화 학습에 중요한 영향을 준 또 하나의 연구 분야는 최적 제어이다.

최적 제어는 '50년대 말에 등장한 이론으로 동적시스템의 효율성을 최적화하는 조작장치 설계를 위해 시작됐다. 동적시스템 최적화 문제는 시간의 흐름에 따라 각 과정별 최적의 의사결정을 하는 것인데, 미국의 수학자인 리처드 벨만은 불연속적인 시간 문제에 대해 마코프 디시전 프로세스Markov Decision Process 모델을 도입해 이 문제를 해결했다. 강화 학습은 이처럼 사건이 전개되면서 받는 피드백을 통해 학습하기 때문에 순차적 사건에 대한 의사결정을 내릴 때 주로 사용된다. 시행 착오를 기반으로 학습하는 과정이 사람의 학습 방식과 매우 닮아 인공지능을 가장 잘 대표하는 모델이라고 주장하는 사람도 있다. 강화 학습 모델은 게임이나 로보틱스에 가장 효과적으로 활용되고 있다. 강화학습 모델은 자신의 행동에 따라 환경이 어떻게 바뀔지 안다면, 실제로 행동하기 전에 미리 변화를 예상해보고 최적의 행동을 실행할 수 있을 것이다. 이러한 계획으로 에이전트는 훨씬 효율적으로 행동할 수 있는 장점이 있지만, 모델이 환경을 제대로 반영하지 못하는 오류가 발생할 경우가 많아지게 되면, 이 오류는 그대로 에이전트의 오류로 이어지게 되어 정확한 모델을 만드는 것은 좋은 에이전트를 만드는 것만큼 어렵다는 것이 단점이라고 할 수 있다. 머신러닝 차원에서 본다면 강화 학습은 수학적 기반이 아니라 제어 기반의 접근으로 지도학습으로도 보지만 비지도학습으로 구분하는 경우도 있다.

2.6 머신러닝 활용에 절차 및 세부사항

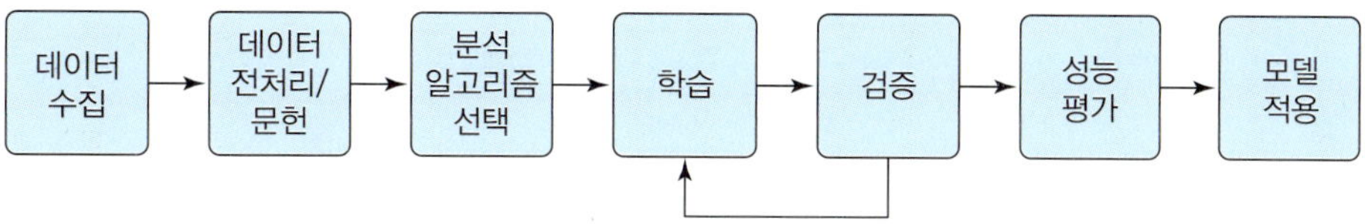

그림 2-20 머신러닝 수행절차

머신러닝의 목표는 회귀 분석 모델이 되든지 클래스의 분류가 되든지 간에 그 예측 값을 정확하게 출력하는 것이다. 그러기 위한 과정은 [그림 2-20]에서 확인이 가능하며, 진행 중 분석 시에는 반드시 과소적합 Underfitting과 과적합Overfitting 문제를 고려해야 한다. 과소 적합은 모델이 단순하여 입력된 데이터를 제대로 설명하지 못하고 예측력이 떨어지는 것을 의미한다. 모델이 과소적합인지 아닌지는 모델의 예측치와 실측치 간의 오차인 Cost에 따라서 판단이 가능하다. 과소적합인 경우 모델 선택과 추가 학습 데이터를 확보하는 것으로 어느 정도 보완이 가능하다. 과적합은 지나치게 학습 데이터에 모델이 적합된 경우라 볼 수 있다. 과적합이 발생하는 근본적인 이유는 주요 머신러닝 알고리즘이 귀납적 방법으로 모델을 구축하기 때문이다. 따라서 머신러닝 방법으로 분석할 경우 이와 같은 문제가 언제든지 발생할 수 있다.

3. 모델 검증 및 평가

3.1 학습, 검증, 테스트 데이터 분할

머신러닝을 모델링하고 결과를 검증하기 위해서는 학습할 데이터와 검증할 데이터, 그리고 테스트할 데이터가 필요하다. 3가지로 구분된 데이터는 학습하기 위한 학습 데이터셋, 모델의 하이퍼파라미터를 미세조정Fine-Tuning 할 때, 학습 데이터셋에 적용된 모델의 바이어스가 없는 평가 지표를 제공하는 검증 데이터, 최종 모델에 대해서 바이어스가 없는 평가를 제공하기 위한 테스트 데이터 셋으로 구분된다. 학습, 테스트, 검증데이터를 나누는 기준은 2가지로 나눌 수 있다. 먼저 보유한 데이터의 전체 샘플 개수 그리고 학습을 하는 실제 모델에 사용되는 샘플 개수라고 할 수 있을 것이다. 학습-시험-검증 데이터셋을 나누는 비율은 연구자가 알아서 케이스 바이 케이스로 결정하는 경우가 많다. 그것은 더 많은 모델을 학습해보면서 시행착오를 통해서 결정하는 것이 좋을 것이다. 수집된 데이터의 비율을 5:2:3으로 3개의 파트로 설정하며 각각의 연구 환경에 맞추어 비율을 조정하여 학습에 사용한다.

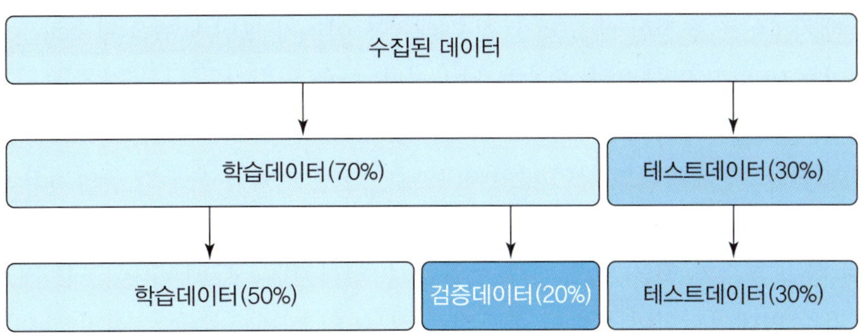

그림 3-1 모델 검증을 위한 데이터 분할

[그림 3-1]은 수집된 데이터를 학습데이터 70%, 테스트 데이터 30% 의 비율로 나누었다. 그 이후 전체 학습 데이터 중 검증 데이터 20%로 나누어 검증에 활용한 예를 나타내었다. 데이터 분할은 학습 데이터, 검증 데이터, 테스트 데이터로 구분하고, 연구자는 학습의 강도에 맞도록 에폭Epoch 배치사이즈 Batch size, 이터레이션Iteration을 결정하여야 한다. 에폭Epoch은 전체 학습데이터셋에 대해 한 번 학습을 완료한 상태이며, 배치사이즈는 모델이 한 번에 처리할 수 있는 샘플 크기로써 학습 데이터를 통째로 학습을 시킨다면 비효율적이기 때문에 데이터를 작게 나누어 학습하게 된다. 작게 나누어진 데이터를 미니 배치mini batch라고 한다. 이터레이션은 계산이나 컴퓨터 처리 절차를 반복하는 것을 의미하며 예를 들어 배치사이즈에 맞게 나누어진 미니 배치 10개 전체를 학습할 경우 1이터레이션이라고 한다.

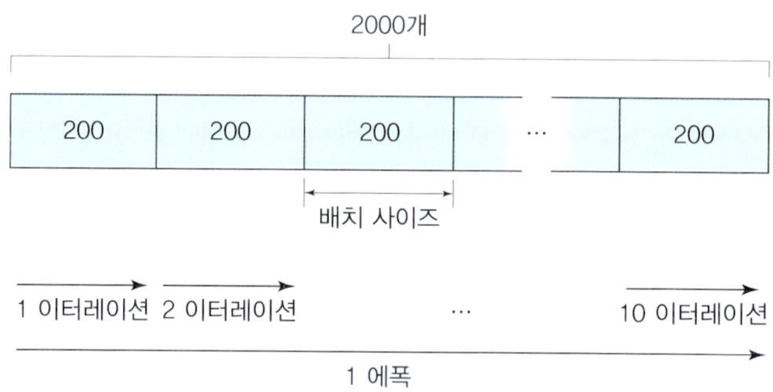

그림 3-2 Batch Size, Iteration, Epoch의 관계

[그림 3-2]는 학습 데이터 2,000개를 200개의 미니 배치로 나누어 학습을 할 경우, 배치사이즈는 200이 되고, 이터레이션을 10회 하게되면 1에폭이 된다.

여기서 배치사이즈를 정할 때 고려할 것은 배치 사이즈가 크면 모델을 구축하는데 걸리는 시간이 줄어들지만, 그 만큼 학습 횟수는 낮아진다. 학습 횟수가 낮다는 것은 오차 최소값에 도달하기 위해 가중치를 수정하는 횟수가 적어질 수 있기 때문에 예측력이 떨어질 수 있다는 것을 의미한다. 즉 데이터의 양이 많아지고, 많아진 만큼 학습 속도가 늦어지고 메모리 부족현상 등이 나타날 수 있다. 이러한 경우 에폭 수를 높여 학습 수를 높이거나 학습률[1] Learning rate 을 높여 학습 횟수가 적은 것을 일부 보완할 수 있다. 반대로 배치사이즈를 적게 한다면 가중치가 자주 업데이트되어 학습이 불안정해 질 수 있고 에폭 수를 높이면 학습횟수는 늘

1 학습률: 학습되는 양 또는 단계, 학습률이 높으면 산출되는 결과 속도가 빨라지지만 오류 값을 제대로 산출해내지 못하거나 오버플로우가 발생할 수 있고, 반대로 학습률이 너무 낮으면 산출되는 결과 속도가 느려지고 오류 값이 많아져 문제가 발생함

어나겠지만 과적합을 주의해야 한다. 그래서 과적합 되기 전에 학습을 멈출 수 있는 조기 종료early stopping 모델이 필요하다. 조기종료는 학습 중 주기적으로 성능 검증을 하다가 성능이 더 좋아지지 않으면 과적합이라 판단하고 학습을 멈추는 것이다.

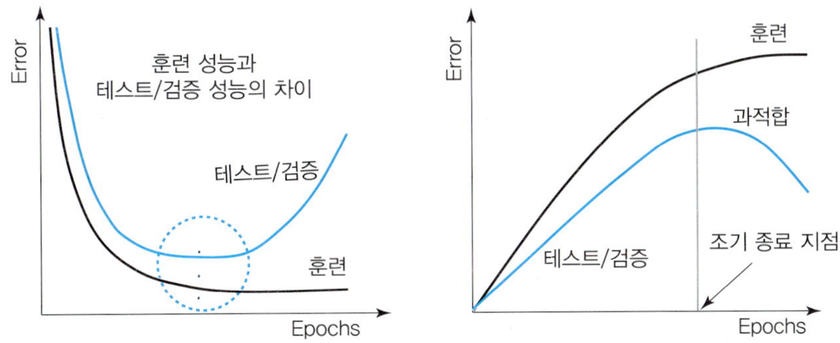

그림 3-3 과적합 전 조기종료

모델의 성능이 향상되지 않는다고 종료한다면 학습이 제대로 이루어질 수 없게 된다. 학습을 종료하더라도 일시적 변동이 아닌 지속적인 정체 또는 하락에 의한 판단으로 종료해야 한다. 보통은 일정 횟수 동안 성능이 연속적으로 안 좋아지는지 모니터링을 해야 하고 학습 자체가 너무 민감하게 반응하여 종료되지 않도록 모니터링 횟수를 크게 정해주는 것이 중요하다. 또한 어떤 성능을 기준으로 종료를 할 것인지도 중요한데, 보통은 모델 오차를 기준으로 조기 종료를 하지만 정확도나 다른 성능 척도[2]를 사용할 수 있다.

이러한 문제를 해결하기 위해서는 모델 선택과 더불어 배치사이즈, 이터레이션, 에폭, 학습률 값을 분석할 때 사용되는 데이터와 경험, 환경, 현재 모델의 예측력 수준에 따라 조정하여 학습 및 성능 평가를 해야 한다.

3.2 분류 모델의 평가지표

인공지능에 있어서 머신러닝은 여러 개의 모델로 학습을 진행하게 된다. 이 모델들은 각각의 알고리즘 특성이 차이가 있기 때문에 모델을 평가할 지표가 필요하다. 모델을 평가하기

2 척도: 인공 지능에서, 주로 탐색 알고리즘의 능력을 측정함으로써 성능을 평가하는 일. 대부분 경험에 기초를 두고 결정을 내리지만 완전하지는 않고 집중도와 분기 계수 같은 계산에 의한 방법들이 이용됨

위해서는 분류 모델과 회귀 모델에 대한 평가 지표가 달라진다. 분류 모델을 평가하기 위해선 교차검증, 혼동행렬, 정확도, 정밀도 등의 지표가 필요하다. 회귀 모델의 경우는 평균제곱오차(MSE), 평균제곱근오차(RMSE)나 평균절대오차(MAE) 등의 지표가 있다. 지금부터 머신러닝 모델의 평가 방법을 알아보고자 한다.

(1) 교차 검증

인공지능 모델을 생성하고 나면 잘 만들어진 모델인지 평가가 필요하다. 모델의 성능을 평가하기 위한 방법 중 전체 데이터를 학습 데이터와 테스트 데이터로 분리하여 평가하는 방법이 있다. 즉 학습 데이터로 모델을 학습시킨 이후, 테스트 데이터로 모델의 정확도를 평가하는 것이다.

그러나 여기에는 한 가지 약점이 존재한다. 최초에 고정된 테스트 데이터 세트를 가지고 모델의 성능을 확인하고 수정하고, 이러한 과정을 반복하다 보면, 결국 모델은 하나의 고정된 테스트 데이터 세트에만 잘 작동하는 결과로 나타날 것이다. 이러한 경우 특정한 데이터 세트에만 과적합 되어 다른 데이터 세트로 예측을 수행한다면 좋지 못한 결과를 나타낼 것이다. 이를 해결하기 위한 방법이 바로 교차 검증Cross Validation이다.

교차 검증 기법은 말 그대로 데이터 중 고정된 일부분을 테스트 데이터로 두지 않고 데이터의 모든 부분을 사용하여, 즉 교차 검증하여 모델의 성능을 검증한다. 이 방법은 수집한 데이터가 적거나, 별도의 검증 자료를 설정하기 어려운 경우에도 주로 사용된다. 교차 검증법을 수행하기 위해서는 몇 겹Fold으로 데이터를 구성할 지 먼저 정해야 한다.

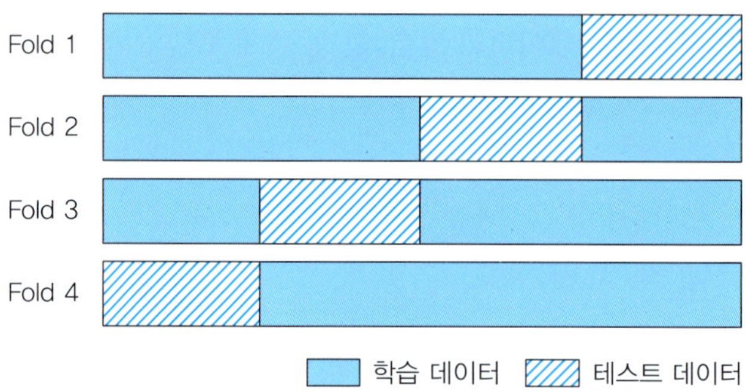

그림 3-4 교차 검증

[그림 3-4]와 같이 4겹 교차 검증Four-fold Cross-validation을 수행한다면 현재 가지고 있는 데이터를 각 폴드 당 테스트 데이터 1개씩 4개의 세트로 나눈다. 4개의 세트로 나눌 때는 수집한 데이터를 순차적, 인터리빙Interleaving 또는 랜덤 샘플링 방식을 사용할 수 있다. 교차 검증법의 학습 효과를 상승시키기 위해서는 랜덤 샘플링 등을 통해 각 데이터 세트의 데이터 분포를 비슷하게 구성하는 것을 권장한다. 분포가 비슷한 지는 도표를 그리거나 기술 통계분석을 수행하여 평균과 표준편차 등을 통해 확인한다. 각 데이터 세트 간 데이터를 중복하여 구성하는 방법도 있다. 학습할 때 4개의 데이터 세트 중 하나를 테스트 데이터로 설정하고 나머지 3개의 데이터 세트는 학습 데이터로 설정한다. 1번째 데이터 세트를 테스트 데이터로 설정하고 나머지 3개의 데이터 셋을 학습 데이터로 설정하고 학습을 수행하고 성능을 평가한 이후에는, 2번째 데이터 세트를 테스트 데이터로 설정하고 나머지 3개의 데이터 세트를 학습 데이터로 설정하고 학습을 수행한다. 이러한 과정을 4차례 수행한다. 모델의 최정 성능 지표는 4번의 성능 평가 결과의 평균치로 계산한다. 교차검증은 5개의 방식으로 구분할 수 있다.

홀드아웃 방법

홀드아웃 방법 Holdout method 또는 홀드아웃 교차검증Holdout cross validation이라고 불린다. 이 방법은 주어진 학습데이터를 다시 임의의 비율로 학습 데이터 세트와 데이터 세트로 분할하여 사용한다. 이 때 학습 : 테스트 = 8 : 2 또는 7 : 3 비율이 가장 자주 쓰이며, 이터레이션(학습 및 검증)을 한 번만 하기 때문에 계산 시간에 대한 부담이 적은 것이 장점이다. 반면에, 테스트 데이터 세트에 관한 검증 결과 확인 후 모델 파라미터 튜닝을 하는 작업을 반복하게 되면 모델이 테스트 데이터 세트에 대해 과적합 될 가능성이 높다는 것이 단점이다.

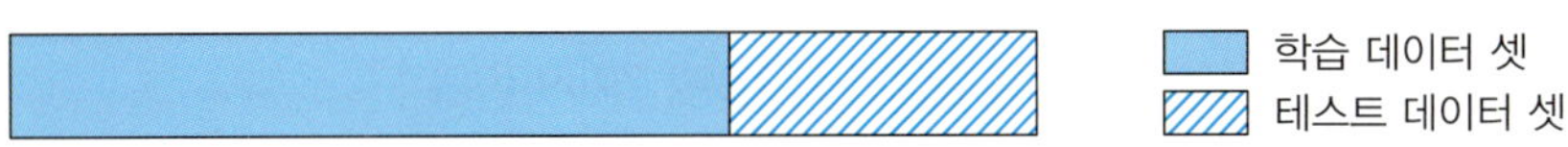

그림 3-5 홀드아웃 데이터 구성

k-폴드 교차 검증

k-폴드 교차 검증 방법k-fold cross validation은 가장 일반적으로 사용되는 교차 검증 방법으로 데이터를 k개의 데이터 폴드로 분할하고, 각 이터레이션마다 테스트 데이터 세트를 다르게 할당하여 총 k개의 '데이터 폴드 세트(그림 3-5의 경우 학습데이터4개 + 테스트 4개)'를 구성한다. 따라서 모델을 학습 및 학습하는데 총 k번의 이터레이션이 필요하다. 각 데이터 폴드 세

트에 대해서 나온 검증 결과들을 평균내어 최종적인 검증 결과를 도출한다.

리브-p-아웃 교차 검증(Leave-p-out cross validation)

전체 데이터(서로 다른 데이터 샘플들) 중에서 p개의 샘플을 선택하여 그것을 모델 검증에 사용하는 방법이다. 즉 가지고 있는 데이터 세트에서 p개의 데이터를 추출하고 남은 데이터를 테스트 데이터로 사용하는 방법이다. 예를 들어 리브-3-아웃 교차검증은 가지고 있는 데이터에서 아래의 그림처럼 3개를 추출하고 나머지를 학습 데이터로 이용한다. 그리고 나머지 데이터는 테스트 데이터로 사용하여 검증 결과를 도출한다. 이 방법 또한 계산 시간이 오래 걸린다는 단점이 있다.

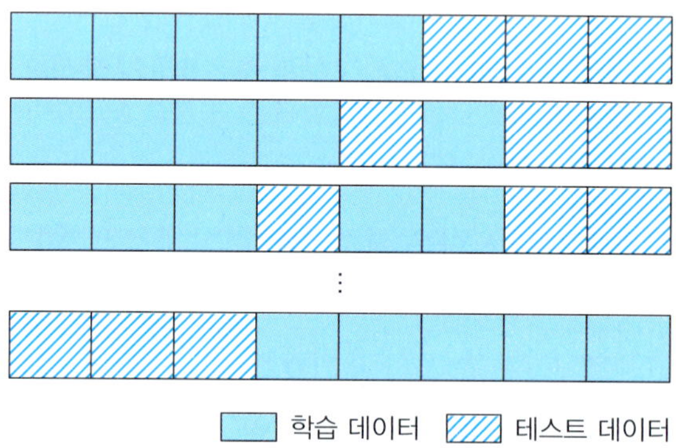

그림 3-6 리브-p-아웃 교차 검증 데이터 구성

리브-원-아웃 교차 검증(Leave-one-out cross validation)

리브-원-아웃 교차 검증Leave-one-out cross validation은 LOOCV라고도 불리며, 앞서 언급했던 리브-p-아웃 교차 검증에서 p = 1일 때의 경우를 말한다. 리브-p-아웃 교차 검증 보다 계산 시간에 대한 부담은 줄어들고, 더 좋은 결과를 얻을 수 있기 때문에 많이 사용된다. 검증에 사용되는 테스트 데이터 세트의 갯수가 적은 만큼 모델 학습에 사용되는 데이터의 갯수는 늘어난다. 모델 검증에 희생되는 데이터의 갯수가 단 하나이기 때문에, 나머지 모든 데이터를 모델 학습에 사용할 수 있다는 것이 장점이다. 아래 [그림 3-7]에 나타내었다.

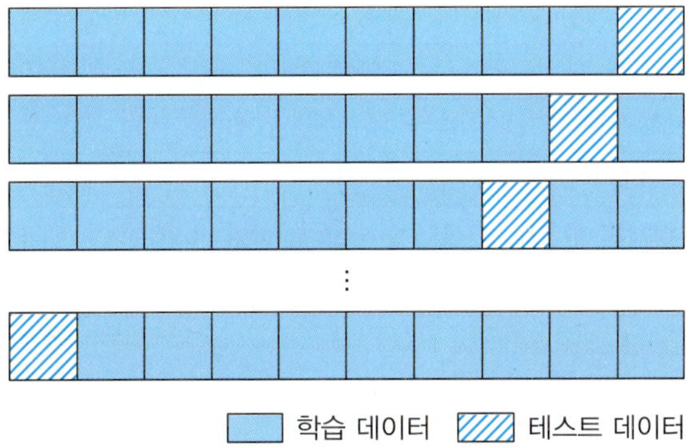

그림 3-7 리브-원-아웃 교차 검증 데이터 구성

교차검증의 장점은 모든 데이터 세트를 평가에 활용할 수 있고, 평가에 사용되는 데이터 편중을 막을 수 있어서 특정 평가 데이터 세트에 과적합 되는 것을 방지할 수 있다. 또한 평가 결과에 따라 좀 더 일반화된 모델을 만들 수 있다. 다만 이터레이션 횟수가 많기 때문에 모델 학습/평가 시간이 오래 걸리는 것이 단점이기는 하지만 K-Fold 교차 검증법을 기준으로 비교한 것이기 때문에 나머지 교차 검증법을 적절히 사용한다면 단점을 보완할 수 있을 것이다.

(2) 혼동 행렬

혼동 행렬Confusion Matrix은 분류 모델의 예측 결과를 평가하는 데 사용되는 표이다. [표 3-1]은 정확도Accuracy 외에도 모델의 성능을 다양한 측면에서 평가할 수 있도록 도와주는 혼동 행렬을 나타낸다. 이 표는 사각 행렬로, 모든 클래스의 값을 수평과 수직 방향에 나타내고, 알고리즘이 예측한 결과 값을 위쪽에, 실제 목표 값을 왼쪽에 적는다. [표 3-1]의 (i, j)에 있는 요소는 많은 수의 i 클래스 입력 값이 알고리즘에 의해 j라고 예측되었는지를 나타낸다. 이 표에서 대각선에 나타나는 값은 정답을 맞힌 경우를 나타내며, 왼쪽 위에서 시작해서 오른쪽 아래 방향의 대각선에 들어있는 값을 의미한다. [표 3-1]에는 A_class, B_class, C_class 클래스 세 개가 있으며, 각각의 경우에 대한 예측값과 실제값에 대한 횟수를 표에 채워 놓았다. 예를 들어, A_class인데 알고리즘에서 A라고 예측한 경우, B, C라고 예측한 경우에 대해서 3 개의 클래스로 분류하였다.

표 3-1 혼동행렬 예시

출력 값			
	A	B	C
A_class	5	1	0
B_class	1	4	1
C_class	2	0	4

[표 3-1]에서 볼 수 있듯이, C_class A로 2건 오분류된 것을 확인할 수 있다. 모델의 정확도를 계산하고자 할 때는, 이 대각선 상의 요소들의 합(올바른 예측의 수)을 전체 예측 수로 나누면 된다. 이렇게 계산된 값은 모델이 얼마나 정확하게 예측을 수행했는지를 나타내는 비율, 즉 정확도를 나타낸다. 혼동 행렬은 모델을 평가하는 다양한 방법 중 하나이며, 이를 통해 머신러닝 알고리즘의 성능을 더욱 깊이 있게 이해하고 개선할 수 있는 기회를 제공한다. 머신러닝 알고리즘을 평가하는 데 사용되는 다른 방법도 있으니 계속해서 알아보도록 하겠다.

(3) 정확도 지표

혼동 행렬을 활용하여 정확도뿐만 아니라 다른 더 많은 분석을 수행 할 수 있다. 혼동 행렬은 분류에 대한 분석으로 두 개의 클래스 중 하나에 속하는 샘플을 예측하는 것이다. 분류에 대한 혼동 행렬은 4개지 항목으로 구성된다.

- True Positive(TP): 모델이 Positive라고 예측한 것이 정답, **실제 값은 Positive(True)**
- False Positive(FP): 모델이 Positive라고 예측한 것이 오답, **실제 값은 Negative → 1종 오류**[3]
- False Negative(FN): 모델이 Negative라고 예측한 것이 오답, **실제 값은 Positive → 2종 오류**[4]
- True Negative(TN): 모델이 Negative라고 예측한 것이 정답, **실제 값은 Negative(True)**

혼동 행렬에서 머신러닝 모델의 성능을 평가하는 여러 지표를 도출할 수 있다. 지표는 [표 3-2]와 같다. 표에서 대각선에 있는 값은 정답을 나머지 값은 오답을 나타낸다.

3 실제로는 아무 일도 일어나지 않았지만, 어떤 일이 발생했을 것이라고 예측하는 오류
4 실제로는 어떤 일이 발생했지만, 아무 일도 일어나지 않았을 것이라고 예측하는 오류

표 3-2 분류 성능 평가 지표

		Predicted		
		Negative (0)	Positive (1)	
Actual	Negative (0)	**True Negative** TN	**False Positive** **FP** (Type I error)	**Specificity** $= \frac{TN}{TN + FP}$
	Positive (1)	**False Negative** **FN** (Type II error)	**True Positive** **TP**	**Recall, Sensitivity,** True positive rate(**TPR**) $\frac{TP}{TP + FN}$
		Accuracy $= \frac{TP + TN}{TP + TN + FP + FN}$	**Precision,** Positive predictive value(PPV) $= \frac{TN}{TN + FP}$	**F1-score** $= 2 \times \frac{Recall \times Precision}{Recall + Precision}$

정확도는 전체 문제 중에서 정답을 맞힌 비율로써 TP과 TN의 합을 전체 예제의 개수로 나눈 값이 된다.

$$정확도 = \frac{TP + TN}{TP + TN + FP + FN}$$

이진 분류의 경우 데이터의 구성에 따라 모델의 성능을 왜곡할 수 있기 때문에 정확도 수치 하나만 가지고 성능을 평가할 수 없으며 정확도 평가 지표는 불균형한 레이블 데이터 세트에서는 성능 수치로 사용돼서는 안 될 것이다. 예를 들어서 자동차 리스회사에서 할부금 연체 가능성이 있는 고객과 할부금을 정상적으로 납부할 고객을 분류하는 모델을 만든다고 가정한다면, 모델A의 정확도 계산은 다음과 같다.

표 3-3 리스회사 모델 정확도

모델 A	할부 연체	할부 납부
Predicted 연체	TP(3)	FP(5)
Predicted 납부	FN(7)	TN(85)

$$Accuracy = \frac{TP(3) + TN(85)}{TP(3) + FP(5) + FN(7) + TN(85)} = 0.88 = 88\%$$

위 식에 따라서 모델A는 88%의 정확도로 나타났다.

리스회사는 할부 금액을 연체한 고객을 예측해서 사전에 연체를 막고자 모델을 만들었을 것이다. 그러나 실제 연체자 수인 10명중 [TP(3) + FN(7)] 연체라고 예측한 건수는 3건[TP(3)] 밖에 안된다. 과연 현실과 맞는 것일까? 이것은 리스회사가 원하는 결과가 아닐 것이다. 그래서 성능을 해석해 줄 수 있는 두 쌍의 상호 보완적인 측정법이 있는데 바로 민감도Sensitivity와 특이도Specificity, 정밀도Precision와 재현율Recall이고, 각각의 정의와 그 예제들은 다음과 같다.

$$\text{민감도} = \frac{TP}{TP + FN}$$

$$\text{특이도} = \frac{TN}{TN + FP}$$

$$\text{정밀도} = \frac{TP}{TP + FP}$$

$$\text{재현율} = \frac{TP}{TP + FN}$$

민감도는 실제 긍정 예제들 중에서 긍정이라고 판단된 부분의 비율, 특이도는 실제 부정 예제들 중에서 부정이라고 측정된 비율, 정밀도는 실제 긍정이라고 측정된 부분 중에서 실제 긍정 예제들의 비율, 재현율은 긍정이라고 측정된 부분 중에서 실제 긍정 예제들의 비율을 나타낸다.

민감도부터 재현율의 의미를 알아보았다. 이들을 통해서 어떻게 분석할 것인지 예를 들어 설명하였다. [표 3-4]는 165명 중 암의 발병에 대한 예측을 나타낸다.

표 3-4 암 발병 분류 성능 평가 지표 예시

N = 165	예측 NO	예측 YES	
실제 결과 NO	TN = 50	FP = 10	60
실제 결과 YES	FN = 5	TP = 100	105
	55	110	

총 165명의 환자가 해당 질병의 존재 여부를 검사 받았다. 그중 105명은 암환자이며, 60명은 암이 없는 경우이다. 예측은 암에 걸릴 것을 예측하는 결과와 아닌 결과 두 개의 예측 가능한 클래스(predicted)에 암에 걸릴 것을 예측하는 경우는 “YES” 암이 걸리지 않을 것을 예측할 경우는 “NO”를 나타내었다. 결과를 보면 165개의 케이스 중, 혼동 행렬은 “YES”를 110번, “NO”를 55번 예측했다. 예시를 기반으로 각 행렬의 의미를 확인해보면

- 정확도(TP + TN)/n → (100 + 50)/165 = 0.91
- 민감도: 100/100 + 5 = 0.9523
- 특이도: 50/50 + 10 = 0.8333
- 정밀도: 100/100 + 10 = 0.909
- 재현율: 100/100 + 5 = 0.9523

으로 계산되었다. 정확도는 전체적으로 얼마나 올바른 지를 나타내며, 재현율은 실제로 암인 경우에 얼마나 많은 YES를 예측하는지를 나타낸다. 특이도는 실제로 암이 아닌 경우에 얼마나 많은 NO를 예측하는지를 나타내고 있다. 재현율을 고려할 때, 실제 값이 Positive인 샘플 중에서 모델이 Positive로 예측한 비율이다. 즉, 모델이 실제 Positive인 데이터를 얼마나 잘 잡아냈는지를 나타낸다. 재현율이 높을수록 모델이 Positive인 경우를 놓치지 않고 잘 예측하는 것이다. 그러나 재현율이 높으면 FP가 증가할 수 있으므로 모델의 성능을 평가할 때는 정밀도와 함께 고려해야 할 것이다. 참고로 FP 감소, FN 증가라면 정밀도가 증가하고 FP 증가, FN 감소라면 재현율이 증가한다. 정밀도와 재현율은 분류 모델의 성능을 평가하기 위한 지표로써 정밀도가 높으면 거짓을 잘 구분해내지만 “참”을 놓칠 수 있고, 재현율이 높으면 “거짓”을 잘 구분하지 못하지만 “참”을 놓치지는 않을 것이다. 두 지표는 서로 트레이드오프 관계에 있으며, 상황에 따라 어떤 것이 더 중요한지를 잘 판단해야 한다. 암환자를 구별할 때는 참을 놓치지 않는 재현율을 높이는 것이 좋겠지만 판사가 재판을 할 때는 “거짓”을 잘 구분하는 정밀도를 높이는 것이 좋을 것이다. 따라서, 모델의 목적과 상황에 맞게 정밀도와 재현율을 잘 판단하여 모델의 성능을 평가하고 개선해야 할 것이다. 정밀도와 재현율이 중요하다면 이들을 고려해서 하나의 숫자 표현으로 모델을 평가할 수 없을까? 라는 생각에서 나온 지표가 F1-Score이다. F1-Score는 아래와 같이 계산된다.

$$F1 = 2 \times \frac{\text{정밀도} \times \text{재현율}}{\text{정밀도} + \text{재현율}}$$

F1-Score는 정밀도와 재현율의 조화 평균[5] 이며, 0.0~1.0 사이의 값을 가지며 높을수록 좋고, 정밀도와 재현율이 근접할 때 훨씬 더 잘 수행되는 경향이 있다.

3.3 ROC Curve

ROC Receiver Operating Characteristic Curve 커브는 분류 모델의 성능을 평가하는데 사용되는 그래프로써 주로 이진 분류에서 활용된다. ROC 커브는 모델의 성능을 평가하고 다른 모델들을 비교할 때 유용한 도구이며 모델의 판단 기준을 연속적으로 바꾸면서 측정했을 때 X축에 FPRFalse Positive Rate과 Y 축에 TPRTrue Positive Rate의 변화를 나타낸 것으로, (0,0)과 (1,1)을 잇는 곡선이다. 이를 통해 모델의 분류 임계 값을 변경함에 따라 얻어지는 FPR과 TPR의 변화를 시각적으로 확인할 수 있다. 예를들어 암환자를 암이라고 예측하는 경우와 아닌 경우를 나타내면 아래와 같다.

- TPR: 1인 케이스에 대해 1로 바르게 예측하는 비율(Sensitivity), 암 환자에 대해 암이라고 진단
- FPR: 0인 케이스에 대해 1로 틀리게 예측하는 비율(1-Specificity), 정상에 대해 암이라고 진단

ROC 커브는 어떤 모델(classifier)이 좋은 성능을 보이는지 판단할 때 사용하기 위해서 높은 민감도와 높은 특이도를 보이는 모델을 고르기 위해 다양한 모델에 대해 ROC 커브를 그려서 직관적으로 판단할 수 있다. 이때 좌측 상단으로 가장 많이 치우친 그래프를 갖는 모델이 가장 높은 성능을 보인다고 할 수 있다. [그림 3-8]에 나타내었다.

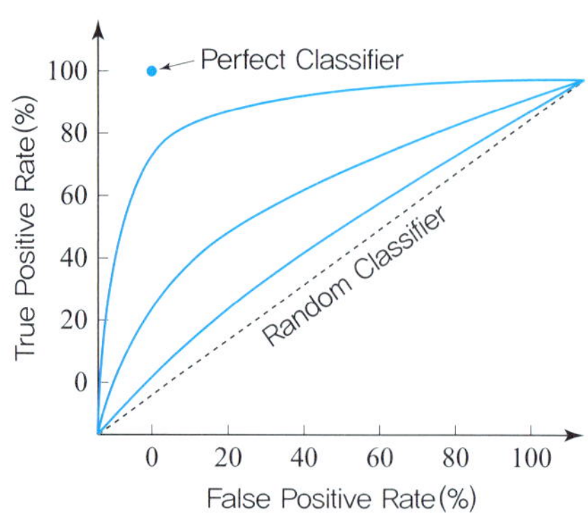

그림 3-8 ROC Curve

5 평균: 개별 데이터의 역수의 평균에 대한 역수로써 비율의 평균을 계산하는 데 자주 사용되며, 역수의 차원에서 평균을 구하고, 다시 역수를 취해 원래 차원의 값으로 돌아오는 것

ROC 커브는 클래스 불균형class imbalance 문제가 있는 경우에도 유용하다. 클래스 불균형은 한 클래스의 샘플 수가 다른 클래스에 비해 훨씬 많거나 적은 경우를 말한다. 이런 상황에서는 모델의 성능을 정확도만으로 판단하기보다 ROC 커브와 AUC 값을 고려하여 더 신중한 평가를 할 수 있다. ROC 커브 아래의 면적을 AUC Area Under the Curve라고 하며, 이는 성능 평가에 있어서 수치적인 기준이 될 수 있는 값으로, 1에 가까울수록 그래프가 좌측상단에 근접하게 되므로 좋은 모델의 전반적인 성능을 나타내는 지표이다. AUC 값은 0부터 1까지의 범위를 가지며, 1에 가까울수록 더 좋은 분류 성능을 나타낸다. [그림 3-9]에 AUC모델의 성능을 측정하는 것을 나타내었다.

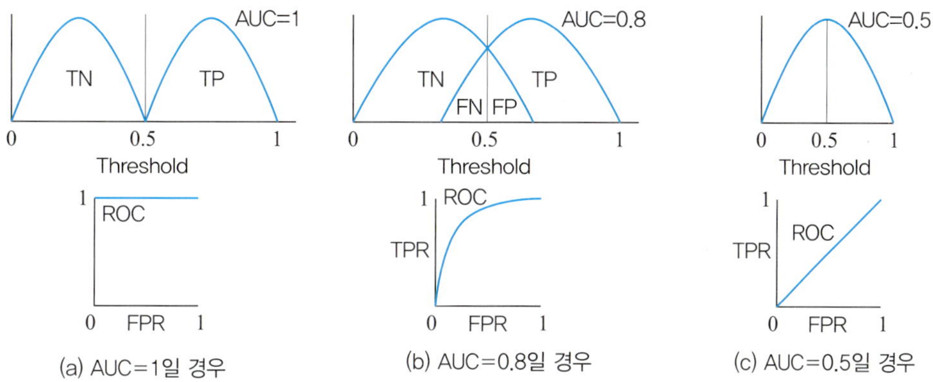

그림 3-9 AUC모델 측정 곡선

(a)의 곡선은 2개의 곡선이 전혀 겹쳐지지 않은 경우로, 이 모델은 이상적인 분류가 되었다고 볼 수 있다. (b)의 곡선은 두개의 곡선이 중복된 경우인데 에러가 발생한 경우이다. 설정한 값이 임계값에 따라 오류 값들을 최소화하거나 최대화할 수 있다. 이는 해당 모델이 긍정과 부정을 구별할 수 있는 확률 80%라고 의미한다. (c)는 분류 모델이 최악의 경우이다. AUC가 0.5인 경우는 긍정과 부정을 구별할 수 있는 능력이 없다는 것을 의미한다. 이 경우에는 모델의 예측을 뒤집어서 사용하거나 다른 모델을 고려해야 할 것이다.

3.4 회귀 모델의 평가지표

회귀분석은 기본적으로 연속적인 실수 값을 예측하는 모델이다. 그래서 회귀모델의 성능을 평가할 때는 분류 모델에서 사용했던 혼동 행렬을 사용할 수 없다. 회귀의 성능을 평가하기 위해서는 LOSS[6] 의 연속적인 실수 값을 살펴보고 오차를 최소화해야 한다. 머신러닝에서의 오차는 손실[Loss], 비용[Cost], 오차[Error], 오차를 정의한 함수를 손실 함수[Loss function] 또는 비용 함수[Cost function], 오차 함수[Error function]라고 한다. 여기서는 손실과 손실함수에 대해서 알아보자.

손실함수는 실제 값과 모델의 예측 값의 차이를 비교하여 모델의 성능을 평가하는 지표로 나타낼 수 있다. 임의의 입력된 값이 들어오면 모델을 거쳐 출력되는 예측 값이 산출될 때 예측 값이 실제 값과 얼마나 유사한지 판단하는 기준인 것이다. 예측 값과 실제 값의 차이가 LOSS가 되고 이를 줄이는 방식으로 학습이 진행된다. 손실을 줄이기 위해서 손실함수가 사용되고 손실함수가 최소화되도록 경사하강법[Gradient Descent] 과정을 거치면서 모델의 손실이 최소화되는 지점을 찾아가게 된다. 그래서 손실함수는 정해져 있지 않고 아래의 조건과 같이 다양하게 만들어질 수 있다.

- Outlier를 어떻게 대우할 것인가?
- 어떤 머신러닝 알고리즘을 사용할 것인가?
- Gradient Descent가 가능하도록 미분이 가능한가?

등을 고려하여 손실을 줄여 나갈 수 있을 것이다. 손실을 평가하기 위한 지표들을 알아보자.

- MAE [Mean Absolute error]: 모델의 예측 값과 실제 값의 차이의 절대값의 평균으로 절대값을 취하기 때문에 가장 직관적으로 알 수 있는 지표로 해석에 용이하고 MSE보다 특이치에 강하지만, 절대값을 취하기 때문에 모델이 Underperformance(실제보다 낮은 값으로 예측)인지 Overperformance(실제보다 높은 값으로 예측)인지 알 수 없음
- MSE [Mean Squared Error]: 제곱을 하기 때문에 MAE와는 다르게 모델의 예측값과 실제값 차이의 면적의(제곱)합으로 제곱을 하기 때문에 특이치(outlier)에 민감함.
- RMSE [Root Mean Squared Error]: MSE에 루트를 씌워 사용하며 RMSE를 사용하면 오류 지표를 실제 값과 유사한 단위로 다시 변환하여 해석을 쉽게 함.
- MAPE [Mean Absolute Percentage Error]: MAPE는 MAE를 퍼센트로 변환한 것으로 MAE와 마찬가지로 특이치에 강건하다는 장점이 있지만, MAE와 같은 단점 또한 가지고 있음.
- RMSLE [Root Mean Square Logarithmic Error]: RMSE에 로그를 취해준 형태로 아웃라이어에 강한 MSE형태로써 RMSE와 달리 상대적 Error를 측정해주고, 예측 값이 실제 값 보다 작을 때 페널티를 부여함.

6 error라고도 부르며 예측 값에서 실제 값을 뺀 차이를 나타냄

- R2 Score Coefficient of Determination, 결정계수: 회귀모델의 성능에 대한 평가지표로써 독립변수가 종속변수를 얼마나 잘 설명하는지 보여주는 지표. 즉, 모델을 생성했을 때 회귀식이 얼마나 잘 예측하는지에 대한 지표임.

Adjusted R2 Score adjusted Coefficient of Determination, 수정된 결정계수: 결정계수는 종속변수가 많아지면 자연스럽게 커지게 되는데, 독립변수의 개수가 증가하면 결정개수 또한 함께 증가하여 결정계수에만 의존하게 되어 회귀모델을 평가하기 어려움. 그래서 이러한 특성을 보완해서 표본의 크기와 독립변수의 수를 고려하여 adjusted R2 Score를 이용함.

3.5 불균형 데이터 셋

데이터 세트는 생성부터 주의할 점이 많다. 양질의 데이터 셋은 같은 수의 긍정과 부정에 속하는 데이터가 데이터 셋에 균등하게 존재하는 것이다. 하지만 그렇지 못한 경우가 대부분으로 학습에 있어서 발생할 수 있는 문제점으로 작용한다. 즉 불균형 데이터 셋이 발생하는 것이다. 불균형 데이터Imbalanced Data는 목표 변수target/output variable 가 범주형 데이터 일 때, 범주 별로 관측치의 개수, 비율의 차이가 많이 나는 데이터로써 정상 대 비정상의 비율이 90%:10% 처럼 불균형 하거나, 더 심하면 99%:1% 처럼 극심하게 불균형한 데이터extremely imbalanced data 도 있을 수 있다. 실제로 우리가 관심있어 하고 예측하고 싶어하는 비정상 관측치가 정상보다 매우 적은 불균형 데이터를 실무에서는 어렵지 않게 볼 수 있다. 예를 들어 통신회사에서 유지 고객 대비 이탈 고객, 신용카드 회사에서 정상 거래 대 사기 거래, 의료 데이터의 질환자 대 질환자가 아닌 경우 등 학습을 하는데 어려운 불균형 데이터는 많다. 불균형 데이터에서 다수를 차지하는 majority class 범주와 적은 수를 차지하는 minority class에서 불균형 데이터를 가지고 분류 모델을 학습시키면 우리가 실행할 minority class를 제대로 분류할 수 없는 쓸모없는 모델이 만들어질 위험이 크다. 예를 들어 majority class- 정상: minority class- 비정상의 비율이 99% : 1% 라고 했을 때 분류 모델을 학습시킨 후 예측을 하면 모든 데이터를 '정상(majority class)' 이라고 분류한다고 했을 때 정확도는 99%가 될 것이다. 얼핏 보면 잘 만들어진 모델 같지만, 우리가 관심있어 하는 '비정상(minority class)' 범주는 제대로 분류를 해내지 못했으므로 쓸모없는 모델이 될 것이다. 데이터 불균형을 해결할 수 있는 방법들은 크게 Resampling과 Cost sensitive learning이 있다. Resampling 방법은 데이터 불균형을 해결하기 위한 효과적인 접근법 중 하나로, 과소 표집undersampling 과 과대 표집oversampling 두 가지 주요 방식을 포함한다. 과소 표집은 다수 클래스의 데이터를 줄여 소수 클래스와의 균형을 맞추는 반면, 과대 표집은 소수 클래스의 데이터를 증가시켜 같은 목적을 달성한다. 하지만 아래와 같은 주의점이 있다.

- minority class에 대한 데이터를 더 많이 수집해야 하지만 현실적으로 어려움
- Under Sampling은 majority class 샘플을 삭제해서 개수를 맞추는 방법으로 데이터가 줄어들기 때문에 정보 손실 발생하기 때문에 데이터가 많은 경우에 사용
- Over Sampling은 데이터가 많지 않은 경우에 사용하며 overfitting 가능성이 증가하지만 일반적으로 더 많이 사용

Cost sensitive training (= Penalized Model) 방법은 minority class에 더 많은 가중치를 줄 수 있기 때문에 데이터 불균형이 발생한 데이터 세트에 대해서도 기존의 학습 방식보다 좀 더 나은 결과를 얻을 수 있다. 각 class 별 손실 값을 다르게 주어 re-balance하는 algorithm-level 접근법으로 손실을 설계할 때, head-class에 패널티를 주거나, tail-class에 가중치를 더 주어 모델의 일반화 성능을 높일 수 있다.

3.6 과적합과 과소적합

머신 러닝의 궁극적인 목표는 학습데이터 세트를 이용하여 학습한 모델을 가지고 테스트 데이터 셋을 예측하는 것이다. 좋은 성능을 내는 모델이 만들어지기 위해서는 생성된 모델이 너무 많이 또는 너무 적게 학습되지 않도록 해야 한다. 그래서 머신러닝을 활용한 분석을 실행할 경우에는 반드시 과적합Overfitting [7] 과 과소적합 Underfitting [8] 문제를 고려하여야 한다.

과적합은 머신러닝 모델에서 학습할 때 데이터 세트 내에 많은 부분을 고려하여 발생하는 문제이다. 이렇게 되면 지나치게 복잡하게 학습하는 현상이 발생하게 된다. 학습 데이터셋에서는 모델 성능이 높게 나타나겠지만 실제 새로운 데이터가 주어졌을 때 정확한 예측/분류를 수행하지 못할 수 있다. 왜냐하면 모델이 너무 많은 데이터를 학습하게 되면 데이터 세트의 노이즈, 부정확한 특성까지도 학습하는 결과가 발생하게 된다. 이때 테스트 데이터로 평가할 때 높은 분산 값이 나타나기 때문에 정확하지 않은 예측을 하게 된다. 즉, 학습 데이터에만 지나치게 의존적으로 학습되어 새로운 데이터에 대해 잘 수행되지 않을 것이다. 그

7 과적합(Overfitting): 학습 데이터 맞춰 최적화되어 전체 특성에서 벗어나는 문제
8 과소적합(Underfitting): 모델이 너무 단순해서 데이터의 내재적인 구조를 학습하지 못할 때 발생

래서 과적합이 이루어 지지 않도록 해야 한다. 과적합을 줄이기 위해서는 학습 데이터 세트를 다양화하고 조정, 정규화 하는 방법으로 중요도에 따라 기능을 등급화 하여 예측 결과에 영향을 미치지 않는 요소는 제거하는 방법을 사용할 수 있다. 또한 모델의 복잡성을 줄이고 dropout을 적용하여 early stopping을 적용하는 등 여러가지 방법으로 문제를 해결해야 할 것이다.

과소적합은 학습 데이터에 과적합도 못하고 일반화 성질도 학습하지 못해, 학습/테스트 데이터 모두에서 오차가 크게 나오는 경우로서 모델이 단순하여 입력된 데이터를 제대로 설명하지 못하고 예측력이 떨어지는 것을 의미한다. 학습 데이터셋에 대해서는 학습이 잘 되었지만 테스트 데이터셋에 대해서는 잘 수행되지 않은 경우로써 새로운 데이터에 대해서 일반화가 잘 되지 않은 모델이다. 과소적합의 원인으로는 데이터에 비해 모델이 너무 심플하거나, 모델에 비해서 데이터가 너무 적을 경우, 그리고 학습데이터가 정제되지 않았고 노이즈가 많을 경우 등이 있다. 과소적합을 해결하기 위해서는 모델의 복잡성을 늘리는 방법으로 dropout 적용을 낮추거나, features의 수를 늘리고 데이터 세트의 노이즈를 제거하는 방법이 있다. 또한 에폭의 수를 늘려서 학습 횟수를 늘리는 방법도 있다.

[그림 3-10]은 과적합, 과대적합, 적합한 상태를 나타냈다.

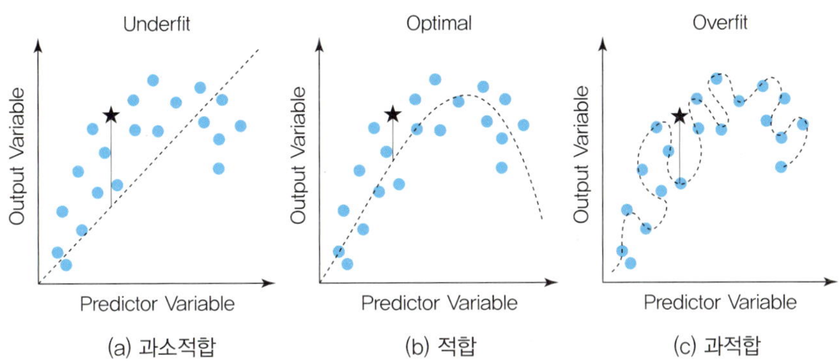

그림 3-10 과소적합, 적합, 과적합의 사례

[그림 3-10]에 (a)는 좌측의 데이터에 대해서는 비교적 잘 근사하는 듯, 나머지 데이터는 회귀 그래프에서 떨어져 있고, 변수가 큰 부분의 데이터는 우측 하단으로 분포되어 있는데 회귀 그래프는 그대로 상향하고 있는 것을 보면 제대로 회귀하지 못하고 있다고 볼 수 있다. (b)는 전체 변수에서 그래프가 데이터를 전부 지나가는 모양을 나타내고 있다. 전체 데이터

에 대해 완벽한 적합도를 보여주지는 않지만 새로운 데이터가 들어오더라도 어느 정도 잘 맞을 것으로 예측할 수 있다. (c)그래프는 학습 데이터와 생성된 모델의 오차를 구해보면 거의 0에 가까울 것이다. 회귀 그래프가 모든 점을 지나고 있으며 (b) 그래프보다 학습 데이터를 잘 만족하는 그래프를 만들어서 모델의 성능이 더 좋은 것이라고 판단할 수 있다. [그림 3-11]에 어떤 모델이 좋은 지를 판단하기 위해서 시험 데이터 하나를 추가하여 모델과의 오차가 얼마인지를 비교해 보면, 샘플 데이터를 별표로 나타냈다.

추가된 샘플 데이터는 (a), (b), (c) 전체 학습 데이터 세트의 경향을 크게 벗어나지 않았다. 그렇지만 생성된 각 모델과의 오차를 보면 (a) 그래프는 오차가 크게 나타나고 (b)는 차이가 별로 없으며 (c)는 학습 데이터와의 오차가 없었음에도 샘플 데이터와는 큰 오차를 보이는 것을 알 수 있다.

과소적합 모델은 학습 데이터와 테스트 데이터 셋 모두에 대해 부정확한 결과를 제공하므로 편향[Bias]성이 높다. 반면, 과대적합은 분산[Variance]이 증가하여 학습 데이터의 노이즈에 민감하게 반응하여 테스트 데이터에서 일반화가 제대로 이루어 지지 않을 수 있다.

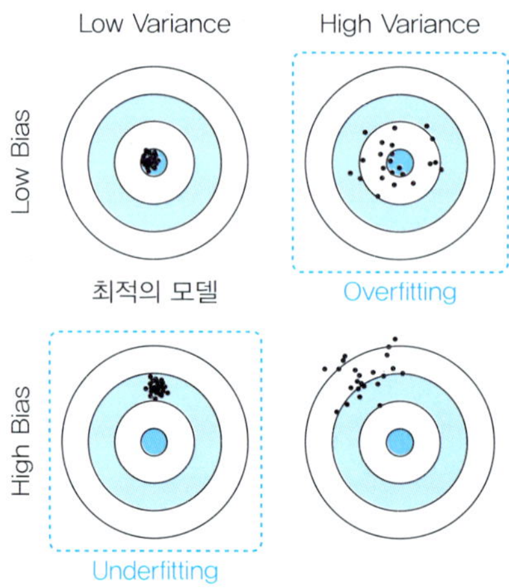

그림 3-11 편향과 분산

편향은 학습데이터에 대한 정확도라고 판단되어 실제 값에서 멀어지는 척도로 볼 수 있으며 분산은 데이터가 얼마나 산포되어 있는지 척도로 볼 수 있다. 과소적합은 실제 값에는 근접해보지도 못하고 특정부분에만 예측이 집중되어 제대로 학습되지 못했음을 나타내고 예측결과가 실제 값과 근접하기는 하지만 넓게 분포되어 있다. 즉 학습해보지 않은 것들에 대한 예측도는 떨어지는 것이다.

4. 머신러닝을 위한 데이터 및 소스 수집

(1) Kaggle

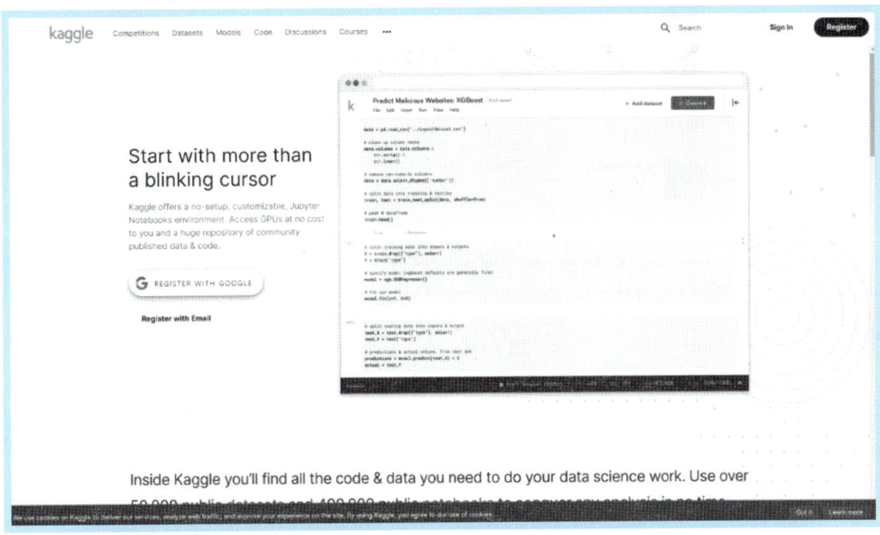

그림 4-1 kaggle 사이트 홈페이지

[그림 4-1]은 캐글Kaggle로 데이터 사이언스, 머신러닝을 위한 사이트 홈페이지이다. 2010년 설립된 예측모델 및 분석 대회 플랫폼으로, 이 사이트에는 전 세계의 데이터 사이언티스트들과 기업이 상금을 걸고 누가 더 효율적으로, 효과적으로 분류 또는 예측을 하는지를 가르는 대회가 상시로 열리고 있다. 대회 주제는 매번 바뀌고 다양하다. 우승자의 알고리즘을 볼 수 있기 때문에 관심 있는 연구자는 필히 참조하여야 할 사이트이다.

연구자가 관심 있는 주제인데 데이터 확보가 어려운 경우, Kaggle에 업로드 되어 있는 데이터로 미리 테스트하여 전체 방향을 잡고 연구 진행을 결정할 수 있다. Kaggle에는 대회 용 데이터 셋과 연구자들이 테스트하고 분석을 수행할 수 있는 텍스트, 이미지, 사운드 등의 다양한 데이터들이 업로드 되어 있다.

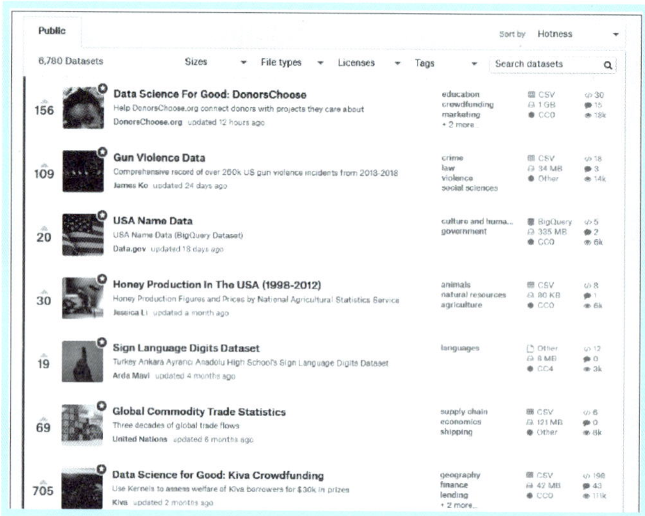

그림 4-2 Kaggle 데이터 셋 리스트 일부

(2) GitHub

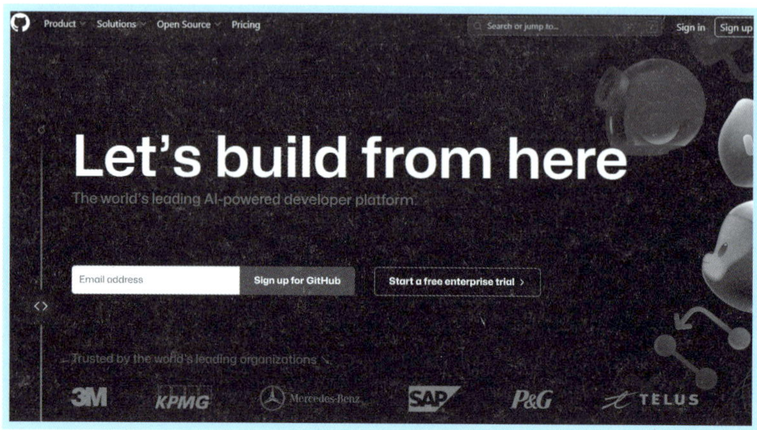

그림 4-3 GitHub홈페이지

깃허브GitHub는 깃Git, 분산 버전 컨트롤 소프트웨어를 기반으로 하는 Microsoft의 웹서비스로, 소스 코드 호스팅과 협업이 가능하게끔 지원하는 기능을 제공한다. 사용자는 깃 저장소를 원격에서 관리하고, 웹 서비스를 통해 이슈 트래킹과 협업이 가능하다. 포크 기능으로 저장소를 복사하고, 풀 리퀘스트 기능으로 코드 변경을 요청할 수 있다. 또한, 데이터를 수집하는 목적보다는 데이터를 다루는 소스코드를 수집하는 것에 용이하다. 따라서 이러한 기능들로 인해 깃허브는 다양한 오픈소스 프로젝트의 중심지로도 유명하다. 자바스크립트 프레임워크인 Vue.js, 컨테이너 도구 Docker, 웹 프레임워크 Ruby on Rails, 머신러닝 라이브러리 TensorFlow, 파이썬 데이터 분석 라이브러리 Pandas, 페이스북의 자바스크립트 프레임워크 React, 정보 시각화 라이브러리 D3 등이 깃허브에서 호스팅되고 있으며, 개발 및 협업도 여기서 이루어진다.

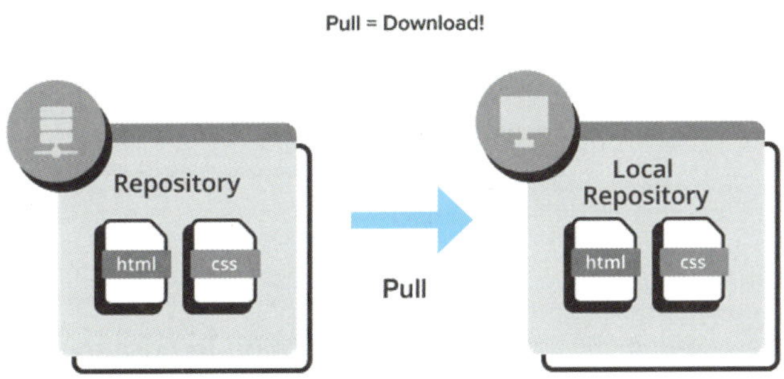

그림 4-4 GitHub 페이지

[그림 4-4]와 같이 Cloud에서 다운로드 하는 것처럼 깃허브의 핵심 기능은 깃 원격 저장소 호스팅이다. 이를 통해 사용자는 로컬 개발 환경과 온라인에서 안전하게 깃 저장소에 접근할 수 있다. Repository는 두 가지 종류로 나뉘는데, 본인의 컴퓨터에 저장된 로컬 버전의 프로젝트 저장소인 Local repository와 내 컴퓨터가 아닌 원격 서버 버전의 프로젝트 저장소인 Remote repository이다. 여기서 Remote repository는 팀에서 작업할 때 유용하며 프로젝트 코드를 공유 및 확인할 수 있다. 또한, 로컬 버전의 프로젝트와 병합하고, 변경 사항을 적용할 수 있는 장점이 있다. 깃 저장소 호스팅 외에도 이슈 트래커, 풀 리퀘스트, 소스코드 탐색, 위키, 인사이트 등의 기능을 제공한다. 제공하는 저장소로는 개인 저장소뿐만 아니라, 팀 단위로 저장소를 관리하는 기능도 제공된다.

(3) UCI Machine Learning Repository

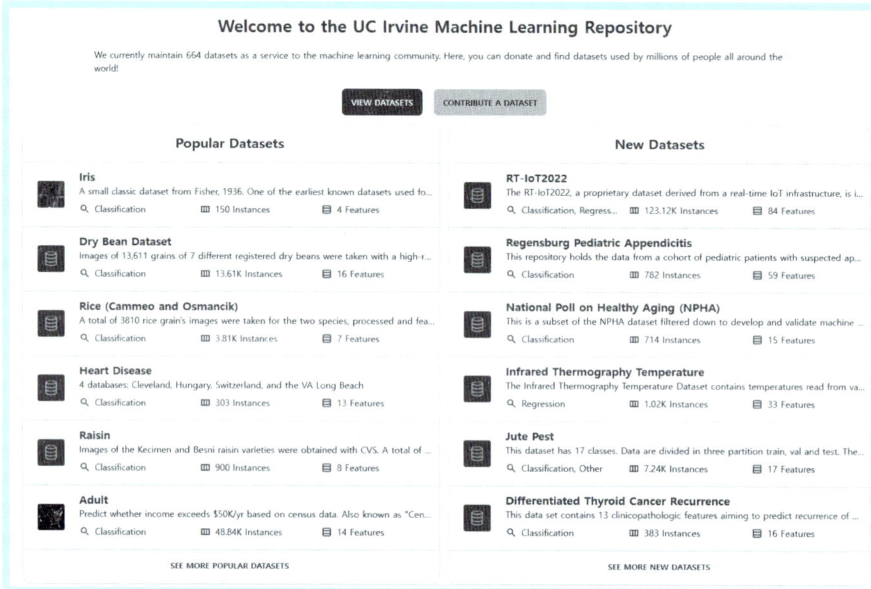

그림 4-5 UCI Machine Learning Repository

UCI 머신러닝 리포지토리는 캘리포니아 어바인 대학의 머신러닝 및 지능형 시스템 센터에서 호스팅하고 관리하며, 각 데이터 세트는 조사하는 관련 간행물을 포함한 모든 세부 정부를 나열하는 웹 페이지 자체를 가져온다. 따라서 데이터 세트는 ASCII, CSV 형식으로 무료로 접근할 수 있기 때문에 머신러닝 및 데이터 과학 분야에서 데이터를 수집하기에 좋은 리소스다. 가장 오래되고 가장 접근하기 쉬운 데이터 세트 컬렉션 중 하나인 이곳은 머신러닝 기술과 방법론의 개발과 실험에서 중추적인 역할을 담당하고 있다. 그 중에서도 분류, 회귀, 클러스터링 등과 같은 다양한 작업에 사용되는 다양한 데이터 세트를 제공하며, 데이터 세트는 교육 및 초기 실험에 적합한 간단한 데이터 세트부터 복잡한 실제 데이터까지 다양하다.

UCI 리포지토리의 주요 특징 중 하나는 단순하고 사용하기 쉽다는 것이고 각 데이터 세트에는 데이터 세트의 배경, 속성 및 이를 사용하거나 참조한 관련 논문에 대한 정보를 포함한 자세한 설명이 함께 제공된다. 또한, 수년에 걸쳐서 리포지토리는 제공할 수 있는 데이터 세트의 수를 비롯하여 머신 러닝 커뮤니티 내에서의 평판 또한 크게 성장했다. 리포지토리의 데이터 세트를 사용하여 알고리즘을 평가하고 비교하는 경우가 많아서 수많은 연구 논문에서 인용되었으며, 머신 러닝의 실증적 분석을 위한 필수 리소스로 간주되고 있다.

UCI 머신러닝 리포지토리는 교육 및 연구용으로 활용될 뿐만 아니라 머신러닝 커뮤니티의 역사 아카이브 역할도 한다. 이 리포지토리는 이 분야의 진화를 반영하며, 시간이 지남에 따라 데이터 세트와 데이터 세트가 제시하는 과제가 어떻게 발전해 왔는지를 보여준다. 대표적인 예시로는 아이리스 데이터 세트와 같은 간단한 데이터 세트부터 더 복잡하고 고차원적인 데이터까지, 이 리포지토리는 머신 러닝의 역사와 발전을 살펴볼 수 있는 창을 제공한다.

(4) Google Dataset search

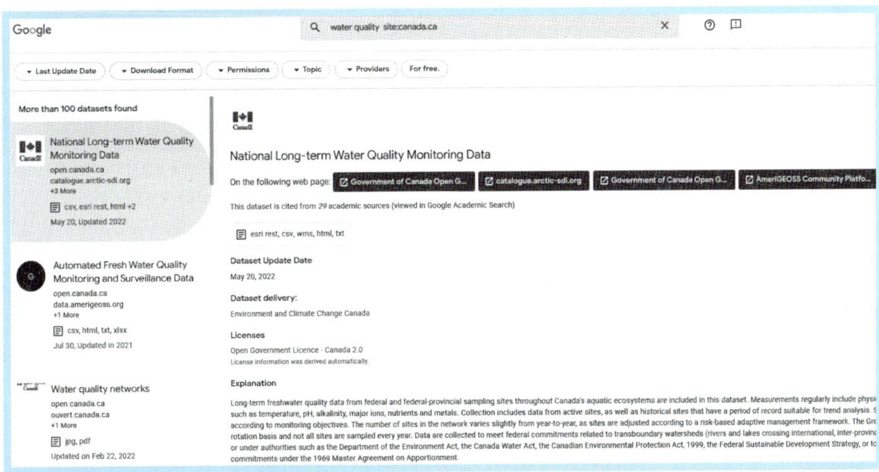

그림 4-6 Google Dataset Search

Google Dataset Search는 연구자, 데이터 저널리스트 및 데이터 애호가들이 그들의 작업에 필요한 데이터 세트를 찾기 위한 최고의 검색 엔진이다. Google 데이터 세트 검색은 인터넷 상의 공개적으로 접근 가능한 데이터 세트를 찾는데 있어 최고의 도구이다. 광범위한 커버리지와 사용자 친화적 인터페이스를 갖춘 이 검색 엔진은 대학, 정부, 조직과 같은 다양한 출처의 데이터 세트를 색인화하여 단일 검색에서 방대한 양의 데이터에 접근할 수 있게 한다. 이 고유한 기능은 다른 검색 엔진과 구별되며 데이터 세트를 온라인에서 찾는 누구에게나 가장 좋은 선택이 되게 한다. 이 플랫폼은 환경 과학, 사회 과학, 정부 데이터뿐만 아니라 교육 데이터 세트와 같은 다양한 학문 분야를 커버한다. 이는 학제간 연구에 없어서는 안 될 자원이다. 사용자들은 기후 변화, 경제 추세, 건강 관리 데이터, 대중 교통 패턴 등 다양한 주제에 대한 데이터 세트에 쉽게 접근할 수 있다. 또한, 색인화된 각 데이터 세트는 데이터 세트의 제목, 제공자 이름, 간단한 설명, 때로는 데이터가 커버하는 지리적 영역과 같은 중요한 맥락과 관련성을 제공하는 핵심 정보를 동반한다.

(5) AWS Public Datasets

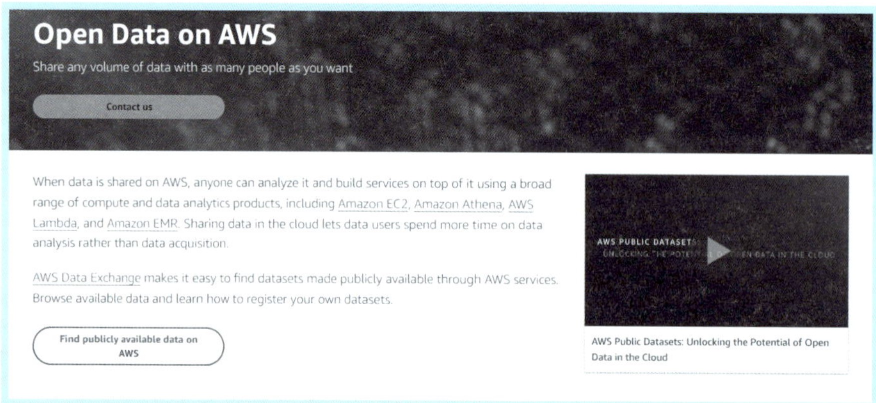

그림 4-7 AWS Public Datasets

AWS Public Datasets은 아마존 웹 서비스가 제공하는 풍부한 공개 데이터 세트의 컬렉션이다. 이 서비스의 목적은 연구원, 데이터 과학자, 개발자 및 교육자들이 쉽게 대규모 데이터 세트에 접근하여 분석하고 실험할 수 있도록 지원하는 데에 있다. AWS는 다양한 분야에서 수집된 데이터를 호스팅하여, 복잡한 인프라 구축 없이도 데이터를 활용할 수 있는 환경을 제공한다. AWS Public Datasets에는 지리정보 시스템, 생명 과학, 기상학, 우주 과학 등 다양한 분야의 데이터가 포함되어 있다. 예를 들어, 지구 관측 데이터, 유전체학 연구 데이터, 기상 데이터 등이 사용자들에게 제공된다. 이러한 데이터 세트는 공공 연구, 혁신적인 프로젝트, 교육 목적으로 널리 활용된다.

AWS는 데이터 세트의 저장 및 관리를 단순화함으로써 사용자들이 복잡한 데이터 관리에 시간을 소비하는 대신 데이터 분석과 가치 창출에 더 집중할 수 있도록 한다. 또한, AWS의 클라우드 컴퓨팅 리소스를 활용하여, 사용자들은 대규모 데이터 세트를 빠르고 효율적으로 처리할 수 있다.

AWS Public Datasets의 또 다른 중요한 특징은 사용의 용이성이다. AWS Management Console을 통해 사용자는 필요한 데이터 세트를 쉽게 찾고 AWS의 다양한 분석 및 처리 도구와 함께 사용할 수 있다. 이는 데이터 분석 및 처리 과정을 간소화하며, 사용자가 자신의 전문 지식에 더 집중할 수 있도록 돕는다.

(6) Data.gov

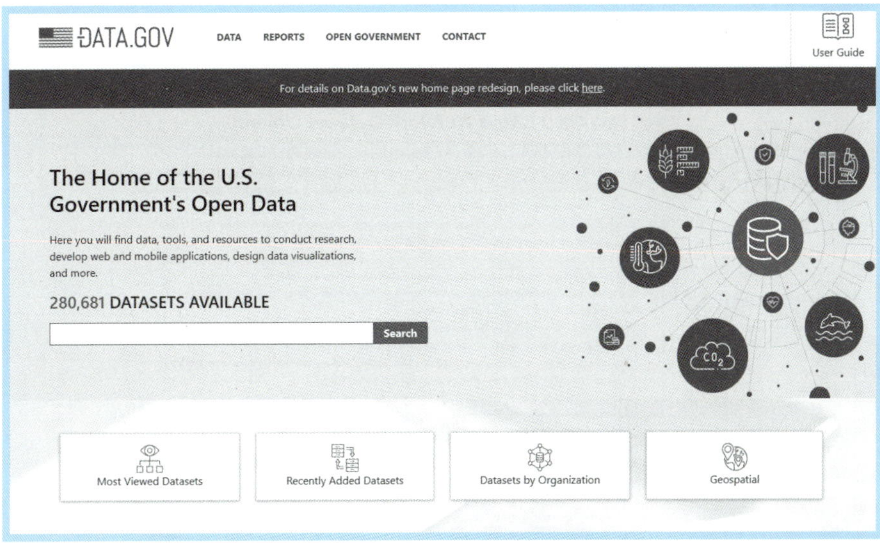

그림 4-8 Data.gov

Data.gov는 미국 정부가 운영하는 온라인 데이터 포털로, 미국 정부가 보유하고 있는 방대한 양의 공개 데이터에 대한 접근을 제공한다. 이 플랫폼은 여러 기관에서 수집한 데이터 세트를 포함하고 있으며, 공공의 투명성을 높이고 시민 참여를 증진시키기 위해 설계되었다. Data.gov의 목적은 데이터를 통해 혁신을 촉진하고 정부 운영의 효율성을 개선하며 시민들에게 가치 있는 정보를 제공하는 것이다. Data.gov는 다양한 주제의 데이터를 제공한다. 예를 들어 환경, 건강, 교육, 과학, 에너지, 안보 및 국제 관계와 같은 분야의 데이터가 포함된다. 이러한 데이터는 연구원, 정책 입안자, 개발자, 언론인 및 일반 대중에게 유용한 정보를 제공한다.

이 포털의 주요 장점 중 하나는 사용자 친화적인 인터페이스와 검색 기능이다. 사용자들은 키워드 검색, 카테고리별 탐색 또는 기관별 필터링을 통해 원하는 데이터 세트를 손쉽게 찾을 수 있다. 대부분의 데이터 세트는 다운로드가 가능하며 API를 통한 접근도 지원하여 개발자와 연구원이 자신의 프로젝트나 연구에 쉽게 통합할 수 있도록 한다. 또한, Data.gov는 교육적 자원으로서도 중요한 역할을 한다. 학생들과 교사들은 이 플랫폼을 사용하여 실제 데이터를 기반으로 한 학습과 연구를 진행할 수 있다. 이는 학생들이 데이터 사이언스와 분석 기술을 개발하고, 실제 세계의 문제를 해결하는 데 필요한 경험을 쌓는데 도움이 된다.

(7) Stanford Large Network Dataset Collection

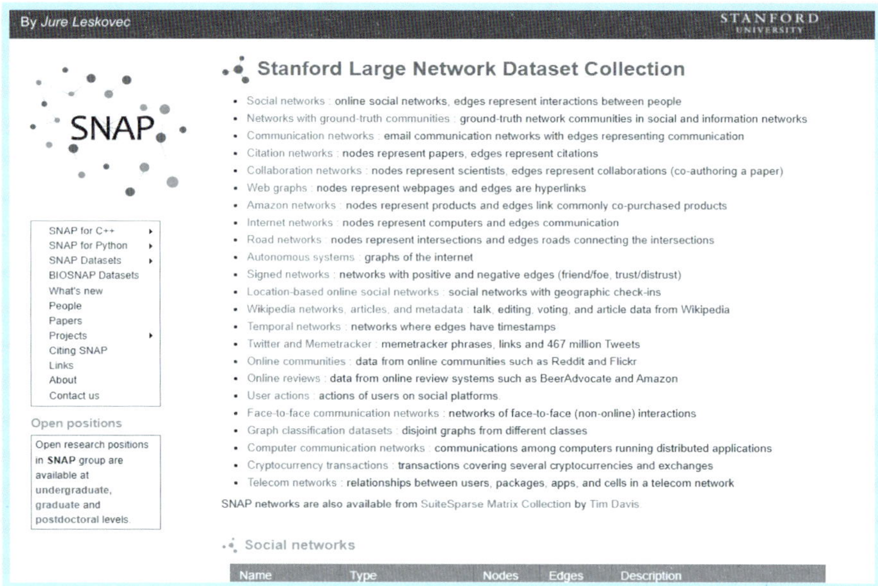

그림 4-9 Data.gov

Stanford Large Network Dataset Collection은 스탠퍼드 대학에서 제공하는 광범위한 대규모 네트워크 데이터 세트 모음이다. 이 컬렉션은 복잡한 네트워크와 시스템의 연구를 위해 설계되었으며 사회 과학, 컴퓨터 과학, 수학, 통계학 등 다양한 분야의 연구원들에게 필수적인 자원이다. SLNDC는 특히 그래프 이론, 복잡한 네트워크 분석, 시스템 모델링 및 빅데이터 분석 분야에서 중요한 역할을 한다.

소셜 네트워크, 인터넷 네트워크, 생물학적 네트워크, 인프라 네트워크 등 다양한 유형의 네트워크 데이터가 포함되어 있으며 온라인 소셜 미디어 상호작용, 인터넷 연결 구조, 단백질 상호작용 네트워크, 항공교통 네트워크 등이 제공 되고있다. 이러한 데이터 세트는 네트워크의 구조적 특성, 동적 행동, 정보 전파, 커뮤니티 형성과 같은 현상을 연구하는 데 사용될 수 있다.

SLNDC의 주요 강점 중 하나는 데이터의 다양성과 규모이다. 이 컬렉션은 수백에서 수천에 이르는 노드를 가진 네트워크 데이터 세트를 포함하며, 이는 대규모 네트워크 분석과 실험에 매우 적합하다. 또한, 데이터 세트는 체계적으로 구성되어 있어 연구자들이 쉽게 접근하고 분석할 수 있다. SLNDC는 또한 교육적 자원으로도 중요한 가치를 지닌다. 대학 교육과정에서 네트워크 이론과 분석 기법을 가르치는 데 이 데이터 세트들이 활용될 수 있으며 학생들은 실제 세계의 복잡한 네트워크 데이터를 통해 이론적 지식을 실습에 적용해 볼 수 있다. 다음 [표 4-1]은 소개된 데이터 수집 사이트들의 링크 예시이다.

표 4-1 데이터 수집 사이트 링크

이름	주소
Kaggle	https://www.kaggle.com/
GitHub	https://github.com/github
UCI Machine Learning Repository	https://archive.ics.uci.edu/
Google Dataset search	https://datasetsearch.research.google.com/
AWS Public Datasets	https://aws.amazon.com/datasets/
Data.gov	https://catalog.data.gov/
Stanford Large Network Dataset Collection	http://snap.stanford.edu/

5. 딥 러닝

5.1 딥 러닝 정의와 개념

인공지능은 이미 앞서 말했던 것처럼 인간의 판단, 행위, 인지 등을 이해해서 인간의 지능을 기계가 갖출 수 있도록 하는 것이라고 정의하였다. 최근 들어 인공지능 분야에서 머신러닝과 딥 러닝에 대해서 많은 이들이 혼동하는 것 같다. 그래서 이해하기 쉽게 설명하고자 한다. 인공지능은 기계가 인간과 동급의 지능 가질 수 있도록 만들어져야 하고, 이를 위해서는 학습을 해야 하는데 그 학습 중 한 분야가 머신러닝이다. 머신러닝의 일부인 딥 러닝은 신경망과 유사하게 학습하는 한 분야이며, [그림 5-1]에 이 관계를 나타냈다.

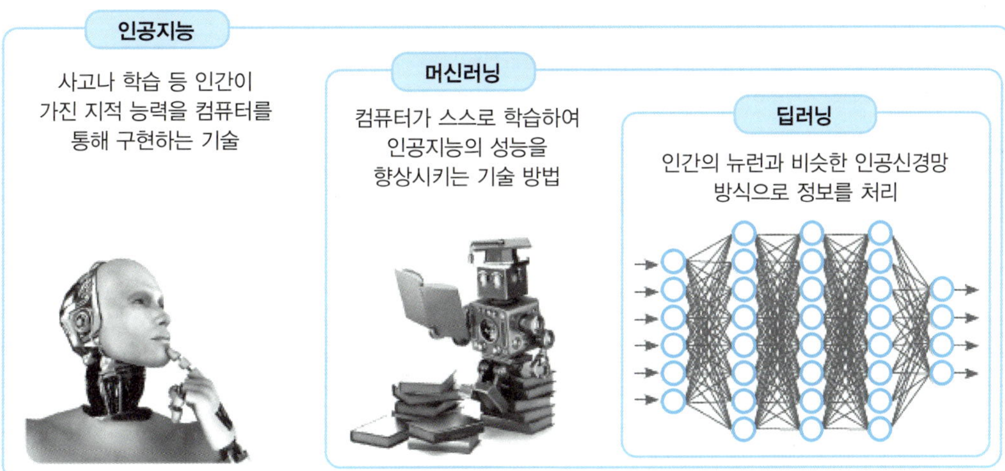

그림 5-1 인공지능, 머신러닝, 딥 러닝의 관계도

딥 러닝은 간단히 말해서 사람의 사고방식을 컴퓨터에게 가르치는 머신러닝의 한 분야로서 인간의 뇌를 표방한 높은 수준의 추상화를 인공 신경망을 기반으로 컴퓨터가 스스로 학습할 수 있게 하는 머신러닝의 한 부분으로 정의할 수 있다. 뇌의 신경세포인 뉴런은 전기적인 신호를 전달하는 특이한 세포로 뇌는 뉴런의 집합체라고 할 수 있는데 약 1천억 개가 존재하고 100조 개의 연결로 이루어져 있다고 한다. 이 뉴런은 줄줄이 연결되어 있어 뉴런이 연결된 것을 신경망이라고 하고 인공적으로 만든 것을 인공신경망이라고 부른다. [그림 5-2]에 뉴런이 연결된 신경망을 나타냈다.

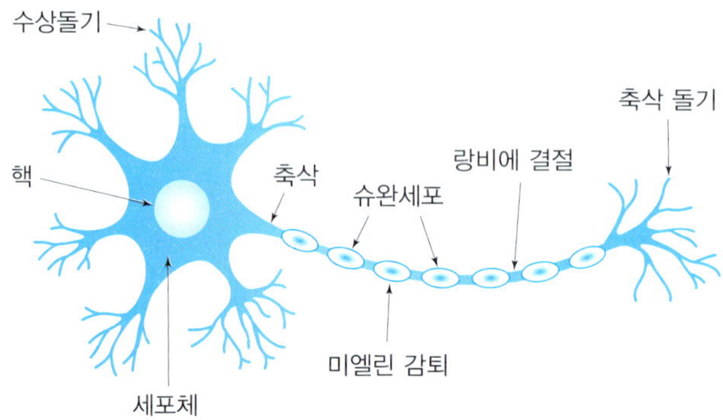

그림 5-2 뉴런

뉴런은 연결된 수상돌기에서 신호를 받아들이고 축삭돌기에서 신호를 전송하는 형태로, 그 사이에는 시냅스가 있는데 신호가 전달되기 위해서는 임계값 이상의 전기신호로 정보를 전송하거나 저장하게 된다. 뉴런은 함께 연결되어 있으며, 수상돌기에서 신호를 받아들이고 축삭돌기에서 신호를 전송하는 형태로, 각 뉴런 사이에는 시냅스가 있다.

- 가지돌기: 세포로 전달되는 신호를 받아들이는 부분
- 축삭돌기: 세포에서 다른 세포로 신호를 전달
- 시냅스: 가지돌기와 축삭돌기 사이에 있는 부분으로 신호 전달의 세기를 담당한다. 시냅스의 발달 정도에 따라 같은 신호도 강하게 전달하거나 약하게 전달
- 세포체: 세포체는 가지돌기로 들어온 신호들로부터 자신의 출력 신호를 만들고 이를 다음 세포에 전달한다. 이때, 신호는 단순히 입력 신호들의 합이 아닌 비선형 방식으로 전달

신경망neural network은 신경계의 기본 단위인 뉴런을 모델화한 것이다. 하나의 인공 뉴런(노드 node)에서는 다수의 입력 신호를 받아서 하나의 신호를 출력한다. 이는 실제 뉴런에서 전기 신호를 내보내 정보를 전달하는 것과 비슷하다. 임계값 이상인 신호만 전달되며, 전기신호로 정보를 전송하거나 저장하게 된다. 이러한 인공지능의 흐름을 수학과 뉴런으로 표현하면 [그림 5-3]과 같다.

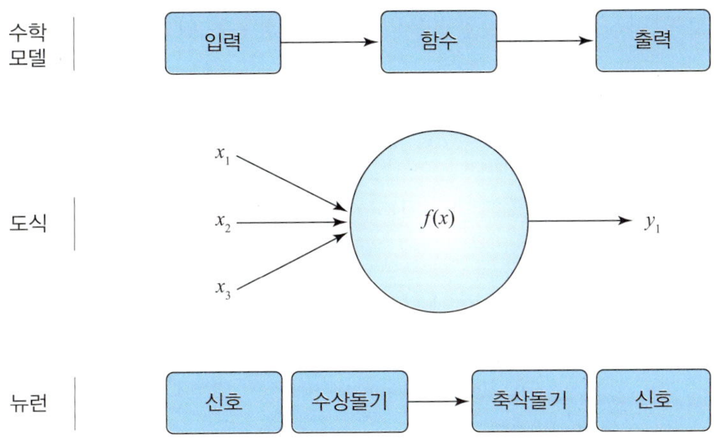

그림 5-3 신경망 모델링 예시

신경망의 동작원리는 하나의 노드에서 입력을 받아서 출력하는 함수의 형태로 나타낼 수 있다. 아래와 같이 하나의 노드는 입력 신호를 받아 결과를 전달해주는 하나의 함수로 볼 수 있다. 따라서 입력신호 x를 받아 y를 출력하는 경우 다음과 같이 나타낼 수 있다.

$$y = wx + b$$

여기서 w는 가중치를, b는 편향bias을 의미한다. 예를 들어, 입력신호 x를 받으면, 미리 부여된 가중치 w와 계산되고 그 결과 값이 임계값 θ를 넘으면 1을 출력한다. 즉,

$$wx > \theta \Rightarrow 1$$

일 때 θ를 왼쪽으로 이항하면 $b = -\theta$를 얻는다.

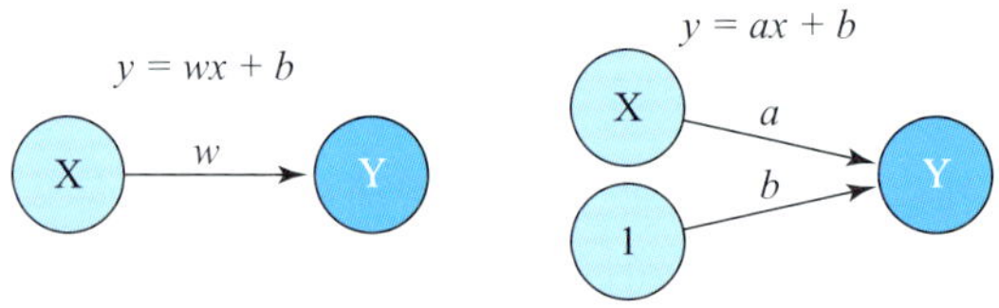

그림 5-4 편향

같은 방법으로 입력신호가 두 개인 경우와 세 개인 경우는 다음과 같다.

$$y = ax_1 + bx_2 + c$$
$$y = ax_1 + bx_2 + cx_3 + d$$

위 수식은 [그림 5-5]와 같이 표현할 수 있다.

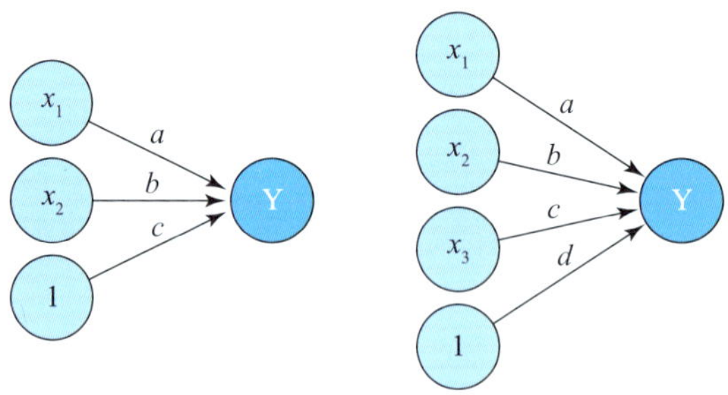

그림 5-5 다중편향

만일 출력이 두 개인 경우는 다음과 같이 행렬의 곱을 이용하여 나타낼 수 있다. 이때, 편의상 편향은 0이라고 하고, w_{ij}는 입력층의 i번째 노드에서 출력층의 j번째 노드로 연결된 가중치를 의미한다.

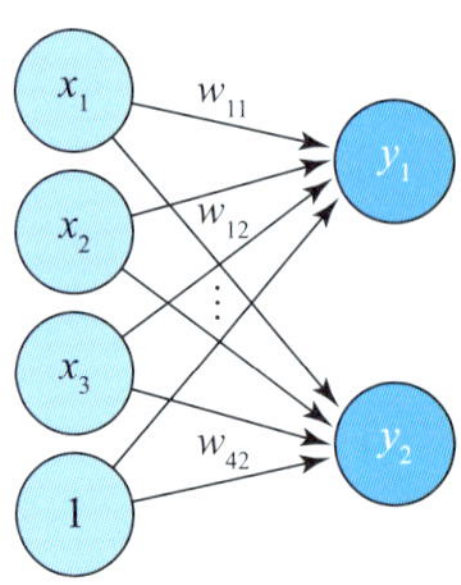

그림 5-6 편향 가중치

뉴런에서 임계값 이상의 자극이 주어져야 감각이 반응하는 것처럼, 인공 뉴런에서도 다수의 입력신호가 주어지면, 미리 부여된 가중치와 계산을 한 후 그 총합이 정해진 임계값을 넘으면, 1을 출력하고 넘지 못하면 0 (또는 −1)을 출력한다. 이때 출력을 결정하는 함수를 활성화 함수[activation function]라 한다. 활성화 함수의 대표적인 예로는 시그모이드 함수가 있다.

$$f(x) = \frac{1}{1 + e^{-x}} = \frac{e^x}{e^x + 1}$$

이는 임계값을 기준으로 활성화되거나 혹은 비활성화 되는 계단함수[Step function] 또는 단위계단함수[Heaviside function]을 근사화 한 것이며, [그림 5-7]에 시그모이드 함수를 나타냈다.

$$H(x) = \begin{matrix} 0, x < 0 \\ 1, x \geq 0 \end{matrix}$$

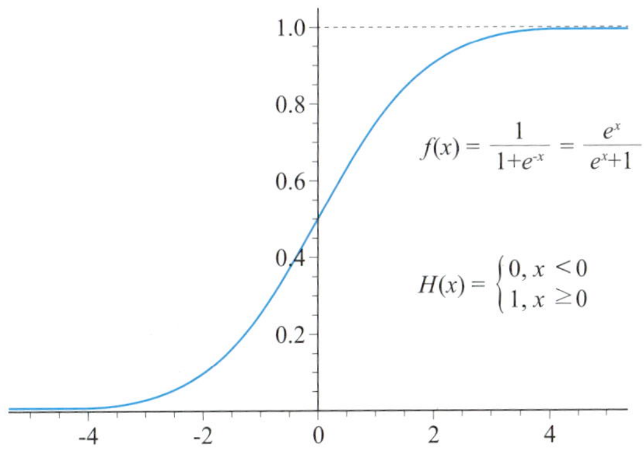

그림 5-7 Sigmoid가중치

딥 러닝 기술은 이미 구글, 페이스북, 아마존 등 글로벌 IT기업들에서 광범위하게 이용되고 있는 기술이며 특히, 패턴 인식이나 사진, 음성 등의 인식, 기계번역 등의 자연어 처리에 좋은 성능을 발휘하는 것으로 알려져 있다. 딥 러닝은 퍼셉트론, 다층 퍼셉트론, 그리고 현재의 딥 러닝으로 구분하고 있다.

5.1.1 퍼셉트론

인공신경망[Neural Network]의 기원은 1958년에 플랭크 로젠블레트[Frank Rosenblatt]가 제안한 퍼셉트론이 시작이라 할 수 있다. 퍼셉트론은 입력 데이터를 2개의 부류 중 하나로 분류하는 분류기[classifier]로써 학습이 가능한 초창기 신경망 모델로 원시적인 신경망으로 볼 수 있다. 퍼셉트론은 n개의 입력과 1개의 출력에 대하여 각 입력에는 가중치를 둔 개념으로 뉴런이 전기 신호로 정보를 전달하는 방식을 통계학적으로 모사하였다. 단층 퍼셉트론은 입력층Input layer과 출력층Output layer으로 구성된다. 입력층은 데이터가 입력되는 계층으로써, 입력된 데이터는 출력층 뉴런으로 전달되어 활성함수에 따라 값이 출력된다. 출력층은 퍼셉트론 설계 시 임의의 n개의 뉴런으로 구성할 수 있으며, [그림 5-8]은 1개의 뉴런으로 구성된 출력층의 개념도를 나타낸다.

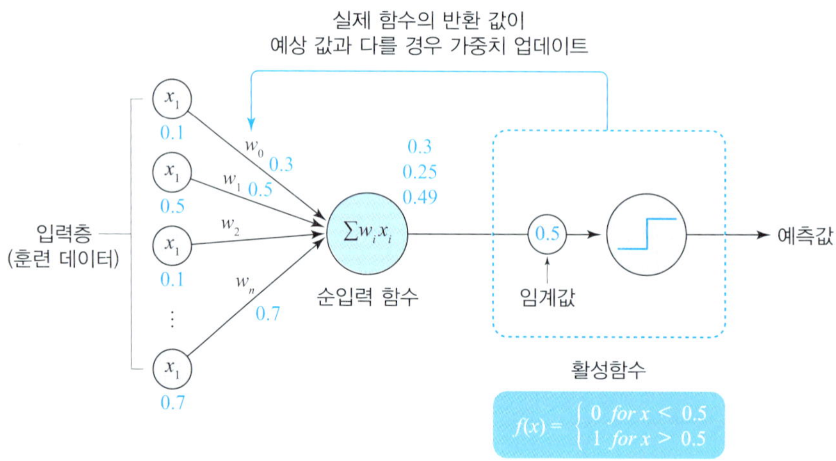

그림 5-8 퍼셉트론 개념도

[그림 5-8]에서는 각 입력 값에 가중치를 부여하였고 순입력 함수를 거쳐 활성함수 단계에 이른다. 활성화 단계에서 함수를 사용한다는 것은 모델의 표현력을 향상시켜주기 위해서라고 할 수 있다. 모델을 향상시킨다는 의미는 모델의 복잡도를 올리기 위함인데 이는 비선형 문제를 해결하는데 중요한 역할을 한다. 활성화 함수를 사용하면 입력 값에 대한 출력 값이 선형으로 나오지 않으므로 선형분류기를 비선형 시스템으로 만들 수 있다. 조금 더 설명하자면 활성화 함수란, 출력 값을 활성화할 것인가를 정한 후 활성화되어야 한다면 활성화 값을 부여하는 함수라고 할 수 있다. 즉 특정 조건을 만족하면 활성화되도록 설계하기 위해서이다.

예를 들어 보면 다음과 같은 수식이 있다고 가정한다.

$$X_0(0.1)W_0(0.3) = 0.3$$
$$X_1(0.5)w_1(0.5) = 0.25$$
$$x_n(0.7)w_n(0.7) = 0.49$$

순입력 함수의 값이 임계치 0.5를 기준으로 활성함수에 입력되어 예측값이 0.5 이상이면 "1" 또는 0.5이하이면 "0"로 출력된다. 따라서 활성화를 위한 임계치를 넘어가면 활성화가 되고, 넘어가지 않으면 비활성화가 되게 설계되었다. 활성화 조건은 활성화 함수에 따라 달라진다. 일반적으로 사용하는 활성화 함수는 시그모이드Sigmoid 함수, tanh함수, ReLU함수 등을 사용하는데 함수에 따라서 임계값은 달라진다. [그림 5-9]에 활성함수를 나타내었다.

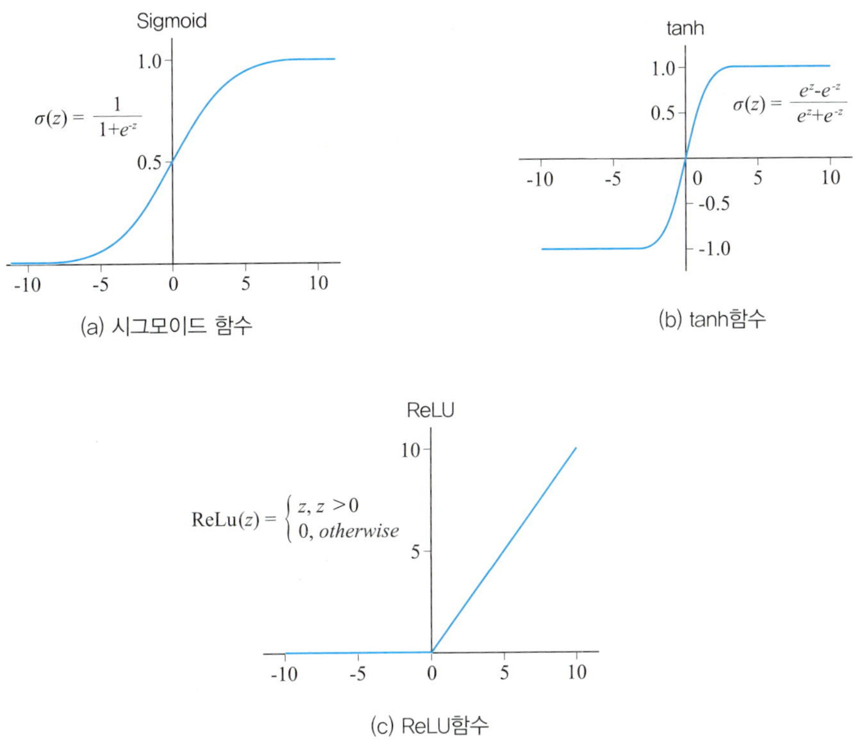

(a) 시그모이드 함수 (b) tanh함수 (c) ReLU함수

그림 5-9 활성함수

시그모이드란 'S자 모양'이라는 뜻으로 식에서 e 마이너스 x제곱에서 e는 자연 상수로 부르고 2.7182 … 의 값을 갖는 실수이며 실수 값을 입력 받아 0~1 사이의 값으로 표현한다. tanh함수는 시그모이드와 비슷하지만 실수 값을 입력 받아 −1~1 사이의 값으로 표현한다. ReLU 함수는 가장 많이 사용하는 활성화 함수로 입력이 0을 넘으면 그 입력을 그대로 출력하고, 0 이하이면 입력을 출력하는 함수이다. 활성함수의 연산을 마친 값은 [그림 5-9]에 나타나 있는 것처럼 각 n개의 입력신호에 가중치가 부여되어 연산 후 신호의 총합이 임계 값을 넘었을

때 1의 값을 출력하고 그렇지 못하면 0 또는 1을 출력하게 된다. 즉,

$$W_1X_1 + W_2X_2 + W_3X_3 + \cdots + W_nX_n > \text{임계값}$$

이라면 '1' 그렇지 않으면 '0'이 된다. 가중치는 임계값의 경계를 구분하기 때문에 입력된 값이 출력 값에 얼마만큼의 영향을 줄 것인가의 매개변수 역할을 하게 된다. 즉, 입력 값은 각각의 가중치와 함께 순입력 함수 즉, 뉴런으로 입력되어 하나의 값으로 만들어진다. 퍼셉트론은 인공신경망의 시작이지만 모든 시작이 그렇듯이 매우 단순한 XOR 모델의 문제 해결 방식에 한계를 보이기 시작했다.

1. 논리곱

x_1	x_2	y
0	0	0
1	0	0
0	1	0
1	1	1

2. 배타적 논리곱

x_1	x_2	y
0	0	1
1	0	1
0	1	1
1	1	0

3. 논리합

x_1	x_2	y
0	0	0
1	0	1
0	1	1
1	1	1

4. 배타적 논리합

x_1	x_2	y
0	0	0
1	0	1
0	1	1
1	1	0

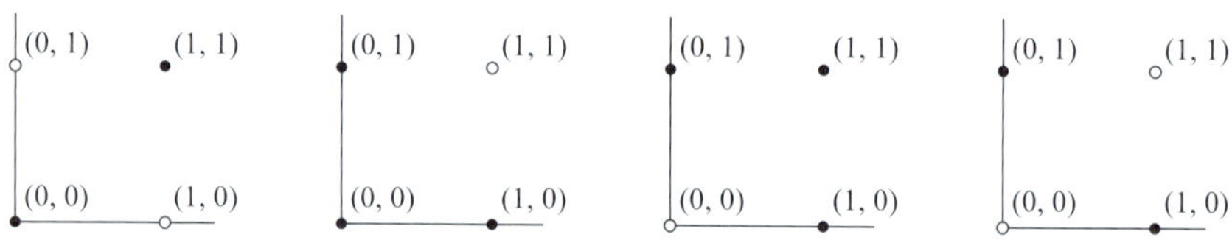

그림 5-10 XOR(베타논리) 게이트

[그림 5-10]과 같이 XOR 연산은 입력 값이 동일하면 출력이 0이고, 다를 경우 출력이 1이 되는 논리 연산이다. 하지만 이 연산을 모델링하려 할 때, 단순한 선형 분류 방식만으로는 그 패턴을 적절히 분리할 수 없다. [그림 5-10]을 보면 분류할 수 없는 부분이 XOR부분이다. 이 부분을 선형으로 구분할 수 있는 방법은 [그림 5-11]과 같다.

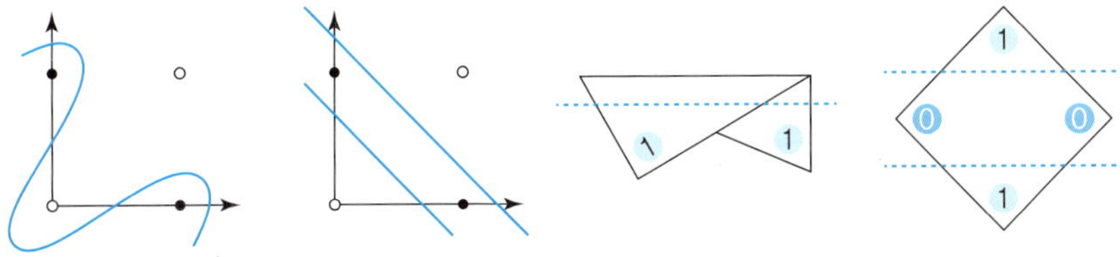

그림 5-11 XOR구분

XOR 문제의 핵심적인 난관은 그것을 선형적으로 분리할 수 없다는 점과, 복잡한 네트워크 구조가 필요하다는 것이다. 또한, 비선형 활성화 함수의 적용이 필요하며, 제한된 데이터로는 문제의 해결이 어려웠다. 이러한 복잡성 때문에 초기에는 XOR 문제의 해결이 쉽지 않았다. 따라서 이 문제를 극복하기 위해 다층 퍼셉트론MLP과 비선형 활성화 함수 같은 개념들이 소개되었다. 이런 접근법의 도입은 인공지능 분야에서 신경망 및 딥 러닝 기술의 기반을 형성하게 되었다.

5.1.2 다층 퍼셉트론

다층 퍼셉트론Multilayer perceptron, MLP은 퍼셉트론을 여러층 쌓은 순방향의 인공 신경망으로 입력층, 은닉층hidden layer, 출력층으로 구성된다. 각 층에서는 활성함수를 통해 입력을 처리한다.

다층 퍼셉트론은 XOR 같은 간단한 것도 학습하지 못하는 퍼셉트론의 단점을 해결하기 위해 도입되었고 그 해결 방법은 의외로 단순하다. [그림 5-11]에서 보면 곡선을 그리거나 AND, OR연산의 직선처럼 2개로 나눈다면 분류가 가능하게 된다. 그래서 AND, OR를 함께 적용하면 된다. 즉, 입력층과 출력층으로 구성된 단층 퍼셉트론에 은닉층이 추가하고, 은닉층은 기존의 출력층과 같이 가중치 합을 계산하면 해결된다.

중간층, 은닉층을 하나만 두는 것이 아니라 여러 개를 두었다. 그래서 하나 이상의 중간층을 두어 다층 퍼셉트론이 되었고 중간층은 은닉층[1] 또는 은닉 레이어hidden layer로 두어 은닉층이 증가할수록 분류하는 능력이 좋아졌다는 것을 알 수 있었다. XOR 문제보다 더욱 복잡한 문제를 해결하기 위해서 다층 퍼셉트론은 중간에 수많은 은닉층을 더 추가할 수 있다. 은닉층의 개수는 2개일 수도 있고, 수십 개일수도 있고 사용자가 설정하기 나름입니다. [그림 5-12]에 다층 퍼셉트론 개념도를 나타냈다.

1 은닉층(hidden Layer): 입력층과 출력층 사이에 위치하는 모든 층

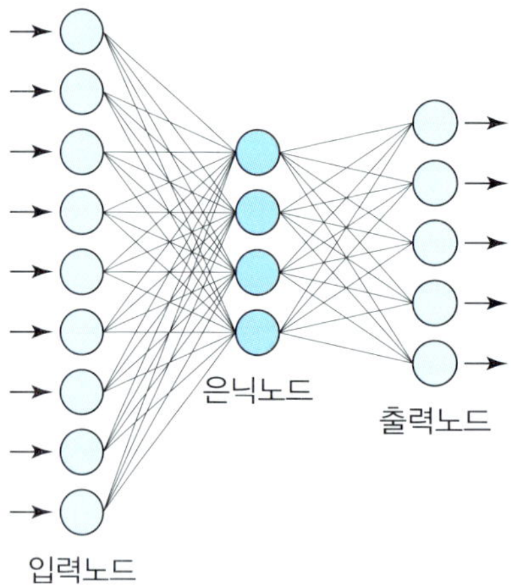

그림 5-12 다층 퍼셉트론 개념도

다층 퍼셉트론의 도입으로 XOR문제 뿐만 아니라 선형으로 분류가 되지 않는 더 복잡한 문제도 해결할 수 있었다. 문제를 해결했지만 은닉층이 늘어날수록 가중치도 늘어나게 되어 학습이 어렵다는 단점이 나타났다. 기존의 경사하강법은 기울기를 이용하여 가중치를 업데이트하는 방법을 사용하긴 하지만, 여러 층에 존재하는 가중치들을 모두 하나하나 업데이트하는 것은 매우 많은 연산량과 메모리가 필요하다. 이를 해결하고자 고안된 알고리즘이 바로 역전파 알고리즘[backpropagation algorithm]이다. 지금까지의 다중 퍼셉트론 연산 방식은 입력층에서 출력층으로 방향으로 순방향 신경망[Feed Forward Neural Network, FFNN]이었다. 순방향 신경망은 입력층에 들어온 입력값을 순전파하여 예측값을 도출하고 목표값과의 오차를 계산한 뒤 역전파 알고리즘을 이용하여 가중치를 업데이트하는 방식으로 실제값과의 오차를 줄이는 형태였다. 역전파 알고리즘은 출력층에서 입력층 방향으로 오차를 전파시키며 각 층의 가중치를 업데이트하는 방식으로 어려움을 해결할 수 있다. 이후 딥 러닝 분야에서는 이러한 여러가지 방법론을 가지고 지속적인 연구를 진행하고 있지만 예전의 제어이론 기반의 학습 방법들이 재조명되면서 새로운 인공신경망이 등장하게 된다. 제프리 힌튼과 테리 세이노프스키 박사가 제안한 볼츠만 머신은 기존 홉필드 네트워크에 신경망 알고리즘을 결합해 개선한 것으로 대규모 병렬처리를 이용하는 강력한 계산장치로 확률적으로 순환하는 신경망 네트워크로 내부 구조에 의한 학습이 가능하고, 여러가지 조합된 문제들을 해결할 수 있다. 이와 같은 방법을 통해 다층 퍼셉트론의 단점들이 많이 해결되는데, 레이블 없는 데이터를 활용할 수 있고 이를 이용해 비지도학습을 수행함으로써 그동안 많은 문제점들을 해결할 수 있을 것이라 판단한다.

5.2 인공신경망의 종류

인공신경망은 알고리즘별, 이론별로 복잡한 다중 입력과 방향성 피드백 루프[2]와 단방향 또는 양방향 그리고 다양한 계층 등 여러가지 종류가 있지만 일반적으로 언급하고 있는 인공신경망을 크게 DNN Deep Neural Network, CNN Convolutional Neural Network, RNN Recurrent Neural Network으로 구분하여 설명하였다.

5.2.1 Deep Neural Network(DNN)

심층 신경망은 입력층과 출력층 사이에 여러개의 은닉층을 포함하기 때문에 일반적인 인공신경망과 마찬가지로 복잡한 비선형 non-linear 관계들을 모델링할 수 있다. 복잡한 데이터를 학습하기 위해 은닉 계층을 많이 쌓아서 복잡한 학습을 해결할 수 있는 인공지능 기술이 필요하다. 퍼셉트론으로는 XOR연산을 해결하지 못한다는 문제뿐만 아니라 복잡한 학습을 하기에는 한계가 있어 수십에서 수백의 은닉 계층으로 구성 가능한 DNN 모델이 필요하다. 다수의 은닉 계층을 활용하면 은닉 계층 하나를 활용할 때보다 입력 신호를 더 정교하게 처리할 수 있다. [그림 5-13]에 DNN의 모델을 나타냈다.

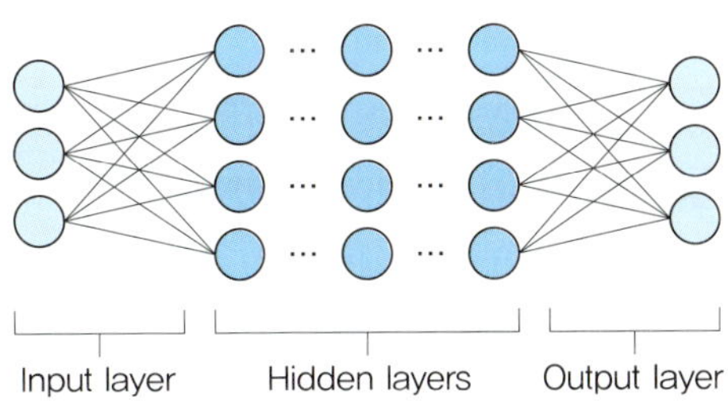

그림 5-13 일반적인 DNN모델

심층 신경망은 동일 입력층에 대해 원하는 값이 출력되도록 각각의 가중치를 조정하는 방법으로 사용되며, 속도는 느리지만 안정적인 결과를 얻을 수 있다는 장점이 있다. 그러나 나이브naive [3] 한 방식으로 학습될 경우 많은 문제들이 발생할 수 있다. 그 중 과적합과 높은 시간 복잡도가 흔히 발생하는 문제들이다. 이러한 문제를 해결하기 위한 방법들이 있지만 최근에

2 피드백 루프: 결과(출력값)가 원인(입력값)에 반복적인 영향을 미치며, 결과를 강화 또는 유지하는 것
3 Naïve Bayes에서 각 측정값들이 independent 하다고 가정하므로 naive하다고 하는 것

들어서는 dropout정규화의 사용으로 학습 도중 은닉 계층들의 몇몇 유닛들이 임의로 생략된다. 이러한 방법은 학습 데이터에서 발생할 수 있는 레어 의존성rare dependency를 해결하는데 도움을 준다. 시간 복잡도가 높은 이유는 오차역전파법Backpropagation과 경사하강법Gradient Descent 이 지역 최적해local optima[4] 를 찾기에는 적합하지만, 학습시간이 오래 걸린다는 문제가 생기기 때문이다. 심층신경망은 분류 및 수치 예측. 영상처리, 음성인식, 자연어 처리와 같은 분야에서 자주 쓰이며 특히, 이미지 트레이닝이나 문자 인식 같은 분야에서 매우 유용하게 사용되고 있다.

5.2.2 Convolutional Neural Network(CNN)

CNN기법은 일반 Neural Network에서 이미지나 영상과 같은 다차원 데이터를 처리할 때 발생하는 문제점들을 보완한 방법이다.

DNN은 기본적으로 1차원적 데이터를 사용한다. 일반적으로 텍스트나 수치적 데이터를 활용할 때는 많은 데이터의 손실 없이 학습이 가능 하지만 이미지가 입력될 경우, 이것을 flatten 시켜서 1차원적으로 한 줄의 데이터로 만들게 된다. 이 과정에서 이미지의 공간적 정보가 손실되어, 특징 추출이나 학습이 비효율적이라서 정확도의 한계가 발생한다는 문제가 있었다. 그래서 CNN을 통해 이미지를 raw input으로 받음으로써, 공간적/지역적 정보를 그대로 유지한 채 특성들의 계층을 형성하게 된다.

기존의 필터링 기법은 고정된 필터를 이용하여 이미지를 처리했다. CNN의 기본 개념은 "행렬로 표현된 필터의 각 요소가 데이터 처리에 적합하도록 자동으로 학습되게 하자"는 것이다. 예를 들어, 이미지를 분류 알고리즘을 개발하고자 할 때 우리는 필터링 기법을 이용하여 분류 정확도를 향상시킬 수 있을 것이다. 그러나 한 가지 문제점은 사람의 직관이나 반복적인 실험을 통해 알고리즘에 이용될 필터를 결정해야 한다는 것이다. 이러한 상황에서 CNN을 이용한다면, 알고리즘은 이미지 분류 정확도를 최대화하는 필터를 자동으로 학습함으로써 분류의 정확도를 향상시킬 수 있다. 예를 들어 돼지를 인식하는 이미지가 주어졌을 경우 돼지의 이미지인지 아닌지 결정할 수 있는 모델을 만들고 싶다고 가정한다. 그렇다면 돼지의 주요 특징인 돼지 코가 중요한 포인트가 될 수 있다. 그래서 모델이 주어진 어떤 이미지에 돼지 코가 있는지 없는지 판가름하는 것이 중요 척도가 될 것이다. 하지만 돼지의 전체 이미지에서 돼지 코 부분은 비교적 작은 부분이다. 따라서 모델이 전체 이미지를 보는 것 보

4 지역 최적해는 특정 구간의 범위 내에서만 가장 우수한 해로 인식되는 반면, 전역 최적해는 전체 탐색 공간에서 가장 우수한 해로 인식되며, 최적화 문제를 다루는 여러 분야에서 전역 최적해를 찾는 것이 목표

다는 돼지 코 부분을 잘라 보는 것이 더 효율적일 것이다. 이렇게 잘라서 볼 수 있도록 하는 것이 CNN이다. CNN의 뉴런이 패턴(돼지의 코)을 파악하기 위해서 전체 이미지를 모두 다 볼 필요가 없이 특징만 보고 돼지라는 것을 인지하게 될 것이다. [그림 5-14]에 돼지코에 대한 특징 추출을 나타내었다.

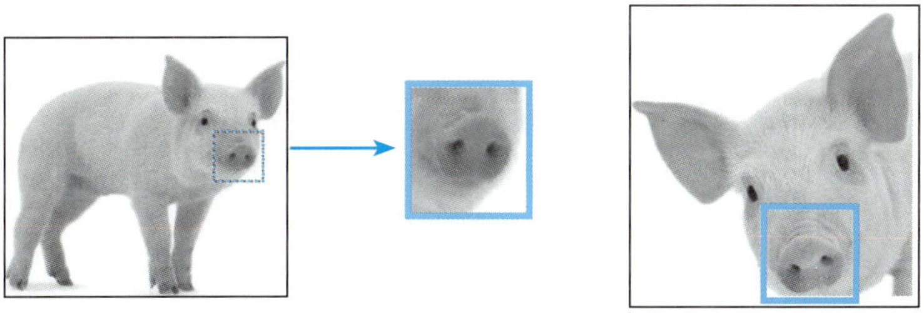

(a) 특징이 오른쪽 중간쯤 위치 (b) 특징이 중간 하단에 위치

그림 5-14 CNN의 이미지 특징

또한 [그림 5-14]의 (a), (b) 이미지 상에서 보면 돼지의 코 부분이 이미지의 다른 부분에 위치해 있다는 것을 알 수 있다. [그림 5-14]의 (a)는 돼지의 코가 오른쪽 중간쯤 위치하고 있고 (b)는 이미지의 중간 하단에 위치하고 있기 때문에 전체적인 이미지보다는 특징적인 이미지 부분을 찾아서 처리하는 것이 매우 중요하며 학습에 있어서도 효율적일 것이다.

MNIST Dataset에서 추출한 샘플 중 하나인 손글씨로 쓰여진 '8'의 이미지를 예를 들어 설명하겠다. 자세히 보면 18×18단위의 픽셀로 구성되어 있다. 이미지의 데이터 입력 값을 18×18 행렬로 표현할 수 있다. 즉, 2차원 이미지를 행렬로 표시할 수 있다는 것이며 CNN에 넣어줄 입력 값은 행렬로 표현된 이미지이다. [그림 5-15]에 나타내었다.

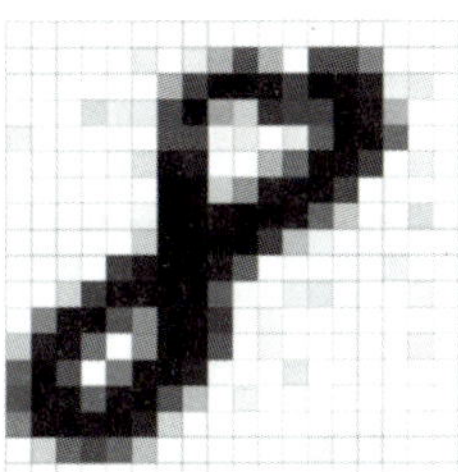

입력한 이미지
5 × 5

1	1	1	0	0
0	1	1	1	0
0	0	1	1	1
0	0	1	1	0
0	1	1	0	0

필터(커널)
3 × 3

1	0	1
0	1	0
1	0	1

그림 5-15 샘플 데이터의 행렬 표현

[그림 5-15]와 같이 5×5의 행렬로 표현된 이미지 입력값이 있다고 가정하고, CNN에는 필터(커널)가 존재한다. 위의 예시의 경우에는 3×3크기의 필터이다. 쉽게 표현하면 이 하나의 필터를 이미지 입력값에 전체적으로 적용해준다고 생각하면 된다. 즉 우리의 입력값 이미지의 모든 영역에 같은 필터를 반복 적용해 패턴을 찾아 처리하는 것이 목적이다.

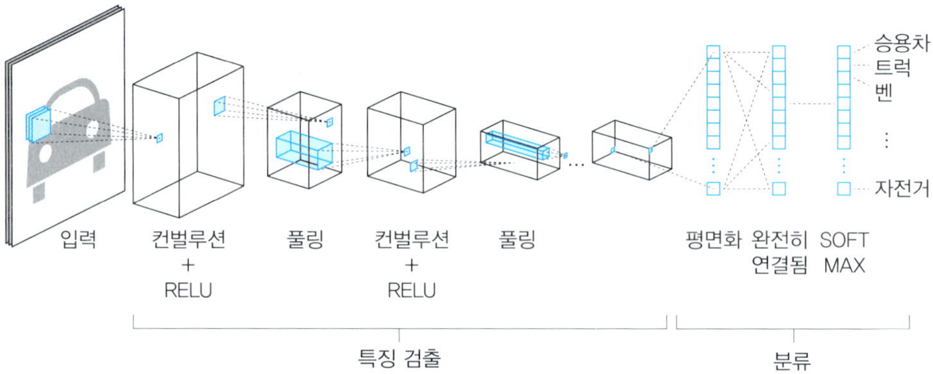

그림 5-16 CNN 모델 구조

합성곱 신경망은 최소한의 사전처리를 사용하도록 설계된 다층 퍼셉트론의 한 종류로서 하나 또는 여러 개의 합성곱 계층과 그 위에 올려진 일반적인 인공 신경망 계층 들로 이루어져 있다. 합성곱 신경망의 계층 구조를 살펴보면 입력 계층 출력 계층, 그리고 그 사이의 여러 은닉 계층으로 구성된다. 이러한 계층은 해당 데이터의 고유한 특징을 학습한다는 의도로 데이터를 변경시키는 연산을 수행한다. 가장 일반적인 3가지 계층으로 컨볼루션 계층, 활성화 또는 ReLu 계층, 풀링 계층을 들 수 있다. 컨볼루션 계층은 입력 영상을 일련의 컨볼루션 필터에 통과시킨다. 각 필터는 영상에서 특정 특징을 활성화한다. ReLu Rectified Linear Unit 계층은 음수 값이 0에 매핑하고 양수 값은 그대로 두어서 더 빠르고 효과적인 훈련이 이루어지도록 한다. 이때 활성화된 특징만 다음 계층으로 전달되므로 이를 활성화라고도 한다. 풀링 계층은 비선형 다운 샘플링을 수행하여 신경망이 학습해야 하는 파라미터의 개수를 줄임으로써 출력을 단순화한다.

5.2.3 Recurrent Neural Network(RNN)

RNN은 순차 데이터나 시계열 데이터를 이용하는 인공 신경망의 한 유형으로써 언어 변환, 자연어 처리, 음성 인식, 이미지 처리 같은 시퀀스 단위로 처리한다.

시퀀스란 문장 같은 단어가 나열된 것을 뜻하며, 시퀀스들을 처리하기 위해 고안된 모델을 시퀀스 모델이라 하고, 그 중에서 RNN은 딥 러닝의 가장 기본적인 시퀀스 모델이다. RNN 은 지금까지 배워 온 신경망과는 달리 기억[Hidden State]을 가지고 있다. 기억은 이전 데이터를 참조할 수 있어서 이전 데이터와 현재 데이터의 연관성을 알 수 있기 때문에 연속적인 데이터 처리가 용의하다. 이미 앞서 배운 신경망들은 전부 은닉층에서 활성화 함수를 지난 값은 오직 출력층 방향으로 진행되었다. RNN은 은닉층의 노드에서 활성화 함수를 통해 나온 결과값을 출력층 방향으로도 보내면서, 다시 은닉층 노드의 다음 계산의 입력으로 보내는 특징을 갖고 있다. 예를들어, 번역을 한다고 했을 때 단어의 어순에 따라 문장의 의미가 달라지고 앞에 어떤 단어가 쓰였는지 기억해야 뒤에 오는 단어를 예측하는 등의 문제를 해결할 때 활용 가능하다. [그림 5-17]에 RNN의 기본 구조를 나타내었다.

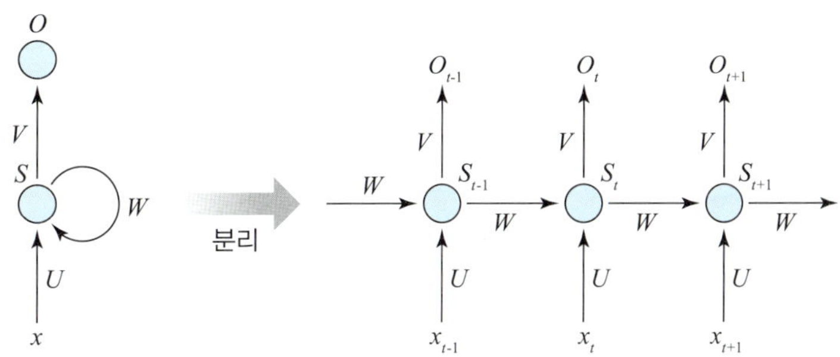

그림 5-17 RNN 기본구조

- x_t는 시간 스텝[time step] t에서의 입력값
- S_t는 시간 스텝 t에서의 은닉상태[hidden state]이다. 네트워크의 "메모리" 부분으로서, 이전 시간 스텝의 은닉상태의 값과 현재 시간 스텝의 입력 값에 의해 계산된다

$$S_t = f(Ux_t + Ws_{t-1})$$

- 비선형 함수 f는 보통 tanh나 ReLU가 사용되고, 첫 은닉상태를 계산하기 위한 S_{-1}은 보통 0으로 초기화
- 0_t는 시간 스텝 t에서의 출력값으로, 예를 들어, 문장에서 다음 단어를 추측하고 싶다면 단어 수만큼의 차원의 확률 벡터가 된다.

[그림 5-17]은 RNN은 순환되는 것을 펼친 것으로 표현하였다. 입력값을 받으면 출력값를

만들고, 이 출력을 다시 입력으로 받는 형태이다. 펼침 구조(오른쪽) 그림은 이를 각 타임 스텝[Time step]마다 펼쳐서 타임스텝별 입력, 출력, 가중치를 나타낸다. RNN 계층을 수행하는 계산의 수식은 아래와 같다.

$$h_t = \tanh(h_{t-1}W_h + x_tW_x + b)$$

위 식에서의 입력값을 출력값로 변환하기 위한 가중치 와 RNN 출력을 다음 시간(t)의 출력으로 변환하기 위한 가중치, 편향으로 이루어져 있다. 그림에서 본 것처럼 내부에 있는 순환 구조에 의해 현재 정보에 이전 정보가 쌓이면서 정보 표현이 가능한 알고리즘으로, 데이터가 순환되기 때문에 정보가 끊임없이 갱신될 수 있는 구조이다. 따라서 RNN은 입력값과 출력값이 시퀀스의 길이에 관계없이 받아들일 수 있는 구조로써 NLP, 음성 인식, 이미지 캡션 생성(이미지를 보고 텍스트로 주석 달기) 등으로 다양하게 사용되고 있다.

6. Case Study

6.1 AlphaGo

알파고[AlphaGo]는 구글의 DeepMind Technologies Limited가 개발한 인공지능 AI 바둑 프로그램이다. 알파고는 총 4 가지 버전으로 존재하고 있다. 2015 년 10 월 판후이 2 단을 이긴 알파고 판, 2016 년도3 월 이세돌을 4:1 로 이긴 알파고 리, 커제 9 단과 대결에서 3:0 으로 이긴 알파고 마스터 그리고 2017년 네이처를 통해 발표된 알파고 제로가 현재까지의 알파고이다. 알파고는 2015년 10월 유럽 바둑 챔피언십에서 3차례 우승한 프랑스의 판 후이[Fan Hui] 2단과의 5번기에서 모두 승리해 핸디캡(접바둑) 없이 호선(맞바둑)으로 프로 바둑 기사를 이긴 최초의 컴퓨터 바둑 프로그램이 되었다. 2016년 3월에는 여러 국제 기전에서 18차례 우승했던 세계 최상위급 프로 기사인 이세돌 9단의 5번기 공개 대국에서 대부분의 예상을 깨고 4승 1패로 승리해 '현존 최고 인공지능'으로 등극하면서 세계를 놀라게 했다. 그리고 알파고는 한국바둑협회로부터 명예 9단상을 받았다. 또한, 객원기사 자격으로 한국기원에 등록되었기 때문에, 가능성은 낮지만 언제든지 한국기원에서 개최하는 대회에 참가할 수 있다. [그림 6-1]에 실제 사용되었던 알파고 시스템을 나타냈다.

그림 6-1 실제 사용되었던 알파고 시스템

바둑은 체스와 같은 다른 종목에 비해 컴퓨터가 인간을 이기기 훨씬 어려운 것으로 여겨졌다. 왜냐하면 체스보다 가능한 경우의 수가 훨씬 크기 때문에, 브루트 포스 등 전통적인 인공지능 기법 적용이 매우 곤란하기 때문이다. 그렇지만 알파고가 승리할 수 있었던 것은 인공지능의 학습에 있어 데이터와 연산 능력도 중요하지만 더 중요한 것이 알고리즘이다. 가장 중요한 핵심은 무한대에 가까운 경우의 수를 줄이는 것이다. 그래서 알파고는 훈련된 심층신경망이 몬테카를로 트리 탐색을 통해 선택지 중 가장 유리한 선택을 하도록 설계되었다. 그 시스템의 신경 네트워크는 처음에 인간의 게임 플레이 전문지식으로 인해 bootstrapped 되었다. 알파고는 처음에 약 3천만 개의 움직임의 데이터베이스를 사용하여, 기록되어 있는 역사적 게임의 전문가 선수들의 움직임을 일치시키기 위해 시도함으로써 인간 플레이를 흉내내는 훈련을 받았다. 이러한 기술이 적용됨으로써 알파고는 인간과의 바둑에서 이길 수 있었다.

6.1.1 시스템 구성

처음 개발 당시 하드웨어는 CPU와 NVIDIA GPU를 이용한 병렬 계산을 사용한다고 발표했다. 알파고는 단일 컴퓨터로 구동되는 '단일 버전Single version'과 네트워크에 연결된 여러 대의 컴퓨터를 사용하는 '분산 버전 Distributed version' 두 가지가 있다. 단일 버전의 알파고는 48개의 CPU와 4~8개의 GPU로 동작되며 500번의 게임('크레이지 스톤'과 '젠' 포함)에서 1패만 기록하였다. 분산 버전은 1,202~1,920개의 CPU와 176~280개의 GPU로 구성되어 있다. 다양한 수의 CPU와 GPU에서 비동기 모드[1]와 분산 모드로 테스트 되었고, 한 수당 생각할 시간은 2초씩 배정되었다. 엘로 평점ELO rating은 아래와 같다.

1 비동기 모드: 병렬적으로 태스크를 수행하는 것. 즉, 태스크가 종료치 않은 상태라 하더라도 대기하지 않고 다음 태스크를 수행함

표 6-1 구성 및 성능

Configuration	Search threads	No. of CPU	No. of GPU	Elo rating
Single[10] p. 10–11	40	48	1	2,181
Single	40	48	2	2,738
Single	40	48	4	2,850
Single	40	48	8	2,890
Distributed	12	428	64	2,937
Distributed	24	764	112	3,079
Distributed	40	1,202	176	3,140
Distributed	64	1,920	280	3,168

(1) 알파고 판

2015년 10월 알파고는 유럽 바둑 챔피언 판 후이와의 대결에서 5대 0으로 꺾었다. 판 후이와의 대결에서의 알파고는 1202개의 CPU와 176개의 GPU를 사용되었다. 이것이 Alpha-go Fan으로 버전 12이다. 이러한 결과는 딥 러닝과 강화 학습 기술을 결합한 알파고의 능력을 입증하며, 인공지능 기술의 발전 가능성을 보여주는 사례 중 하나로 평가되고 있다. 바둑 분야에서 복잡한 문제를 해결하고 추후 게임에서의 전략을 개발하는 능력을 보여주었다.

(2) 알파고 리

2016년 3월의 이세돌 9단과의 대결에서는 GPU대신 48개의 TPU를 사용했다. 당시에는 알파고 판에서 머신러닝이 개선된 수준의 '버전18'이라는 정도만 알려졌었다. 하지만 2016년 컨퍼런스에서 구글은 자체 개발한 애플리케이션 집적 회로[2] 인 TPU Tensor Processing Unit를 처음 소개하면서 이세돌 9단과 대국한 알파고는 TPU가 사용되었다고 설명했다. [그림 6-2]에 TPU 사진을 나타냈다.

2 직접회로(Integrated Circuit): 많은 전자회로 소자가 하나의 기판 위 또는 기판 자체에 분리 불가능한 상태로 결합되어 있는 초소형 구조의 복합적 전자소자

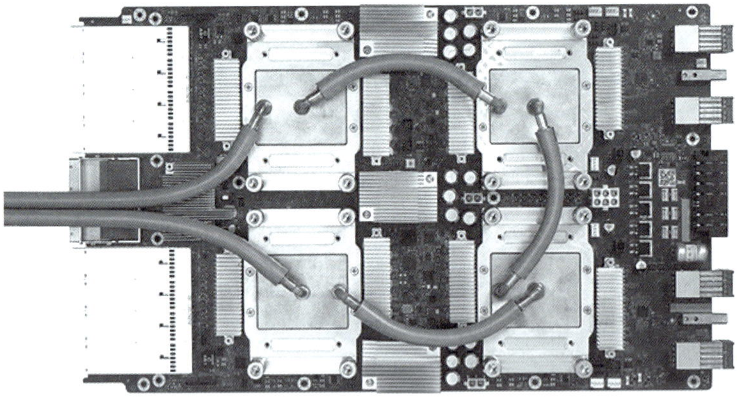

그림 6-2 텐서 처리 장치

(3) 알파고 마스터

4개의 TPU[3]가 사용된 단일 버전이다. 2017년 초 프로 바둑기사와 온라인 게임에서 60연승을 하였고, 같은 해 5월 커제와의 대결에서도 승리하였다. 2세대 TPU 모듈 1개로 구동되는 알파고 마스터는 2017년 5월 17일 구글 I/O 2017 컨퍼런스에서 공개되었다. 여기에 사용된 TPU 모듈은 연산성능 45TFLOPS(1초에 45조번의 연산처리)는 TPU 4개로 구성되어 180 TFLOPS 성능을 내며, 1개의 모듈은 64GB 메모리 대역폭을 지원한다. 구글의 TPU 연산 성능은 당시의 최신 CPU보다 30~80배 높다고 알려져 있다. 이전의 알파고가 학습한 내용을 토대로 추론했다면 알파고 마스터는 추론과 동시에 학습할 수 있고, 학습에 필요한 시간이 기존의 3분의1로 단축되었다. 또한 물리적인 부피가 줄어들면서 에너지 효율은 10배가량 향상되었다.

(4) 알파고 제로

4개의 TPU가 사용된 단일 버전으로 알파고의 최종 버전이다. 2017년 10월 19일 과학 학술지 네이처에 '인간 지식 없이 바둑을 마스터하기' 라는 제목의 논문 발표를 통해 소개되었다. 알파고 제로는 인간의 행동에 의존하는 지도학습 없이 바둑 규칙만으로 스스로 학습하며 기력을 향상시킨다. 학습 36시간 만에 알파고 리의 수준을 능가하였고, 72시간 만에 알파고 리와 대국에서 100승 하는 동안 패하지 않았으며, 40일 후 알파고 마스터와 대결에서는 89승

3 TPU(Tensor Processing Unit): Google에서 맞춤 개발한 머신러닝 워크로드를 빠르게 처리하는데 사용하는 처리 장치

11패를 기록하였다. 이 기간 동안 알파고 제로는 2900만 번의 자가 대국을 진행하며 학습하였다. 빅데이터 학습이 필요 없는 인공지능의 등장은 바둑과 달리 빅데이터 확보가 어려워 인공지능을 활용하기 어려웠던 분야에 해결책을 제시했다는 점에서 의미가 있다. 알파고는 세기의 대국이 끝난 2017 년부터 알파고는 먼저 구글의 데이터 센터 전력을 절감하는 프로젝트에 투입되었다. 구글이 소모하는 전력은 2014 년 기준 4.4 테라와트로 매우 높았고, 이는 미국에서 36 만 가구가 소비하는 전력과 비슷한 수준이다. 그래서 구글은 여러가지 노력 끝에 냉각 비용도 40%를 감소시켜 전체의 전력 소비가 15%가량 줄이는 성과를 이루었다. 결론적으로 알파고는 많은 전력을 소모하고 많은 연산 시스템을 투여해야 한다는 문제에 직면하면서 모든 데이터를 학습한다는 것을 알게 되었다. 그래서 휴먼 인더 루프방식[6] HITL: Human-in-the-loop이 지속적으로 연구되는 것이다. 알파고의 성공은 바둑으로 끝이 났지만 인간을 초월해 광범위한 학습능력으로 실패를 거듭해 더 나은 모델이 된다는 점에서는 인간의 과정과 비슷하며 이후 지속적으로 발전할 것이다.

(5) 알파 제로

하나의 알고리즘으로 바둑, 체스, 쇼기 등의 보드게임에 적용되는 범용 인공지능이다. 2018년 12월 7일 '자가 학습을 통해 체스, 쇼기, 바둑을 마스터할 수 있는 범용 강화 학습 알고리즘(A general reinforcement learning algorithm that masters chess, shogi, and Go through self-play)'이라는 제목의 논문을 과학 학술지 사이언스에 발표했다. 알파고 제로와 마찬가지로 빅데이터 학습이 필요 없을 뿐만 아니라, 점점 강해지는 자신과의 게임을 반복하면서 스스로 빅데이터를 구축한다. 2016년 쇼기 대회에서 우승한 Elmo와의 대결에서 승률에서 앞서기까지 2시간, 2017년 체스 챔피언을 차지한 Stockfish는 4시간, 알파고 제로는 30시간이 걸렸다. 2017년 12월 14일(미국시간), 아자 황Huang Shih-chieh 박사가 알파고와의 여정을 종료하고 알파고의 모든 자원을 다른 인공지능 개발자원으로 변경할 것이라고 했다.

6.1.2 알고리즘 구현

알파고가 등장하기 전까지 바둑은 컴퓨터가 인간을 범접할 수 없는 유일한 아날로그 게임이라고 여겨졌다. 실제로 지금까지 개발된 바둑 AI들은 프로의 기력을 넘보기에는 실력의 차이가 너무나도 컸다. 그렇다면 알파고는 도대체 어떤 방법을 사용했기에 기존의 알고리즘과 엄청난 실력차를 보이고, 심지어 세계 정상급 프로게이머까지 꺾을 정도의 실력을 갖출 수 있었을까? 어떤 구조로 바둑이라는 게임에 접근했는지 그 과정을 짚어보자.

(1) AI 접근 전략

인공지능은 1:1 대결 형식의 보드 게임을 어떤 방식으로 문제에 접근하는 지부터 알아보자. 프로그램을 만들 때 시간제한을 고려하지 않고, 무한대의 시간이 걸려도 좋으니 보드게임에 승리하는 인공지능을 만들어 달라는 의뢰를 받았다고 가정하자. 시간제한이 없는 만큼 가장 이상적인 방법은 '현재 상태에서 가능한 행동들을 전부 고려하면서, 최대한 먼 수까지 바라보고 그 중 가장 이상적인 행동을 취하는 것' 이것이 최선일 것이다. 결국 내가 어떤 행동을 취했을 때 상대방이 어떤 행동을 할 것인지도 고려를 하면서 앞의 수를 바라보아야 한다. 이를 해결하기 위한 알고리즘 중 대표적인 것이 Minimax Algorithm이다. Minimax Algorithm을 설명하기 위해서 트리구조의 그림으로 나타냈다.

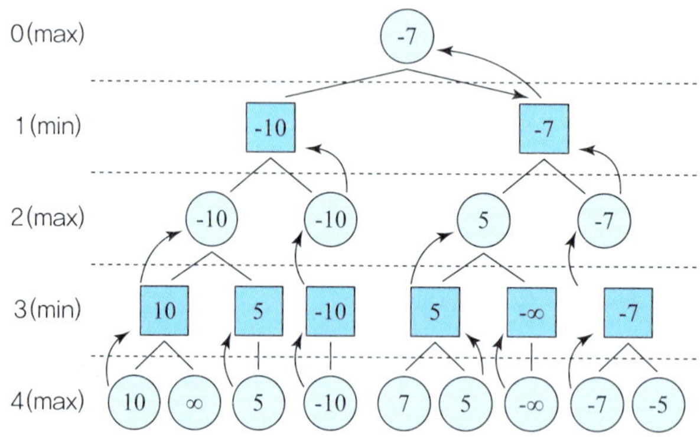

그림 6-3 Minimax Algorithm

동그라미 친 부분이 내가 둘 차례이고, 네모를 친 부분이 상대가 둘 상태이다. 나와 상대가 할 수 있는 행동들을 전부 고려해보았을 때, 4수 뒤에 내가 얻을 수 있는 점수가 '4' 층에 표시되어 있다. 이 점수 중 내가 얻을 수 있는 가장 큰 점수는 +무한대 점수이고, 나는 이 점수를 얻을 수 있으면 정말 좋을 것이다. 그러나 당연히 합리적인 상대라면 내가 얻을 수 있는 점수를 최소화하는 방향으로 행동을 할 것이고, 따라서 +10, +무한대 중 더 작은 +10 점수를 얻게 만드는 행동을 할 것이다. 또한, 내 차례일 경우 나는 내 점수를 최대화하는 행동을 선택할 것이다. 이러한 생각을 가지고 4층부터 0층까지 올라가다 보면 결국 내가 취해야 할 행동은 4층의 점수들 중 가장 높은 점수인 +10 또는 +무한대 점수를 얻기 위한 왼쪽 길이 아니라, 상대의 행동까지 고려해보았을 때 가장 높은 점수인 '−7'을 얻기 위한 오른쪽 길을 선택해야 한다는 것을 알 수 있다. 바둑과 같은 1:1 대전 게임에서 이러한 방식으로 행동을 하는 것은 가장 이상적인 선택 방법으로 알려져 있으며, 상대방이 제공하는 최악의 수들 중 가장 최선의 수를 선택해야 한다는 의미에서 minimax 알고리즘을 적용한다. 결국 강력한 인공지능을 만들기 위해서는 이러한 탐색 공간을 효율적으로 탐색하면서 시간을 덜 사용함과 동시에 minimax 알고리즘에 가까운 성능을 내는 행동을 찾는 새로운 알고리즘이 필요하다. 이러한 방법을 찾기 위해 Alpha-beta Pruning, Principal variation search 등 다양한 방법들이 제시되었다. 이제 소개할 방법은 그 중 보드게임 관련 인공지능에 가장 많이 사용된, 그리고 알파고가 기반으로 하고 있는 Monte Carlo Tree Search 라는 방법이다.

(2) Monte Carlo Tree Search

컴퓨터 과학에서 몬테카를로 트리 탐색은 모종의 의사 결정을 위한 체험적 탐색 알고리즘으로, 특히 게임을 할 때에 주로 적용된다. 이방식은 '확률적인 방식을 이용하여 문제를 해결하는 방법' 들을 총칭하는 말이다. 이 방법은 실제로는 구하기 힘든 정교한 식이나, 실제로 다 보기 힘든 거대한 탐색 공간에 대해 직접적으로 접근하는 대신 '랜덤'을 이용해서 근사적으로 접근한다. 예를 들어 2 × 2 정사각형에 내접하는 반지름 1인 원을 그리고, 이 정사각형 안에 무작위로 점을 찍어서 (원 안에 들어간 점의 수)/(전체 찍은 점의 수)를 계산한다고 해보자. 점을 무진장 많이 찍다 보면 그 값은 결국 π/4의 값으로 수렴하게 될 것이다. 이것이 전형적인 몬테카를로 방법의 예시로, Monte Carlo 법칙을 이용하여 원주율의 값을 계산하는 방법이다. Monte Carlo Tree Search는 앞서 말한 minimax에서의 행동 트리를 탐색하는 과정에서 몬테카를로 기법을 적용함으로써 굳이 모든 상태에 대해 찾아보지 않고서도 좋은 행동을 선택할 수 있도록 설계된 알고리즘이다. MCTS가 어떤 방식으로 랜덤을 사용하여 트리를 구성해 나가는지, 가장 기본적인 MCTS의 형태를 살펴보자.

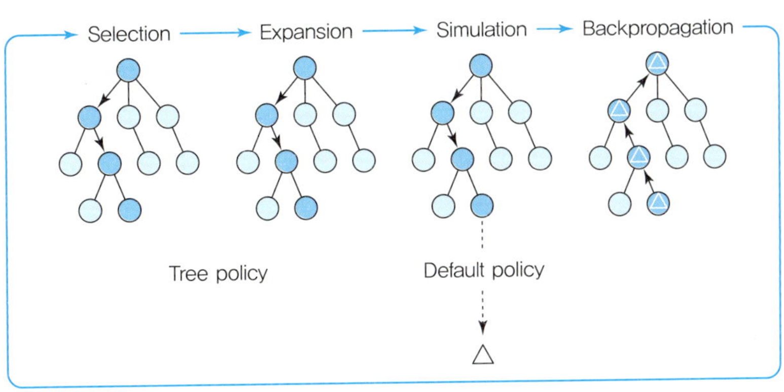

그림 6-4 Monte Carlo Tree Search Diagram

MCTS의 기본적인 스텝은 총 4가지 단계로 이루어져 있다.

① Selection: 루트로부터 시작하여 자식 중 가장 성공적인 자식을 택하는 방식으로 Leaf Node까지 이동한다. 일반적으로 한 쪽으로만 탐색이 몰리는 것을 방지하기 위해 여기에 랜덤하게 벗어날 여지를 주는 식으로 보정한다.
② Expansion: 리프 노드에 도달했는데 이 리프 노드가 게임을 끝내는 단계의 최종 노드가 아닐 경우, 다음 단계의 자식 노드를 생성하고 그 중 하나의 자식을 택하여 이동한다.
③ Simulation: 현재 상태에서 무작위로 게임을 진행한다. 이를 playout이라고 하는데, 게임을 끝까지 진행해서 내가 이기는지, 지는지에 대한 결과값을 얻는다.
④ Backpropagation: 현재 진행한 시뮬레이션의 결과를 바탕으로, 내가 온 경로들의 노드들에 결과값을 업데이트 해준다.

MCTS 에서는 이러한 단계를 최대한 많이 반복하여 내가 택할 수 있는 행동들에 대해 각 행동이 어느 정도의 승률을 예측한다. 어느 정도 탐색을 하여 최종적으로 나의 행동을 선택해야 할 때는, 루트에서 할 수 있는 행동들 중 가장 많이 택하여 시뮬레이션을 해본 행동을 선택한다. 놀랍게도, 이러한 MCTS를 무한정 반복할 경우 결과 값이 minimax의 결과로 수렴한다는 사실이 증명되어 있다. 그러나 일반적으로 기본적인 MCTS의 수렴 속도는 굉장히 느리기 때문에, 탐색 공간을 줄이고 효율적으로 결과를 찾아내기 위한 방법이 필요하다. MCTS에서 수렴을 통해 얻고자 하는 최종적인 결과는 트리에 있는 각 노드(게임의 상태)에서 '내가 이길 확률이 얼마나 되는지' 이다. 이에 대해, 현재 게임의 상태 s가 주어졌을 때 이 상태에서 내가 게임에서 이길 수 있는 확률의 정도를 계산하는 이론적인 함수 $v^*(s)$가 있다고 쳐보자. 물론 이러한 함수가 실제로 어떤 모양이고 어떻게 작동하는지는 알 수 없지만, 이런 함수의 존재를 가정해 볼 수 있다. MCTS를 무한정 진행할 경우, MCTS의 각 노드의 값들은 각 상태에서의 이론적인 승률 계산 함수 값 $v^*(s)$의 값에 수렴하게 된다. 이를 역으로 접근해 보면, $v^*(s)$를 근사할 수 있는 함수 $v(s)$가 존재한다면 MCTS를 통해 얻고자 하는 결과를 먼저 근사적으로 얻을 수 있기 때문에 MCTS를 깊게 진행하지 않더라도 원하는 이상적인 행동을 계산할 수 있을 것이라는 생각을 할 수 있다. 또한, 이러한 함수를 조금 수정한다면 '현재 상태에서 어떤 행동을 하는 것이 더 좋을지'에 대한 값들도 얻어내어, MCTS 트리에서 가지치기를 할 때 더 효과적인 가지부터 칠 수 있게 하는 역할도 할 수 있을 것이다. 즉, 현재 게임의 상태 s로부터 내가 이길 수 있는 정도를 계산하는 함수 $v(s)$를 잘 만들어내는 것이 중요한 문제로 대두된다. 기존의 연구자들도 MCTS와 $v(s)$를 이용한 방법까지는 접근했고, 이를 이용하여 Pachi나 Fuego 등의 바둑 AI 들이 만들어졌다. 그러나 $v(s)$라는 함수 자체가 너무나도 만들기 어려운 함수이기 때문에, 기존의 연구들은 강력한 $v(s)$ 함수를 만드는 데에 실패했고 결국 이러한 한계는 AI 성능의 약화로 이어질 수밖에 없었다. 그러나 이 시점에서 구글의 딥 마인드 팀은 $v(s)$를 만드는 데에 딥 러닝을 접목시켜 성능을 크게 향상시킨다.

(3) AlphaGo Pipeline Structure

지금까지의 설명을 통해 알파고가 MCTS 기법, 그리고 딥 러닝을 이용해 학습한 상태 평가 함수 $v(s)$를 이용하여 효과적으로 상태-행동 트리를 탐색해 나간다는 것을 알게 되었다. 그러나 실제 알파고 내부는 지금까지의 설명보다 훨씬 복잡한 방식으로 계산이 이루어지고 있으며, 신경망도 하나가 아니라 여러 개가 있어 각각을 보완하는 구조로 이루어져 있다. 실제 알파고 내부의 신경망들이 어떤 식으로 이루어져 있는지 먼저 대략적으로 살펴보자. 먼저 알파고에는 '현재 상태에서 다음에 놓일 돌의 위치를 예측하는 네트워크'가 있다. 논문에서는 이를 'policy network' 이라고 한다. 물론, CNN의 형태를 가지고 있다. Policy network를 학습하기 위해 알파고는 먼저 방대한 량의 데이터가 필요했다. CNN을 학습시키기 위해서는 '인풋 데이터' 와 이에 대응하는 'output' 이 굉장히 많이 필요했는데, 이를 KGS라고 하는 바둑 사이트에 남아있는 기보들을 사용하였다. 이 기보들을 사용해서 총 3천만개 정도의 '돌 상태가 주어졌을 때, 다음에는 어디에 놓을지'에 대한 데이터가 확보되었고, 이를 이용하여 policy network를 학습하였다. 또한, policy network보다는 부정확하지만 훨씬 빠르게 같은 문제를 계산할 수 있는 'Rollout policy' 라는 네트워크도 준비하여 학습시켰다. Policy network도 대단한 네트워크이다. MCTS를 이용하지 않고 policy network만을 이용하여 단순히 돌을 놓았을 때에도 기존의 바둑 AI들을 높은 승률로 이길 수 있었다. 그러나 네트워크만으로는 진정한 알파고를 구동 시킬 수 없다. MCTS 탐색을 위해서는 현재 상태에서 플레이어가 이길 수 있을 지 계산하는 $v(s)$인 'value network'이 필요했다. Value network의 경우 policy network와 유사한 CNN 구조를 가지고 있다. 그러나 policy network가 마지막에 돌을 놓기 위한 자리를 확률분포를 계산하는 것과 달리, value network는 마지막에 입력으로 주어진 상태 s에 대한 단순한 값 하나만을 내놓는다. 알파고는 이 네트워크를 학습하기 위해서 '자신과의 대결'에서 나온 기본 데이터들을 저장해 놓은 뒤, 이기는 상태와 지는 상태들을 모아 value network의 학습 데이터로 넣어주었고 성공적으로 학습을 마칠 수 있었다. 알파고는 Policy Network와 Rollout Policy 그리고 Value Network를 사용하여 MCTS를 진행하였다고 판단된다. 각각의 네트워크는 다음과 같은 방식으로 이용된다.

① Policy Network: 본래 Selection 단계에서 MCTS는 가장 성공적인 자식 노드를 선택하는 방법을 사용한다. 그러나 알파고의 MCTS는 여기에 Policy Network에서 더 높은 확률을 가진 행동 쪽으로 더 많이 움직이게 하는 방식을 사용한다. 이것은 기존의 컴퓨터 알고리즘이 구현하지 못했던 인간만의 '직관'을 알파고가 나름대로의 방법으로 구현했다고 해석할 수도 있다. 또한 탐색이 너무 한쪽으로 몰리는 것을 방지하기 위해 한 행동을 너무 많이 방문하면 어느 정도의 페널티를 주어 다른 방향의 행동에 대해서도 탐색을 해보도록 장려하기도 한다.

② Rollout Policy: Rollout policy는 policy network보다는 성능이 훨씬 낮지만, 훨씬 빠른 계산을 할 수 있다는 장점을 가지고 있다. 따라서, MCTS의 Evaluation 단계에서 시뮬레이션을 돌릴 때 이 rollout policy 네트워크를 사용하여 시뮬레이션을 진행한다.

③ Value Network: Value network는 마찬가지로 평가 단계에서 사용된다. 평가 단계에서는 rollout policy와 value network를 이용한 점수를 둘 다 구하고, 둘을 일정 비율로 더하여 이 state의 최종적인 점수를 계산한다.

논문에 의하면 Rollout policy와 value network를 하나씩만 사용하는 것보다는 복합적으로 사용하여 점수를 더해주는 것이 훨씬 좋은 결과를 냈다. 각 단계의 과정 중 selection, expansion, evaluation의 과정을 마치면 선택한 상태에 대해 평가한 점수가 나온다. 이 점수를 이용하여 백업과정에서 방문한 경로의 점수와 방문한 횟수를 업데이트 해주고, 일정 시간동안 갱신을 한 후 갱신이 끝나면 최종적으로 현재 선택할 수 있는 돌의 위치 중 MCTS 트리에서 가장 많이 방문한 돌을 선택하여 놓게 된다. 앞서 설명한 MCTS 트리를 갱신해 나가는 과정은 다행히도 연산을 분산시켜서 진행할 수 있는 과정이다. 따라서 알파고는 마지막 발전으로 하나의 컴퓨터에서 계산을 진행하는 대신 여러 개의 CPU와 GPU로 연산을 분산시켜서 MCTS를 수행하였고, 그 결과 프로들도 이해할 수 없는 수를 찾아내는 정도의 탐색 능력을 가진 인공지능이 되었다.

6.2 IBM Watson

왓슨은 IBM 최초의 회장 토머스 J. 왓슨에서 이름을 땄다. Watson은 자연어 형식으로 된 질문들에 답할 수 있는 인공지능 컴퓨터 시스템이며 시험 책임자 데이비드 페루치가 주도한 IBM의 Deep QA 프로젝트를 통해 개발되었다. Watson은 2011년 2월 14일 미국의 유명 퀴즈 쇼 Jeopardy[4]에 출연했으며 딥 블루와 같은 일종의 기술 시연용 프로젝트다. 사실 인간과의 대결에서 승리를 거둔 최초의 기계는 알파고가 아니다. 1996년 체스 세계 챔피언 카스파로프를 이긴 IBM의 딥 블루가 처음이다. 이후 딥 블루의 업그레이드 버전인 인공지능 왓슨이 2011년 미국 퀴즈 쇼 Jeopardy에서 퀴즈왕들을 누르고 최종 우승을 차지했다. 2004년 IBM 연구팀 매니저 찰스 리켈은 레스토랑에서 사람들이 제퍼디에서 74회 우승한 켄 제닝스의 제퍼디 게임을 시청하느라 모두들 침묵에 빠져 있는 것에 주목했다. 식사 중이던 레스토랑 손님들이 다들 텔레비전 앞으로 모여들었다. 2005년 IBM 연구팀 이사 폴 혼은 찰스 리켈에게 개발자들을 배정해 주면서, 제퍼디에서 인간을 이기는 왓슨 개발을 해보라고 지시했다. Watson의 실제 개발 시작은 2005년부터로서, 언어를 실시간으로 분석해야 하기에 체스보다 더 어려운 과정이었다고 한다. 어쨌거나 인간을 이긴 최초의 인공지능인 것이다. [그림 6-5]에 Jeopardy! IBM “Man vs. Machine” Challenge를 나타냈다.

그림 6-5 Jeopardy! IBM “Man vs. Machine” Challenge

IBM은 ‘왓슨’을 인공지능과 머신러닝을 결합시켜 추론과 학습이 가능한 인지컴퓨팅으로 확장해 나가고 있다. 이는 빅 데이터와 AI를 융합한 것으로 방대한 데이터를 컴퓨터 스스로 분석한 뒤 판단하는 기술을 뜻하는 것으로 인간의 언어로 학습, 진화하면서 지식을 쌓아 인간의 의사결정을 지원한다. IBM 왓슨은 정해지지 않은 분야의 질의응답을 위해 첨단 자연

4 NBC(미국 방송)에서 Merv Griffin이 만든 TV 퀴즈쇼이며 처음 방영은 1964년 3월 30일에 이뤄져 75년까지 방송되었다가 1978년부터 다시 부활하여 1979년까지 방송되었다. 그 후 6년 뒤인 1984년에 다시 방송을 개시한 이후 새 진행자인 알렉스 트레벡[Alex Trebek]이 현재에 이르기까지 맡고 있다.

어 처리, 정보 획득, 지식 표현, 자동 추론, 머신러닝 기술 등을 적용한다. 또 기계학습 기술을 통해 스스로 지속적으로 학습해 전문지식을 발전시킨다. 현재 왓슨은 음성인식과 이미지 인식, 시각화 기술 등을 통해 인간의 언어로 상호작용하며 이를 통해 계속 학습하면서 진화하고 있다. 딥 러닝 기술을 적용한 알파고는 게임, Watson은 헬스 분야에서 두드러지게 활약하고 있다. 알파고의 핵심기술은 사물이나 데이터를 군집화, 혹은 분류하는 데 사용하는 딥 러닝 기술이다. 알파고는 바둑판에서 이길 확률을 계산하는 Value Network과 바둑판에서 어느 위치에 두는 것이 좋은 지 위치 별로 점수를 계산하는 Policy Network을 딥 러닝 기술로 구현한다. 구글 딥마인드 사는 알파고를 만들면서 심층 학습 시스템 텐서플로우를 활용했다. 텐서플로우는 머신러닝과 딥 러닝을 위한 오픈 소스 라이브러리다. 이 기술을 통해 구글은 알파고라는 범용의 알고리즘을 다양한 분야에 적응할 수 있다. 텐서플로우는 흔히 알고 있는 빅데이터 플랫폼으로 보면 된다. [표 6-2]는 IBM Watson vs Google Alphago를 나타내었다.

표 6-2 IBM Watson vs Google Alpha-Go

IBM Watson	VS	AlphaGo
IBM	Development company	Google DeepMind
David Ferrucci	Developer	Demis Hassabis
Self-learning through machine learning	Learning method	Intensive learning using deep neural network technology
Won the Jeopardy quiz game in 2013	record	Won the Go game with Lee Sedol in 2016
NLP	characteristic	Decision making system
Cloud	Using system	TensorFlow
Medical, Finance	Main application field	Game, Health

Watson은 의학전문용어 등 전문분야에 대한 지식을 쌓고 이를 통해 최적의 데이터를 생성해 인간의 의사결정을 지원하는 것이 왓슨의 핵심 역할이다. 의료진이 각종 임상 정보를 입력하면 왓슨은 환자의 상태와 치료법 등을 조언해준다. 수백만 건의 진단서, 환자 기록, 의료서적 등의 데이터를 토대로 왓슨이 스스로 판단해 성공 가능성이 가장 높은 치료법을 알려주는 것이다. 길게는 며칠씩 걸리던 환자정보 해석, 의학 문헌정보 수집을 단 몇 분으로 단축하면서 환자 치료에 도움을 주고 있다. 그 동안 분석이 어려웠던 그림, 동영상, MRI 자료, 환자의 동작 등의 비정형 데이터를 분석해 낼 만큼 왓슨의 기술 수준이 높아졌다.

(1) Watson의 동작

Watson은 전문가의 지침에 따라 지식의 코퍼스라는 불리는 특정분야를 파악하는데 필요한 지식을 수집한다. 코퍼스를 수집하는 작업은 관련 문헌을 왓슨에 로딩하는 것이라고 생각하면 된다. 코퍼스를 구축하기 위해서는 정보를 살펴보고, 시대에 뒤떨어지거나, 좋지 않게 평가되거나, 해당 분야와 관련성이 적은 정보를 폐기하기 위해서 사람의 개입이 필요하다. 이를 콘텐츠 큐레이션이라고 부른다. 콘텐츠 큐레이션이 잘 이루어져야 제대로 된 학습이 이루어질 수 있다. 엄청나게 많은 정보를 해석하는 방법을 학습하기 위해 전문가의 훈련을 받아야 한다. 최적의 응답을 학습하고 패턴을 찾는 능력을 습득하기 위해 왓슨은 머신러닝으로 자신을 훈련해 줄 전문가와 파트너가 된다. 머신러닝은 AI를 응용하여 인간과 같은 추론을 수행할 수 있게 하는 것으로 포괄적인 용어와 일상의 상식을 데이터베이스로 만들기 위한 AI 프로젝트인 CYC로 1984년 Douglas Lenat가 시작하였다. CYC는 텍사스에 있는 Cycorp의 등록 상표이며 Lenat가 경영하는 회사로서 원래는 독점적인 것이었지만, 그 데이터베이스의 작은 크기의 버전은 OpenCyc 라는 이름으로 Open Source License 로서 배포되어 왔다. 예를 들어, "모든 나무는 식물이다", "식물은 결국은 죽는다" 와 같은 것이다. 나무가 죽는지 아닌 지에 대해 질문을 받을 때 추론엔진[5] 은 분명한 결론을 이끌어 낼 수 있고 정확하게 답변한다. 전문가는 검증 자료로 사용되는 질문과 답변 형식의 훈련 데이터를 왓슨에 업로드 한다. 전문가는 사용자와 왓슨 간의 상호작용을 정기적으로 검토하고, 시스템에 피드백을 주어 왓슨이 정보를 해석하는 능력을 향상시킨다. [그림 6-6]에 Knowledge-Based Agent in Artificial intelligence을 나타냈다.

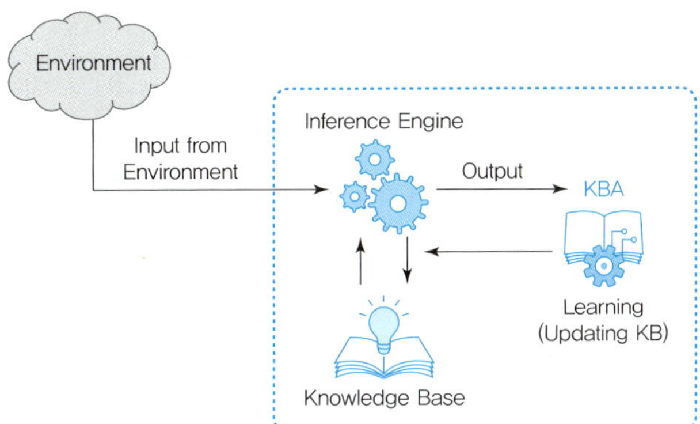

그림 6-6 Knowledge-Based Agent in Artificial intelligence

5 지식베이스의 정보에 대해 추론하고 결론을 형식화하는 방법론을 제공하는 것으로서 전문가시스템의 두뇌에 해당하는 것으로 지식베이스에서 답을 찾아내는 역할을 한다.

이런 규칙을 사람이 만들었다는 것이다. 이 세상의 모든 지식을 일일이 만들기에는 시간이 너무 많이 걸리기 때문에 거의 불가능한 일이었다. 하지만 왓슨의 경우 이런 작업을 자연어 처리를 통해 자동으로 수행했다. 결국 왓슨은 새로운 정보가 발표되면 지속적으로 업데이트하고 끊임없이 해당 분야의 지식과 언어의 해석으로 변화에 적응할 수 있다.

6.3 GPT

GPT는 'Generative Pre-trained Transformer'의 약자이며, 머신러닝을 통해 방대한 데이터를 미리 학습하고[Pre-trained] 이를 바탕으로 문장을 생성하는 AI 기술이다. 사용자가 AI에게 얘기하듯이 질문을 입력하면 GPT는 학습한 데이터를 기반으로 '사람처럼' 문장을 만들어 답을 해준다. 이는 자연어 처리의 기반이 되는 조건부 확률 예측 도구로써, 여러 텍스트 데이터들을 분석해서 적절한 문장을 만들어 내는 것이다. 가장 유명한 모델은 Open AI가 2018년에 출시한 GPT로, 1은 1억 1700만 개의 매개변수로 학습했다. 지난 2019년 Open AI는 4번에 걸쳐 GPT 2를 공개하였는데, 모델 크기는 약 1억 2400만 개에서 15억 개로 앞선 버전의 10배 수준으로 파라미터를 늘린 모델이며, 이는 인간과 유사한 수준의 글솜씨로 책 한페이지의 분량을 단 10초 만에 만들어 낼 수 있는 수준이다. 2021년에 출시된 GPT 3은 1750억 개의 파라미터를 갖추면서 GPT 2의 100배 이상 성능이 향상되었다. 이로 인해 GPT 3는 방대한 양의 텍스트 데이터에 대해 학습되어 다양한 언어 패턴과 스타일을 학습할 수 있다. GPT 3가 수행 가능한 작업으로는 각종 언어 관련 문제풀이, 랜덤 글짓기, 간단한 사칙연산, 번역, 주어진 문장에 따른 간단한 웹 코딩이다. 최근에는 GPT-4 버전이 출시되었으며, 현재는 'Chat GPT 플러스'라는 유료 상품을 통해 이를 사용할 수 있다. GPT-4는 멀티 모델[multimodal] 기능으로 이미지를 인식 및 이해하고 해당 이미지에 관한 텍스트 정보를 생성할 수 있다. 예시로, Open AI 공동 창립자인 그렉 브로크만[Greg Brockman]은 자신의 SNS에다가 GPT-4를 통해 손으로 그린 웹사이트 스케치를 HTML 소스로 바꿔 실제 웹사이트를 구현한 이미지를 공유했다.

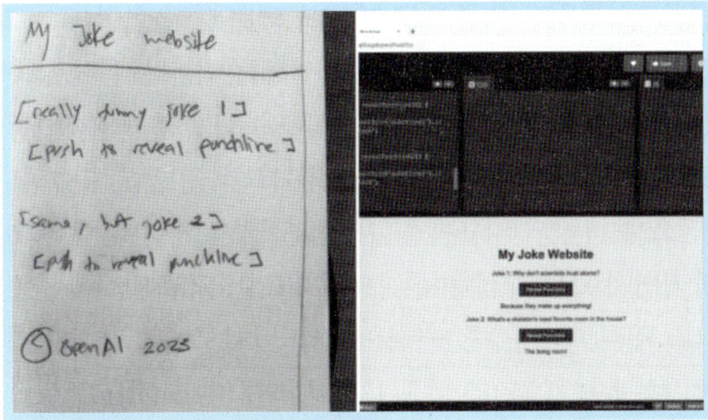

그림 6-7 웹사이트 스케치를 HTML 소스로 바꿔 구현된 실제 웹사이트

이전 모델 이였던 GPT-3.5는 영어 기준으로 한 번의 요청에 단어 3,000개를 처리할 수 있었지만, GPT-4는 최대 25,000개의 단어를 처리할 수 있다. 또한 GPT-3.5는 대화 중 약 8,000개의 단어를 기억할 수 있었으나, GPT-4는 사용자의 질문에 보다 정확히 응답하기 위해 소설 분량인 64,000개 단어까지 기억할 수 있다.

6.3.1 GPT 원리

GPT 원리는 크게 대형 언어 모델과 인간 피드백형 강화 학습으로 나뉜다. 대형 언어 모델 LLM은 대화 또는 기타 자연 언어 입력에 대해 인간과 유사한 응답을 생성하기 위해 방대한 양의 텍스트 데이터에 대해 훈련된 인공 지능의 하위 집합이다. 이러한 자연어 응답을 생성하기 위해 LLM은 다층 신경망을 사용하여 복잡한 데이터를 처리, 분석 및 예측하는 심층 학습 모델이다. 하지만 인간이 원하는 것을 정확히 이해하지 못한다는 점에서 한계가 있다. 따라서 이 한계점을 인간 피드백형 강화 학습 훈련을 통해 기술 수준이 개선 가능하다. RLHF Reinforcement Learning From Human Feedback는 강화 학습과 인간 피드백을 결합한 AI 시스템 교육에 대한 고급 접근 방식이다. 모델 훈련 과정에 인간 트레이너의 지혜와 경험을 접목하여 보다 견고한 학습 과정을 만드는 방법이다. 이 기술은 사람의 피드백을 사용하여 보상 신호를 생성한 다음 강화 학습을 통해 모델의 동작을 개선하는 데 사용된다. RLHF 프로세스는 초기 모델 교육, 인적 피드백 수집, 강화 학습, 반복 프로세스까지 4가지 단계로 구분한다. 처음에 AI 모델은 인간 트레이너가 올바른 행동의 레이블이 지정된 예를 제공하는 감독 학습을 사용하여 교육하는 단계이다. 모델은 주어진 입력을 기반으로 올바른 작업 또는 출력을 예측하는 방법을 학습한다. 초기 모델이 학습된 후 인간 트레이너가 참여하여 모델 성능에 대한 피드백을 제공한다. 품질 또는 정확성을 기준으로 다양한 모델 생성 출력 또는 작업의 순위를 매기며 이 피드백은 강화 학습에 대한 보상 신호를 생성하는 데 사용된다. 그런 다음 모델은 PPO Proximal Policy Optimization 또는 사람이 생성한 보상 신호를 통합하는 유사한 알고리즘을 사용하여 미세 조정되며 이 모델은 인간 트레이너가 제공한 피드백을 통해 학습하여 성능을 지속적으로 개선한다. 마지막으로 사람의 피드백을 수집하고 강화 학습을 통해 모델을 다듬는 과정이 반복적으로 반복되면서 모델의 성능이 지속적으로 향상된다.

6.3.2 GPT 활용 사례

Open AI는 'GPT-3.5'를 최적화하여 속도를 향상시킨 'GPT-3.5-turbo'를 기반으로 새로운 API를 출시했다. 이용료는 토큰 1,000개 또는 단어 750개당 0.002달러로, GPT-3.5에 비해 10배 저렴하게 책정되었다. 또한 기업 내부에 Chat GPT API를 연동해 활용할 때 우려되는 기업 내부 입력 내용 및 자료/정보 등 유출 문제 등 해당 기업 및 사용자가 입력한 모든 데이터는 모델 학습에 활용되지 않겠다고 밝히면서 기업 및 사용자는 모바일 앱, 웹사이트, 제품 및 서비스에 AI 기능 추가가 손쉬워졌다. 아래는 대표적인 활용 예시이다.

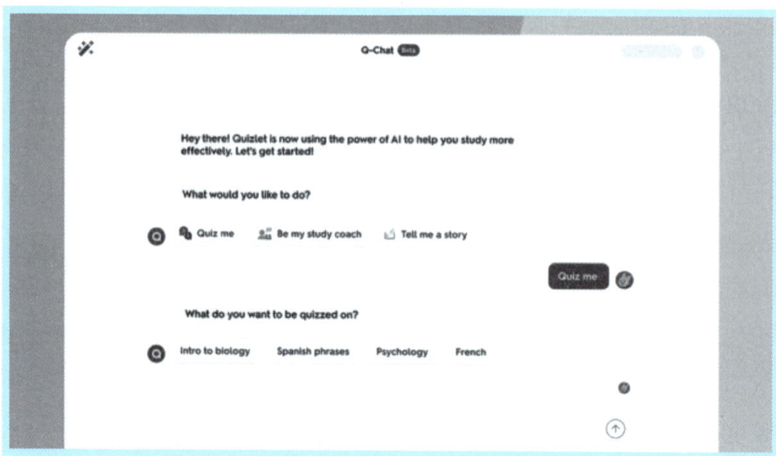

그림 6-8 Q-Chat

[그림 6-8]은 퀴즐렛Quizlet의 'Q-Chat'이다. 글로벌 학습 플랫폼으로 6,000만명 이상의 학생들에게 학습, 예습, 복습 관련 서비스를 제공하며 2023년 기준으로 지난 3년여동안 오픈API와 협력하여 어휘 학습과 모의고사 등 학생들의 다양한 학습 사례에 GPT-3을 활용했다. 따

라서 재미있는 채팅 경험, 학습 자료를 기반으로 한 적응형 질문으로 학생의 참여를 유도하는 완전 적응형 AI 튜터로 거듭났다.

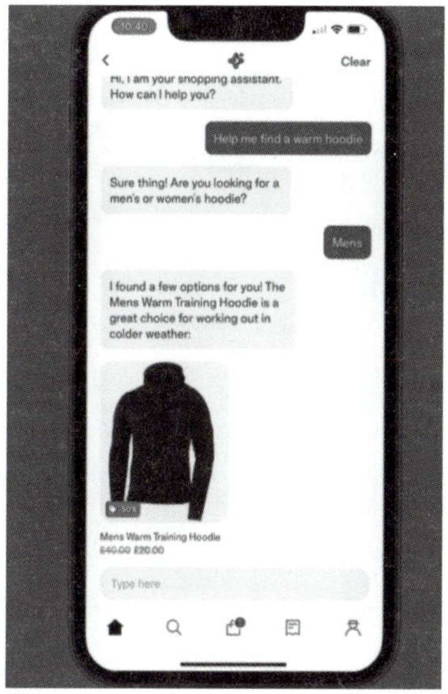

그림 6-9 AI Shooping Assistant

[그림 6-9]는 쇼피파이[Sopify]의 'AI Shooping Assistant'이다. 쇼피파이의 고객 앱인 숍은 1억 명의 사용자가 좋아하는 제품 및 브랜드를 모바일로 찾고 구매하는 데 활용되며, Chat GPT를 활용해 숍의 새로운 쇼핑 어시스턴트 기능을 강화했다. 쇼핑 어시스턴트는 고객이 제품을 검색하면 고객의 요청에 따라 개인화된 추천 서비스를 제공한다. 숍의 새로운 AI 기반 쇼핑 어시스턴트는 수백만 개의 제품을 스캔해 구매자가 원하는 제품을 빠르게 찾거나 새로운 제품을 발견할 수 있도록 지원한다.

그림 6-10 My AI

[그림 6-10]은 스냅챗Snapchat의 'My AI'이다. Chat GPT를 탑재한 AI Chat-Bot으로 재미있고 경쾌한 어조로 대화를 이어가도록 훈련되어 이용자에게 친근하고 맞춤 설정이 가능한 Chat-Bot 환경을 제공한다. 이에는 생일 선물 아이디어를 제공하거나 특정 주제의 시를 써주는 기능도 포함되어 있다.

그림 6-11 AI Speaking

[그림 6-11]은 스피크Speak의 'AI Speaking'이다. 영어를 자연스럽게 구사할 수 있는 학습 경로를 제시하고 사용할 수 있는 AI기반 언어 학습 앱이다. 위스퍼Whisper를 활용해 모든 레벨의 언어 학습자에게 인간 수준의 정확도를 제공해 진정한 개방형 대화 연습과 정확도 높은 피드백을 제공한다. 이외에도 LG U+, 코카콜라, SK 텔레콤, 삼성SDS, DL이앤씨 등의 기업들이 Chat GPT 를 다양한 분야에 적용 중이다.

6.3.3 CHAT GPT 사용해보기

Open AI의 Chat GPT는 무료 버전과 GPT4를 활용할 수 있는 유료 버전으로 나누어져 있다. 우선 https://chat.openai.com/ 링크로 접속해 보자.

그림 6-12 Chat GPT Login Page

[그림 6-12]와 같은 페이지에서 Sign Up 을 통해 Chat GPT 에 회원가입이 가능하다. Google, MS, Apple 계정이 있다면 동일 계정으로도 접근이 가능하다.

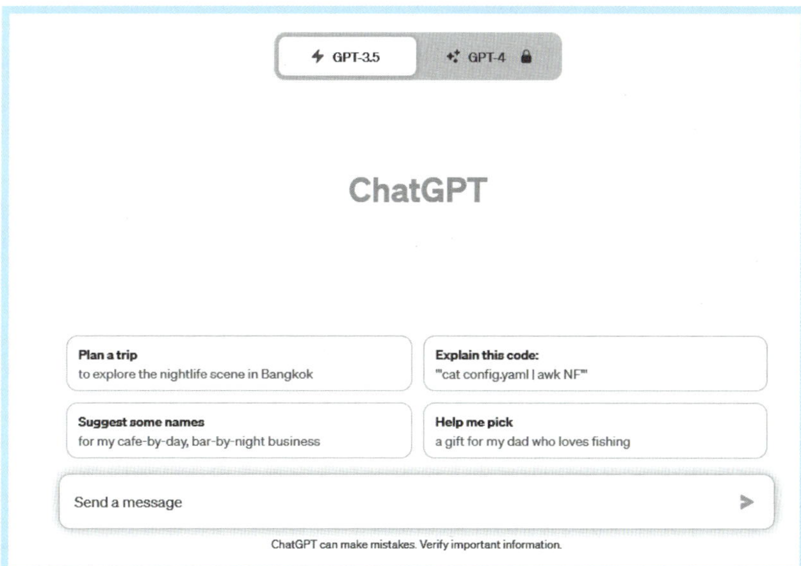

그림 6-13 Chat GPT 3.5

무료버전은 GPT 3.5 엔진을 통해 대화할 수 있으며, 단순한 일상적인 대화부터 코드, 문서 요약 등 다양한 방식으로 활용 할 수 있다. OpenAI 의 GPT 는 API가 공개 되어 있어 모듈로도 활용이 가능하다. https://platform.openai.com/apps로 접속해 보자.

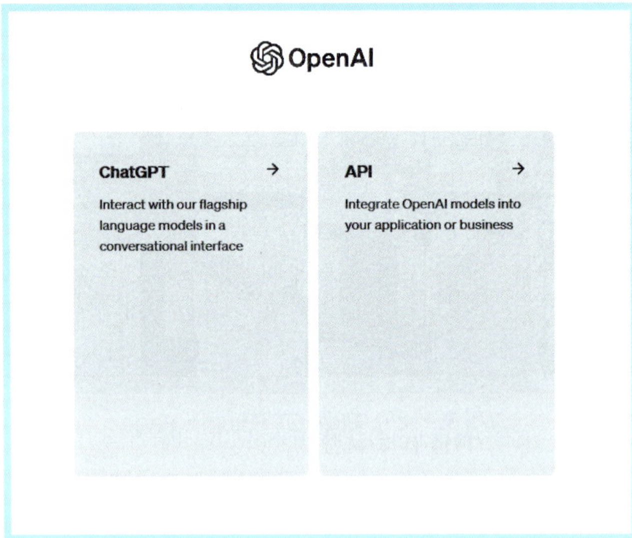

그림 6-14 GPT API

로그인이 되어있다면 [그림 6-14]와 같은 화면이 나올 것이다. 여기서 API를 클릭한다.

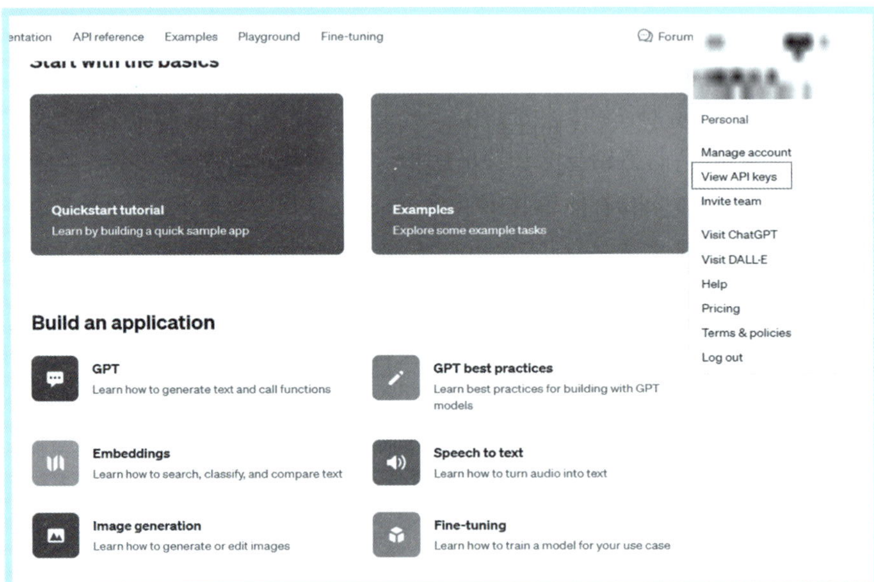

그림 6-15 View API Key

[그림 6-15]에서 우측 상단에 있는 계정을 클릭하면 메뉴가 나온다. 여기서 View API를 클릭한다.

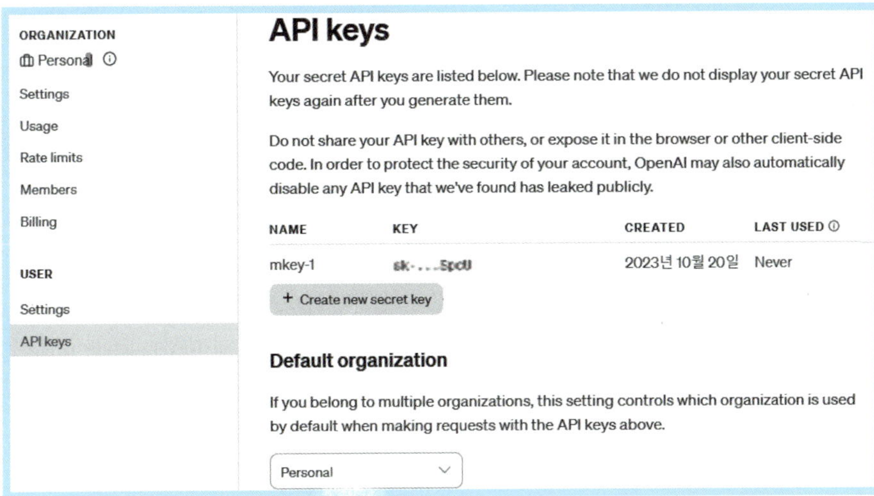

그림 6-16 Create New Key

[그림 6-16]과 같이 Create New Key가 보일 것이며 여기서 API 키를 발급받아 사용 가능하다. API는 사용한 만큼 가격이 나오며, GPT API의 가격 정책 및 사용방법은 아래 링크에서 확인 가능하다.

Part 2

플랫폼 기반의 인공지능

1. 인공지능의 개요

2. 머신러닝

3. 모델 검증 및 평가

4. 머신러닝을 위한 데이터 및 소스 수집

5. 딥 러닝

6. Case Study

7. Amazon Web Service

Amazon Web Services(AWS)는 전 세계 200개 이상의 데이터 센터를 통해 클라우드 서비스를 제공하는 선두주자다. AWS는 기업부터 정부 기관까지 수많은 고객에게 비용 절감, 성능 향상 및 혁신을 위한 서비스를 제공하며, 클라우드 분야에서의 선두적인 위치를 유지하고 있다. 이 플랫폼은 기본적인 인프라 서비스인 컴퓨팅, 스토리지, 데이터베이스부터 머신러닝, 인공 지능, 사물 인터넷 등 첨단 기술에 이르기까지 다양한 서비스를 제공한다. 고객들은 AWS를 통해 애플리케이션을 클라우드로 쉽게 이동시킬 수 있으며, 플랫폼의 다양한 기능을 활용해 효율적인 비즈니스 프로세스를 구축할 수 있다. AWS는 크고 작은 기업, 다양한 산업 분야, 그리고 공공 부문 조직이 모두 활용할 수 있도록 광범위한 서비스를 제공하며, 이를 온디맨드 방식의 종량제 요금으로 접근할 수 있다. 종합하면, AWS는 데이터 웨어하우징부터 콘텐츠 전송에 이르기까지 200개가 넘는 다양한 서비스를 제공하며, 이러한 서비스는 초기 비용 없이 신속하게 활용할 수 있다.

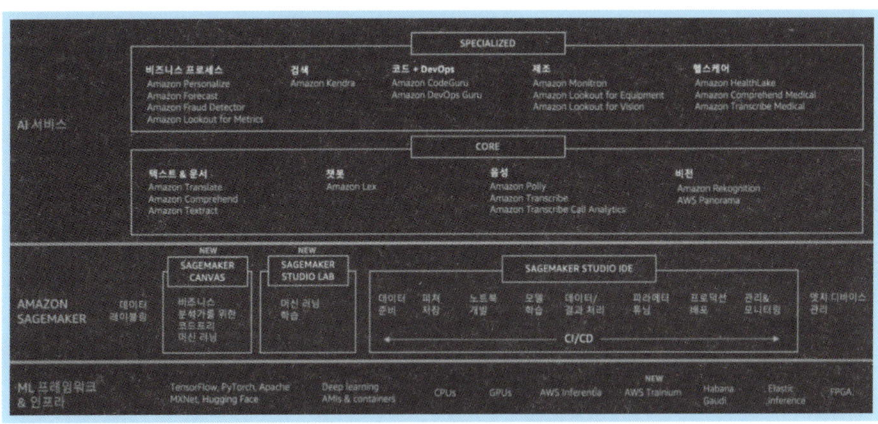

그림 7-1 AWS Platform

[그림 7-1]은 AWS에서 AI 플랫폼 형태로 제공하고 있는 서비스를 정리한 것으로, 몇 가지 주요 기능을 예시로 들자면 아래와 같다.

- Amazon Personalize: 이는 추천 서비스를 위한 도구로, 사용자가 보유한 데이터를 학습하여 해당 사용자나 시스템의 요구사항에 맞춰 추천을 제공하는 AI 서비스이다. 사용자는 자신이 보유하고 있는 데이터를 Personalize에 입력하면, 해당 서비스는 데이터를 학습하고, 사용자의 요청에 맞춰 응답을 제공한다.
- Amazon Forecast: 이는 시계열 예측 서비스를 제공하는 도구로, 다양한 시계열 데이터를 통해 미래의 특정 시점에 대한 예측 값을 제공한다.
- Amazon Lookout for Metrics: 기존의 비즈니스 지표에서 발생할 수 있는 이상 현상을 탐지하는 서비스로, 다양한 알고리즘을 사용하여 데이터에서 비정상적인 패턴을 식별한다.
- SageMaker Training: 사용자의 모델 학습에 관한 개발 코드를 개발하거나 모델 생성 및 학습을 위한 도구로, 사용자가 자신의 데이터와 알고리즘을 사용하여 모델을 효과적으로 학습할 수 있게 도와준다.
- Processing 서비스: 데이터와 결과 처리 작업을 지원하는 AWS 서비스로, 대규모 데이터를 빠르게 처리하고 분석할 수 있는 도구와 서비스를 제공한다.
- SageMaker Canvas: 비즈니스 분석가들을 위한 도구로, 사용자의 데이터를 시각화하여 분석하며, 복잡한 코드 작성 없이도 분석 결과를 얻을 수 있다.

AWS는 클라우드 컴퓨팅의 혜택을 제공하여, 사용자는 큰 금액의 하드웨어 투자나 유지 관리에 시간을 소비하지 않아도 된다. 클라우드 컴퓨팅은 인터넷을 통해 제공되는 컴퓨팅 서비스로, 필요한 만큼의 컴퓨팅 파워, 데이터베이스 스토리지, 애플리케이션 및 기타 IT 리소스를 온 디맨드로 제공한다. AWS와 같은 클라우드 서비스 플랫폼은 사용자에게 필요한 모든 인프라와 서비스를 제공하며, 사용자는 이를 웹 애플리케이션을 통해 실시간으로 관리하고 사용할 수 있다.

클라우드 컴퓨팅의 주요 장점은 아래와 같다.

① 용량 추정의 필요성 제거: 사용자는 실시간으로 필요한 만큼의 리소스를 확보하거나 축소할 수 있다.

② 데이터 센터의 운영 및 유지 관리 비용 절감: 인프라의 유지 관리에 대한 부담을 줄이고, 핵심 비즈니스에 집중할 수 있다.

③ **자본 비용의 가변 비용화**: 초기 투자 없이 서비스를 이용하며 발생하는 비용만을 지불한다.

④ **규모의 경제**: 클라우드 서비스 제공자가 대량의 서비스를 제공함으로써 비용을 절감하고, 이 절감된 비용을 사용자에게 전달한다.

따라서, 클라우드 컴퓨팅을 활용하면, IT 부서와 개발자는 일상적인 인프라 관리 업무에서 벗어나 핵심 업무에 집중할 수 있다. 클라우드 컴퓨팅의 성장에 따라 서비스형 인프라 IaaS [1], 서비스형 플랫폼 PaaS [2], 서비스형 소프트웨어 SaaS [3]와 같은 다양한 서비스 모델과 배포 전략이 등장하였고, 이들을 이해하고 적절히 활용하는 것은 효과적인 클라우드 활용의 핵심이다.

7.1 Amazon Simple Storage Service(Amazon S3)

Amazon S3는 객체 스토리지 서비스 분야에서 뛰어난 확장성, 데이터 가용성, 보안 및 성능을 자랑한다. 이 서비스를 활용하면 사용자는 데이터 레이크 구축, 웹 사이트 호스팅, 모바일 애플리케이션 지원, 백업 및 복원, 아카이브 저장, 기업용 애플리케이션 관리, IoT 디바이스 연동, 그리고 빅 데이터 분석과 같은 다양한 목적으로 필요한 데이터를 안전하게 저장할 수 있다. 더불어, Amazon S3는 사용자의 특정 비즈니스 요구, 조직적 목표, 그리고 규정 준수 사항을 고려하여 데이터 액세스를 조절하고, 구조화하며, 구성할 수 있는 풍부한 관리 도구를 제공한다.

7.1.1 S3 Bucket 생성

다음은 Amazon S3 버킷을 생성하는 방법에 대해 알아보고자 한다. AWS홈페이지에서 로그인을 한 다음 https://s3.console.aws.amazon.com/ 주소로 이동하면 다음 [그림 7-2]와 같은 화면이 나타난다. 버킷 만들기 버튼을 클릭하여 버킷을 생성을 수행한다.

---

1 서비스형 인프라(IaaS): 서비스형 인프라에는 클라우드 IT의 기본 구성 요소가 포함되어 있어 일반적으로 네트워킹 기능, 컴퓨터 및 데이터 스토리지 공간에 액세스할 수 있다.

2 서비스형 플랫폼(PaaS): 애플리케이션 실행과 관련된 리소스 구매, 용량 계획, 소프트웨어 유지 관리, 패치 또는 다른 모든 획일적인 작업에 대한 부담을 덜어 더욱 효율적이 되도록 해준다.

3 서비스형 소프트웨어(SaaS): 서비스형 소프트웨어는 서비스 공급자가 운영하고 관리하는 완제품을 제공한다. 대부분의 경우 서비스로서의 소프트웨어라고 하면 최종 사용자 애플리케이션을 말한다.

그림 7-2 Amazon S3 화면

[그림 7-2]에서 버킷 만들기를 클릭하면 다음 [그림 7-3]과 같은 화면이 나타난다. Amazon S3에서는 사용자가 버킷 이름을 직접 설정하여 생성할 수 있다. 그러나 이 버킷 이름은 전 세계에서 유일해야 하며, 공백이나 대문자를 포함할 수 없다는 점을 주의해야 한다. 사용자는 또한 버킷의 지역을 선택할 수 있다. 객체의 소유권 설정에서는 ACL을 비활성화하는 것이 좋다. ACL을 활성화하고 S3 버킷을 사용하면, 다른 AWS 계정이 해당 버킷을 소유할 수 있게 되어, 부주의하게 다른 사용자에게 S3 버킷 사용 권한을 부여할 위험이 있다. 이로 인해 예상치 못한 요금이 청구될 수 있으므로 주의가 필요하다.

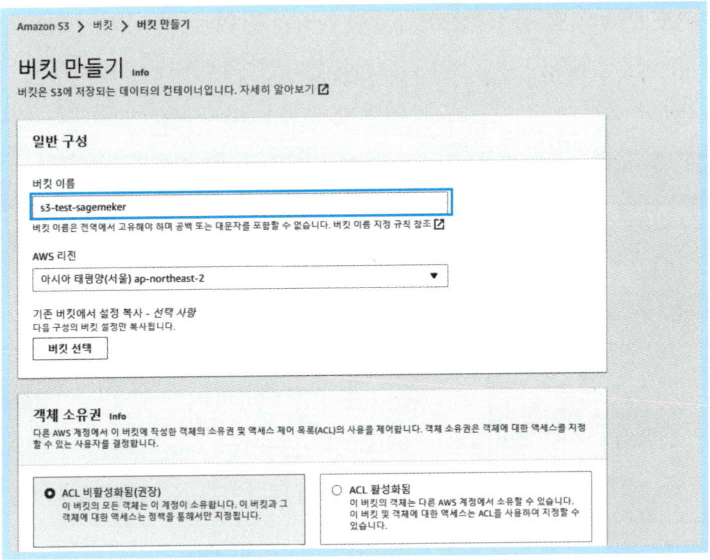

그림 7-3 Amazon S3 버킷 생성

버킷 이름 설정 후 ACL 비활성화로 설정한 다음 버킷 비전 관리와 기본 암호화를 설정해야 한다. 사용자의 환경에 맞게 버킷 버전 관리와 기본 암호화를 설정하여 아래의 버킷 만들기를 클릭하여 버킷을 생성한다.

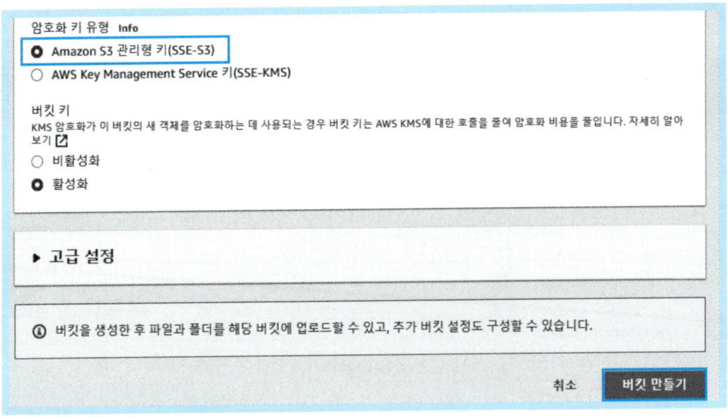

그림 7-4 Amazon S3 버킷 암호화 설정

[그림 7-4]에서 버킷 만들기를 클릭했으면 [그림 7-5]와 같이 버킷 생성이 완료되었다는 문구가 나타나며 버킷이 생성된다.

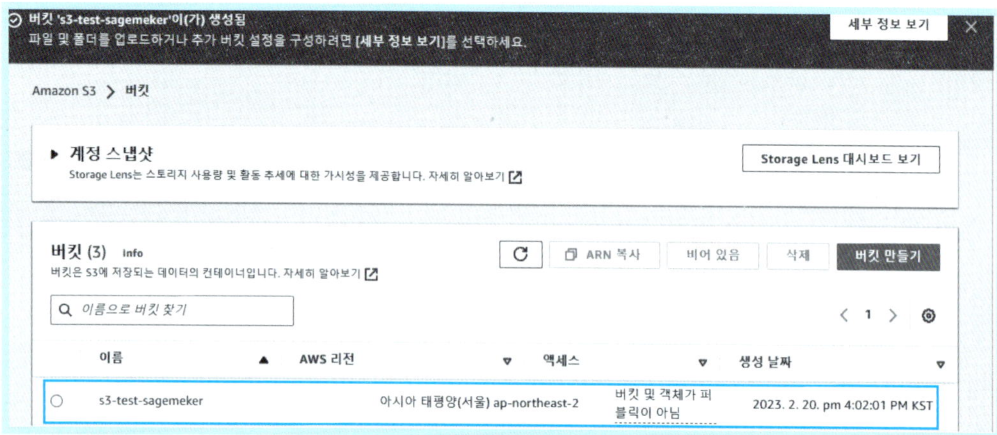

그림 7-5 Amazon S3 버킷 생성 완료

7.1.2 S3 Bucket 삭제

S3 버킷 삭제는 [그림 7-6]에서 사용자가 생성한 버킷 이름 옆에 동그란 체크 박스를 클릭한 후 삭제 버튼을 클릭하여 버킷을 삭제한다.

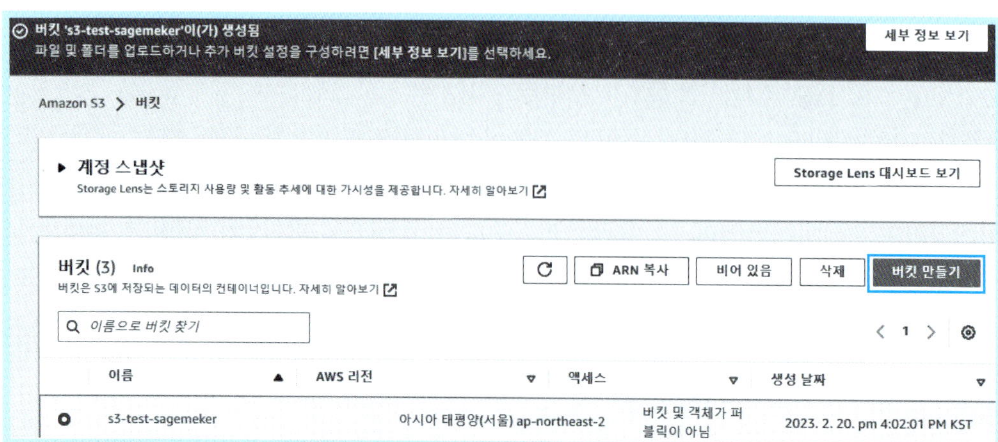

그림 7-6 Amazon S3 버킷 목록

삭제 버튼을 클릭했다면 [그림 7-6]과 같은 화면이 나타난다. 여기서 사용자가 설정한 버킷 이름을 아래의 텍스트 입력 필드에 버킷 이름을 입력한 후 오른쪽 아래에 있는 버킷 삭제 버튼을 눌러 버킷 삭제를 수행한다.

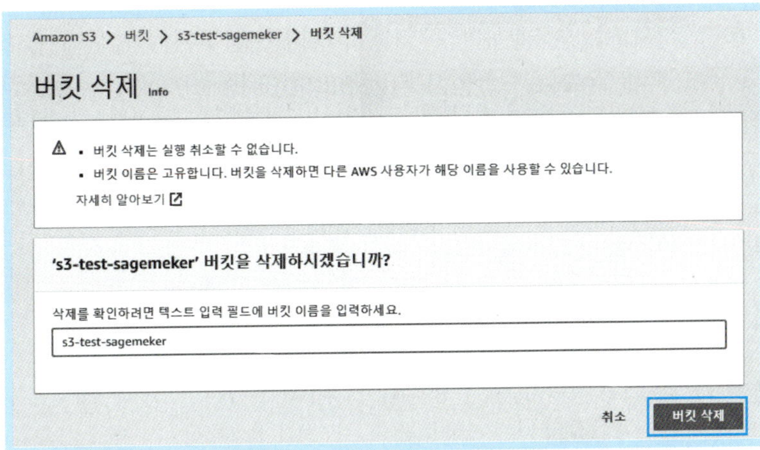

그림 7-7 Amazon S3 버킷 삭제

다음은 버킷 안에 객체가 있을 때 S3 버킷을 삭제하는 방법을 알아볼 것이다. [그림 7-8]을 보면 버킷 이름을 클릭하여 버킷 안에 세부내용이 어떤 것이 있는지 확인이 필요하다.

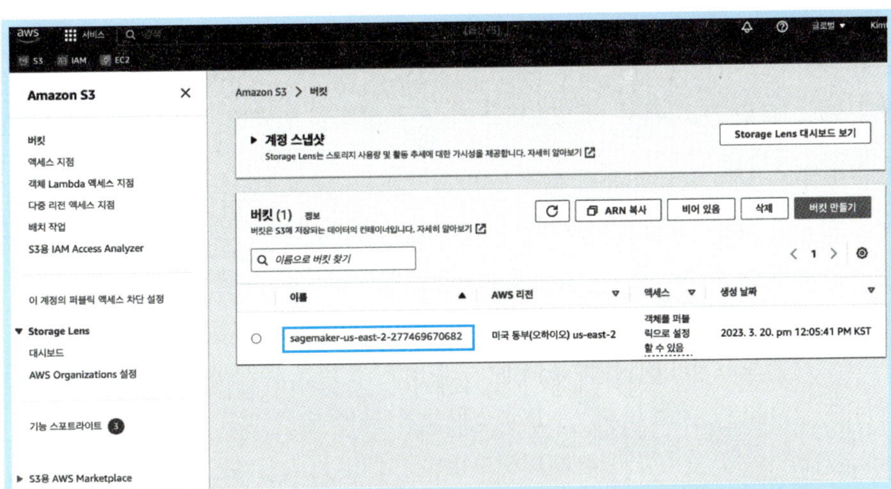

그림 7-8 Amazon S3 버킷 정보

[그림 7-8]에서 버킷 이름을 클릭하면 다음 [그림 7-9]와 같이 나타난다. 객체 2개가 있는 것을 확인할 수 있는데, 버킷을 완전히 삭제하려면 버킷 안에 생성된 객체를 삭제해야 한다. 따라서 객체를 삭제하기 위해서는 객체 이름 옆에 있는 네모 체크 박스를 선택한 다음 [삭제]탭을 클릭하여 삭제한다.

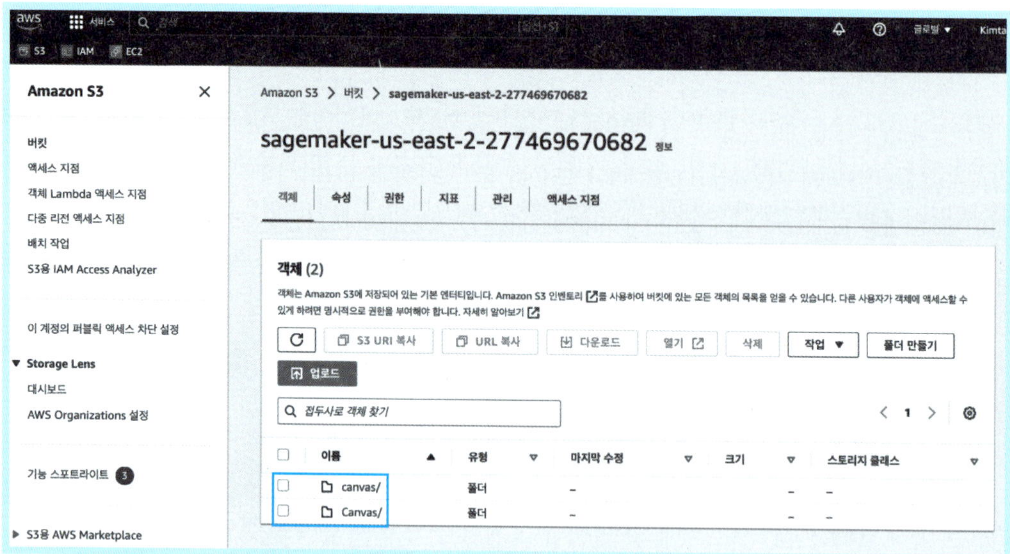

그림 7-9 Amazon S3 버킷 객체

[그림 7-9]에서 체크 박스에 체크를 한 다음 [삭제]탭을 클릭한 결과로, [그림 7-10]과 같이 화면이 나타난다. [그림 7-10]에서 텍스트 박스에 영구 삭제를 입력한 다음 아래에 [객체 삭제]탭을 클릭하여 객체를 삭제한다.

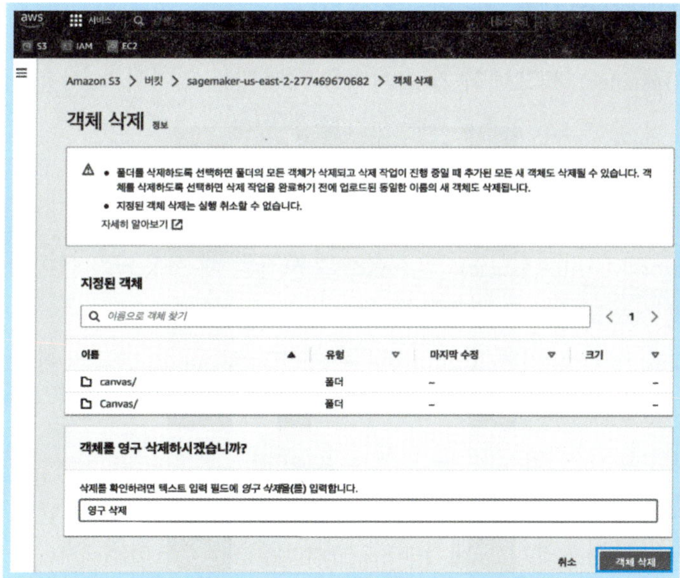

그림 7-10 Amazon S3 버킷 객체 삭제

7.2 Amazon EC2

Amazon Elastic Compute Cloud(Amazon EC2)는 AWS의 주요 컴퓨팅 서비스로, 클라우드 기반의 가상 서버 호스팅 플랫폼을 제공한다. 이 웹 서비스는 안전하게 사용자의 요구에 따라 크기를 조정할 수 있는 컴퓨팅 용량을 제공하며, 직관적인 웹 인터페이스로 필요한 컴퓨팅 용량을 손쉽게 설정하고 조절할 수 있다. Amazon EC2는 Amazon의 검증된 컴퓨팅 인프라 위에서 실행되는 서버 인스턴스의 광범위한 제어를 제공하면서, 서버 인스턴스를 빠르게 시작하거나 변동하는 컴퓨팅 요구 사항에 따라 용량을 신속하게 확장하거나 축소하는 유연성을 제공한다. EC2 사용자는 필요에 따라 가상 서버(인스턴스)를 프로비저닝[4]하고 관리할 수 있으며, 이를 통해 다양한 애플리케이션을 실행할 수 있다. 추가적으로 관리를 위해 개발자와 시스템 관리자에게 복원 가능한 애플리케이션 구축 도구와 일반적인 오류 상황에서의 격리 및 복구 기능을 제공한다. 비용 관련으로는 실제로 사용한 만큼만 비용을 청구하므로 효율적인 비용 관리가 가능하다.

4 프로비저닝(Provisioning): 사용자의 요구에 맞게 시스템 자원을 할당, 배치, 배포해 두었다가 필요 시 시스템을 즉시 사용할 수 있는 상태로 미리 준비해 두는 것

Amazon EC2의 주요 특징과 개념은 다음과 같다.

① 인스턴스(Instance): EC2에서 가상 서버를 나타내는 의미이다. 사용자는 원하는 크기, 운영 체제 및 구성으로 인스턴스를 시작할 수 있다.
② 인스턴스 유형(Instance Type): 다양한 성능 특성을 갖는 여러 인스턴스 유형이 제공된다. 예를 들어, 컴퓨팅 파워가 높은 CPU 인스턴스, 메모리 최적화 인스턴스 등이 있다.
③ AMI(Amazon Machine Image): 인스턴스를 시작할 때 사용되는 이미지이다. AMI는 운영 체제 및 소프트웨어 구성을 포함한다.
④ 지역(Region)과 가용 영역(Region and Availability Zones): EC2는 여러 지역과 각 지역 내에 여러 가용 영역을 제공한다. 이를 통해 높은 가용성 및 내결함성을 확보하고 지리적으로 가까운 위치에서 서버를 실행할 수 있다.
⑤ 스케일링(Scaling): EC2를 사용하여 애플리케이션을 확장하거나 축소할 수 있다. Auto Scaling을 활용하여 트래픽 증가 또는 감소에 따라 자동으로 인스턴스를 조절할 수 있다.
⑥ 보안 그룹과 네트워크 설정(Security Groups and Networking): 보안 그룹을 사용하여 인스턴스의 방화벽 규칙을 정의하고, Amazon Virtual Private Cloud(VPC)를 통해 네트워크 구성을 제어할 수 있다.
⑦ 스토리지 옵션(Storage Options): EC2 인스턴스에는 다양한 스토리지 옵션이 있으며, Amazon Elastic Block Store를 사용하여 데이터를 보존하거나 Amazon S3와 같은 객체 스토리지 서비스와 통합할 수 있다.
⑧ 모니터링과 로깅(Monitoring and Logging): Amazon CloudWatch를 사용하여 인스턴스 및 애플리케이션의 성능을 모니터링하고 로그를 수집할 수 있다.
⑨ 보안 및 엑세스 제어(Security and Access Control): AWS Identity and Access Management(IAM)을 사용하여 리소스에 대한 엑세스를 관리하고 보안을 강화할 수 있다.

정리하자면Amazon EC2를 활용한 가상 서버 호스팅으로 하드웨어 비용을 절감하면서 애플리케이션을 개발하고 배포할 수 있다.

7.2.1 EC2 시작하기

[그림 7-11]과 같이 AWS Console 홈 화면에서 검색 창에 EC2를 검색한다. 검색 창에 입력을 한 다음 서비스 카테고리안에 있는 EC2를 클릭하여 EC2에 대해 알아보도록 하자.

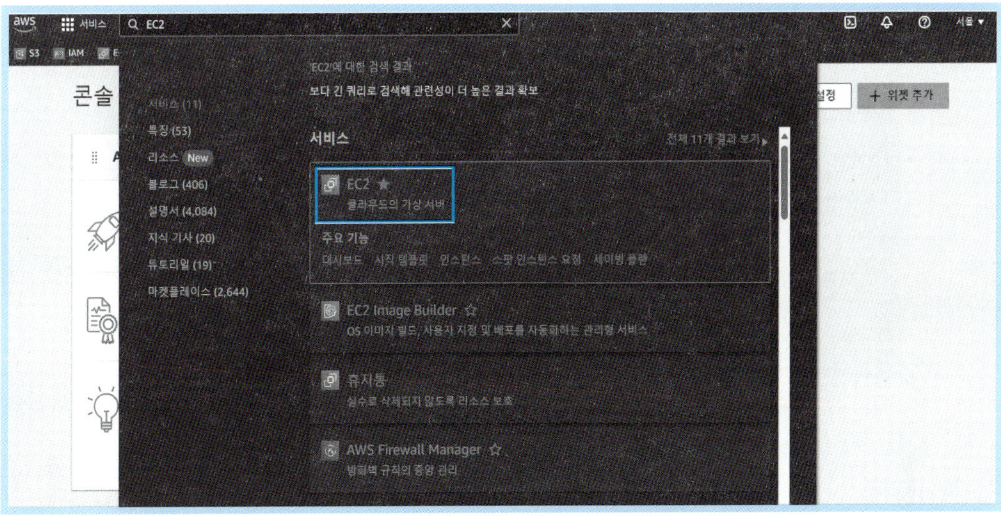

그림 7-11 AWS 콘솔 홈 화면

EC2는 클라우드의 가상 서버를 의미한다. EC2에 대한 내용을 자세히 알고 싶다면 [그림 7-12]에 있는 설명서를 클릭한다. EC2를 시작하기 위해서는 인스턴스 시작 탭을 클릭한다.

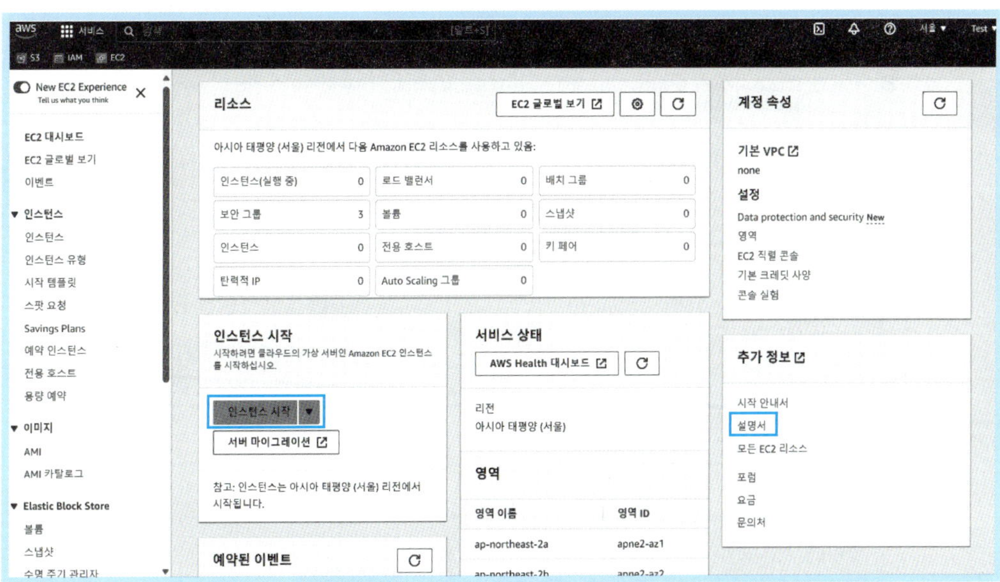

그림 7-12 AWS EC2 메인 화면

인스턴스 시작을 하면 [그림 7-13]과 같은 화면이 나타난다.

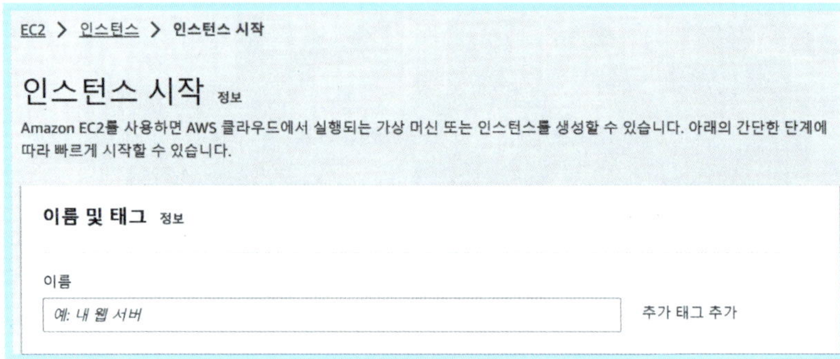

그림 7-13 EC2 인스턴스 이름 설정

[그림 7-13]에서 이름을 설정한 후 [그림 7-14]와 같이 애플리케이션 및 OS 이미지(Amazon Machine Image)설정을 해야 한다. 사용자가 Quick Start카테고리 안에 있는 AMI목록을 확인한 후 알맞는 AMI를 선택한다. 혹시 [그림 7-14]에 보이지 않는 AMI를 알고 싶다면 오른쪽 부분에 있는 더 많은 AMI 찾아보기를 클릭하여 AMI를 확인한다.

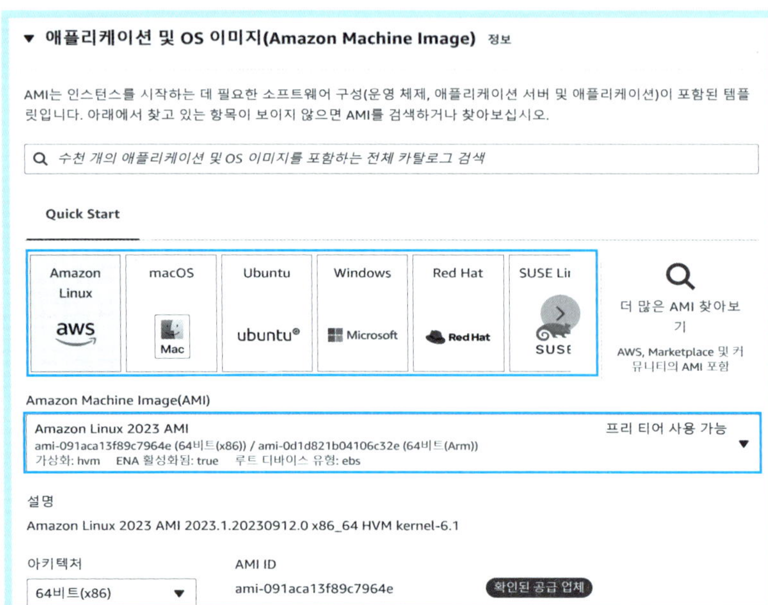

그림 7-14 EC2 인스턴스 AMI 설정

인스턴스 유형 목록에서는 원하는 하드웨어 구성에 따른 인스턴스를 선택할 수 있다. 기본적으로 t2.micro가 선택되어 있으며, 이는 프리 티어에서 사용 가능하다. 만약 t2.micro를 사용할 수 없다면, t3.micro 인스턴스를 대신 사용하면 된다. 인스턴스 유형 설정을 통해 사용자는 필요한 CPU와 메모리 용량을 지정할 수 있다. 또한, 각 인스턴스의 사용 요금 정보를 확인하고 서비스 비용을 이해하는 것이 중요하다. 인스턴스 유형을 설정한 후에는 키 페어(Key pair) 설정을 진행해야 한다. 키 페어 이름(Key pair name) 설정에서는 이전에 생성한 키 페어를 선택한다. 키 페어를 통해 인스턴스에 안전하게 접속할 수 있다. 중요한 점은, 키 페어 없이 진행 옵션을 선택하면(이는 권장되지 않는다), 해당 키 페어 없이 인스턴스에 접속할 수 없게 된다는 것이다.

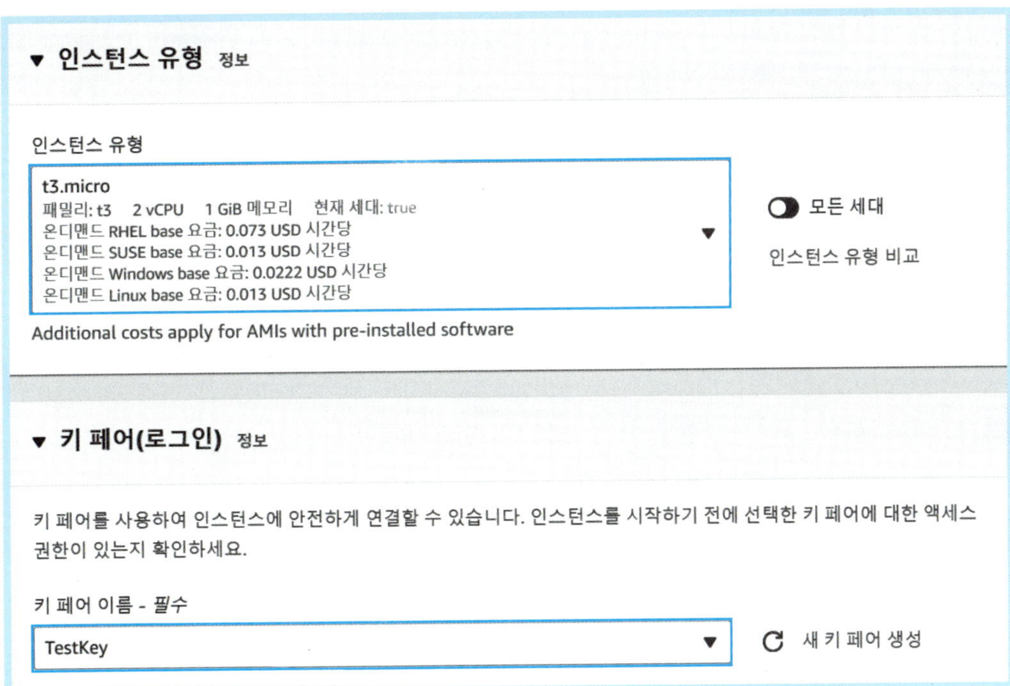

그림 7-15 EC2 인스턴스 유형 설정

[그림 7-16]은EC2를 시작하기 위해 네트워크를 설정하는 단계이다. 먼저 VPC를 선택하고 서브넷을 선택한다. 이후 퍼블릭 IP 자동 할당에 대해 활성화 또는 비활성화를 할 수 있다. 방화벽(보안 그룹) 같은 경우에는 인스턴스에 대한 트래픽을 제어하는 기능을 수행하기 때문

에 되도록이면 설정하는 것을 권장한다. 기존 보안 그룹이 있다면 기존 보안 그룹을 선택하여 방화벽을 설정한다.

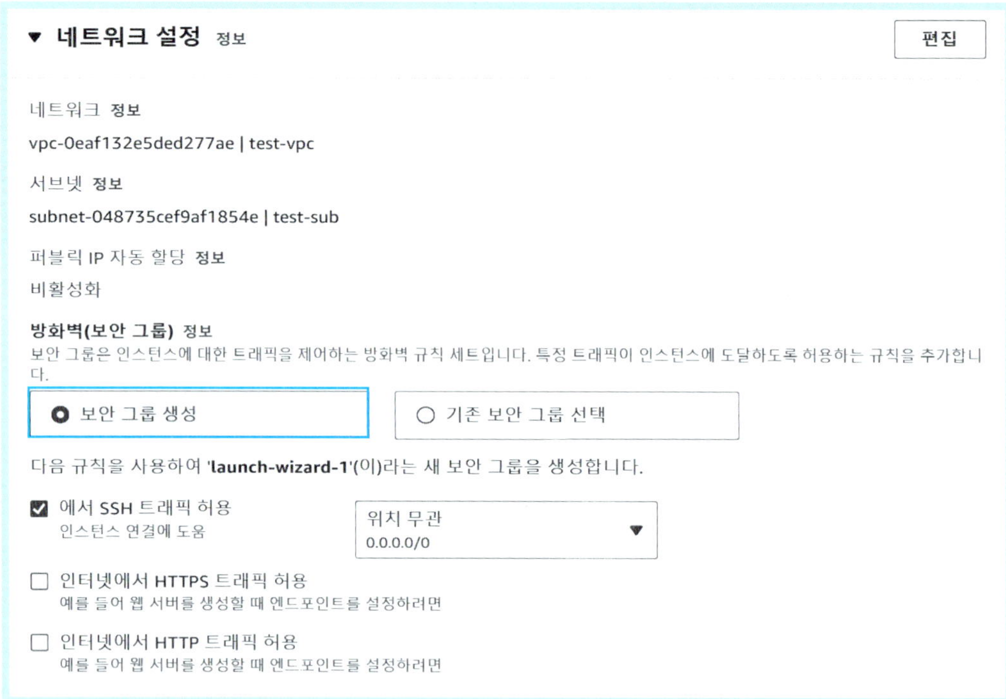

그림 7-16 EC2 인스턴스 네트워크 설정

[그림 7-17]은 EC2의 EBS볼륨(저장 공간)을 설정하는 단계이다. Amazon Elastic Block Store(Amazon EBS)는 EC2 인스턴스에 사용할 수 있는 블록 수준 스토리지 볼륨을 제공한다. EBS 볼륨은 형식이 지정되지 않은 원시 블록 디바이스처럼 동작한다. 인스턴스에 연결된 EBS 볼륨은 스토리지 볼륨으로 표시되며, 인스턴스 수명에 관계없이 지속된다. 이러한 볼륨 위에 파일 시스템을 생성하거나 하드 드라이브와 같은 블록 디바이스를 사용하는 것처럼 활용할 수 있다.

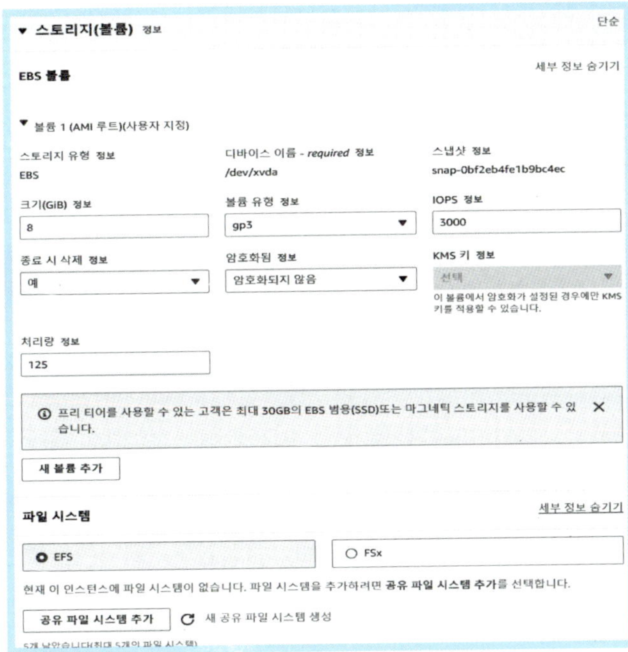

그림 7-17 EC2 인스턴스 네트워크 설정

설정이 완료되면 오른쪽 화면에 보이는 요약에 현재까지 설정한 과정을 한 눈에 파악하기 쉽게 정리한 화면이다. 여기서 우측 하단에 보이는 인스턴스 시작 탭을 클릭하여 EC2를 생성한다.

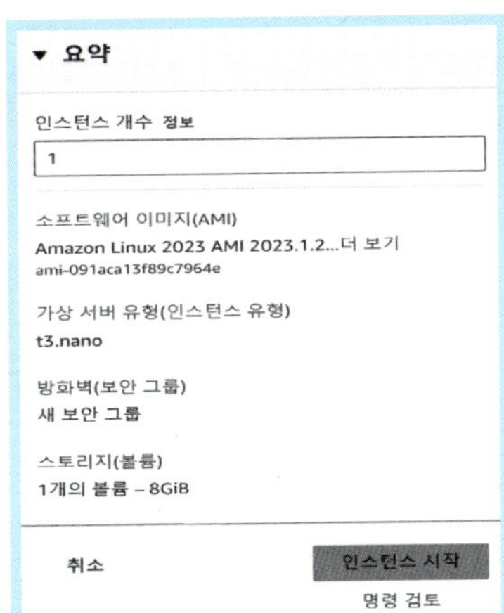

그림 7-18 EC2 인스턴스 시작

[그림 7-18]에서 인스턴스 시작 탭을 클릭하면 [그림 7-19]와 같이 성공적으로 인스턴스 생성이 수행 되었다. 수행 결과로, AWS 클라우드의 가상 서버를 생성했다고 이해하면 된다. 이를 통해, Amazon EC2를 사용하여 인스턴스에서 실행되는 운영 체제와 애플리케이션을 설정하고 구성할 수 있다.

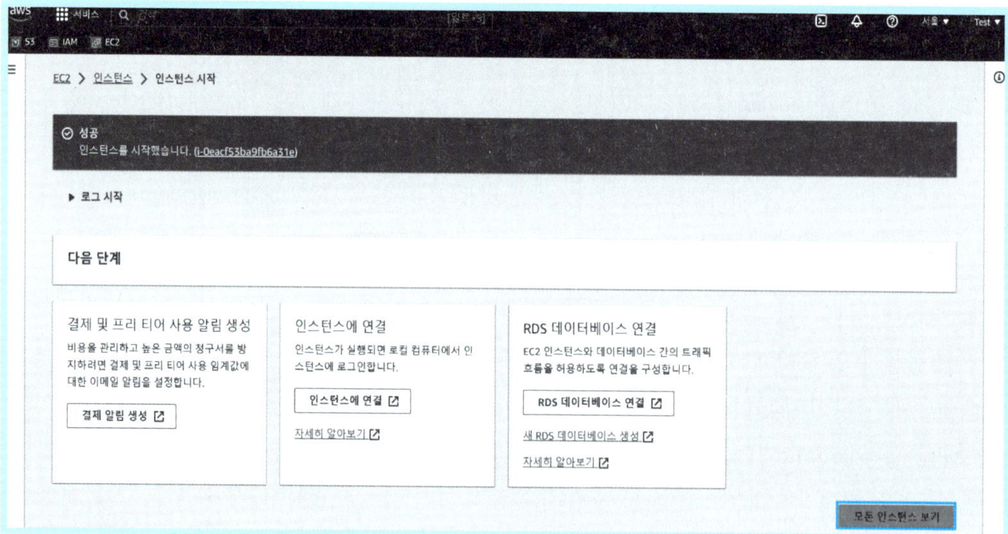

그림 7-19 EC2 인스턴스 생성 완료

7.2.2 EC2 종료하기

먼저 [그림 7-20]을 보면 EC2 인스턴스 목록에서 인스턴스를 체크한다. 이후 인스턴스 상태를 클릭하여 목록에 있는 인스턴스 종료 버튼을 클릭한다.

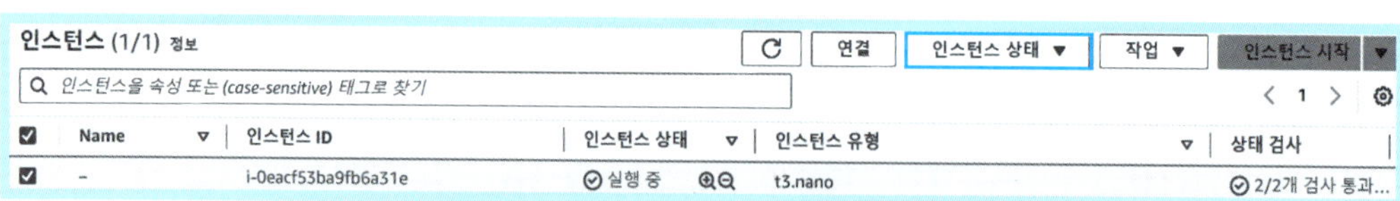

그림 7-20 EC2 인스턴스 목록

[그림 7-21]과 같이 인스턴스 종료에 대한 확인 메시지가 나타나면 종료를 선택한다.

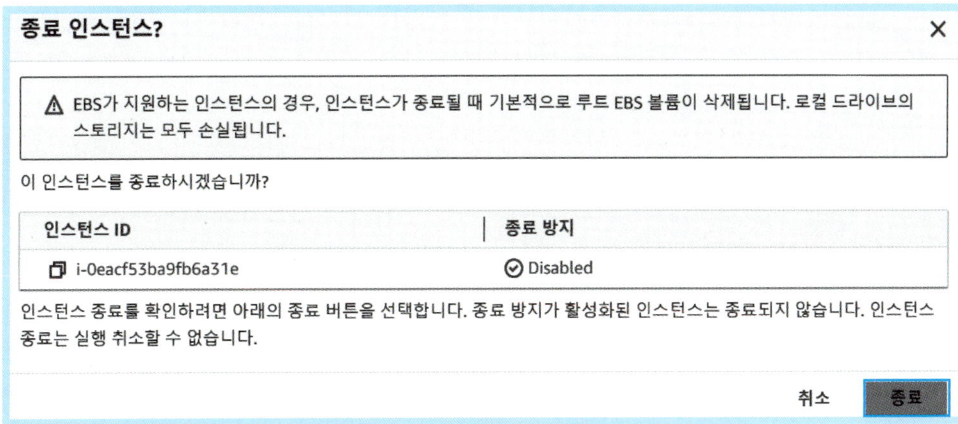

그림 7-21 EC2 인스턴스 종료 확인 메시지

[그림 7-21]에서 종료를 클릭을 통해 Amazon EC2의 인스턴스가 종료된다. 인스턴스는 종료된 후에도 잠시 동안 콘솔에서 표시된 상태로 유지되며, 이후 인스턴스 항목에서 자동으로 삭제된다. 종료된 인스턴스는 콘솔 화면에서 직접 제거할 수 없다.

8. Amazon SageMaker

Amazon SageMaker는 AWS의 플래그십 머신러닝 서비스로, 데이터 사이언티스트와 개발자가 머신러닝 모델의 생성, 훈련, 그리고 배포 과정을 간소화하게 도와준다. SageMaker는 머신러닝 데이터를 처리, 분석, 그리고 배포하는데 필요한 다양한 도구와 모듈을 제공한다. SageMaker의 주요 장점은 머신러닝 모델을 신속하게 구축하고 배포할 수 있는 능력, 인프라의 설치와 관리, 그리고 확장에 관한 복잡성을 줄여주는 기능, 그리고 머신러닝 워크플로우의 효율성과 성능을 향상시키는 도구들이다. 이번 섹션에서는 SageMaker의 핵심 요소, 주요 기능, 활용 전략, 그리고 설정 방법에 대해 깊이 있게 탐구하려 한다.

8.1 기술적 요구사항

Amazon SageMaker를 효과적으로 활용하려면 특정 기술적 요구사항을 충족해야 한다. 먼저, SageMaker를 이용하려면 AWS 계정이 필수적이다. 계정이 없는 사용자는 AWS 웹사이트에서 계정을 생성할 수 있으며, 생성시 주어지는 계정 티어인 Free Tier는 AWS의 다양한 서비스를 한정된 기간 동안 무료로 체험할 수 있게 해 준다. 세부 사상은 AWS의 Free Tier(https://aws.amazon.com/ko/free/) 제공 내용을 반드시 확인하는 것이 좋다. SageMaker 내부의 SageMaker Studio는 브라우저 기반의 통합 개발 환경을 제공하며, 머신러닝 모델의 개발과 학습에 필요한 다양한 도구와 기능을 갖추고 있다. SageMaker는 TensorFlow, PyTorch, MxNet 등 주요 머신러닝 프레임워크를 지원하므로, 해당 프레임워크의 기술적 요구사항을 충족시켜야 한다. 특히, TensorFlow와 같은 프레임워크를 사용할 때 GPU 가속을 활용하려면, GPU 드라이버와 관련 라이브러리가 필요하다. AWS의 EC2 인스턴스에서는 AMI를 통해 이러한 드라이버와 라이브러리를 쉽게 구성할 수 있다. 또한, SageMaker는 데이터 저장 및 처리를 위해 Amazon S3와 밀접하게 연동된다. 따라서 S3 버킷 설정 및 해당 버킷에 대한 액세스 권한 설정이 필요하다.

8.2 주요 기능

이번 장에서는 Amazon SageMaker의 다양한 기능과 활용 방법에 대한 문서 및 실습 자료를 제공한다. 이를 통해 SageMaker가 제공하는 주요 기능을 깊게 이해하고 실제로 어떻게 활용하는지 학습할 수 있다. 먼저, 노트북 인스턴스를 활용한 데이터 탐색 및 분석 방법을 살펴본다. 그 다음으로는 제공하는 알고리즘을 이용한 모델 생성 방법과, 호스팅 기능을 통한 모델 배포 과정을 자세히 설명한다. 또한, 완성된 머신러닝 모델의 성능 분석 및 관리 방법도 함께 다룬다.이 내용은 머신러닝에 처음 접하는 사람들에게 매우 유용하며, 모델 구축 및 분석에 SageMaker를 활용하고자 하는 사용자에게도 큰 도움이 될 것이다. AWS의 이 서비스를 통해 관리형 인프라에서 모델을 생성, 분석, 배포하는 주요 기능을 경험하게 되면, 인프라 구축 및 관리의 복잡함에서 벗어나 머신러닝 알고리즘 연구나 문제 해결에 더욱 집중할 수 있다.

SageMaker의 주요 기능은 다음과 같다.

- **빠르고 쉬운 모델 훈련**: 다양한 머신러닝 프레임워크와 인프라를 지원하여 빠르고 쉬운 모델 훈련을 가능하게 도와준다.
- **모델 호스팅 및 배포**: 훈련된 모델을 호스팅하고 배포하는 데 필요한 모든 작업을 지원한다.
- **자동 모델 튜닝**: 자동으로 모델 튜닝을 수행하여 최적의 모델을 찾을 수 있도록 한다.
- **강화 학습**: 강화 학습 알고리즘과 기능을 제공하여 강화 학습 모델을 빠르게 구축하고 학습할 수 있다.
- **데이터 전처리**: 데이터 전처리 및 변환을 위한 내장된 기능을 제공하여 데이터를 빠르고 쉽게 전처리 할 수 있다.
- **머신러닝 워크플로우 관리**: 머신러닝 워크플로우를 관리하고 모니터링하는 데 필요한 다양한 도구를 제공한다.
- **지속적인 모델 개선**: 지속적인 모델 개선을 지원하여 새로운 데이터를 사용하여 모델을 개선할 수 있도록 한다.
- **머신러닝 모델 설명**: 머신러닝 모델을 설명하고 해석하는 도구를 제공한다.

이러한 기능들을 통해 SageMaker는 머신러닝 모델을 구축, 훈련 및 배포할 수 있게 하여 개발자 및 데이터 분석가들이 효율적으로 머신러닝 모델을 개발할 수 있도록 한다. 다음은 SageMaker의 워크 플로우에 대해 자세하게 알아보고자 한다.

(1) Build 단계

SageMaker의 Build단계는 머신러닝 모델을 개발하는 과정이다. 이 단계에서는 다양한 머신러닝 알고리즘, 프레임워크 및 라이브러리를 사용하여 데이터를 분석하고 모델을 만든다. 모델 Build 단계에서는 다음과 같은 기능들이 제공된다.

- **프레임워크 선택**: TensorFlow, PyTorch, Apache MxNet 등 다양한 머신러닝 프레임워크를 지원한다. 사용자는 선호하는 프레임워크를 선택하여 머신러닝 모델을 개발할 수 있다.
- **모델 학습**: 다양한 인스턴스 유형에서 머신러닝 모델을 학습할 수 있다. 또한 SageMaker는 데이터 셋을 업로드, 모델 구성, 하이퍼파라미터 설정, 작업 모니터링, 학습된 결과를 평가하는 데 필요한 작업을 관리한다.
- **자동 모델 튜닝**: 자동으로 모델의 하이퍼파라미터를 튜닝하는 기능을 제공한다. 이 기능은 다양한 하이퍼파라미터 값을 시도하여 최적의 모델 구성을 찾아낸다.
- **분산 학습**: 분산 학습을 사용하여 데이터 셋 및 모델을 효율적으로 학습한다. 분산 학습은 여러 서비스에서 동시에 모델 학습을 수행하는 것이다.
- **모델 검증 및 평가**: 모델의 정확성을 평가하고 예측 성능을 향상시키기 위한 도구와 기능을 제공한다. 이를 위해 데이터를 검증하고, 모델 성능을 평가하고, 모델을 튜닝한다.
- **모델 배포**: 머신러닝 모델을 Amazon S3에 저장하고, AWS Lambda, Amazon EC2 등 다양한 서비스에서 모델을 배포할 수 있도록 지원한다. 또한 SageMaker는 모델 배포 후 모니터링 및 유지보수를 위한 도구를 제공한다.

SageMaker에서는 다양한 노트북 인스턴스를 제공하며 예시로는 Jupyter, Anaconda등 이 있다. [그림 8-1]은 SageMaker 노트북 인스턴스 환경에 대한 특징이다.

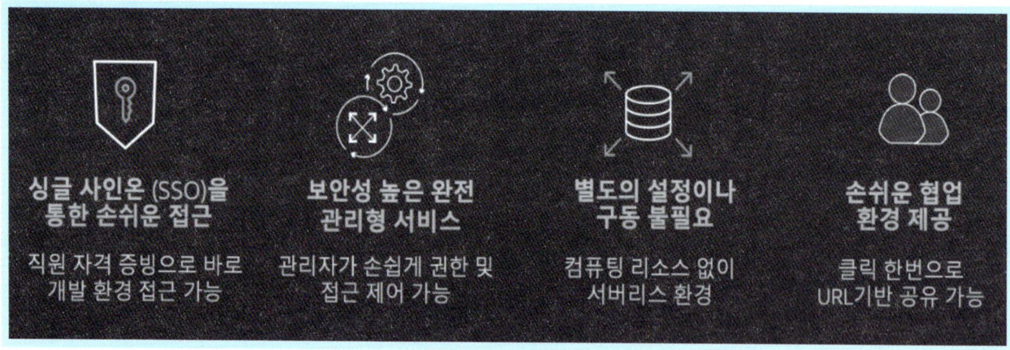

그림 8-1 SageMaker Notebook 인스턴스 특징

(2) Training 단계

Training단계는 데이터를 학습시키는 것이다. 머신러닝 알고리즘 선택, 데이터 처리, 그리고 모델 설정을 할 수 있게끔 SageMaker는 사용자가 편하게 학습할 수 있도록 필요한 환경을 다 준비 해 둔다. 이 환경에는 머신러닝 알고리즘부터 하드웨어, 네트워크 설정까지 모든 것이 포함돼 있다.

SageMaker의 훈련 과정에서는 다양한 옵션을 제공한다. 딥러닝 모델을 학습하기위한 TensorFlow나 PyTorch, MXNet 같은 프레임워크를 쓸 수 있으며, 이 프레임워크들은 SageMaker에 이미 설치되어 있어 따로 설치할 필요가 없다. SageMaker Python SDK를 통해서 이런 프레임워크들을 사용하고, 여러 종류의 컴퓨터 인스턴스로 학습도 가능하다. 이 인스턴스들은 다양한 크기의 CPU, GPU, 메모리 옵션을 가지고 있어서 대규모 데이터도 손쉽게 처리할 수 있다. 모델 학습이 끝나면, SageMaker는 그 결과를 저장한다. 이 저장된 모델은 SageMaker의 엔드포인트에서 사용할 수 있으며, 학습된 모델로 데이터의 예측을 할 수 있다.

(3) Deploying

훈련 단계와 마찬가지로 배포에서도 Amazon SageMaker는 배포 인프라를 관리하며 다음과 같은 추가 기능을 제공한다.

- 실시간 엔드 포인트 이를 통해 모델에서 예측을 제공하는 HTTPS API가 생성된다. 즉, 자동화 스케일링이 가능하다.
- **일괄 변환**: 이를 사용하여 모델을 사용하여 데이터를 병렬적으로(일괄 처리 모드) 예

측한다.

- **Amazon CloudWatch를 사용한 인프라 모니터링**: 이를 통해 실시간으로 metrics를 볼 수 있으며 인프라 성능의 로그를 확인할 수 있다.
- **Amazon SageMaker 모니터**: 엔드 포인트로 전송된 데이터를 캡처하고 기준과 비교하여 데이터의 문제를 식별하고 알림을 보낸다.
- **Amazon SageMaker Neo**: 특정 하드웨어 아키텍처용 모델을 컴파일하고 경량 실행 환경을 사용하여 최적화된 버전을 배포한다.
- **Amazon Elastic Inference**: 이는 CPU 기반 인스턴스에 GPU 가속도를 추가하여 예측 인프라의 비용과 성능 비율을 찾는다.

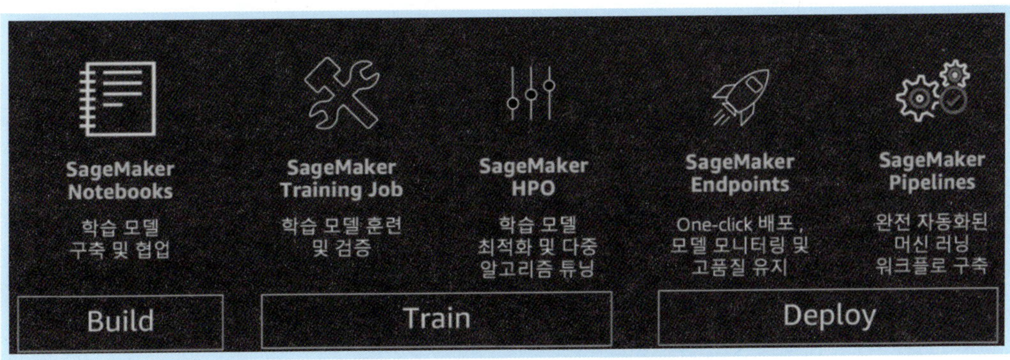

그림 8-2 Main Capabilities of Amazon SageMaker

8.3 주요 알고리즘

Amazon SageMaker는 다양한 머신러닝 알고리즘을 제공한다. SageMaker에서 제공하는 알고리즘은 지도학습, 비지도학습, 강화 학습과 같은 다양한 학습 유형과 함께 사용할 수 있다. [그림 8-3]은 Amazon SageMaker Studio환경에서 대표적으로 활용되는 알고리즘 목록이며 그 외의 다양한 머신러닝 알고리즘을 제공한다.

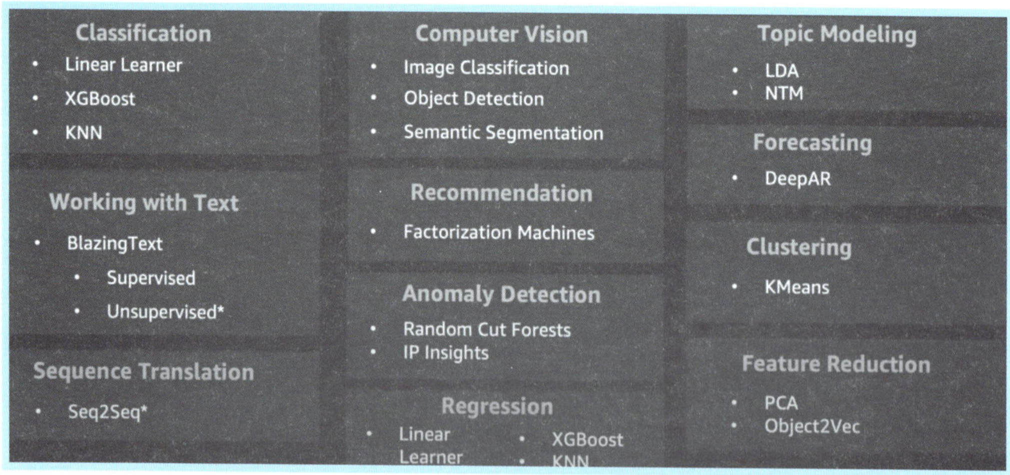

그림 8-3 SageMaker에서 제공하는 Built-in Algorithms

8.4 SageMaker 시작하기

Amazon SageMaker를 시작하기 위해 AWS 홈페이지로 이동해보도록 하자. AWS 홈페이지는 다음 주소(https://aws.amazon.com/ko/)로 접속하면 된다.

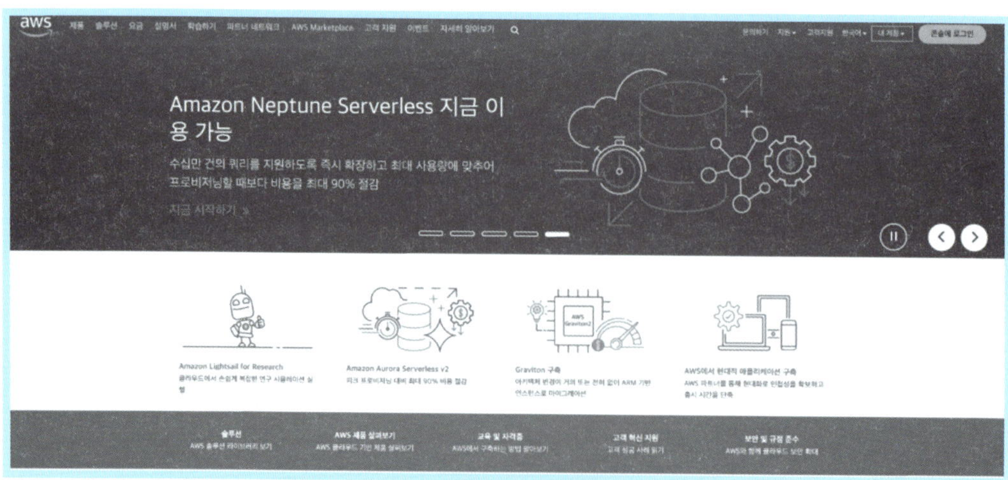

그림 8-4 AWS 홈 화면

8.4.1 계정 생성

Amazon SageMaker에 대한 내용을 살펴보기 전에 먼저 AWS 계정을 만들어야 한다. 따라서 이번 장에서는 AWS 계정을 생성하는 방법을 알아볼 것이다. 먼저 AWS 홈페이지에서 Amazon SageMaker 홈페이지로 이동하도록 하자. AWS에서 Amazon SageMaker 홈페이지로 이동하는 방법은 다음과 같다. 먼저 첫번째 방법으로 [그림 8-4]를 보면 돋보기 탭을 클릭하여 SageMaker를 검색해 SageMaker 홈페이지로 이동하는 방법이 있다. 두번째 방법은 사용자가 직접 AWS SageMaker 홈페이지 주소(https://aws.amazon.com/ko/sagemaker/)로 접속하는 방법이 있다. 마지막으로는 [그림 8-4]에서 [제품]탭을 클릭한 후 주요 서비스 탭을 클릭하여 카테고리 안에 있는 Amazon SageMaker를 클릭하여 이동하는 방법이 있다. 위 3가지 방법 중 사용자가 편한 방법을 선택해서 AWS SageMaker 홈페이지로 이동하자. [그림 8-5]는 사용자가 AWS 홈페이지에 한 번도 접속한 적이 없는 경우 나타나는 화면이다. [그림 8-6]은 이전에 사용자가 AWS 홈페이지를 방문한 적이 있는 경우 나타나는 화면이다. 따라서, AWS SageMaker 홈페이지의 화면은 [그림 8-5]와 [그림 8-6]과 같이 사용자에게 2가지 경우로 나타난다.

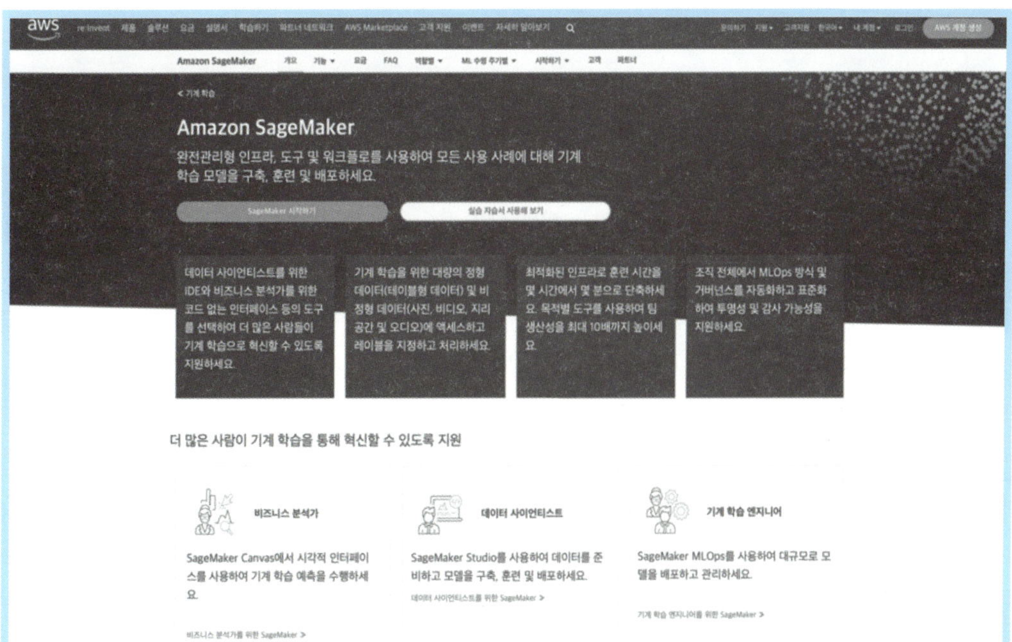

그림 8-5 Amazon SageMaker 홈 화면(신규)

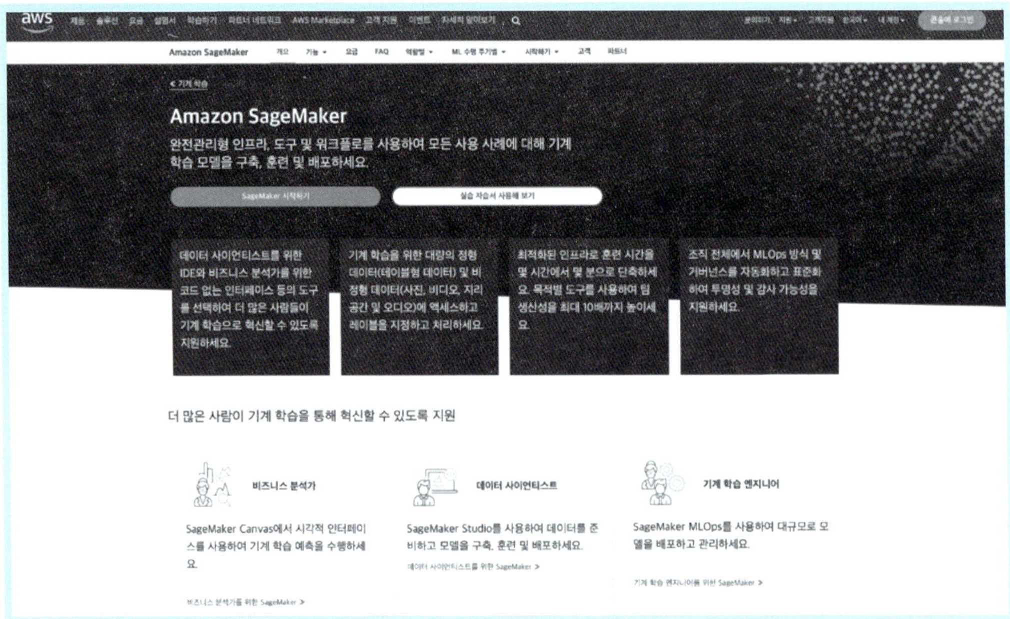

그림 8-6 Amazon SageMaker 홈 화면(회원)

(1) 계정 생성 방법

신규사용자

AWS 계정을 생성하는 첫번째 방법으로, 화면이 [그림 8-5]와 같이 나타날 경우에는 우측 상단에 AWS 계정 생성이라는 탭을 클릭하여 AWS 계정을 생성하는 화면으로 이동하면 된다. [AWS 계정 생성] 탭을 클릭하면 [그림 8-7]과 같은 화면을 확인할 수 있다. [그림 8-7]과 같은 화면이 나타나면 사용자가 AWS에서 사용할 이메일 주소와 계정 이름을 입력하면 된다. 이메일 주소를 설정할 때는 이메일 주소 형식에 맞춰서 입력해야 하고, 계정 이름은 사용자의 이름 또는 닉네임을 영어 또는 숫자로 입력해야 한다. 계정 이름은 가입 후 계정 설정에서 변경할 수 있다는 점을 참고하자. 만약 위의 내용을 지키지 않으면 [그림 8-8]과 같이 오류 내용이 나타난다. 오류 없이 위의 과정을 완료했다면 [이메일 주소 확인] 탭을 클릭하여 다음 단계를 진행한다.

그림 8-7 AWS 회원가입

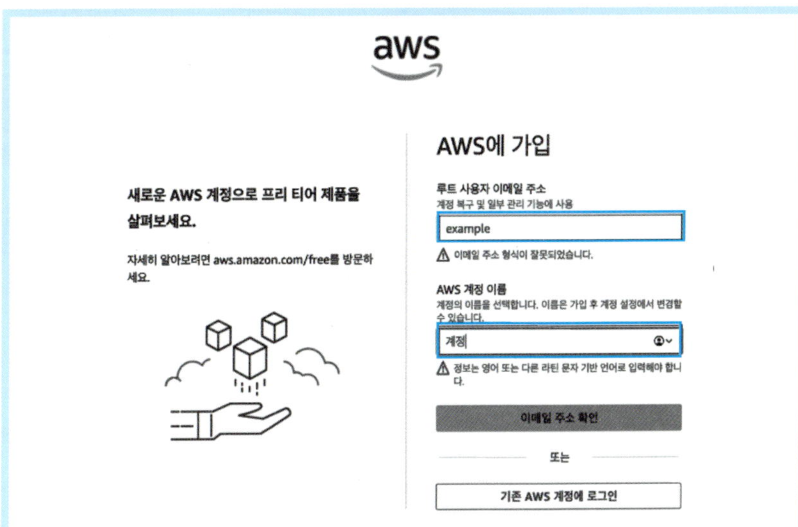

그림 8-8 AWS 회원가입 오류 화면

[그림 8-7]에서 이메일 주소 확인이 완료되면 [그림 8-9]와 같은 화면이 나온다. [그림 8-9]를 보면 확인코드가 포함된 이메일을 확인한 후 확인코드를 입력하면 된다. 확인코드는 [그림 8-7]에서 사용자가 설정한 이메일 주소로 보내졌을 것이다. 확인코드 입력을 완료했다면 사

용자 암호 설정하는 화면이 나타날 것이다. 다음은 사용자 암호 설정을 하는 방법에 대해 설명할 것이다. [그림 8-9]의 (a)에서 확인 코드를 입력한 후 확인 버튼을 누르면 [그림 8-9]의 (b)와 같은 화면이 나타난다. [그림 8-9]의 (b)에서 사용자 암호를 설정하기 위해서는 조건이 있다. [그림 8-8]과 같이 암호는 8자 이상이어야 한다는 조건과 암호를 설정할 때 영문자 또는 숫자를 포함하거나 영 문자 및 숫자 이외의 문자를 포함해야 하는 4가지의 조건이 있다. [그림 8-8]을 보면 4가지 조건 중에 3가지 이상의 조건을 포함하여 암호를 설정해야 한다. 설정을 완료했으면 아래에 계속 버튼을 눌러 다음 단계를 진행한다.

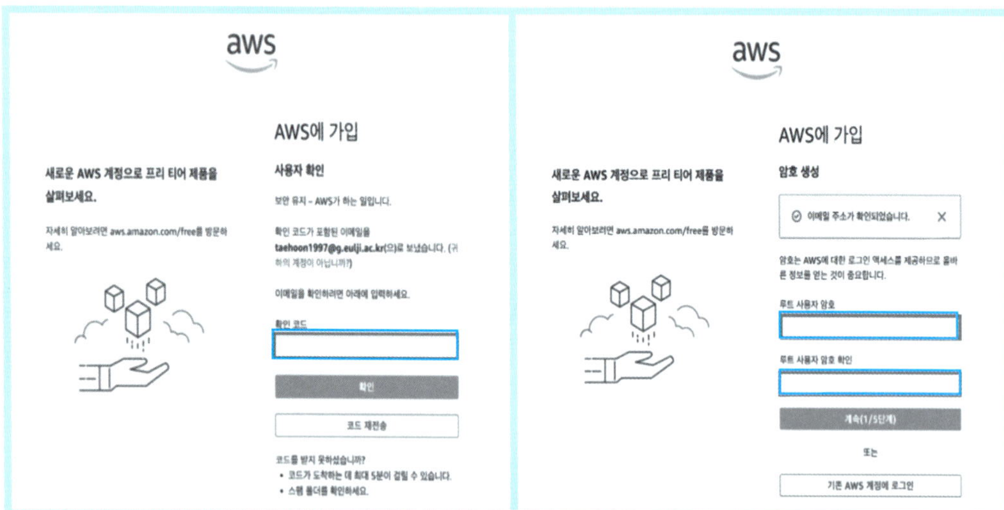

(a) 회원 가입 단계　　　　(b) 사용자 암호 입력

그림 8-9 AWS 회원가입 절차

기존사용자

AWS 홈페이지의 화면이 [그림 8-6]처럼 나타날 경우, 오른쪽 상단에 [콘솔에 로그인]이라는 탭을 클릭하여 AWS SageMaker에 로그인 하는 화면으로 이동한다. 탭을 클릭하여 이동하면 다음[그림 8-7]과 같이 화면이 나타난다. [그림 8-7]을 보면 AWS SageMaker의 Console에 로그인을 할 수 있는 화면과 화면 아래 쪽에 [AWS 계정 새로 만들기]라는 탭이 있다. AWS 계정을 생성하려면 [그림 8-10]에서 화면 아래에 [AWS 계정 새로 만들기]탭을 클릭하게 되면 [그림 8-9]화면이 나타날 것이다. [그림 8-9]가 나타나면 〈계정 생성 방법〉에서 설명했던 방법처럼 [그림 8-7]부터 설명된 내용을 따라하면 된다.

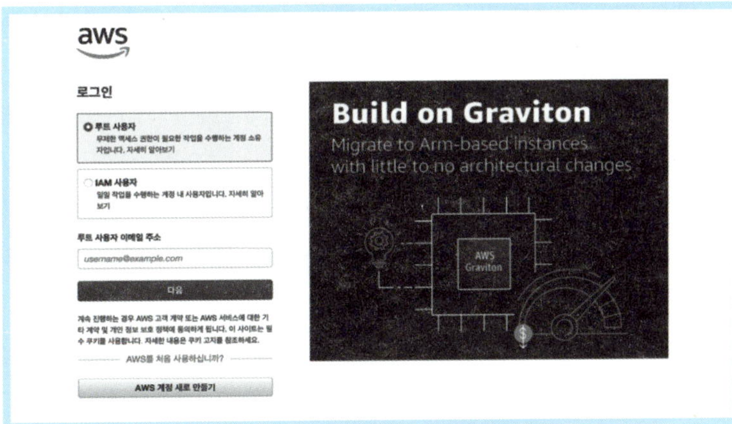

그림 8-10 AWS 로그인

[그림 8-11]은 사용자 주소를 입력하는 단계로 사용자의 이름, 전화 번호 및 주소를 입력하는 화면이다. 실습을 위해 AWS 사용 계획 항목은 개인으로 선택하고 전체 이름 항목은 사용자의 이름을 입력한다. 전화 번호 항목은 국가 번호를 선택한 후 사용자의 핸드폰 번호를 입력한다. 국가 또는 지역 설정 항목은 사용자가 아래 방향 화살표를 클릭하여 사용자가 현재 살고 있는 국가를 찾아 설정한다.

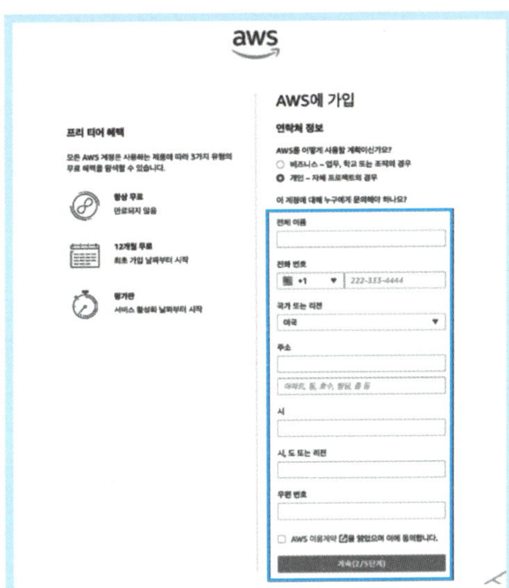

그림 8-11 회원가입 주소

[그림 8-11]에서 참고해야 할 점은 모든 텍스트 박스 안에 영문자 또는 숫자로 입력해야 한다는 점이다. 모든 텍스트 박스의 정보 입력이 완료되었다면 계속 버튼을 눌러서 다음 단계를 진행하도록 한다. 만약 주소 입력할 때 텍스트 박스 안에 한글로 입력했다면 [그림 8-12]와 같은 오류 메시지가 나타나게 된다.

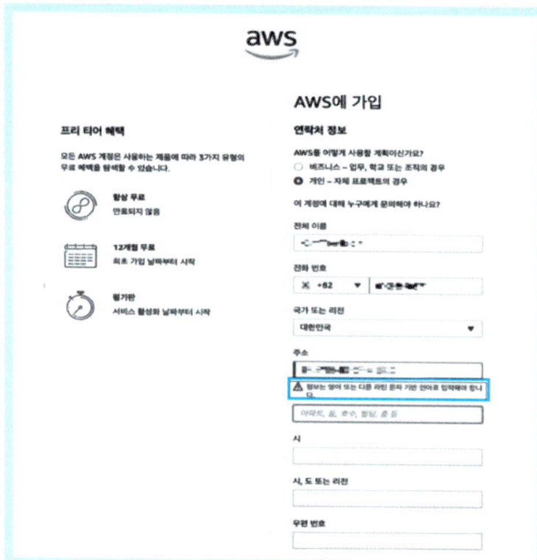

그림 8-12 주소 입력 오류 화면

사용자가 주소 입력을 정확하게 입력했을 경우 [그림 8-13]과 같이 오류 메시지가 나타나지 않고 아래 계속 버튼을 눌러 다음을 진행한다.

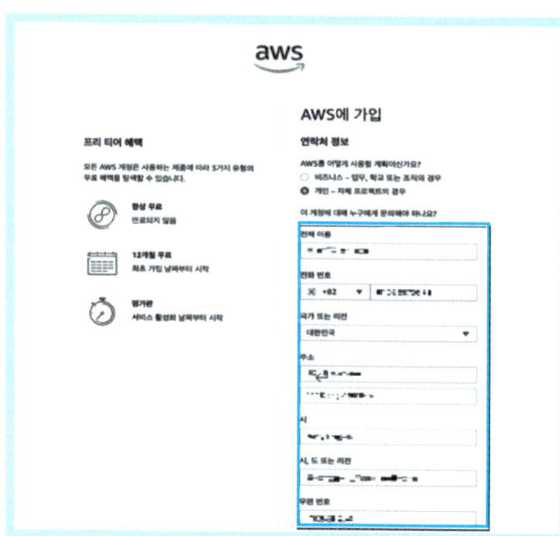

그림 8-13 주소 입력

다음은 사용자가 AWS 계정을 사용하면서 요금이 청구될 결제 정보를 입력해야 한다. [그림 8-14]를 보면 사용자가 결제할 카드 번호, 만료 날짜 및 카드 소유자 이름을 입력해야 한다. AWS에서 거래를 위해 VAT 영수증을 발송하기 위한 이메일 주소 입력이 필요하다.

그림 8-14 결제 정보 입력

결제 정보 입력을 완료한 후 아래 확인 및 계속 버튼을 클릭하면 [그림 8-15]와 같은 화면이 나타난다.

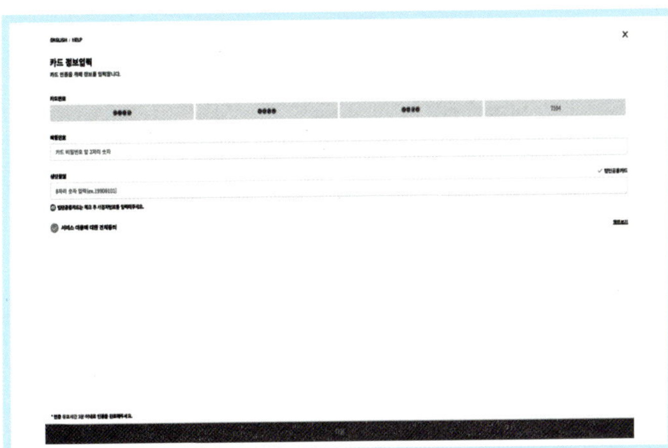

그림 8-15 카드 정보 입력

[그림 8-16]을 보면 다음 단계는 사용자의 전화번호를 확인해야 하는 단계로 먼저 확인 코드의 전송 방식을 선택한 후 국가 또는 지역 코드를 선택한다. 이후 사용자의 휴대전화 번호를 입력한 후 보안 검사를 실시한다. 보안 검사는 [그림 8-16]에서 나타난 숫자와 문자를 입력하면 된다.

그림 8-16 자격 증명 확인

모든 절차가 끝났으면 SMS전송 버튼을 클릭한다. 클릭한 후 [그림 8-17]과 같이 코드 확인 절차가 진행된다.

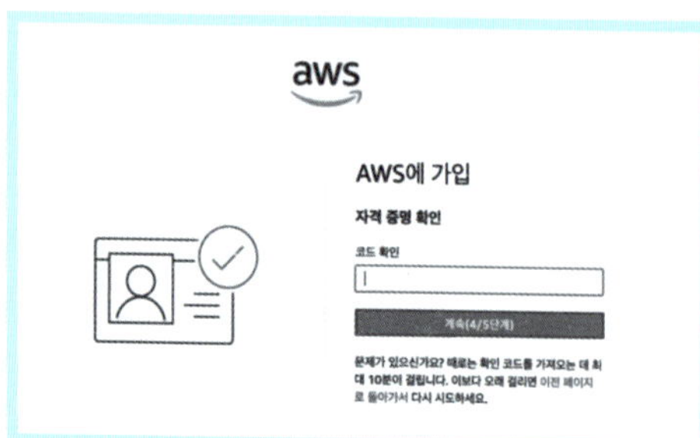

그림 8-17 코드 확인

[그림 8-17]에서 코드 확인을 완료했으면 계속 버튼을 눌러 다음 단계를 진행한다. [그림 8-18]과 같이 사용자가 계정을 사용할 때 AWS에서 3가지 방식으로 서비스를 제공한다. 지금은 AWS를 처음 시작하는 단계이니 [기본 지원 – 무료] 방식을 선택하여 사용하도록 한다.

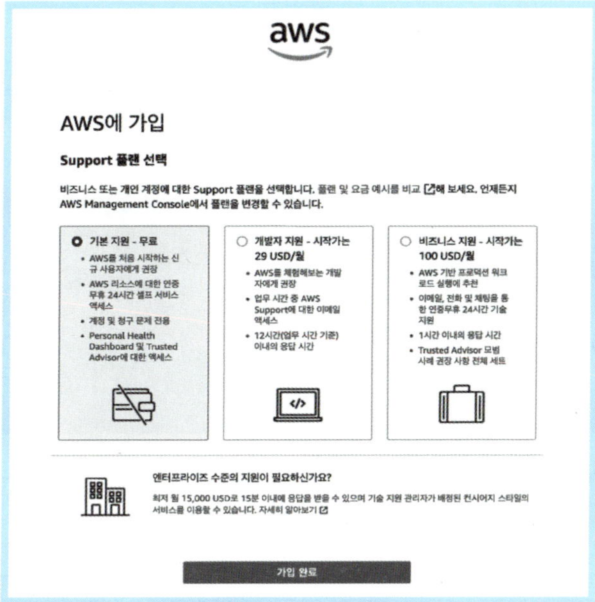

그림 8-18 Support 플랜

[그림 8-18]에서 Support 플랜을 선택한 후에 가입 완료 탭을 클릭하면 [그림 8-19]와 같이 회원가입이 완료되었다는 화면이 나타난다.

그림 8-19 회원가입 완료

8.4.2 로그인 절차

앞서 회원가입을 완료했다면 AWS 홈페이지 주소(https://aws.amazon.com/ko/)로 이동한다. [그림 8-20]을 보면 오른쪽 상단에 [콘솔에 로그인] 탭을 클릭하여 로그인을 진행한다.

그림 8-20 AWS 홈페이지

[그림 8-20]에서 콘솔에 로그인 버튼을 클릭했다면 다음 [그림 8-21]과 같은 화면이 나타날 것이다. 이 화면에서는 회원가입을 했을 때 설정한 사용자 이메일 주소를 텍스트 상자 안에 입력한 후 다음 버튼을 눌러 다음 단계로 진행한다.

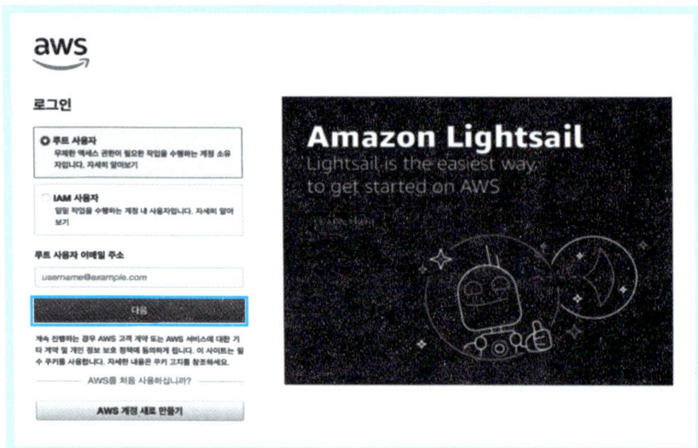

그림 8-21 AWS 로그인

[그림 8-21]에서 사용자의 이메일 주소를 입력한 후 다음 버튼을 클릭하면 [그림 8-22]와 같은 화면이 나타난다. 화면이 나타나면 회원가입 할 때 설정했던 비밀번호를 입력하여 로그인을 한다.

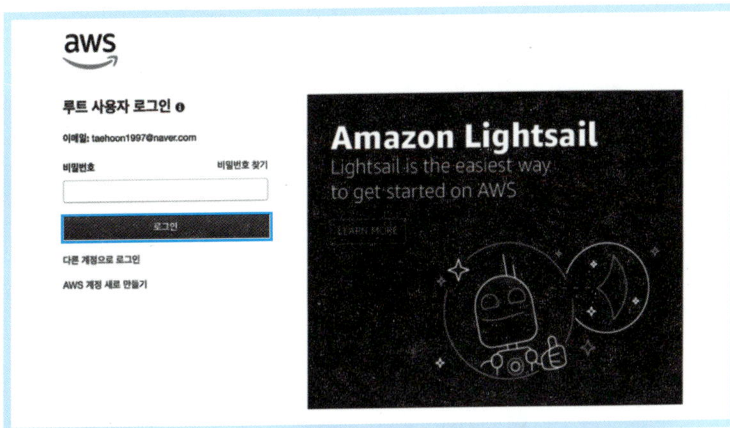

그림 8-22 AWS 비밀번호 입력 창

비밀번호를 입력한 다음 로그인 버튼을 누르면 [그림 8-23]과 같은 AWS Console화면이 나타난다.

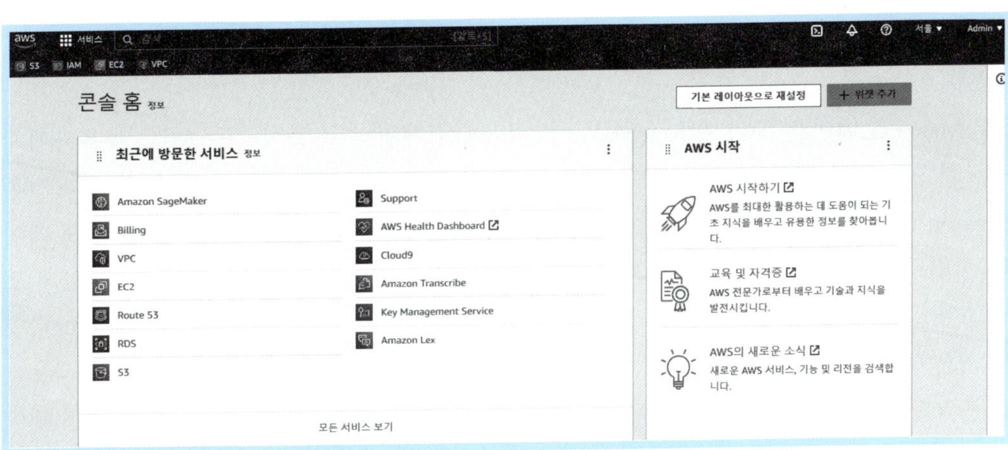

그림 8-23 AWS Console 홈 화면

8.4.3 지역 설정

다음은 SageMaker에서 지역설정을 하는 방법을 알아보고자 한다. [그림 8-24]를 살펴보면 지역 설정은 오른쪽 상단 탭에 사용자가 원하는 지역을 선택할 수 있다. 예시로 사용자가 미국 동부(버지니아 북부)지역을 선택해서 설정하는 화면이다.

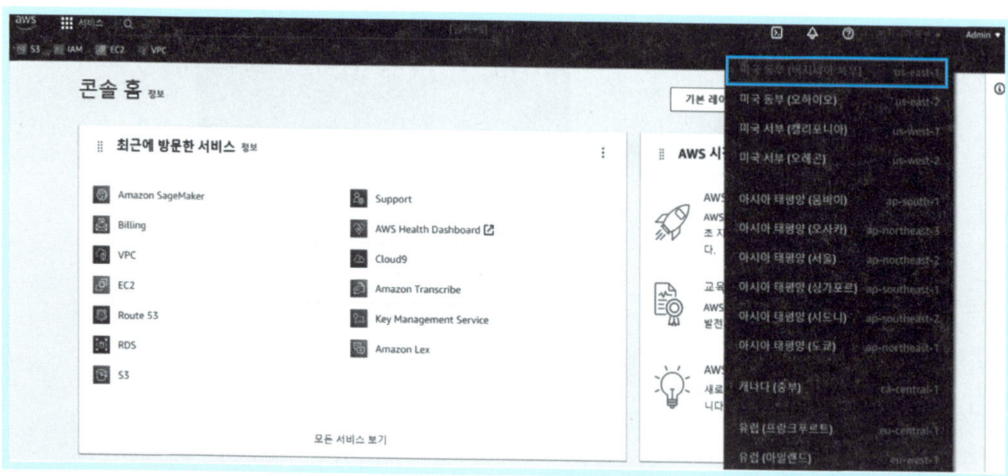

그림 8-24 AWS SageMaker 지역 화면

8.5 SageMaker 도메인

SageMaker 도메인은 AWS의 SageMaker Studio에서 제공하는 중심 기능으로, 사용자에게 필요한 인프라를 통해 머신러닝 모델의 구축, 훈련, 배포 과정을 간소화한다. 이 도메인은 Amazon S3, Amazon Athena, Amazon QuickSight, Amazon Redshift와 같은 AWS의 주요 데이터 서비스와의 통합을 지원하여, 사용자가 원활하게 데이터를 처리하고 분석할 수 있게 도와준다. SageMaker 도메인의 구성 요소로는 Amazon EFS 볼륨, 인증된 사용자 리스트, 다양한 보안 설정, 애플리케이션, 정책, 그리고 Amazon VPC가 포함된다. 도메인 내에서 사용자들은 노트북 파일과 기타 필요한 아티팩트를 서로 공유할 수 있으며, 하나의 AWS 계정 내에서 여러 SageMaker 도메인을 생성 및 관리할 수 있다.

다음은 SageMaker 도메인 설정하는 방법을 알아보고자 한다. 먼저 사용자가 로그인을 하면 AWS Console 메인 화면이 나올 것이다. 이 화면에서 SageMaker Console 화면으로 이동하기 위해 다음과 같은 방법이 있다. 첫번째로 [그림 8-25]를 보면 돋보기 옆에 AWS 서비스를 검색할 수 있는 곳이 있다. 여기서 SageMaker를 검색해서 SageMaker 홈페이지로 이동하는 방법이 있다. SageMaker를 검색하면 [그림 8-26]과 같은 화면이 나타난다. 여기서 AWS SageMaker를 클릭하여 이동한다. AWS SageMaker Console 메인 화면은 다음 [그림 8-27]과 같다.

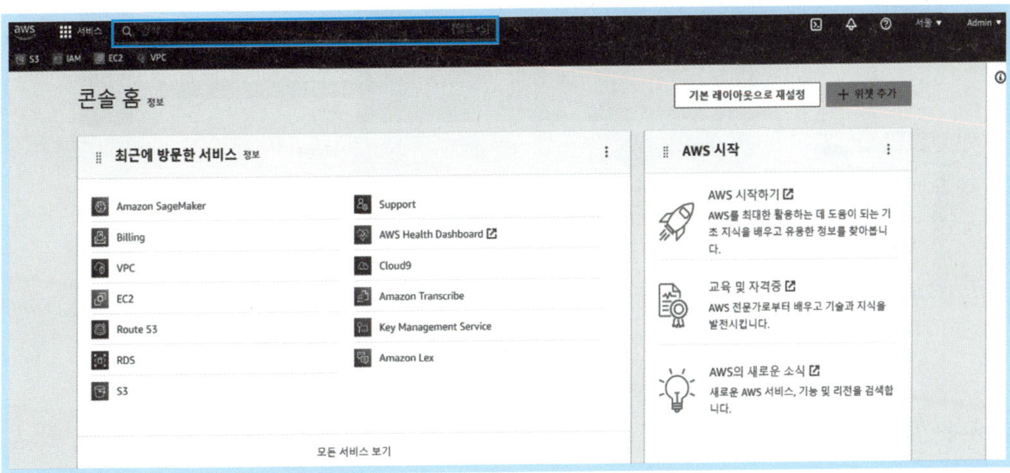

그림 8-25 AWS Console 홈 화면

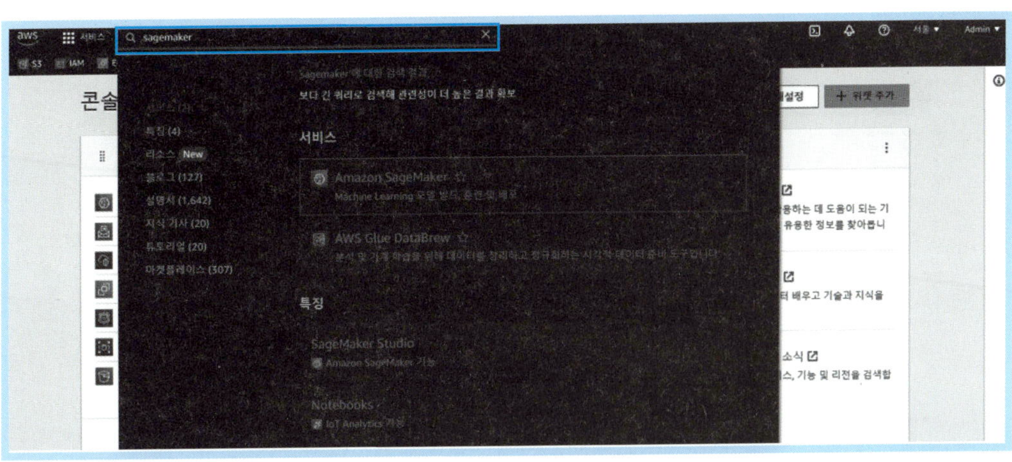

그림 8-26 AWS 검색 화면

[그림 8-26]에서 [검색]탭에 SageMaker를 검색하면 다음 [그림 8-27] 화면이 나타난다.

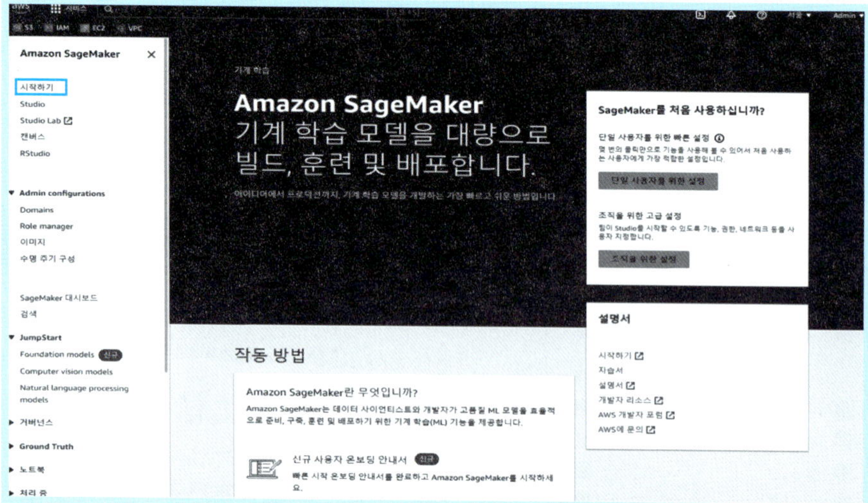

그림 8-27 AWS SageMaker Console 홈 화면

8.5.1 도메인 생성

SageMaker를 시작하려면 도메인을 생성해야 한다. 도메인을 생성하는 방법은 [그림 8-27]에서 왼쪽 상단 부분에 [시작하기]탭을 클릭한다. 클릭을 하게 되면 [그림 8-28]과 같이 SageMaker 시작 화면이 나타난다. 화면이 나타나면 화면 아래에 [SageMaker 도메인 설정]을 클릭한다.

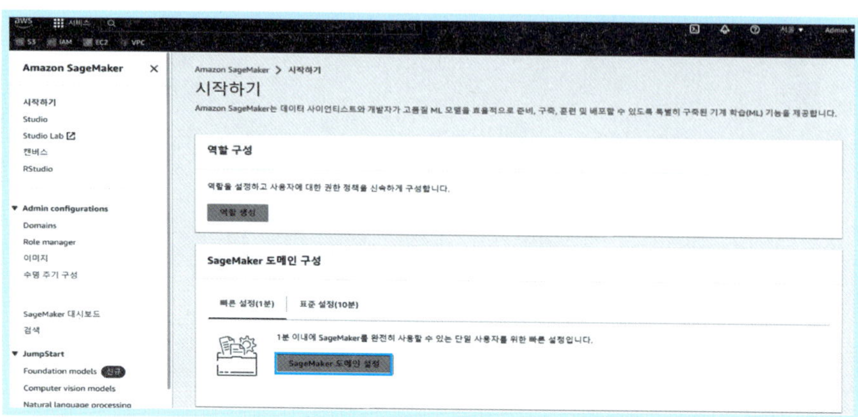

그림 8-28 SageMaker 시작 화면

도메인을 설정하는 방법은 [그림 8-29]를 보면 2가지 방법이 있다. 이번 장에서는 도메인 생성 방법을 간단하게 설명하기 위해 빠른 설정으로 하는 방법을 알아보자. [그림 8-29]와 같이 빠른 설정(1분)을 클릭한 후 아래 [설정]탭을 클릭하여 도메인 생성을 하도록 한다.

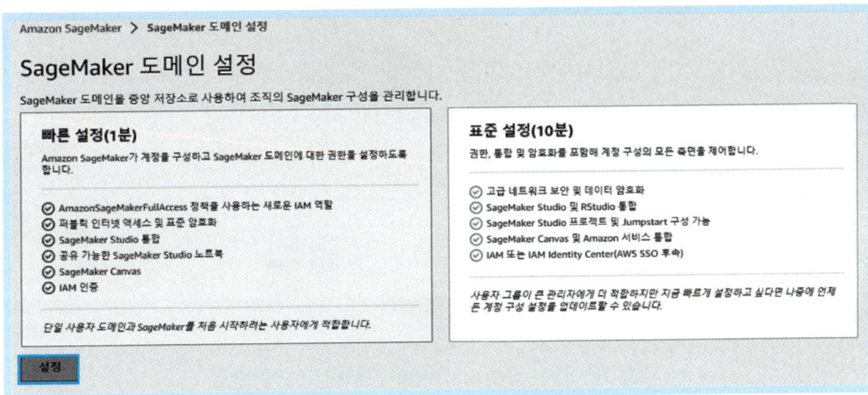

그림 8-29 SageMaker 도메인 이름 설정

도메인 생성을 완료하게 되면 아래 [그림 8-30]과 같이 도메인의 이름과 사용자 이름이 자동으로 설정되고 생성 상태가 Pending 으로 표시가 된다.

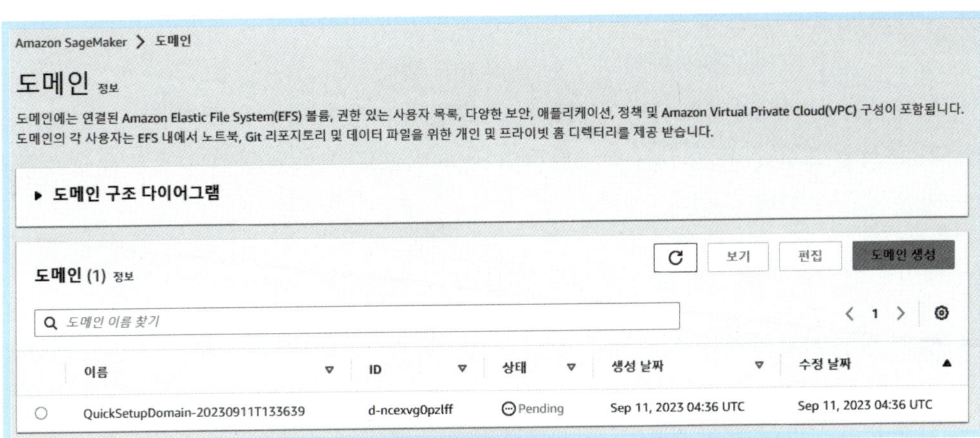

그림 8-30 SageMaker 도메인 자동 생성

약 5~10분이 지나면 [그림 8-31]과 같이 상태가 InService가 되면 도메인 생성 완료가 된다.

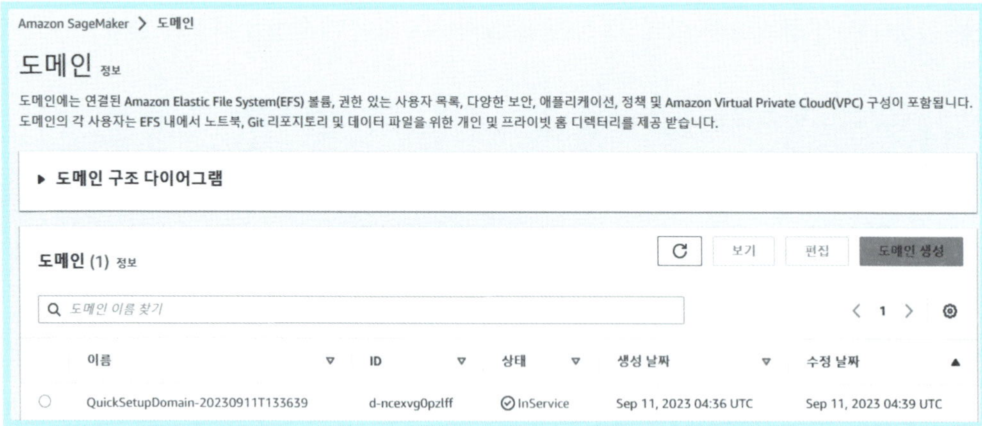

그림 8-31 SageMaker 도메인 생성 완료

8.5.2 도메인 삭제

도메인을 삭제하려면 다음 요구 사항을 충족해야 한다.

- 도메인을 삭제하려면 관리자 권한이 있어야 한다.
- 상태가 다음과 같은 앱만 삭제할 수 있다. 도메인에서 사용자 프로필이나 앱이 생성된 상태의 경우 도메인을 삭제하려고 하면 오류가 발생한다.
- 도메인을 삭제하려면 도메인에 사용자 프로필이나 공유 공간을 포함할 수 없다. 사용자 프로필 또는 공유 공간을 삭제하려면 사용자 프로필 또는 공간에 오류가 발생하지 않은 앱을 포함할 수 없다.

도메인을 삭제하면 다음과 같은 상태가 발생한다.

- 앱의 경우 사용자의 홈 디렉토리에 있는 데이터가 저장되며 저장하지 않은 노트북 데이터는 손실된다.
- 사용자 프로필의 경우 사용자는 더 이상 해당 도메인에 접속할 수 없으며 홈 디렉토리에 접근할 수 없게 되지만 데이터는 삭제되지 않는다.

도메인을 삭제하기 전에는 반드시 [그림 8-32]와 같이 도메인 세부 정보 안에 사용자 프로필에 대한 정보가 없어야 한다. 만약 도메인 세부 정보 안에 사용자 프로필 있다면 사용자 프로필을 삭제한 후 도메인을 삭제해야 한다. 도메일을 삭제하는 과정은 먼저 [그림 8-32]에서 도메인 이름 옆에 동그란 버튼을 클릭한 후 [편집] 탭을 클릭한다.

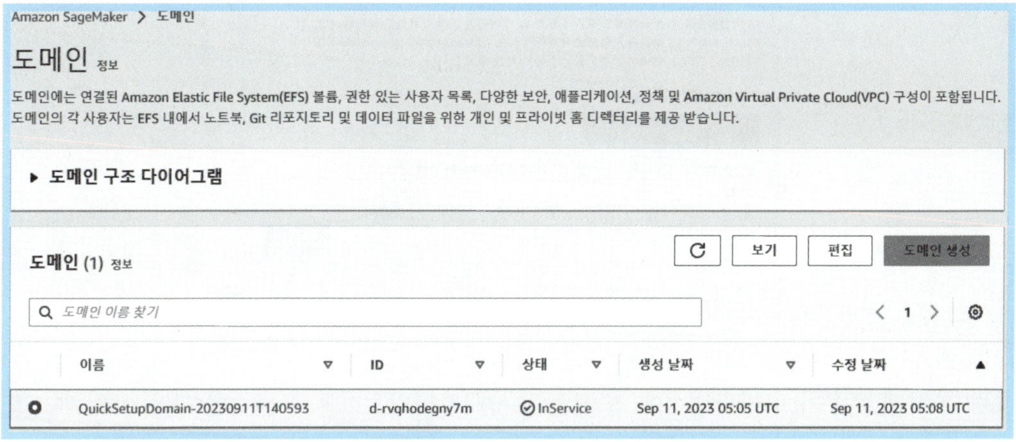

그림 8-32 SageMaker 도메인 화면

[그림 8-33]을 보면 도메인을 삭제할 수 있도록 하는 [도메인 삭제] 탭이 있다. 이 탭을 클릭하면 도메인을 삭제할 수 있다.

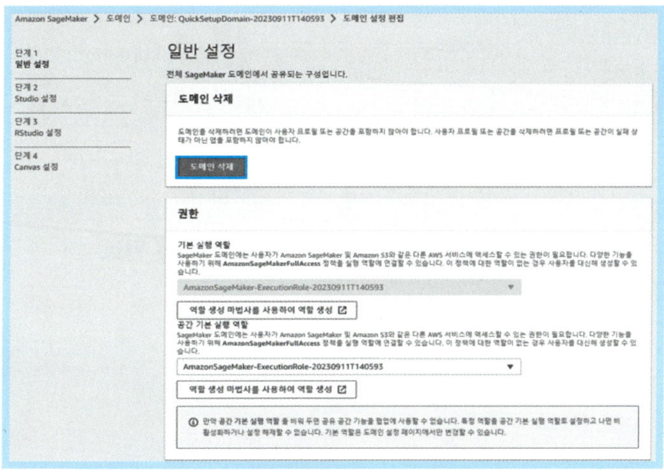

그림 8-33 SageMaker 도메인 설정 편집

[그림 8-33]에서 도메인 삭제 탭을 클릭하면 다음 [그림 8-34]와 같은 화면이 나타난다.

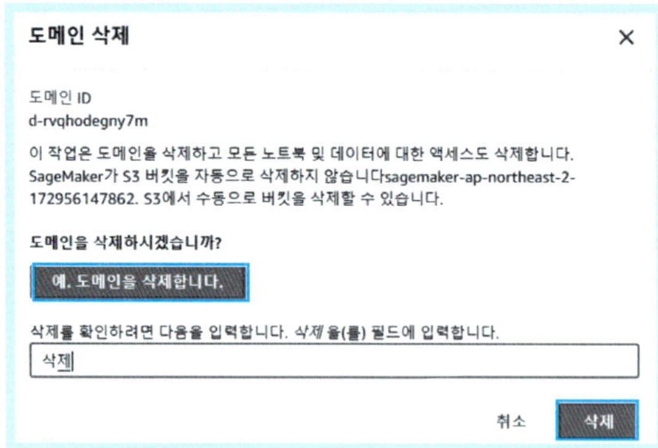

그림 8-34 SageMaker 도메인 삭제 문구

도메인 삭제 문구가 나타나면 〈예, 도메인을 삭제합니다.〉 버튼을 클릭한 다음 아래 텍스트 필드에 〈삭제〉를 입력하여 도메인 삭제를 진행한다. 삭제 버튼을 클릭했으면 SageMaker 내부에서 도메인을 삭제하는 작업이 몇 분 정도 걸릴 수 있다. 도메인 삭제 작업이 완료되면 [그림 8-35]를 보면 도메인에 대한 정보가 삭제되어 [그림 8-35]와 같은 화면처럼 도메인이 없다는 것을 확인할 수 있다.

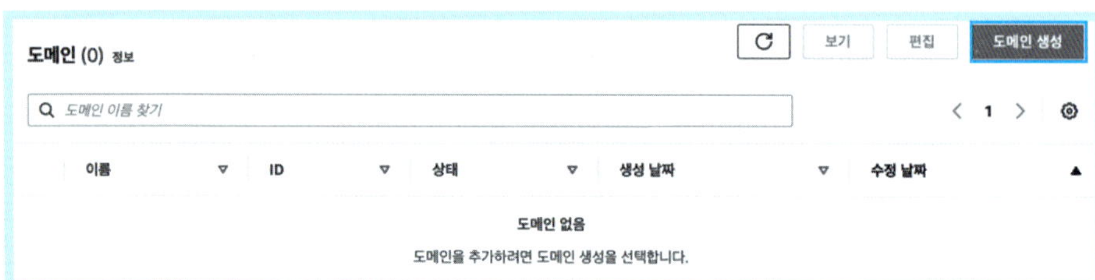

그림 8-35 SageMaker 도메인 삭제 완료

8.6 사용자 프로필 설정

사용자 프로필은 도메인 내의 단일 사용자를 나타낸다. 이는 사용자가 AWS에 등록할 때 생성되며 공유, 보고 및 기타 사용자 중심 기능을 위해 참조할 수 있는 방법이다. 사용자 프로필 설정은 도메인 세부 정보 화면에서 할 수 있다. 도메인 세부 정보 화면은 6.5장 설명을 참고하면 된다. 만약 도메인이 없다면 도메인을 생성한다. 도메인을 생성한 후 도메인 이름을 클릭하면 [그림 8-36]과 같이 도메인 세부 정보 화면이 나타난다. 여기서 사용자 프로필 설정하는 방법에 대해 알아볼 것이다.

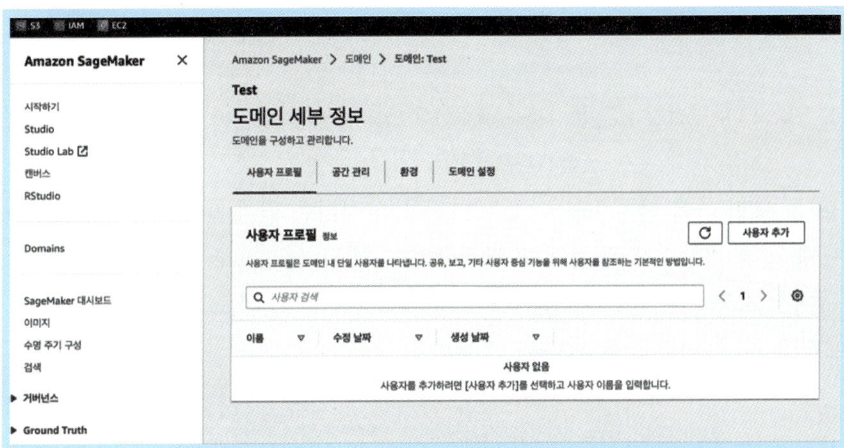

그림 8-36 SageMaker 도메인 세부 정보

8.6.1 사용자 프로필 생성

사용자 프로필을 생성하는 방법은 [그림 8-36]에서 [사용자 추가]탭을 클릭하여 생성을 할 수 있다. [그림 8-37]을 보면 사용자 프로필 이름과 실행 역할이 자동으로 설정되었다. 이 단계에서는 사용자 프로필 이름을 사용자가 원하는 이름으로 설정하려면 아래 형식을 보고 최대 63자까지 설정할 수 있다. 기존 실행 역할의 사용이 가능하며, 만약 실행 역할이 없으면 [그림 8-37]에서 아래 화살표 방향을 클릭하여 [새 역할 생성]탭을 클릭하여 새 역할 생성을 한다. 모든 설정이 완료되었으면 [다음]탭을 클릭하여 다음 단계로 이동하자.

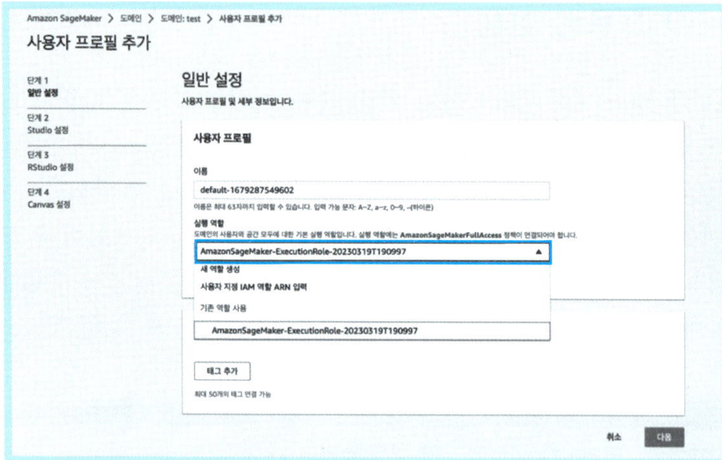

그림 8-37 SageMaker 사용자 프로필 일반 설정

[그림 8-38]을 보면 다음 단계 Jupyter Lab 버전을 설정하는 단계이다. 기존 Jupyter 서버는 모든 사용자에 대해 기본적으로 선택한 버전으로 실행된다. Jupyter Lab 버전은 3.0으로 AWS SageMaker에서 자동으로 설정해주는 Jupyter Lab 버전을 사용하도록 한다. 설정을 한 후 오른쪽 아래에 있는 다음 버튼을 눌러 다음 단계를 진행하도록 한다.

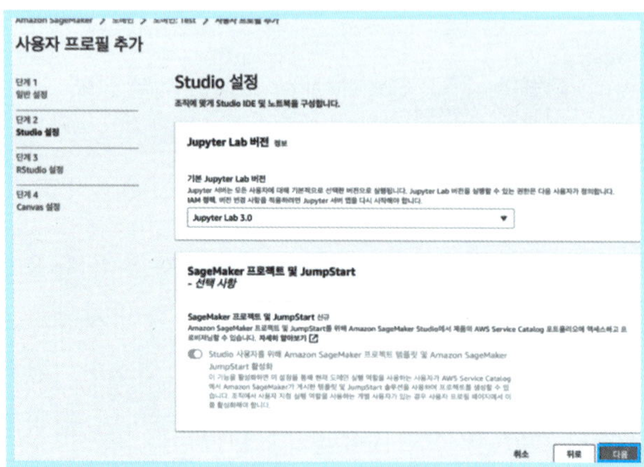

그림 8-38 SageMaker 사용자 프로필 Studio 설정

3단계에서는 RStudio 설정을 하면 된다. 여기서는 조직에 대해 RStudio IDE를 구성하는 단계로 자동적으로 설정이 된다. 따라서 오른쪽 아래에 있는 다음 버튼을 눌러 다음 단계를 진행하도록 한다.

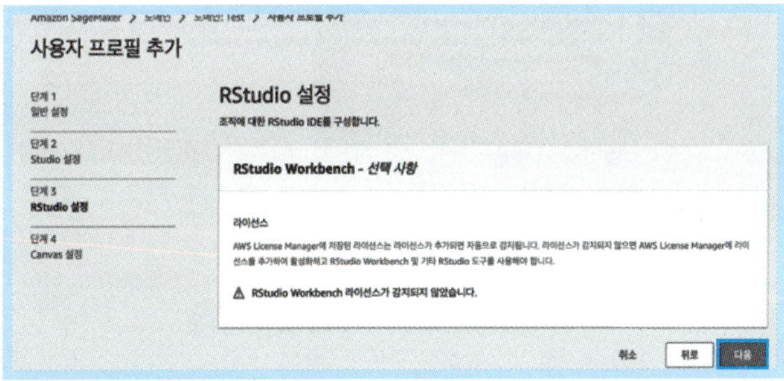

그림 8-39 SageMaker 사용자 프로필 RStudio설정

Canvas 설정 단계에서는 [그림 8-40]과 같은 화면에서 시계열 예측 구성에 대한 설정을 할 수 있다. 시계열 예측 활성화 한 경우에는 Amazon Forecast 역할을 정해야 한다. 사용자가 Amazon Forecast 역할을 생성하고 싶으면 [새 실행 역할 생성 및 사용] 버튼을 클릭한 다음 오른쪽 아래에 [전송] 버튼을 클릭하면 된다. 만약 기존 실행 역할을 사용하고 싶다면 [기존 실행 역할 사용] 버튼을 클릭한 다음 [전송] 버튼을 클릭하여 사용자 프로필을 추가하면 된다.

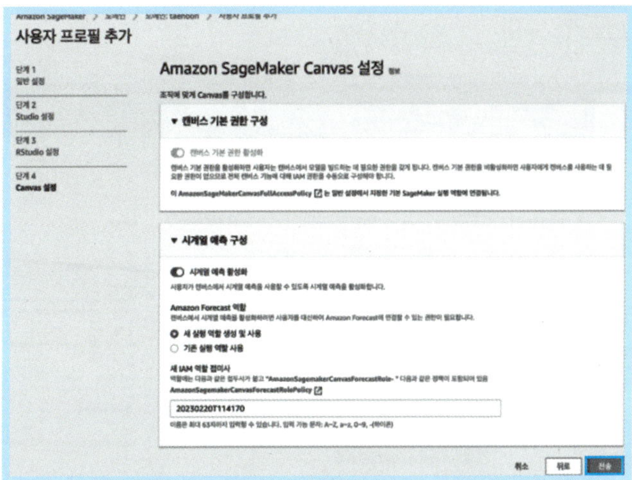

그림 8-40 SageMaker 사용자 프로필 Canvas설정

사용자 프로필을 추가하여 생성이 완료되면 [그림 8-41]과 같은 화면으로 나타난다. 여기서 추가로 사용자 프로필을 생성한 후 SageMaker의 기능들을 사용하면 된다.

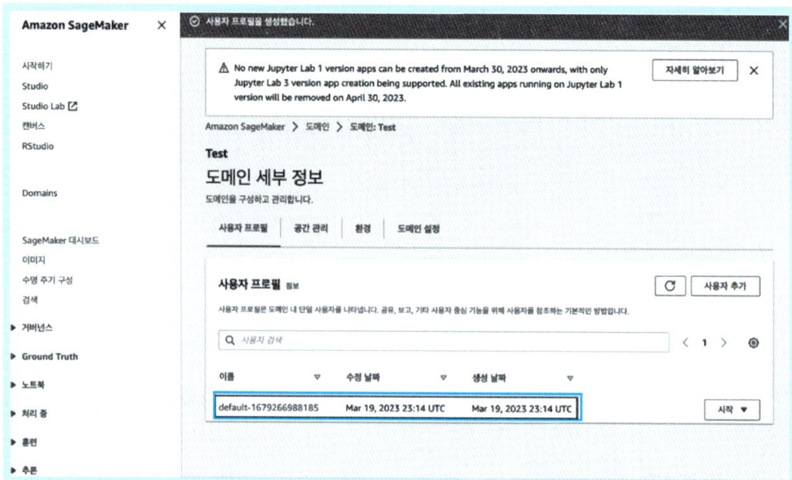

그림 8-41 SageMaker 사용자 프로필 목록

8.6.2 사용자 삭제

다음은 사용자 프로필을 삭제하는 방법에 대해 알아보자. [그림 8-41]에서 사용자 프로필 이름을 클릭한다. 클릭하면 다음 [그림 8-42]와 같은 화면이 나타나는데 사용자 세부 정보 화면 우측 하단에 편집 버튼이 있다.

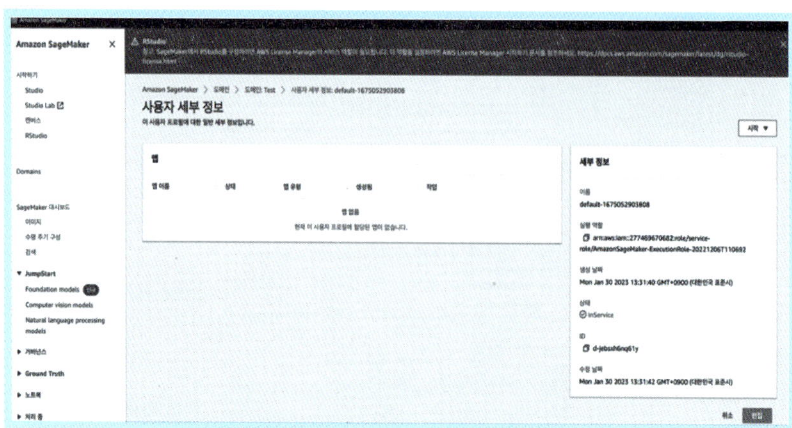

그림 8-42 SageMaker 사용자 세부 정보 화면

[그림 8-43]을 살펴보면 화면 중간에 사용자 삭제를 할 수 있게 해주는 [사용자 삭제] 탭이 있다. 이 탭을 클릭하여 사용자 삭제를 한다.

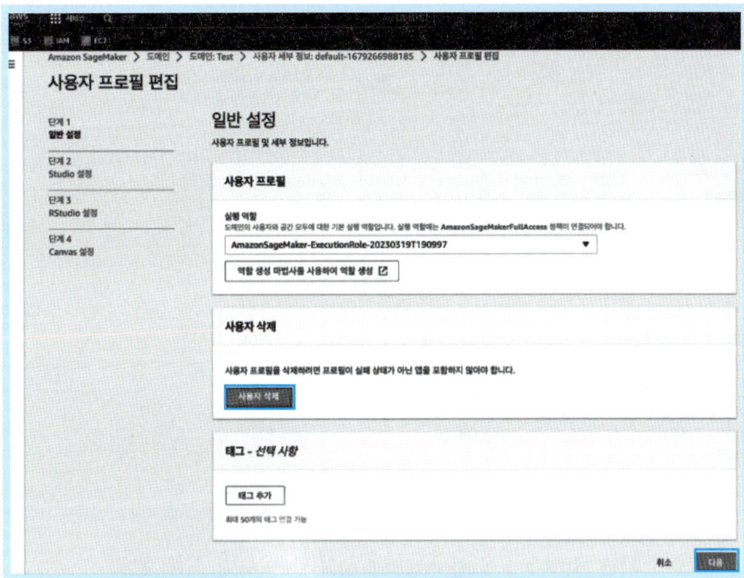

그림 8-43 SageMaker 사용자 프로필 편집 화면

사용자 삭제를 하기 위해서는 〈예, 사용자를 삭제합니다.〉 라는 문구를 클릭한 다음 아래 텍스트 필드에 [삭제]를 입력하여 사용자 프로필을 삭제한다.

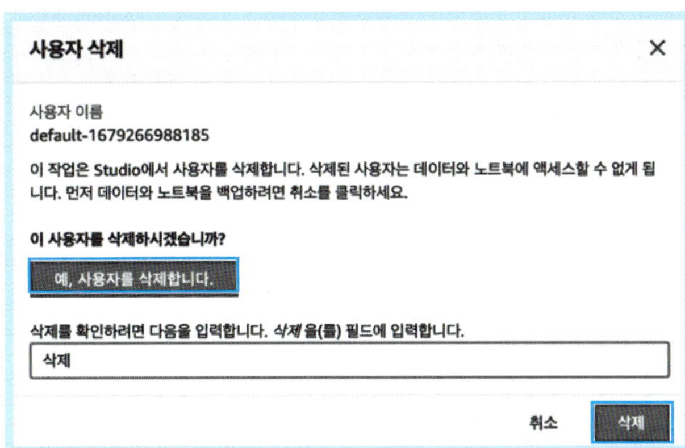

그림 8-45 SageMaker 사용자 프로필 삭제 문구

[그림 8-46]과 같이 SageMaker 도메인 세부 정보에서 사용자 프로필 삭제가 완료되었다면 사용자 프로필 화면에서 사용자 프로필이 삭제가 완료되어 사용자 프로필이 없다는 것을 화면으로 볼 수 있다.

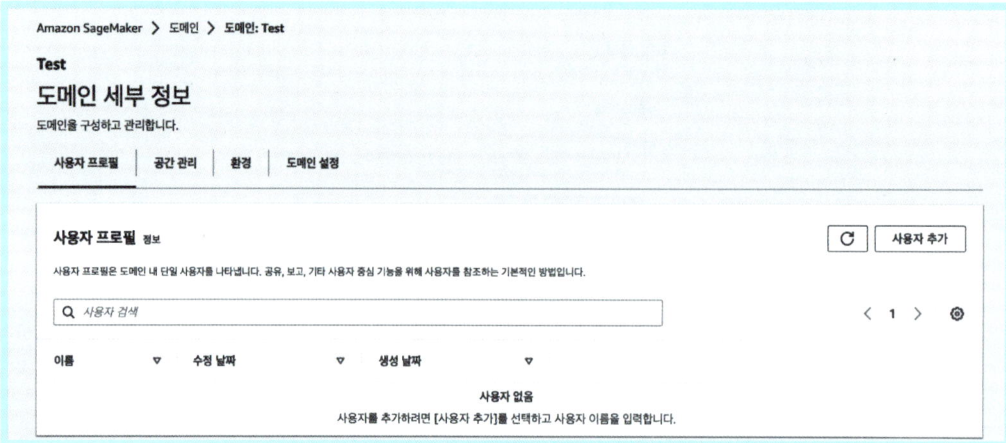

그림 8-46 SageMaker 사용자 프로필 삭제 완료

9. SageMaker Canvas

Amazon SageMaker Canvas는 Amazon SageMaker의 시각적 인터페이스로, 사용자가 코딩 없이 머신러닝 모델을 생성하고 예측을 수행할 수 있게 해준다. Canvas는 데이터 연결, 액세스, 그리고 준비를 위한 직관적인 환경을 제공하며, 자동화된 머신러닝 기술로 데이터 세트를 기반으로 모델을 훈련하고 구축한다. 이 도구는 SageMaker Studio와 통합되어 있어, 개발자부터 일반 사용자까지 모두 생성된 모델을 쉽게 공유할 수 있다. 또한, Canvas는 이진 분류, 다중 클래스 분류, 수치 회귀, 시계열 예측 등의 다양한 알고리즘 모델을 지원하여 사용자는 코딩 없이도 오류 탐지, 최적화 등의 다양한 문제 해결 기능을 활용할 수 있다.

9.1 SageMaker Canvas 튜토리얼

다음은 AWS SageMaker 홈페이지 주소(https://aws.amazon.com/ko/sagemaker/)로 접속하면 [그림 9-1] 화면을 확인할 수 있다. [SageMaker 시작하기] 탭을 클릭하여 SageMaker Console 페이지로 이동한다. 만약 로그인을 하지 않았을 경우 로그인을 한 후 SageMaker를 실행하면 된다.

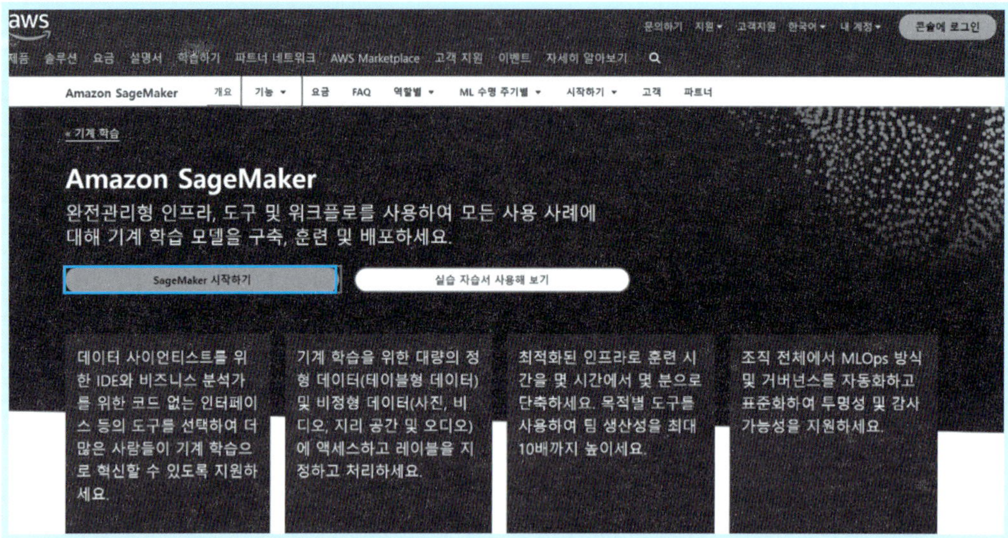

그림 9-1 AWS SageMaker 홈페이지

[그림 9-1]에서 SageMaker 시작하기 탭을 클릭하면 [그림 9-2]와 같은 화면이 나타난다. [그림 9-2]에서 왼쪽 부분에 보면 [캔버스] 탭을 클릭하여 캔버스를 실행한다. 만약 사용자가 도메인이 없다면 도메인과 사용자 프로필을 생성해야 한다.

그림 9-2 SageMaker Console 홈 화면

사용자가 로그인을 한 다음 도메인과 사용자 프로필이 있어야 한다. 만약 도메인과 사용자 프로필이 없다면 생성하도록 한다. [그림 9-3]에서 사용자 프로필을 선택하고 [Canvas 열기] 탭을 클릭하여 Canvas를 실행한다.

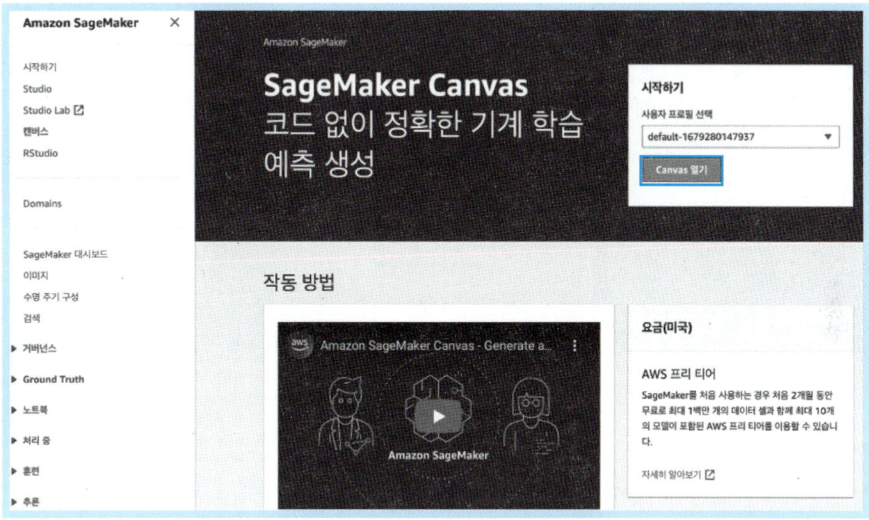

그림 9-3 SageMaker Canvas

(1) 데이터 가져오기

AWS SageMaker Canvas를 실행하면 약 3~5분 후 [그림 9-4]와 같은 화면이 나온다. Canvas시작 화면에서는 사용하는 방법에 대해 배울 수 있다. 먼저 Learn how to import datasets를 눌러 데이터 셋을 가져오는 방법을 알아보자.

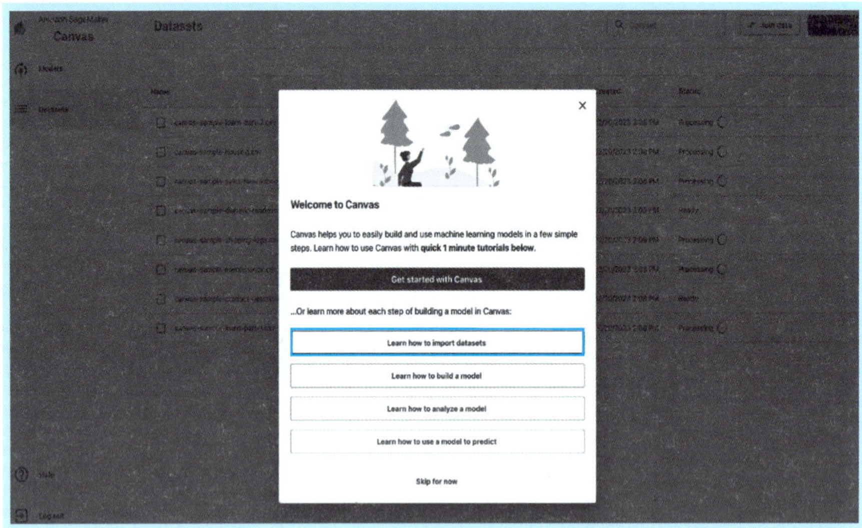

그림 9-4 Canvas 시작 화면

[그림 9-4]화면에서 [Learn How to import datasets] 탭을 클릭한다.

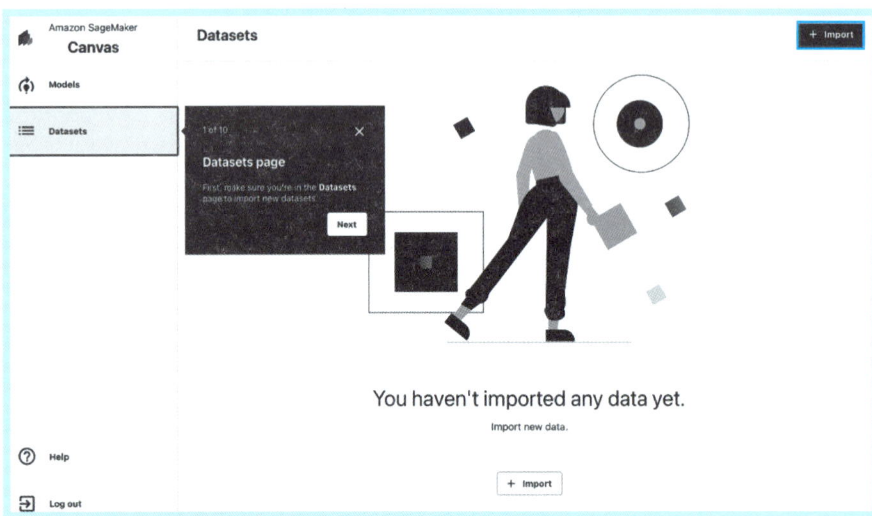

그림 9-5 Canvas Datasets 화면

[그림 9-5]에서 데이터 셋을 가져오기 위해서는 먼저 왼쪽에 있는 Datasets 탭을 클릭한다.

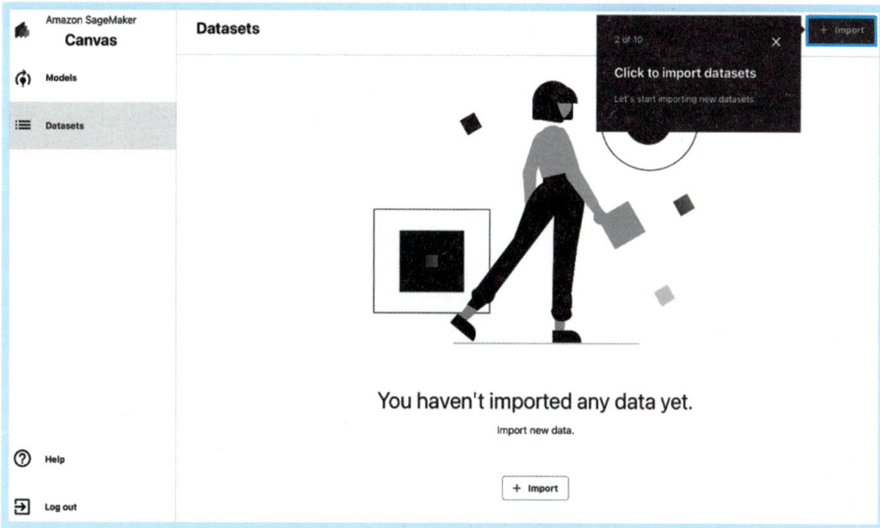

그림 9-6 Canvas Datasets Import

[그림 9-6]과 같이 데이터 셋을 가져오기 위해서는 우측 상단에 있는Import 탭을 클릭한다. Import탭을 클릭하면 새 데이터 셋 가져오기를 시작한다. 로컬 업로드, S3, Snowflake 및 Redshift와 같은 여러 데이터 소스에서 최대 1,000개의 열이 포함된 csv 파일을 가져올 수 있다. 자세히 보기를 누르면 데이터 집합 자격 및 데이터 원본에 대한 자세한 내용을 알 수 있다.

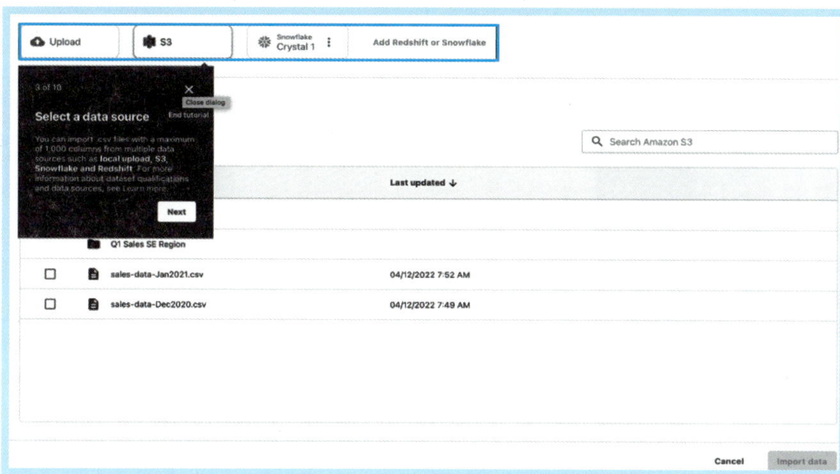

그림 9-7 Canvas Select Data Source

SnowFlake 및 Redshift 연결을 추가하여 해당 연결에서 데이터 셋을 가져올 수도 있다. 자세히 보기를 누르면 연결 추가에 대한 자세한 내용을 알 수 있다.

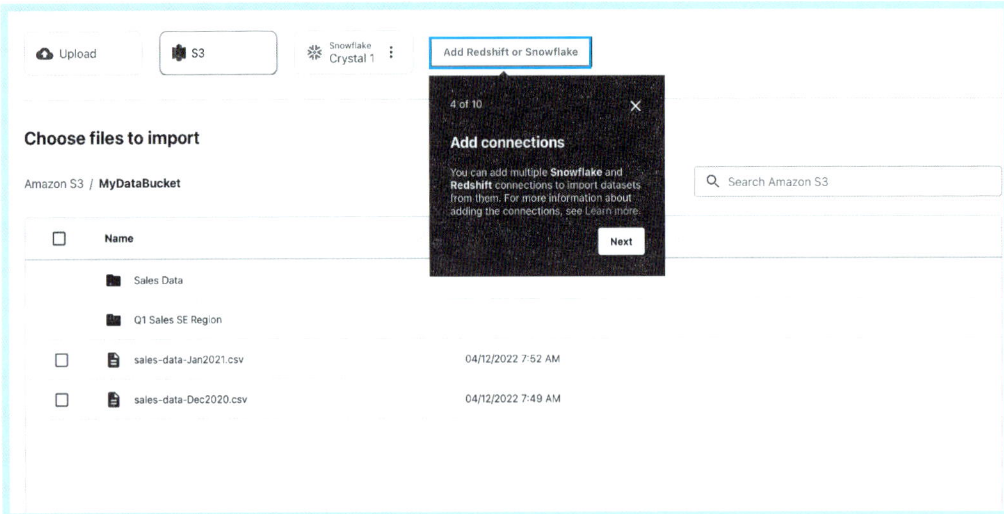

그림 9-8 Canvas Add connections

체크박스를 클릭하여 데이터 셋을 선택한다. 선택했던 데이터 원본에서 가져올 데이터 셋을 선택할 수 있다. 또한, 여러 데이터 셋을 한 번에 가져올 수 있다.

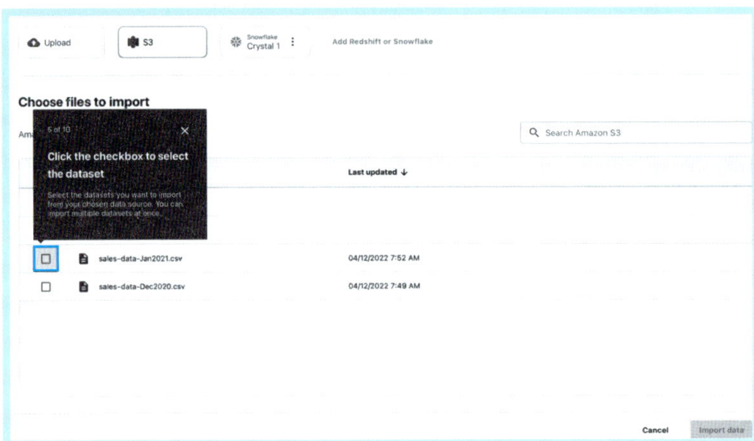

그림 9-9 Canvas Import File

데이터 셋을 미리 보려면 클릭한다. 따라서 가져오기 전에 선택한 데이터 셋을 확인한다.

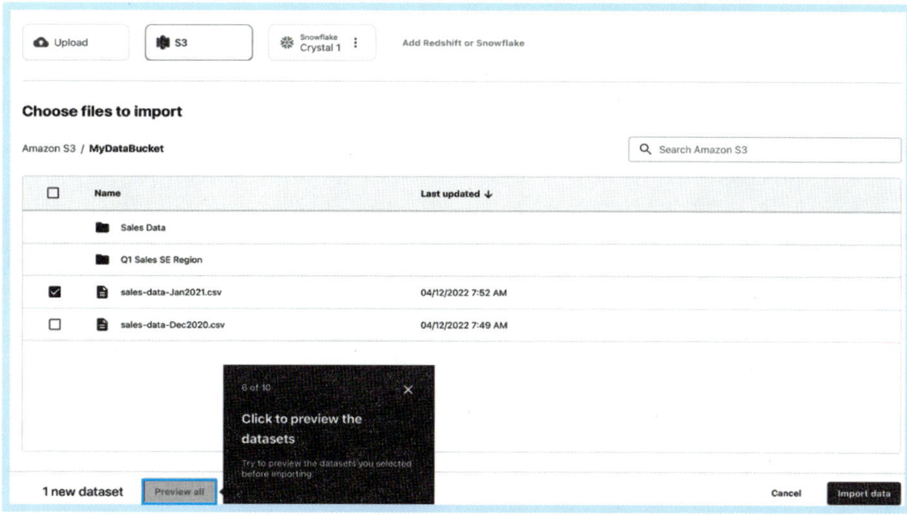

그림 9-10 Canvas Data File

데이터 셋의 미리 보기에는 100개의 행이 표시된다. 미리 보기 가져오기 섹션을 아래로 스크롤하여 각 데이터 셋의 미리 보기를 검토하고 올바른 데이터 셋을 가져오고 있는지 확인한다.

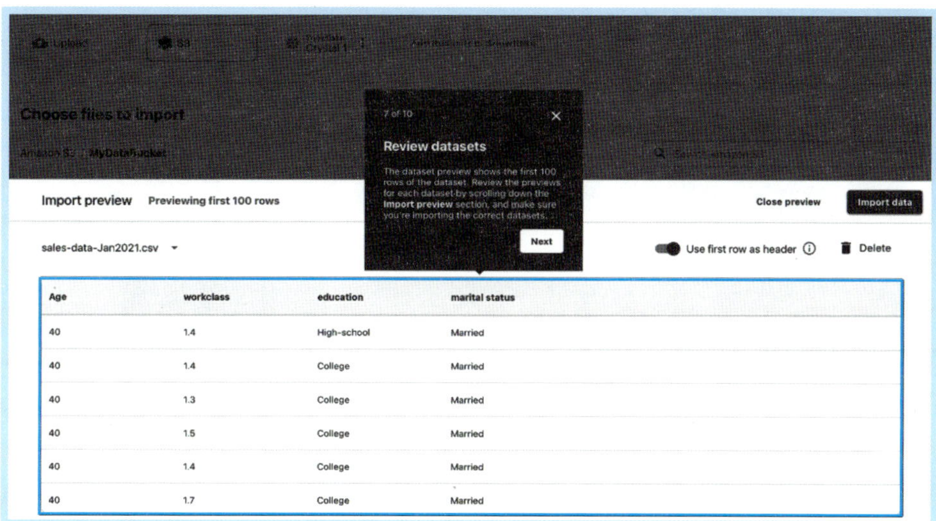

그림 9-11 Canvas Preview Data

[그림 9-11]과 같이 각 데이터 집합에 대해 데이터 집합의 첫 번째 행을 열 머리글로 사용하려면 이 옵션을 선택한다.

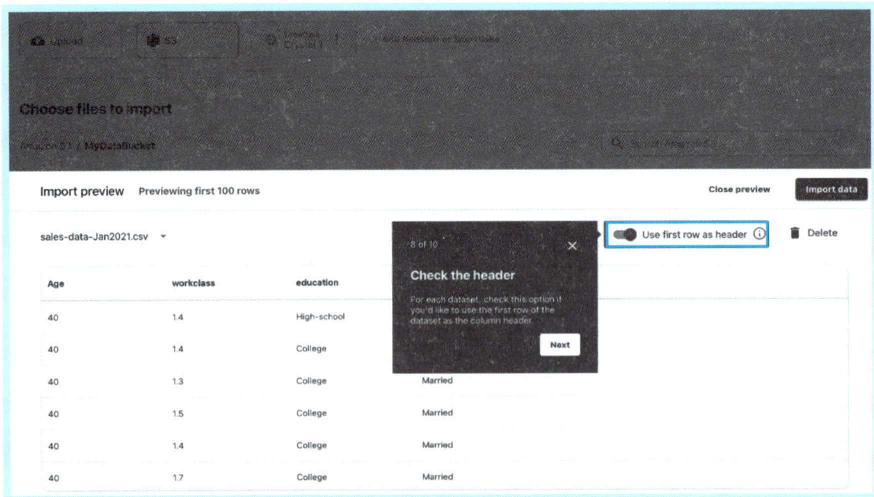

그림 9-12 Canvas Check Header

[그림 9-12]를 보면 사용자는 데이터 셋에 대해 검토를 마친 후 Import data 버튼을 눌러 데이터 셋을 가져온다.

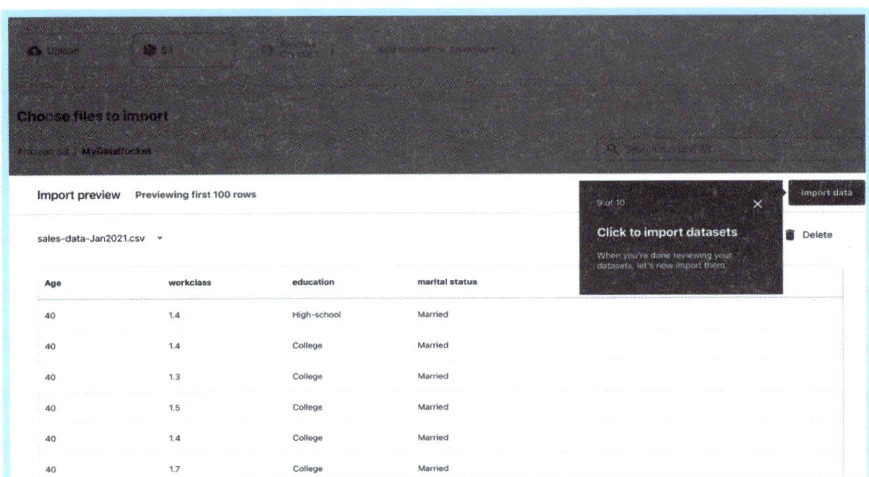

그림 9-13 Canvas Import Datasets

[그림 9-13]은 가져온 데이터 셋에 대해 나타나는 화면이다. 이제 데이터 셋 페이지에서 캔버스로 가져온 새 데이터 셋을 확인할 수 있다.

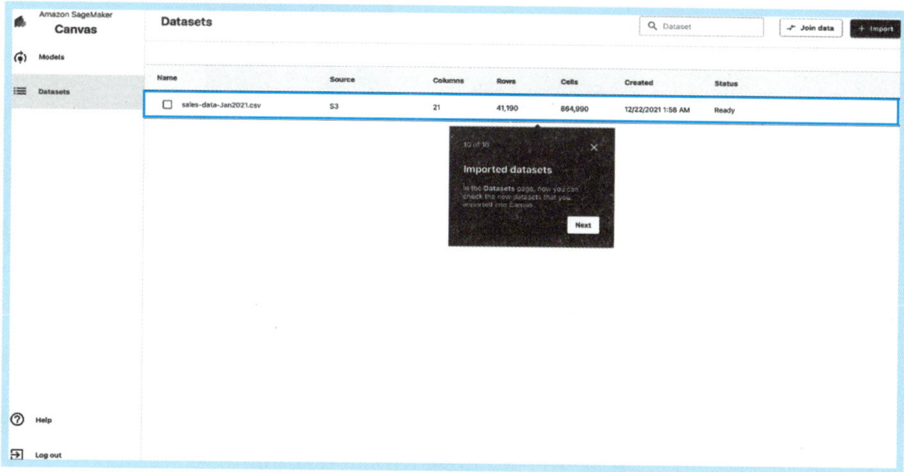

그림 9-14 Canvas Import Datasets 결과

(2) 모델 생성하기

다음은 [그림 9-4]에서 [Learn how to build a model] 탭을 클릭하여 튜토리얼을 실행한다. 데이터 셋 페이지에서 모델을 생성할 데이터 셋을 검색한다. 선택하기 전에 미리 보려면 데이터 셋을 클릭한다.

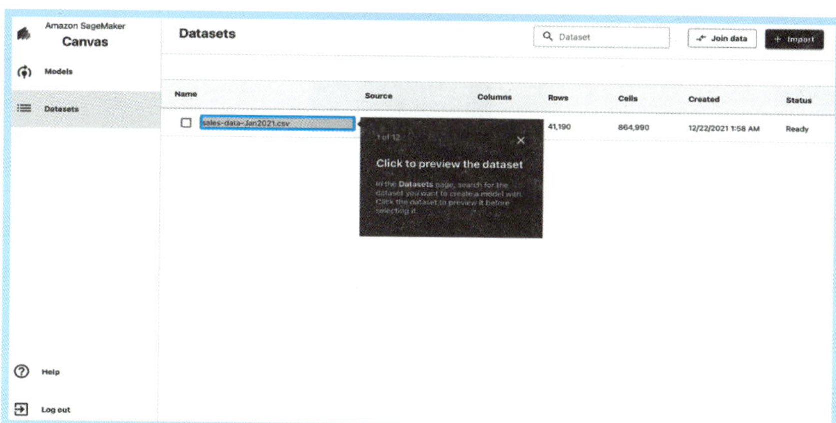

그림 9-15 Canvas Sample Datasets

모델을 작성하기 위해 데이터 셋에 대한 문제가 없다면 모델 작성을 클릭한다.

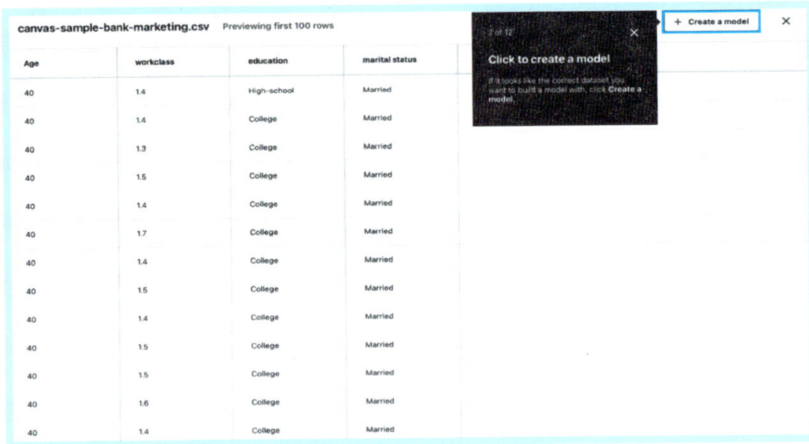

그림 9-16 Canvas Create a Model

모델을 만들기 전에 데이터 유형과 각 열의 결측 값, 불일치 값 및 고유 값 수와 같은 선택한 데이터 셋의 열 통계를 검토한다. 결측 값과 고유 값이 많으면 모델의 예측성이 낮아져 모델 품질이 저하될 수 있다.

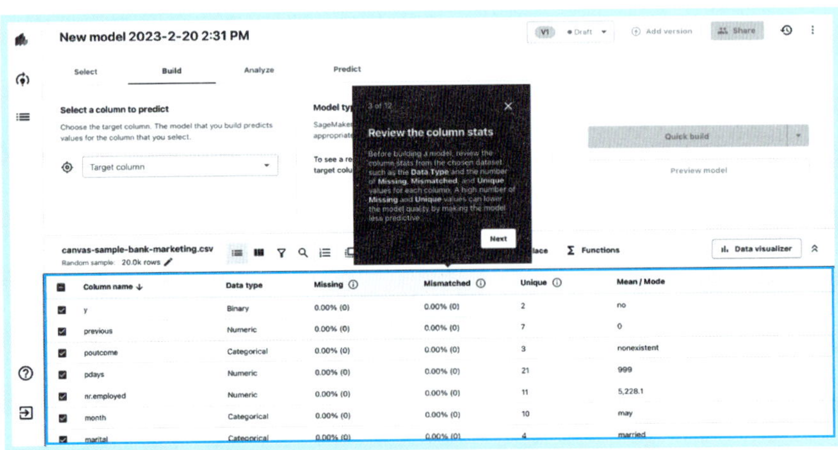

그림 9-17 Canvas Review the Datasets

도구 모음에서 그리드 보기를 클릭하여 히스토그램 및 막대 그래프를 사용하여 각 열에서 값이 어떻게 분포되는지 확인한다.

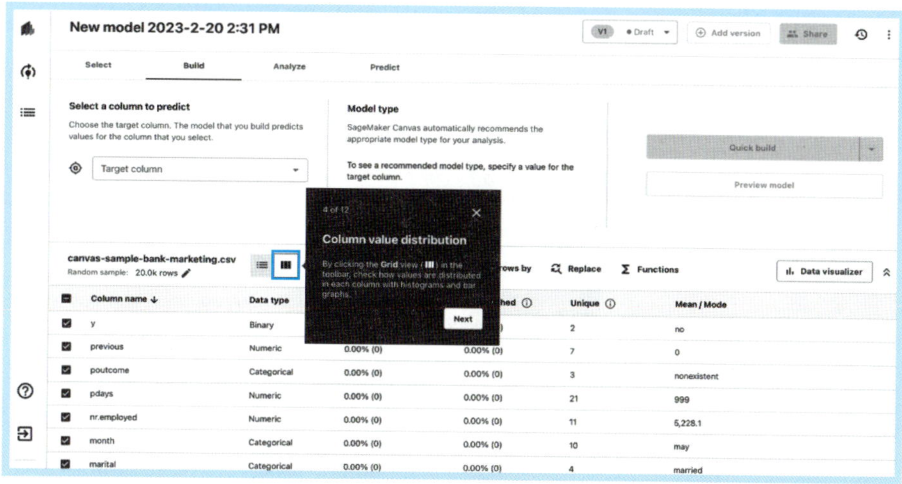

그림 9-18 Canvas Column Value Distribution

[그림 9-19]를 보면 y 컬럼은 2개의 서로 다른 값이 입력된 데이터로 새 예금 인증서에 등록할 가능성이 있는지를 나타낸다.

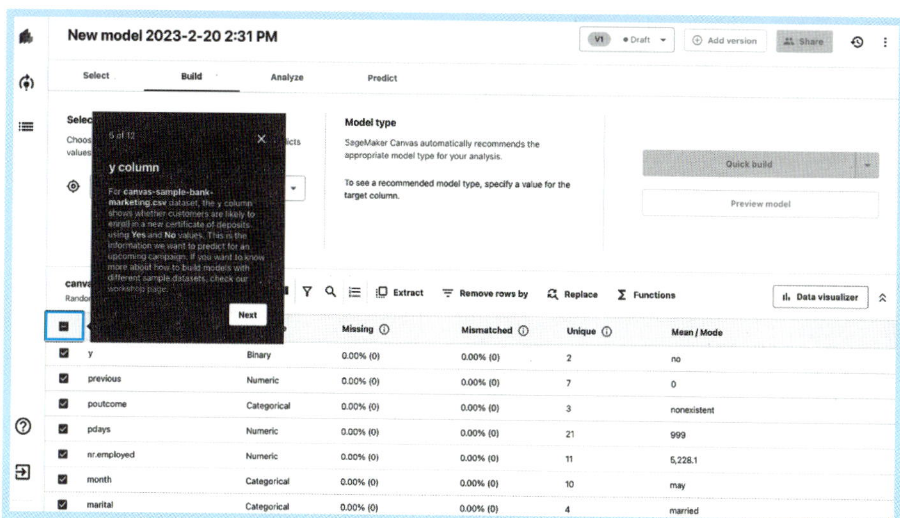

그림 9-19 Canvas Y Column

이제 어떤 고객이 새 예금 증서에 등록할 가능성이 가장 높은 지 예측하는 목표 열로 설정해 보자. 대상 열을 클릭하고 y컬럼을 선택한다.

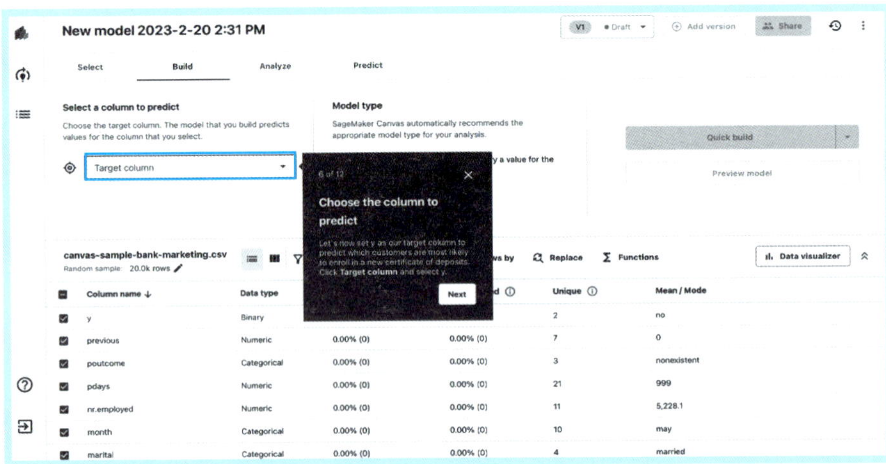

그림 9-20 Canvas Target Column

[그림 9-21]을 보면 Canvas는 예측하기 위해 적합한 모델 유형을 선택하는 단계이다.

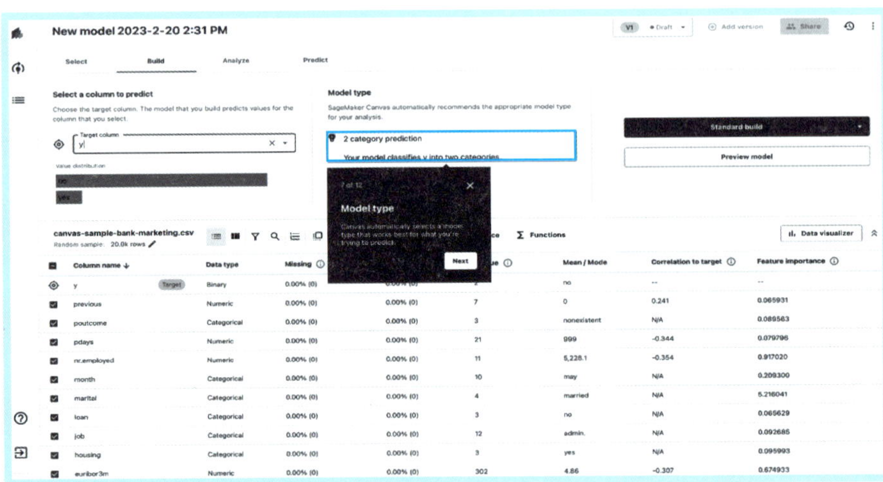

그림 9-21 Canvas Choose Model Type

모델 유형이 시계열인 경우 아래 [그림 9-22]와 같이 모델을 생성하기 전에 시계열 설정을 구성해야 한다.

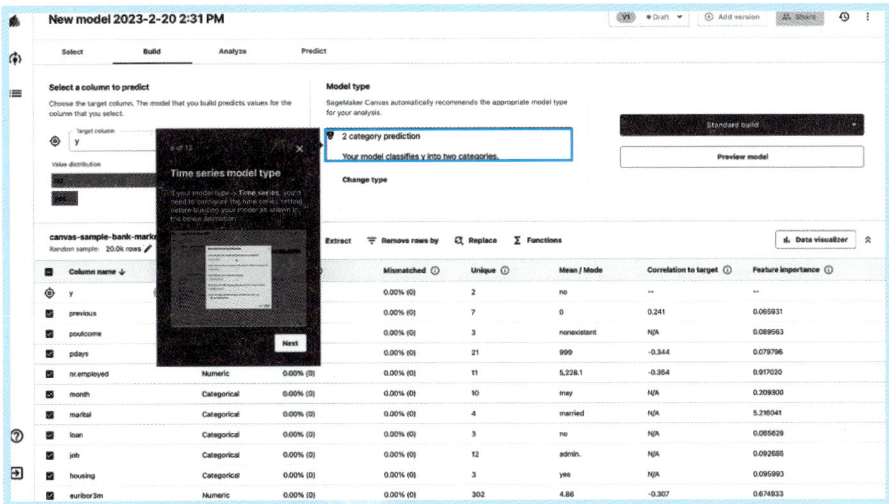

그림 9-22 Canvas Time Series Model Type

[그림 9-23]과 같이 Preview model은 모델의 결과를 미리 볼 수 있는 기능이다. 시계열 모델 유형은 Preview 모델을 지원하지 않는다.

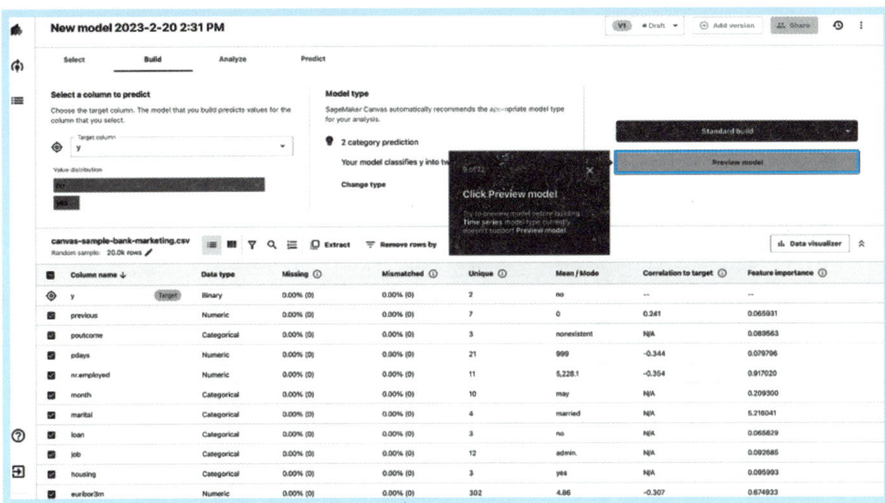

그림 9-24 Canvas Preview Model

모델 미리 보기에는 예측에 가장 큰 영향을 미칠 수 있는 추정 모형 점수와 열이 표시된다. 다양한 방법으로 데이터를 정리하고 모델 미리 보기를 다시 생성하여 모델 점수가 어떻게 변경되는지 확인할 수 있다.

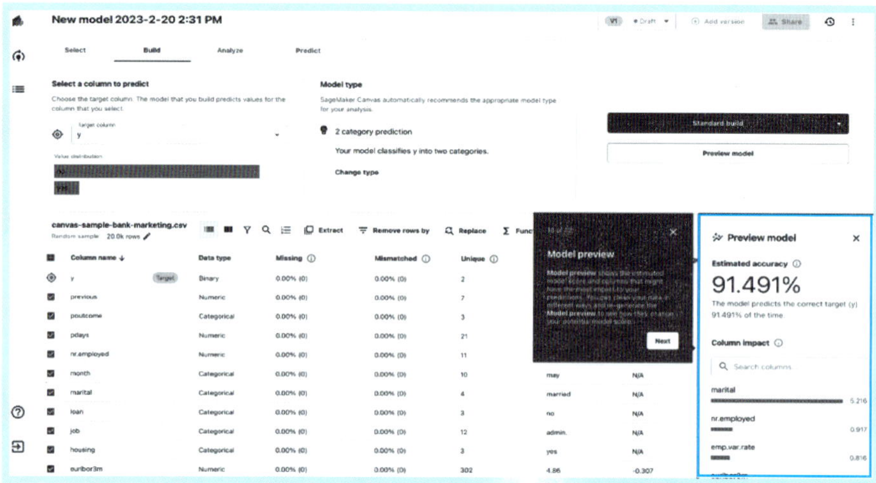

그림 9-25 Canvas Preview Model Result

고급 변환을 사용하면 데이터 셋을 정리하여 모델 품질을 향상시킬 수 있다. 자세히 알아보기를 눌러 모델 품질을 향상시키는 방법에 대한 자세한 내용을 확인할 수 있다.

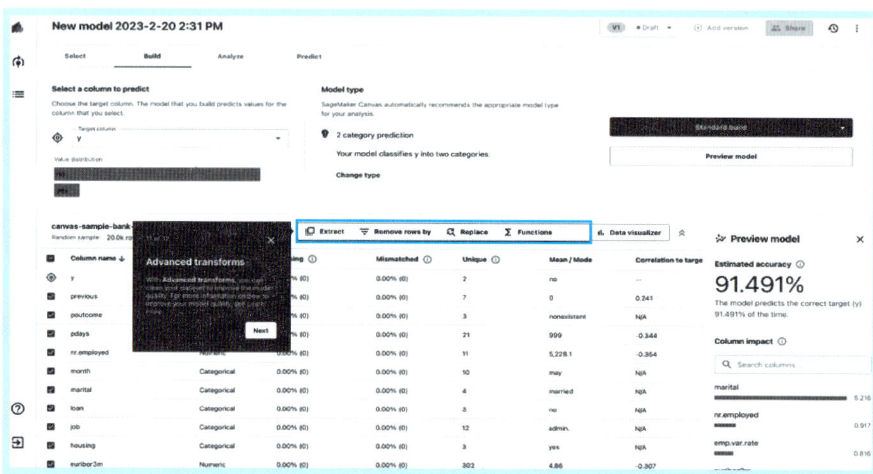

그림 9-26 Canvas Advanced Transforms

Canvas는 빠른 빌드와 표준 빌드로 총 두 가지 빌드 옵션을 제공한다. 또한, 시계열 모델은 현재 빠른 빌드를 지원하지 않는다. 자세히 알아보기를 눌러 빌드 옵션에 대한 자세한 내용을 확인할 수 있다.

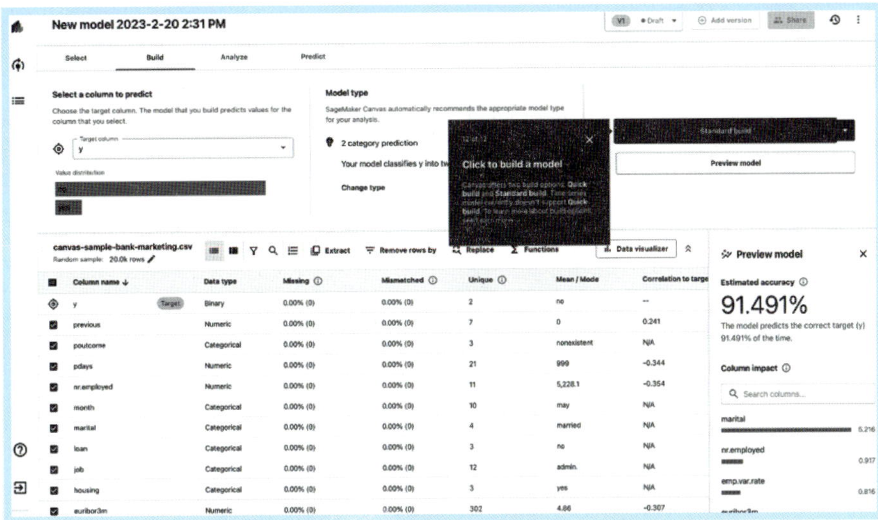

그림 9-27 Canvas Click to build a Model

(3) 모델 분석하기

다음은 모델을 분석하는 튜토리얼을 알아보기 위해 [그림 9-4]에서 [Learn how to analyze a model] 탭을 클릭한다. 모델 생성을 완료한 후 Analyze 탭으로 이동하여 페이지 상단을 보면 모델에 대한 분석 결과를 파악할 수 있다.

그림 9-28 Canvas Model Score

다음으로 예측에 영향을 크게 미치는 열을 파악할 수 있다. 결론적으로 canvas-sample-bank-marketing.csv 데이터 셋을 보면 marital 열이 다른 요인보다 영향을 많이 미치는 것을 확인할 수 있다.

그림 9-29 Canvas Data Column impact

생성된 모델의 값을 더욱 자세하게 파악하려면 Scoring 탭을 클릭한다.

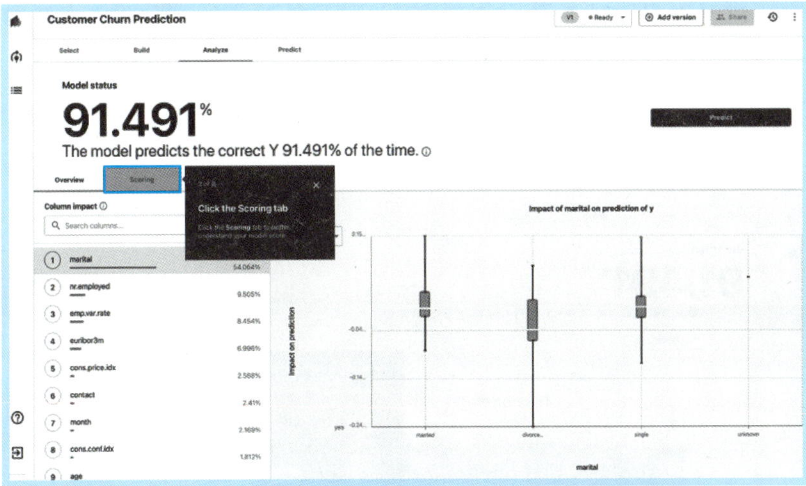

그림 9-30 Canvas Model Scoring

점수 시각화를 사용하면 정확하거나 부정확하게 예측된 값의 수를 확인하여 예측의 정확성을 검토할 수 있다. 자세히 알아보기를 눌러 다양한 모델 유형에 대한 점수 세부 정보에 대한 자세한 내용을 알 수 있다.

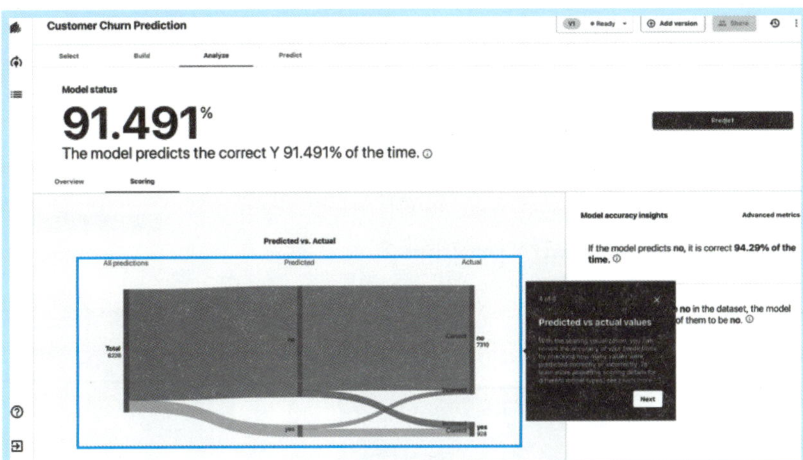

그림 9-31 Canvas Predicted vs Actual Values

Scoring insights에서는 모델이 특정 값을 예측하는 빈도와 모형이 해당 값을 정확하게 예측하는 빈도를 확인할 수 있다. 이 예제에서는 모델이 예측하고자 하는 값을 예측하는 빈도와 함께 파악할 수 있다.

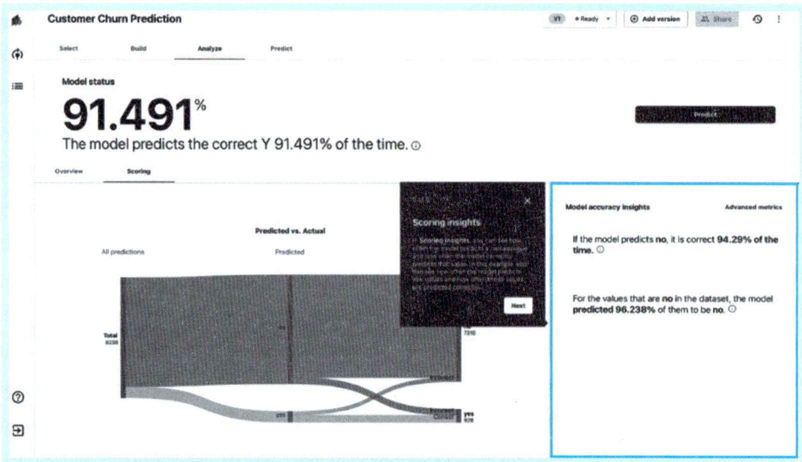

그림 9-32 Canvas Scoring insights

모델 품질에 대해 자세히 알아보려면 [그림 9-33]에서 Advanced metrics를 클릭하여 상세 리포트를 확인할 수 있다.

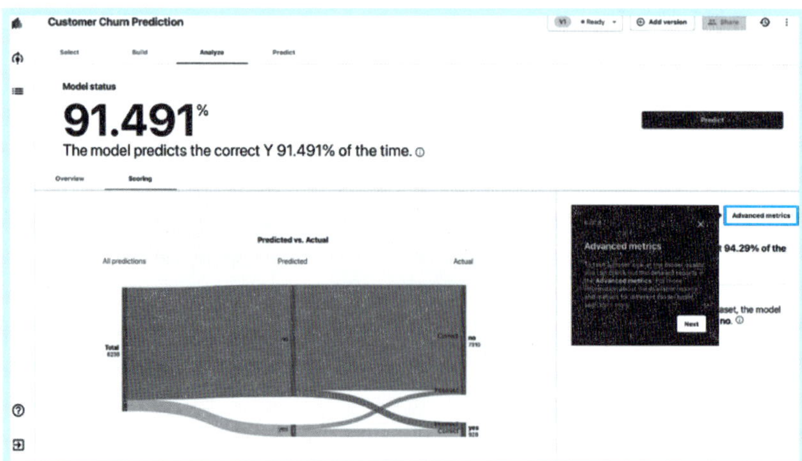

그림 9-33 Canvas Advanced metrics

모델을 평가한 후에는 SageMaker Studio 사용자와 모델을 공유하여 보다 심층적인 평가를 수행할 수 있다. 현재 빠른 빌드로 만들어진 모델은 공유할 수 없다.

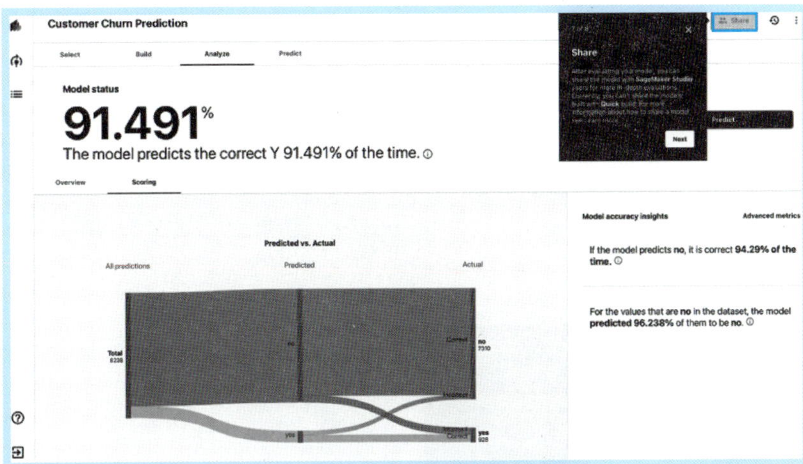

그림 9-34 Canvas Data Share

[그림 9-35]에서 오른쪽 부분에 있는 Predict를 선택하여 작성한 모형을 사용하여 예측을 할 수 있다.

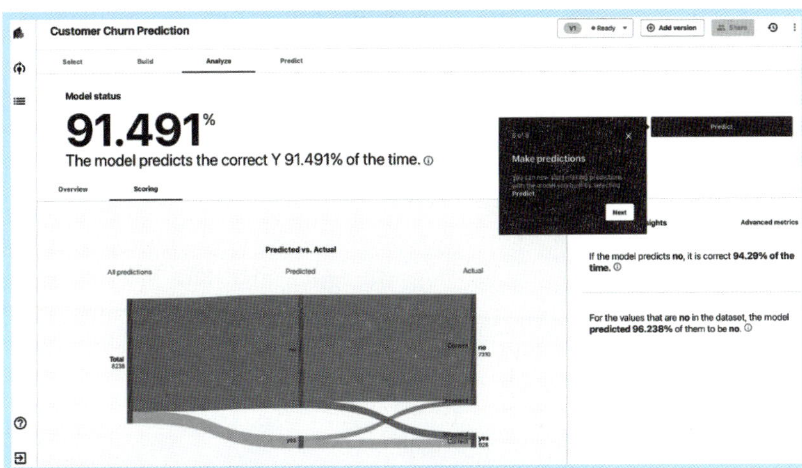

그림 9-35 Canvas Make Predictions

(4) 예측을 위한 모델 사용하기

다음은 [그림 9-4]에서 [Learn how to use a model to predict] 탭을 클릭하여 튜토리얼을 실행한다.

본 단계에서는 다중[batch]또는 단일[single] 예측을 생성하도록 선택할 수 있다. 다중 예측은 CSV등 전체 데이터 집합에 대한 예측을 생성한다. 단일 예측의 경우 직접 단일 데이터를 입력한 값에 대한 예측을 생성한다.

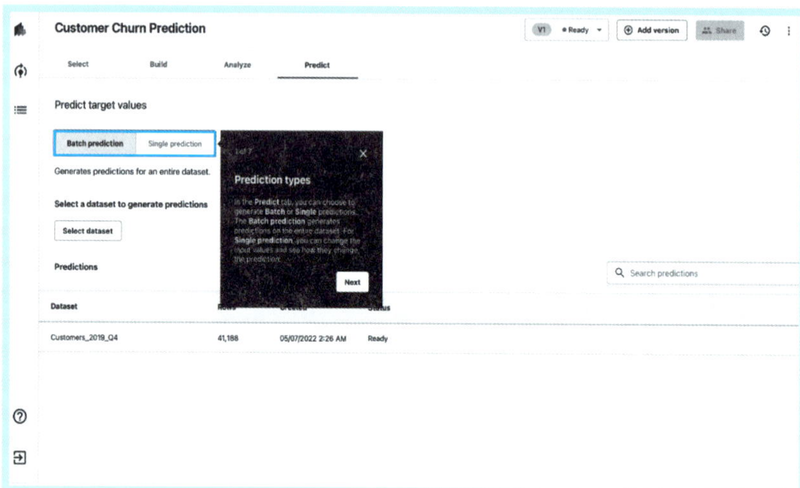

그림 9-36 Canvas Prediction Type

배치 예측에서 데이터 집합 선택을 클릭하여 새 데이터 집합을 가져오고 예측을 생성할 수 있다. 새 데이터 셋에는 모델을 생성한 입력 데이터 셋과 이름 및 데이터 유형이 동일한 열이 포함되어야 한다.

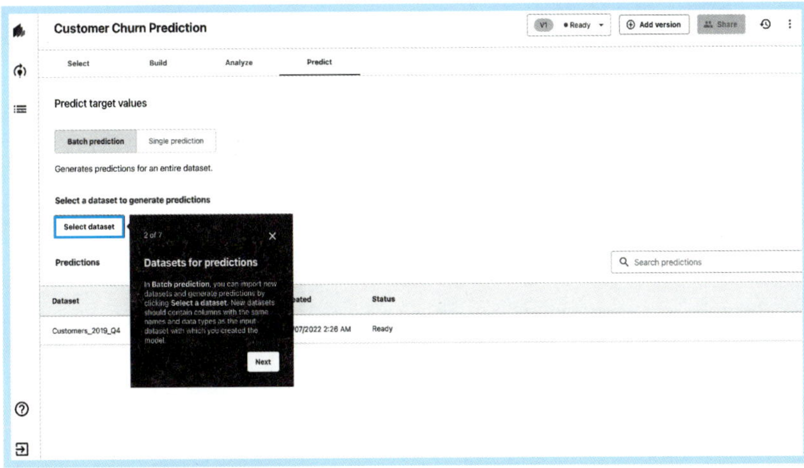

그림 9-37 Canvas Datasets for Predictions

단일 예측을 클릭하여 입력 데이터 셋의 값 변경이 예측에 어떤 영향을 미치는지 살펴보자.

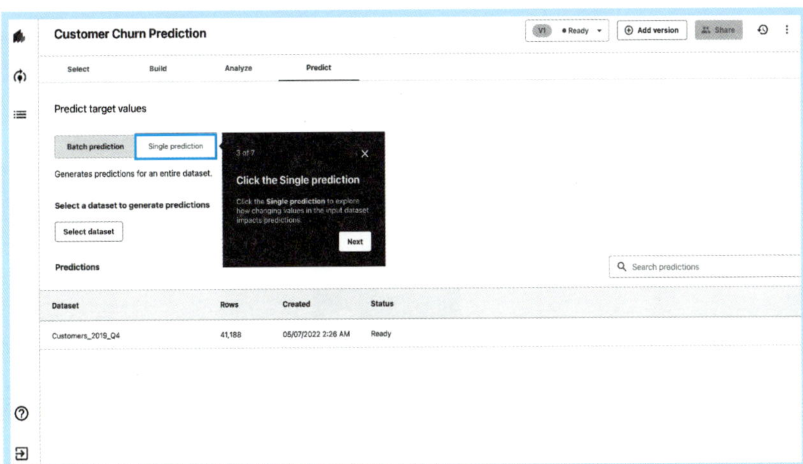

그림 9-38 Canvas Learn Model Predict

단일 예측의 경우 모형을 생성한 입력 데이터 셋의 열과 값을 검토할 수 있다.

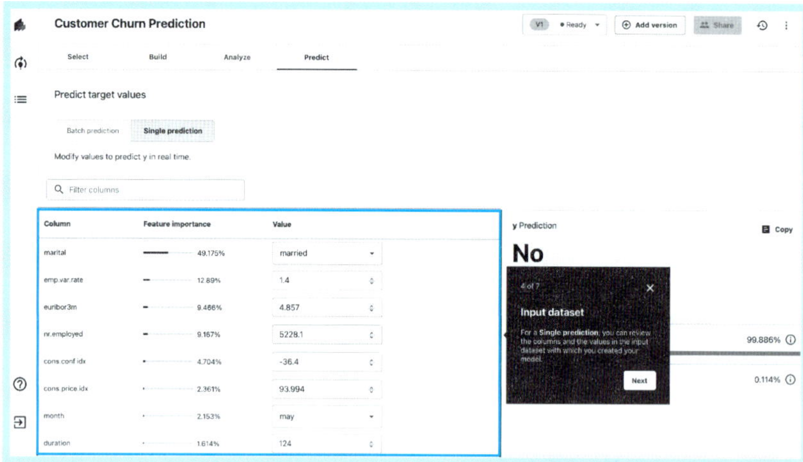

그림 9-39 Canvas Input Dataset

열의 입력 값을 변경하여 예측에 어떤 영향을 미치는지 확인할 수 있다.

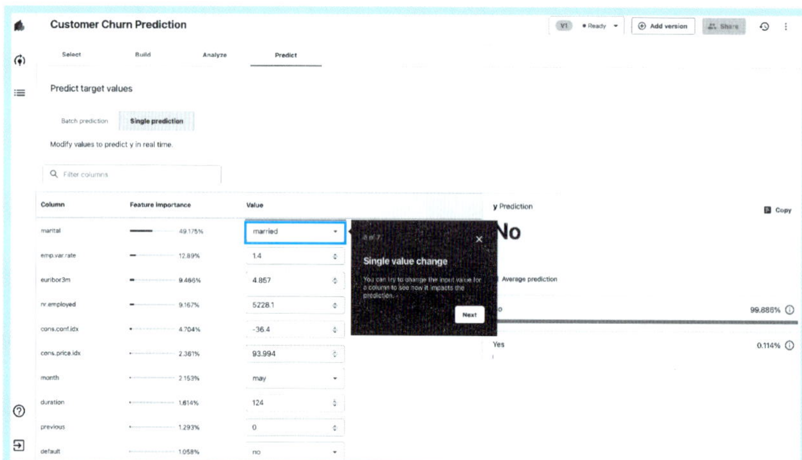

그림 9-40 Canvas Single Value Change

[그림 9-40]과 같이 Single value 값을 변경한다.

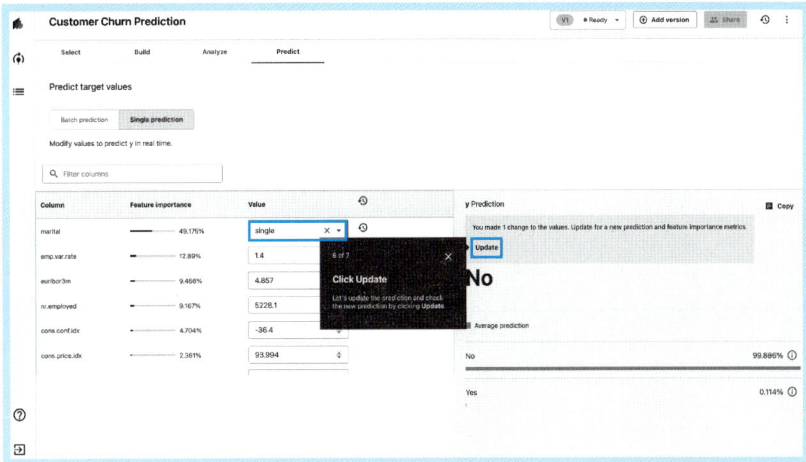

그림 9-41 Canvas Click Update

[그림 9-41]을 보면 업데이트된 예측과 새 예측의 확률 변화를 확인할 수 있다.

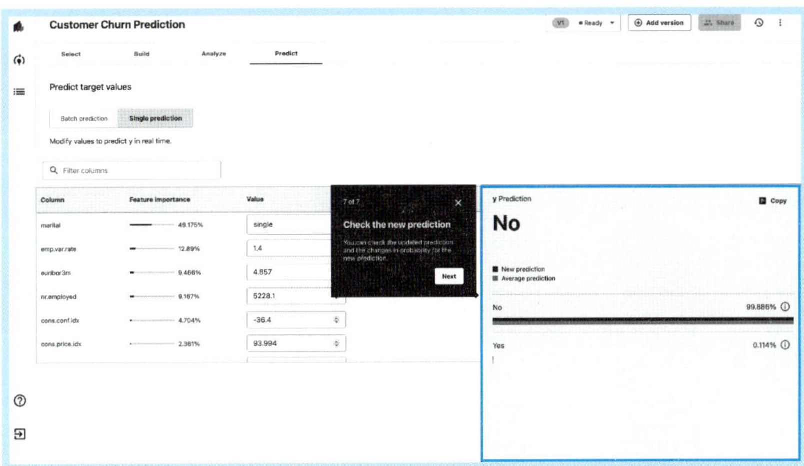

그림 9-42 Canvas Check the New Prediction

10. SageMaker Canvas 활용하기

10.1 타이타닉 승객의 생존가능성 예측

이번 실습은 Kaggle에서 제공하는 타이타닉 생존자 데이터 셋으로 AWS SageMaker Canvas 활용해 승객 데이터(이름, 나이, 성별, 사회 경제 계급 등)를 사용하여 "어떤 종류의 사람들이 더 생존할 가능성이 높았는가?"에 대한 예측 모델을 구현하는 예제이다.

타이타닉 승객에 대한 데이터는 주소(https://www.kaggle.com/c/titanic/data)를 통해 접속하여 확인할 수 있다.

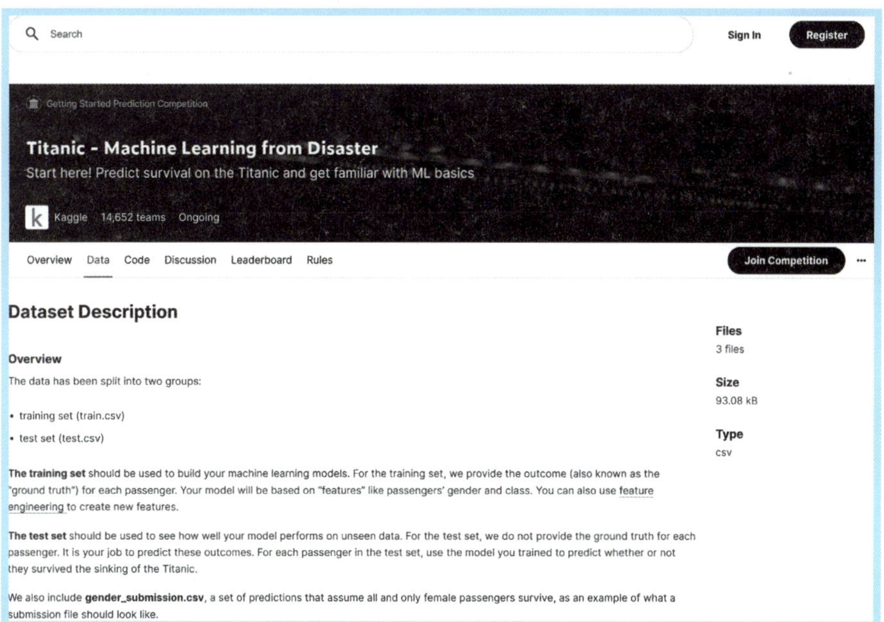

그림 10-1 Kaggle Titanic 데이터 화면

[그림 10-2]와 같이 Titanic관련 데이터는 Download All을 통해 다운로드 할 수 있다.

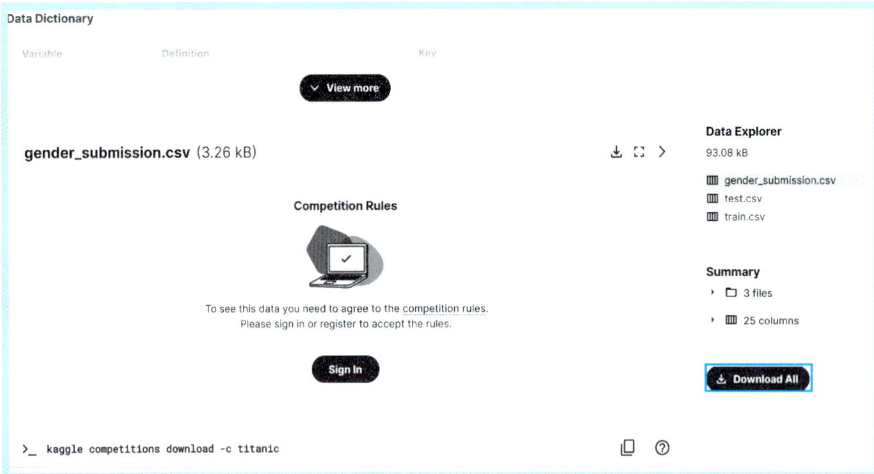

그림 10-2 Kaggle Titanic 데이터셋

Titanic데이터는 Train과 Test 데이터셋을 활용하며 각 행의 개수는 891,418개이고 속성은 라벨을 포함해서 11개이다. 데이터 셋의 속성명과 세부 설명은 아래 [표 10-1]을 통해 확인할 수 있다.

표 10-1 Titanic 데이터셋 설명

변수 명	정의	세부 설명
survival	생존여부	0 = 사망 1 = 생존
Pclass	티켓 클래스(등석)	1 = 일등석, 2 = 이등석, 3= 삼등석
sex	성별	탑승자 성별
Age	나이	탑승자 이름
Sibsp	타이타닉 호에 탑승한 형제자매/부부 수	같이 탑승한 형제자매 또는 배우자 인원 수
parch	타이타닉 호에 탑승한 부모/자녀 수	같이 탑승한 부모님 또는 어린이 인원 수
ticket	티켓 번호	티켓 번호
fare	객실 요금	요금
cabin	객실 호수	선실 번호
embarked	승선 항	C = 셰르부르, Q= 퀸스타운, S = 사우샘프턴

Canvas를 실행하면 다음 [그림 10-3]과 같이 화면이 나타난다. [그림 10-3]에서 [skip for now]를 클릭하여 튜토리얼을 건너 뛴다.

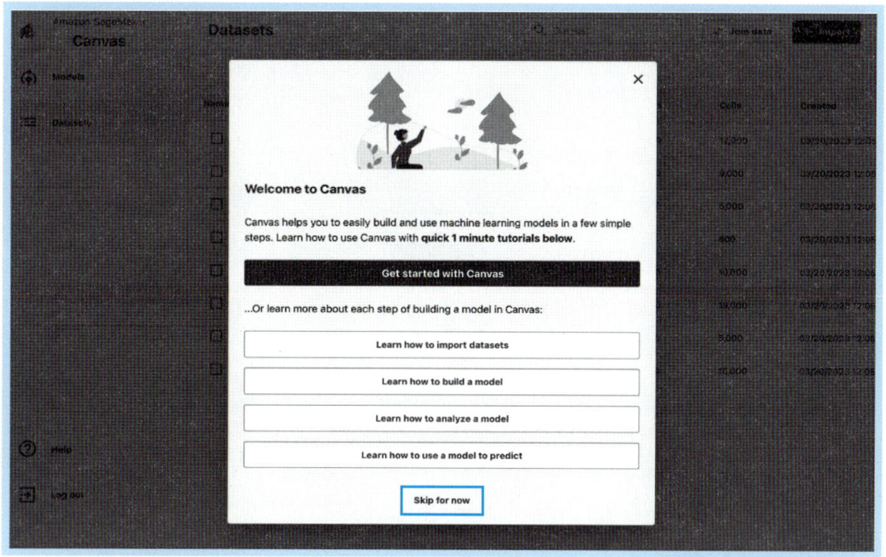

그림 10-3 Canvas 시작 화면

튜토리얼을 건너 뛰면 다음 [그림 10-4]와 같은 화면이 나타난다. 여기서 Kaggle 사이트에서 데이터셋을 받은 csv파일을 업로드 시킬 것이다. 따라서 [그림 10-4]에서 오른쪽 상단 부분에 [Import] 탭을 클릭하여 데이터를 가져온다.

그림 10-4 SageMaker Canvas Datasets

Train.csv와 Test.csv데이터를 화면에 드래그해 데이터를 Import 시킬 수 있다.

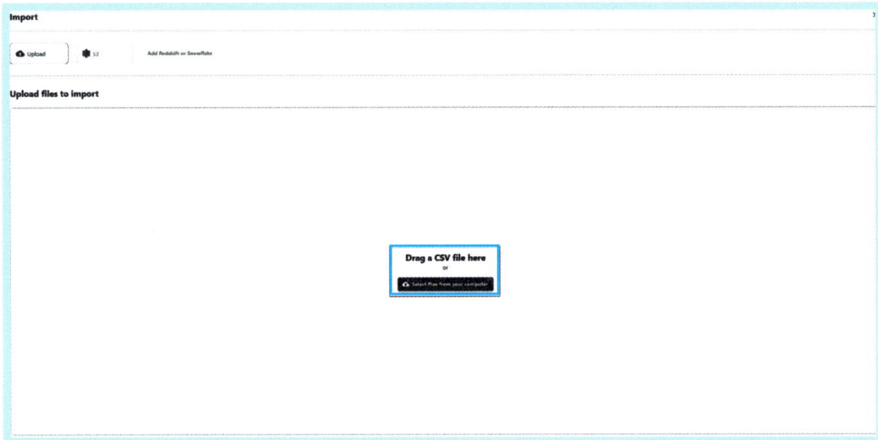

그림 10-5 SageMaker Canvas 데이터 불러오기

데이터가 업로드가 완료된 후 우측 하단의 Import data를 통해 Canvas에 Import 시킬 수 있다.

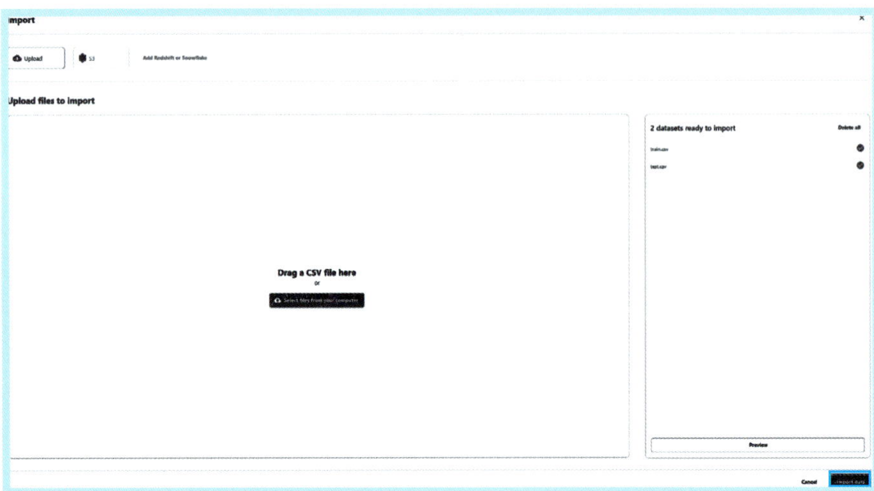

그림 10-6 SageMaker Canvas 데이터 불러오기

Import된 데이터는 Dataset에서 확인할 수 있다.

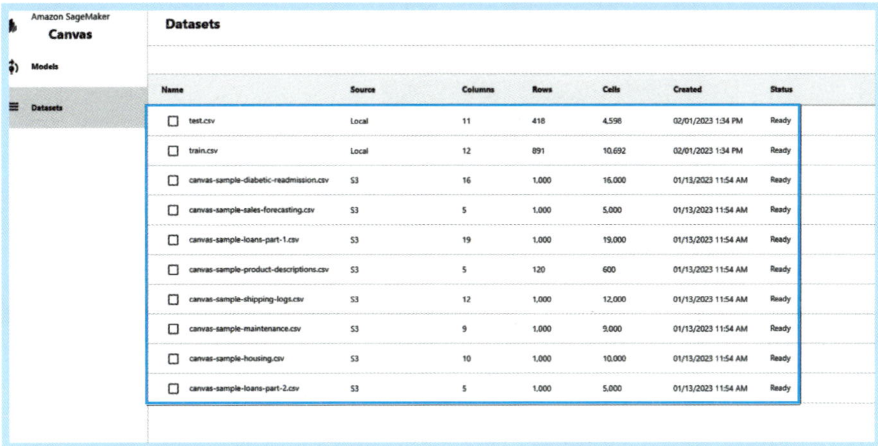

그림 10-7 SageMaker Canvas Datasets 화면

Canvas에서 타이타닉 데이터를 가지고 예측을 하기 위해서 모델 생성이 필요하다. 따라서 학습시킬 데이터인 train.csv 파일을 체크한다.

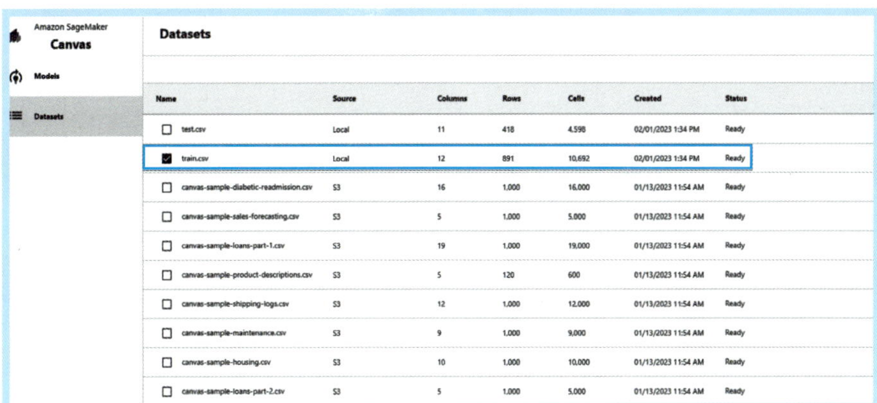

그림 10-8 Datasets 목록 화면

Canvas에서 모델 구축을 하기 전에 train.csv를 클릭하여 미리 타이타닉 훈련 데이터를 살펴본다. 이 과정에서 데이터 속성과 값을 파악할 수 있고 데이터 값이 비어 있는 셀을 파악할 수 있다.

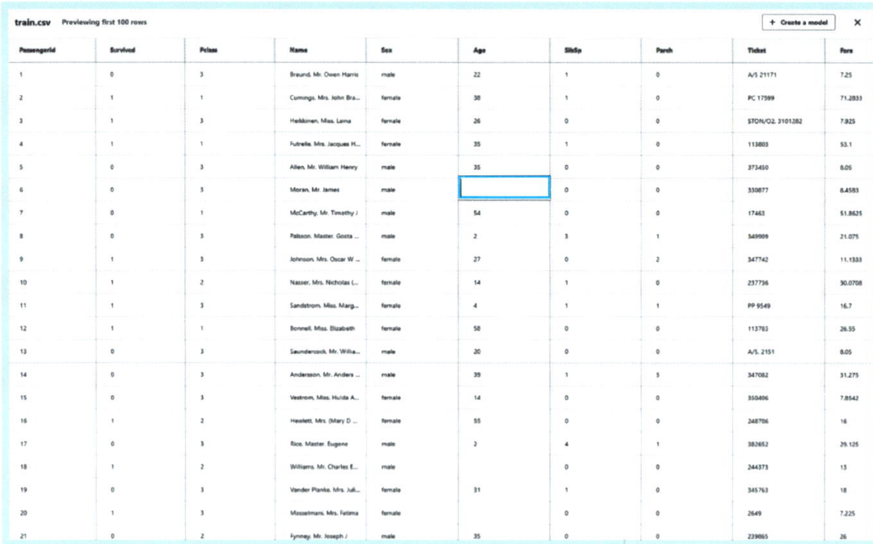

그림 10-9 Titanic Train Data

[그림 10-10]과 같이 Create new model 창이 나오면 모델 이름을 설정한 다음 Create 버튼을 눌러 모델을 생성한다.

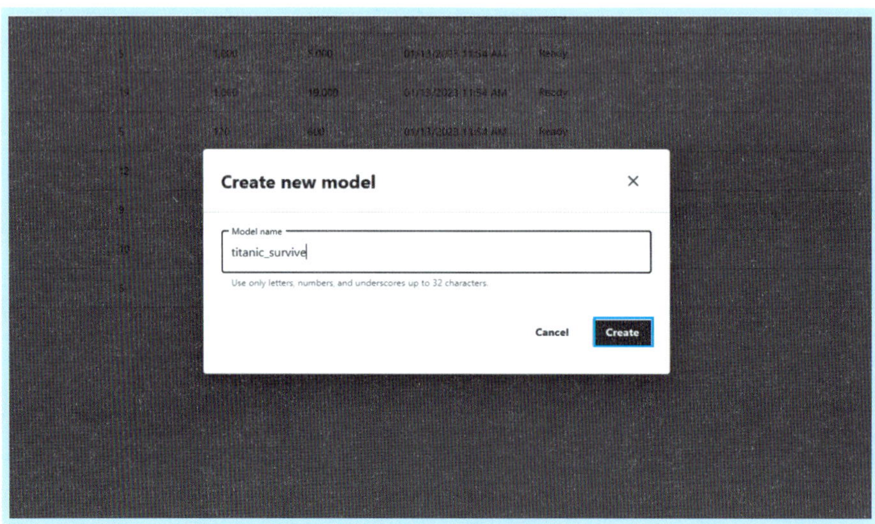

그림 10-10 모델 생성

[그림 10-10]에서 모델을 생성한 후 [그림 10-11]과 같은 화면이 나타난다. 타이타닉 훈련 데이터를 보면 데이터의 컬럼 이름, 타입, 측정이 되지 않는 데이터 개수, 평균 값 등 다양한 정보를 파악할 수 있다.

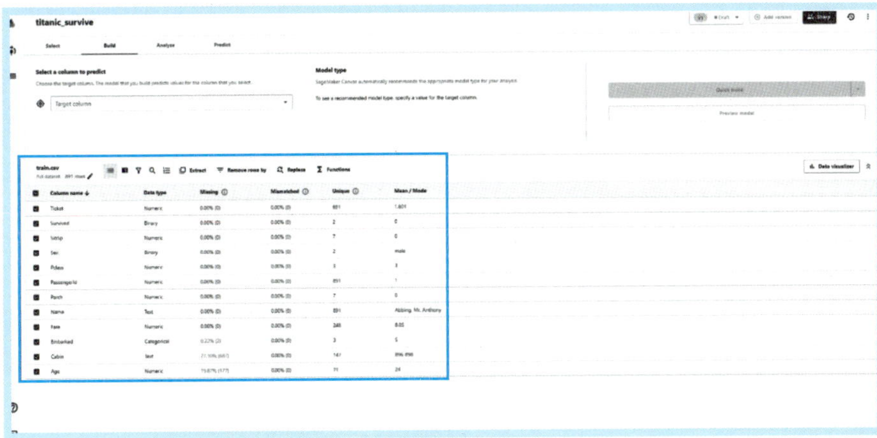

그림 10-11 Titanic Survive 데이터

Canvas에서는 각 데이터 컬럼을 클릭하여 해당 정보를 오른쪽 그림과 같이 시각화하여 사용자에게 알려준다.

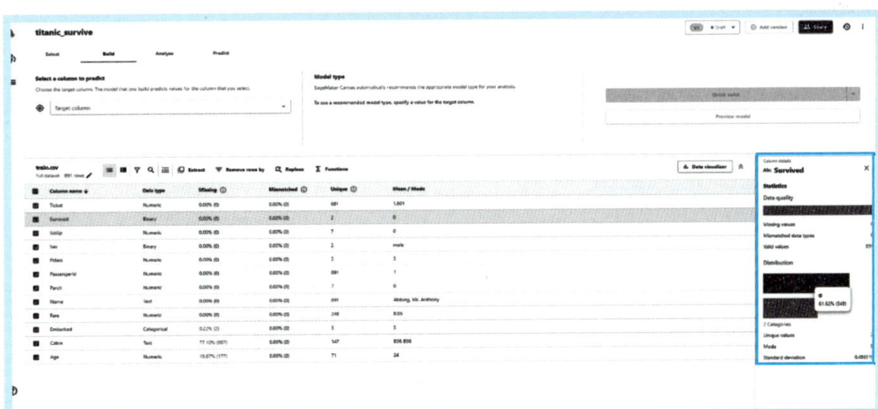

그림 10-12 Titanic Train 데이터셋

타이타닉 훈련 데이터를 활용하여 모델 생성을 해보자. 데이터 분석할 때 모델에 대한 정확한 분석을 하기 위해 일부 데이터를 제외하고 모델을 생성해야 한다. Titanic데이터에서는 승객 Id 컬럼과 Name 컬럼은 생존 가능성에 영향을 미치지 않기 때문에 이 컬럼들을 삭제하고 모델을 생성해야 한다.

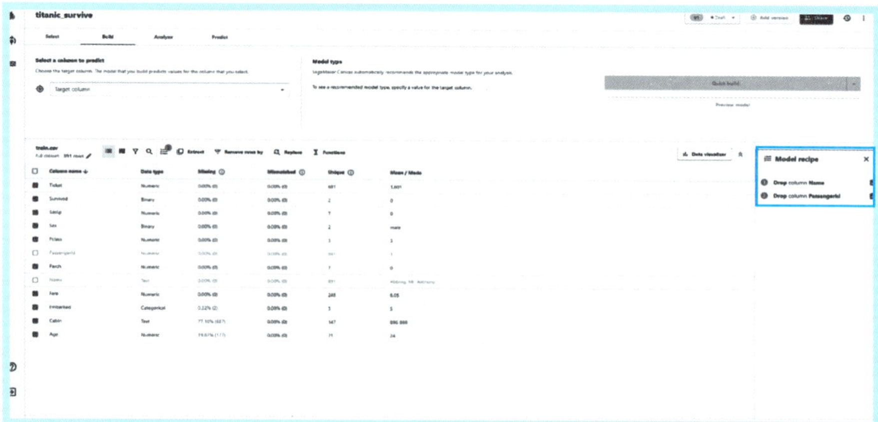

그림 10-13 Titanic Train 데이터셋

[그림 10-14]를 살펴보면 타이타닉 훈련 데이터를 모델링 하기 위해서는 Target Column을 설정해야 한다. 여기서는 타이타닉 승객의 생존 가능성을 예측하기 위해 Target Column을 Survived로 설정한다.

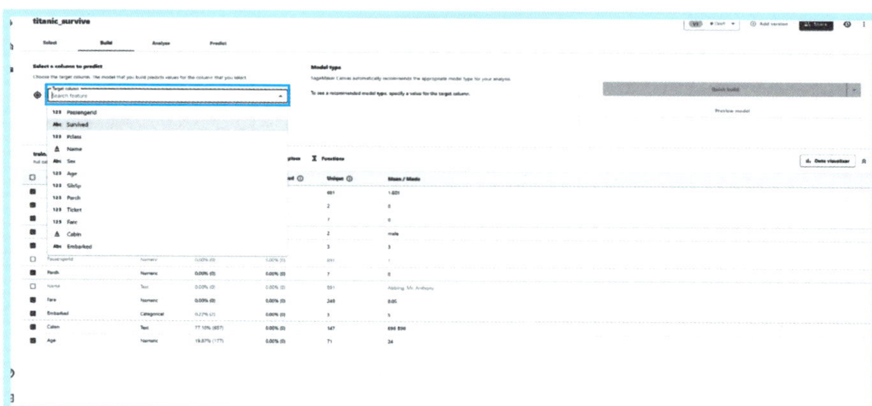

그림 10-14 Titanic Train 모델링

모델 유형을 설정할 필요가 있다면 [그림 10-15]와 같이 Model type에 있는 Change type을 클릭한다.

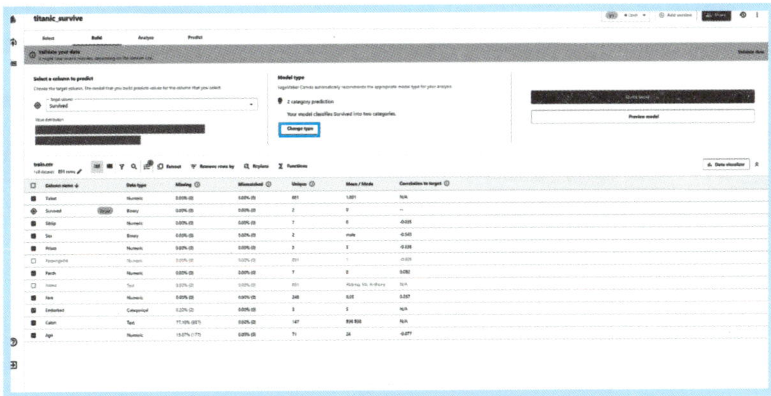

그림 10-15 Canvas Build 화면

Canvas에서 모델 유형 설정 창은 [그림 10-16]과 같이 나타난다. 타이타닉 생존자 예측 모델은 승객들의 생존에 대해 예측을 하는 것이기 때문에 2 category model을 선택한다.

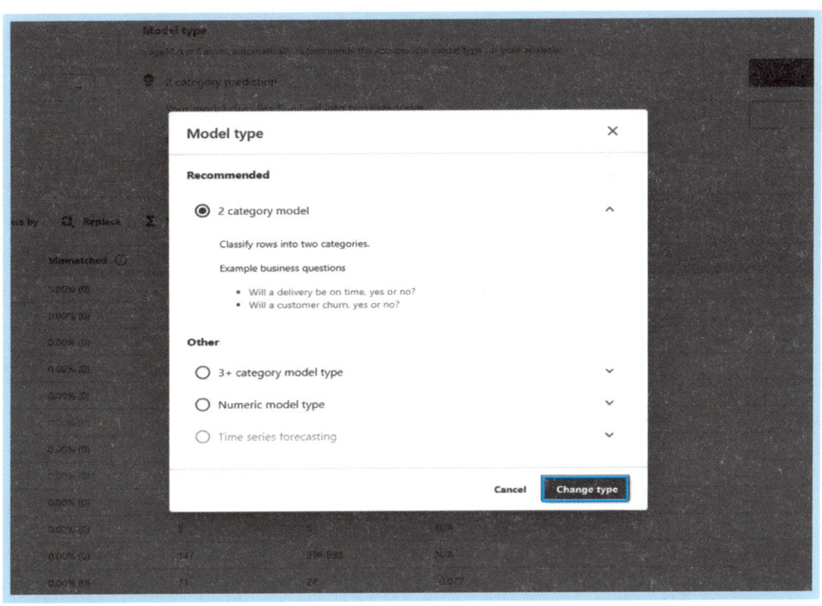

그림 10-16 Canvas Model type 설정

모델 유형을 설정했으면 우측 상단에 있는 Quick build 버튼을 클릭하여 모델 생성을 한다.

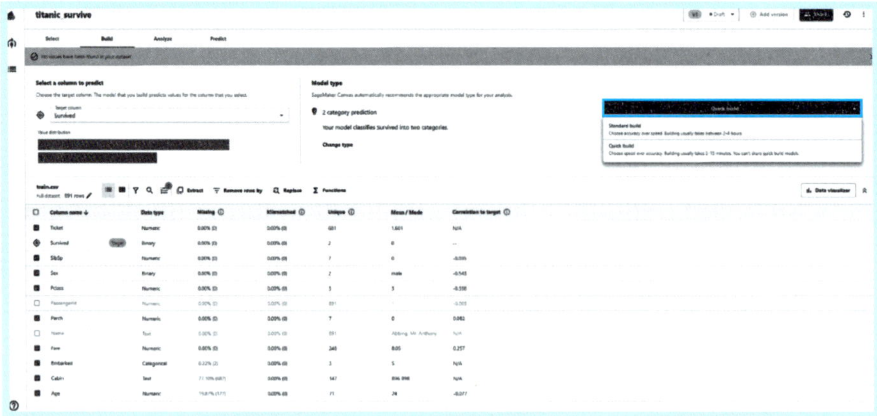

그림 10-17 Quick Build

[그림 10-17]에서 모델 생성 버튼을 클릭하면 [그림 10-18]과 같은 화면이 나타난다. 모델을 생성하기 위한 시간은 대략 2~15분 정도가 소요된다.

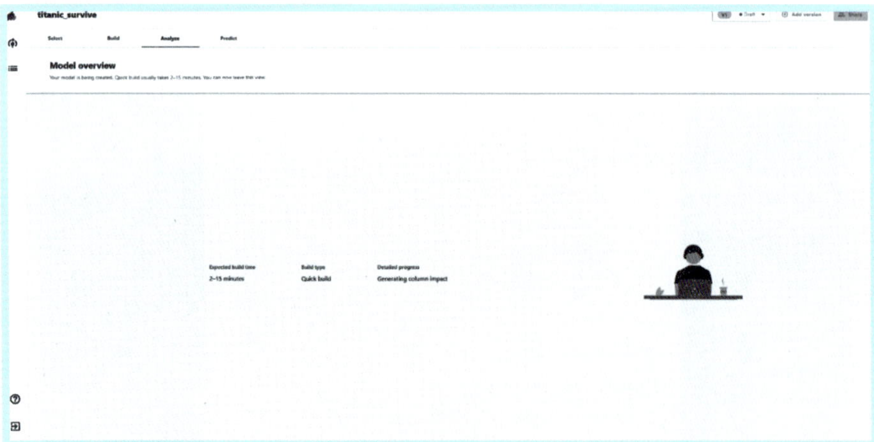

그림 10-18 Model 생성

타이타닉 훈련 분석 화면에서 모델링에 대한 간단한 결과를 보여준다. [그림 10-19]를 보면 타이타닉 생존 예측에 대한 정확성은 88.83%로 나타났다. 사용자마다 확률의 오차가 작게 있을 수 있다. 그리고 생존자 예측에 대한 각 컬럼들의 영향을 [그림 10-19]와 같이 왼쪽에 나열된 것을 볼 수 있다.

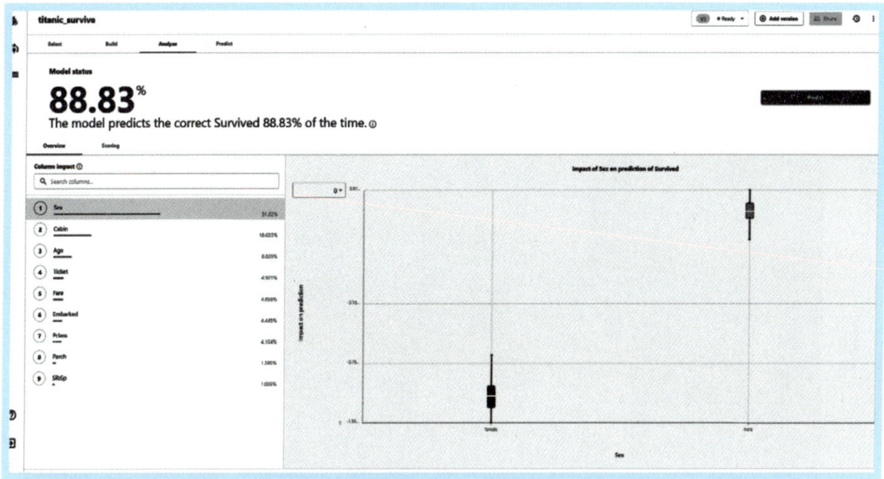

그림 10-19 Titanic Train Analysis Overview

[그림 10-20]과 같이 타이타닉 승객의 생존가능성 예측에 대해 모델 빌드를 한 결과를 자세히 확인하고 싶으면 Scoring을 클릭하여 실제 값과 예측한 값을 비교할 수 있다.

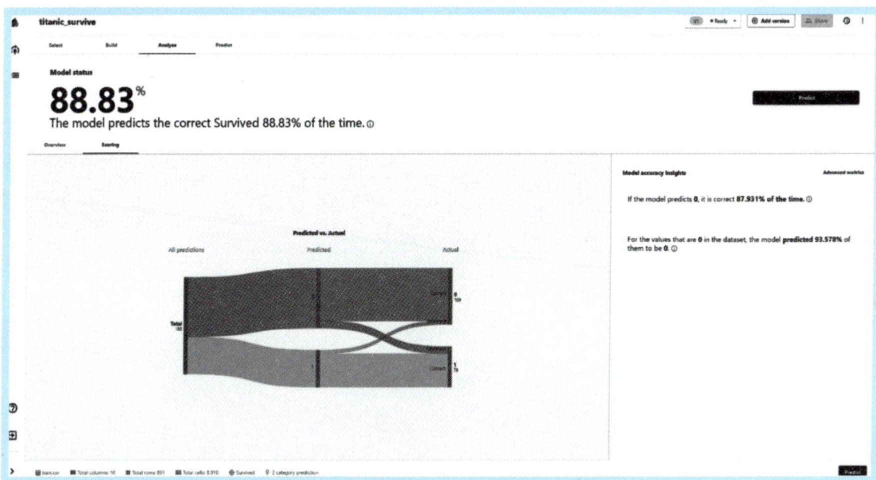

그림 10-20 Titanic Train Analysis Scoring

다음은 타이타닉 생존자 예측 분석 모델에 대한 수행 결과를 살펴보자. [그림 10-21]의 Advanced metrics를 클릭하여 보면 TP, TN, FN, FP 값들을 파악할 수 있을 뿐만 아니라 F1 score, Accuracy, Precision, Recall, AUC 등 데이터 분석에 대한 지표를 파악할 수 있다.

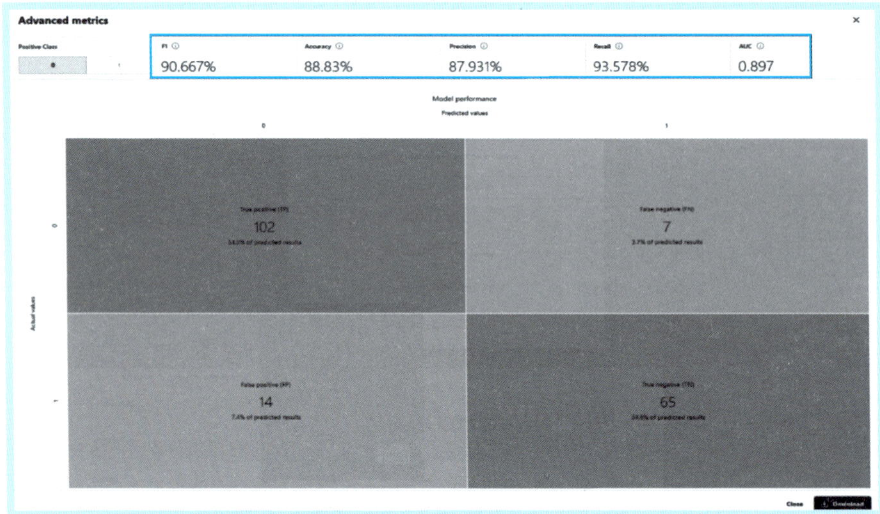

그림 10-21 Titanic Train Analysis Advanced metrics

Canvas에서 생존자 예측 모델을 구축을 했다면 이제는 구축된 모델을 활용하여 새로운 데이터를 평가하도록 하자. [그림 10-22]의 좌측 상단의 Predict를 클릭하여 진행한다.

그림 10-22 Titanic Survive Predict

Canvas에서 구축된 모델을 가지고 새로운 데이터를 예측하기 위해 테스트할 데이터셋을 사용해보자. Select dataset를 클릭하여 [그림 10-23]을 보면 데이터셋을 선택하는 단계에서 test.csv 파일을 선택한 다음 오른쪽 아래에 있는 Generate Predictions 버튼을 눌러 예측을 진행한다.

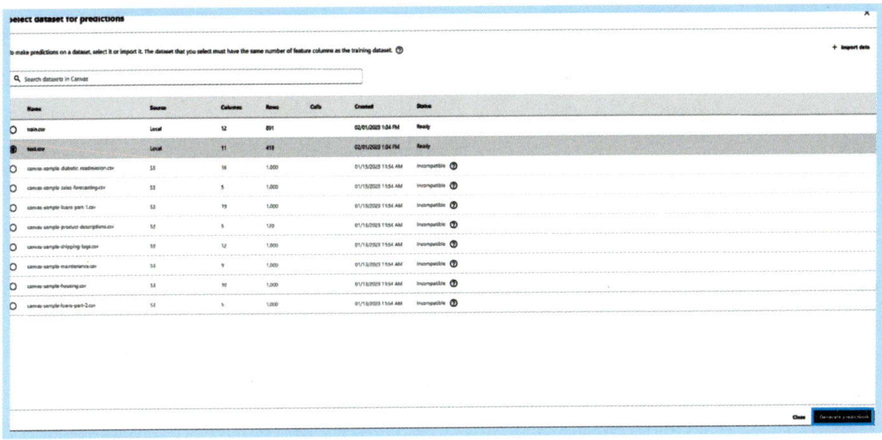

그림 10-23 Dataset for Predict

타이타닉 예측 모델을 통해 테스트할 데이터의 예측이 끝나면 [그림 10-24]와 같은 화면이 나타난다. 여기서 만들어진 모델로 예측을 싶다면 Predict Target values에서 Batch prediction과 Single prediction로 확인 가능하다. 우선 Batch prediction는 복수의 데이터들에 대한 예측을 진행하는 방법으로 테스트할 데이터들을 Batch Prediction 방법으로 예측 결과를 살펴보기 위해 Batch prediction 버튼을 누르고 하단 dataset 항목에 있는 Preview 버튼을 클릭한다.

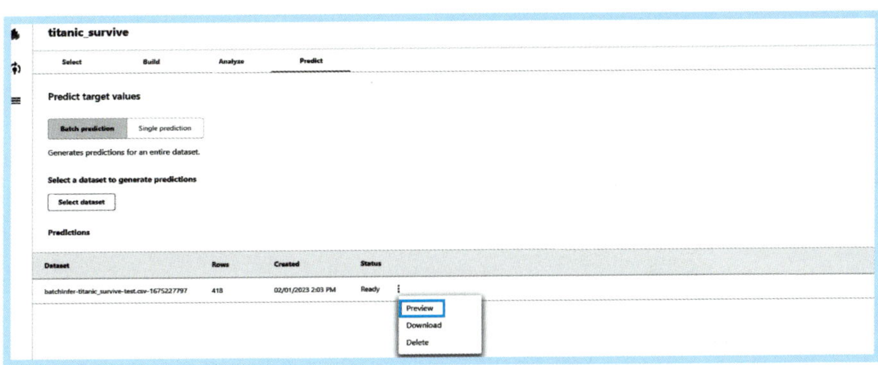

그림 10-24 Batch prediction

[그림 10-25]를 보면 각 테스트 데이터들은 훈련된 모델을 토대로 만들어진 결과이다. 테스트데이터는 대체적으로 60% 이상 Probability값이 나온다는 것을 파악할 수 있다.

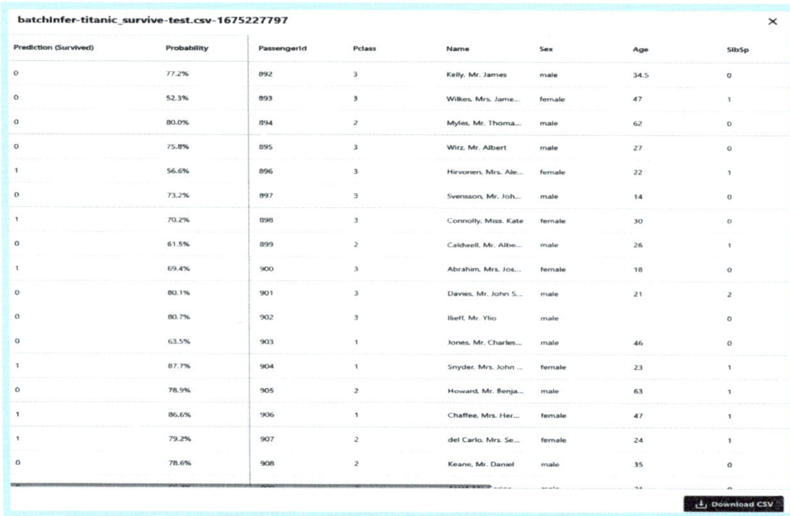

batchInfer-titanic_survive-test.csv-1675227797

Prediction (Survived)	Probability	PassengerId	Pclass	Name	Sex	Age	SibSp
0	77.2%	892	3	Kelly, Mr. James	male	34.5	0
0	52.3%	893	3	Wilkes, Mrs. Jame...	female	47	1
0	80.0%	894	2	Myles, Mr. Thoma...	male	62	0
0	75.8%	895	3	Wirz, Mr. Albert	male	27	0
1	56.6%	896	3	Hirvonen, Mrs. Ale...	female	22	1
0	73.2%	897	3	Svensson, Mr. Joh...	male	14	0
1	70.2%	898	3	Connolly, Miss. Kate	female	30	0
0	61.5%	899	2	Caldwell, Mr. Albe...	male	26	1
1	69.4%	900	3	Abrahim, Mrs. Jos...	female	18	0
0	80.1%	901	3	Davies, Mr. John S...	male	21	2
0	80.7%	902	3	Ilieff, Mr. Ylio	male		0
0	63.5%	903	1	Jones, Mr. Charles...	male	46	0
1	87.7%	904	1	Snyder, Mrs. John ...	female	23	1
0	78.9%	905	2	Howard, Mr. Benja...	male	63	1
1	86.6%	906	1	Chaffee, Mrs. Her...	female	47	1
1	79.2%	907	2	del Carlo, Mrs. Se...	female	24	1
0	78.6%	908	2	Keane, Mr. Daniel	male	35	0

Download CSV

그림 10-25 Test Data preview

Single prediction은 만들어진 모델을 바탕으로 단일 데이터를 사용자가 입력하여 예측해보는 것이다. 사용자는 각 컬럼들의 값을 원하는 값으로 설정한 다음 예측을 할 수 있다.

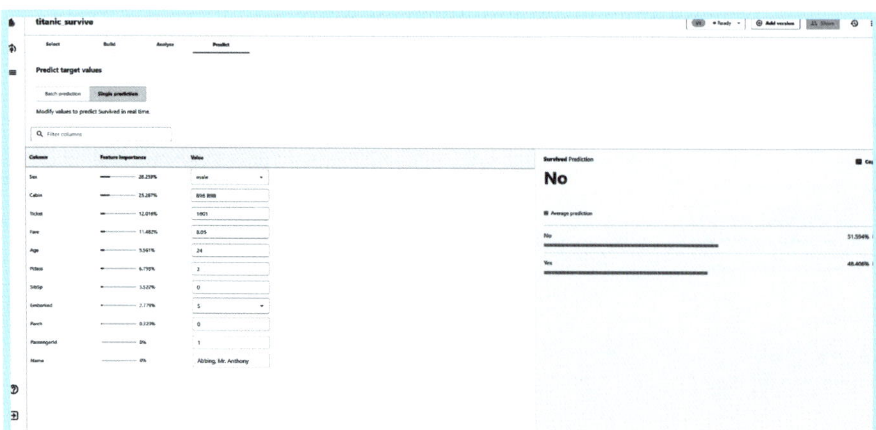

그림 10-26 Single prediction

10.2 피마지역 인디언의 당뇨병 예측 모델 생성

이번에는 Kaggle에서 제공하는 북아메리카 피마 지역 원주민의 당뇨병 결과 데이터를 사용하여 예측 모델을 생성한 후 이를 바탕으로 당뇨병 여부를 예측해보도록 하자.

다음 주소(https://www.kaggle.com/datasets/uciml/pima-indians-diabetes-database)에서 데이터를 확인할 수 있다.

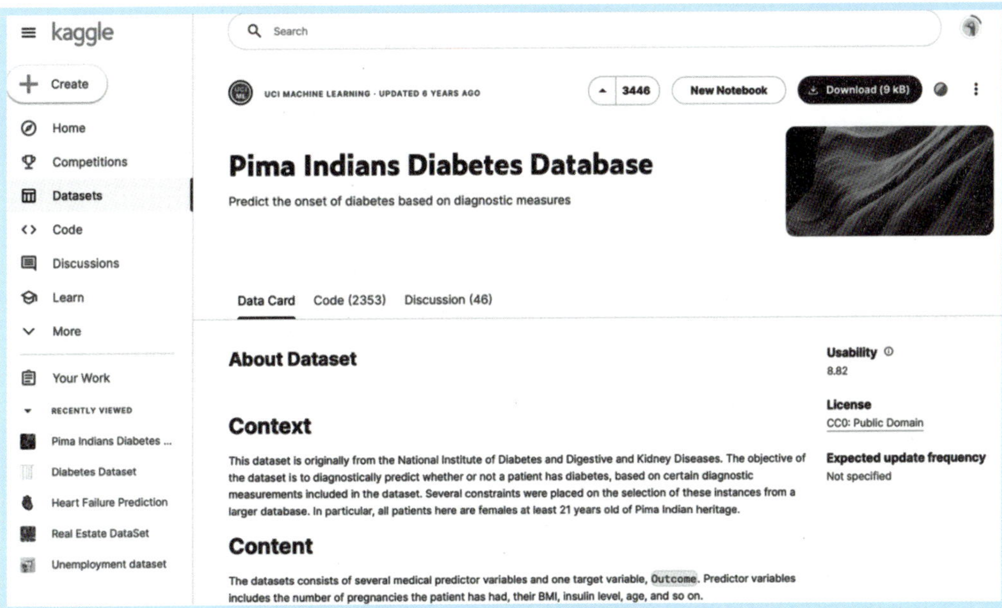

그림 10-27 Kaggle Pima Indians Diabetes 데이터 화면

위 페이지에서 데이터는 우측 상단에 Download을 통해 다운로드 가능하다.

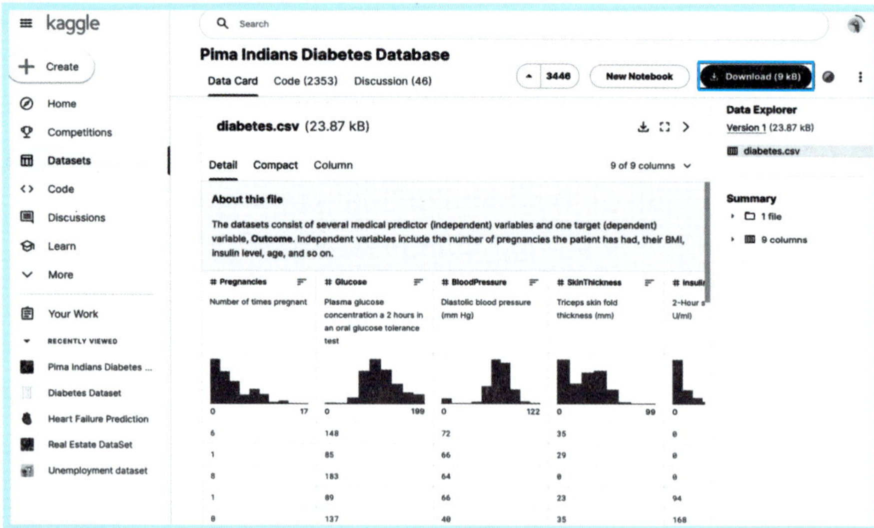

그림 10-28 Kaggle Diabetes 데이터셋

데이터는 Diabetes 세트를 활용하며 행의 수는 768개로 이루어져 있고, 속성은 9개이다. 데이터 셋의 속성명과 세부 설명은 아래 [표 10-2]를 통해 확인할 수 있다.

표 10-2 Diabetes 데이터셋 설명

변수 명	정의	세부 설명
Pregnancies	임신 횟수	임신 횟수
Glucose	포도당 수치	포도당 부하 검사 수치
BloodPressure	혈압	혈압을 측정한 값(mm Hg)
Skin Thickness	피하지방 측정 값	팔 삼두근 뒤쪽의 피하지방 측정값(mm)
Insulin	인슐린 값	혈청 인슐린(mu U/ml)
BMI	체질량 지수	체중(Kg)/(키(m))^2)
DiabetesPedigreeFunction	당뇨 내력 가중치 값	당뇨병의 유전적 요인들은 가중치하여 값을 정함
Age	나이	나이
Outcome	결정 값	당뇨병의 여부 결정(0: 당뇨병 없음 또는 1: 당뇨병 있음)

[그림 10-29]는 Kaggle에서 받은 Diabetes 데이터를 Import 시키는 장면이다. 우측 상단에 있는 Import 버튼을 통해 진행할 수 있다.

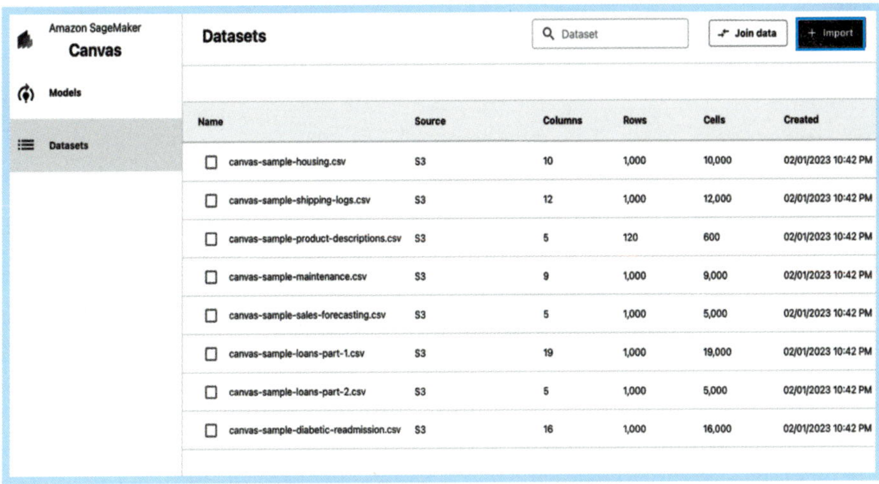

그림 10-29 SageMaker Canvas Datasets

[그림 10-30]을 보면 Diabetes.csv 데이터를 화면에 드래그해 데이터를 Import 시킬 수 있다.

그림 10-30 SageMaker Canvas 데이터 불러오기

데이터가 제대로 업로드 된 걸 확인 후 우측 하단의 Import data 버튼을 클릭하여 Canvas에 Import 시킬 수 있다.

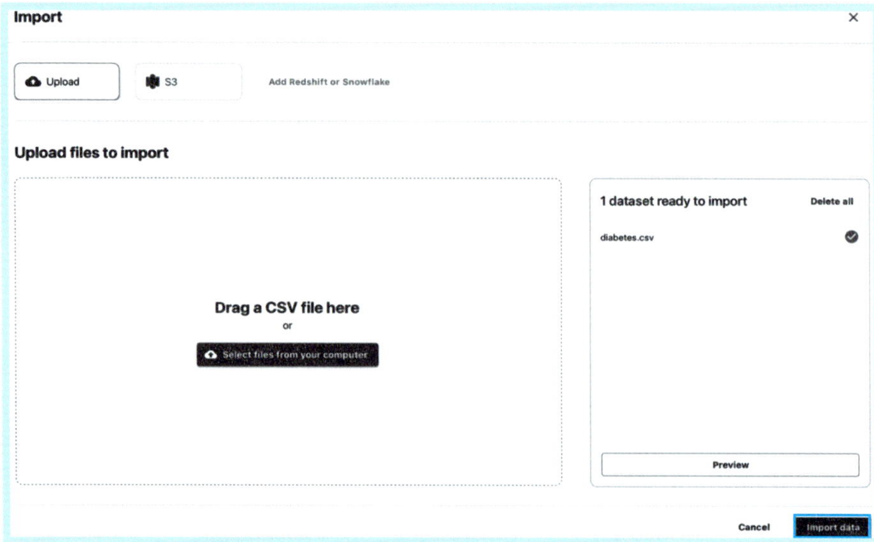

그림 10-31 Diabetes 데이터 불러오기

Import 된 데이터는 Datasets에서 확인할 수 있다.

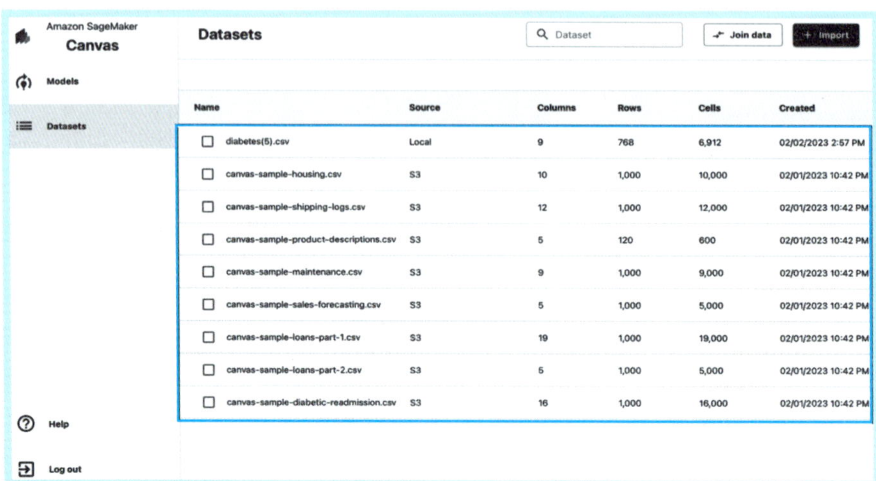

그림 10-32 SageMaker Canvas Datasets 화면

Canvas에서 피마 당뇨병 데이터를 활용해 예측을 하기 위해 [그림 10-33]을 살펴보면 모델을 생성할 필요가 있다. 따라서 학습시킬 데이터인 diabetes.csv 파일을 체크한다.

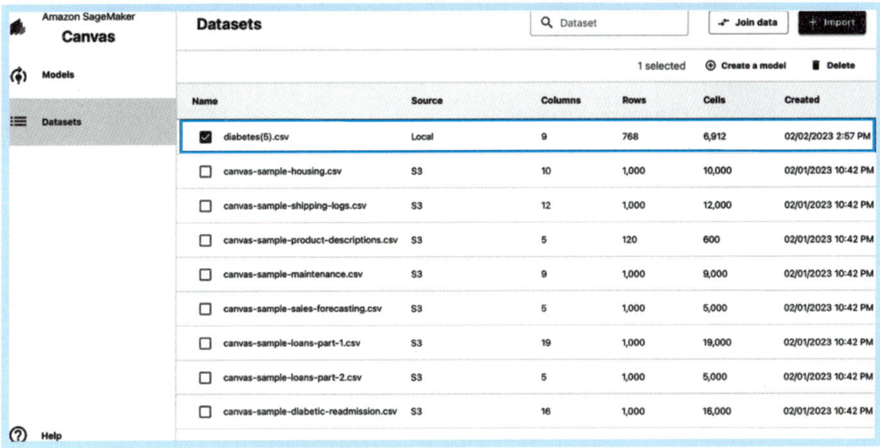

그림 10-33 Datasets 목록 화면

Canvas에서 모델 구축을 하기 전에 미리 당뇨병 데이터를 살펴본다. [그림 10-34]를 보면 업로드 한 데이터의 속성과 값을 파악할 수 있다.

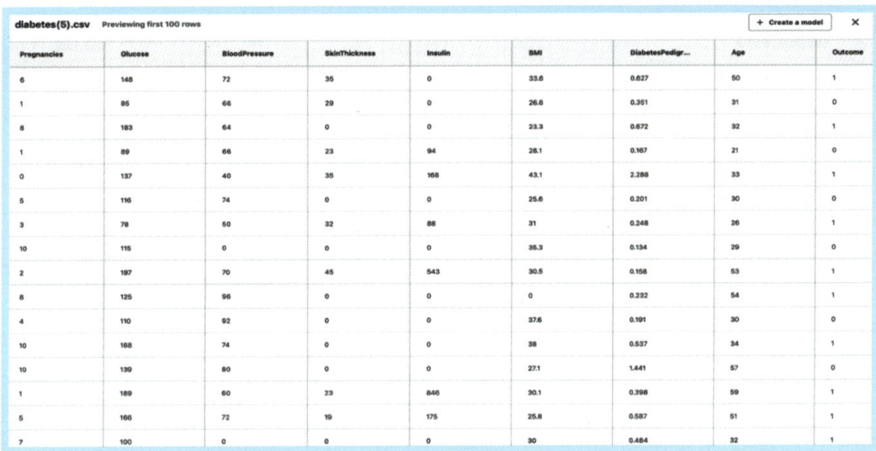

그림 10-34 Diabetes Data

[그림 10-35]와 같이 우측 상단에 Create new model 창이 나오면 모델 이름을 설정한 다음 Create 버튼을 눌러 모델을 생성한다.

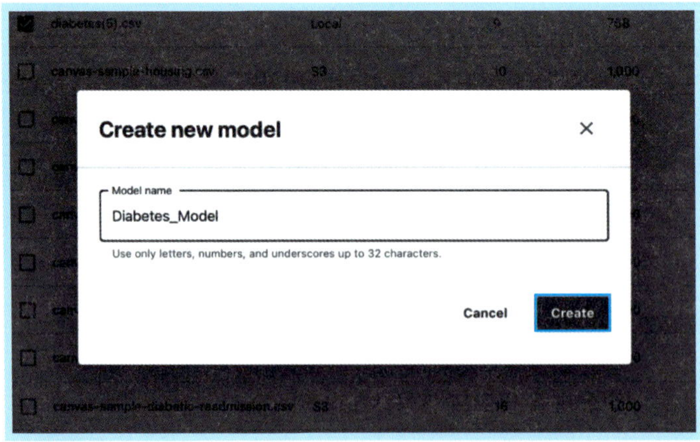

그림 10-35 당뇨병 모델 생성

[그림 10-35]에서 모델을 생성한 후 [그림 10-36]와 같이 다음과 같은 화면이 나타난다. 당뇨병 데이터를 살펴보면 데이터의 컬럼 이름, 데이터 타입, 결측 값의 데이터 개수, 평균 값 등 다양한 정보를 파악할 수 있다.

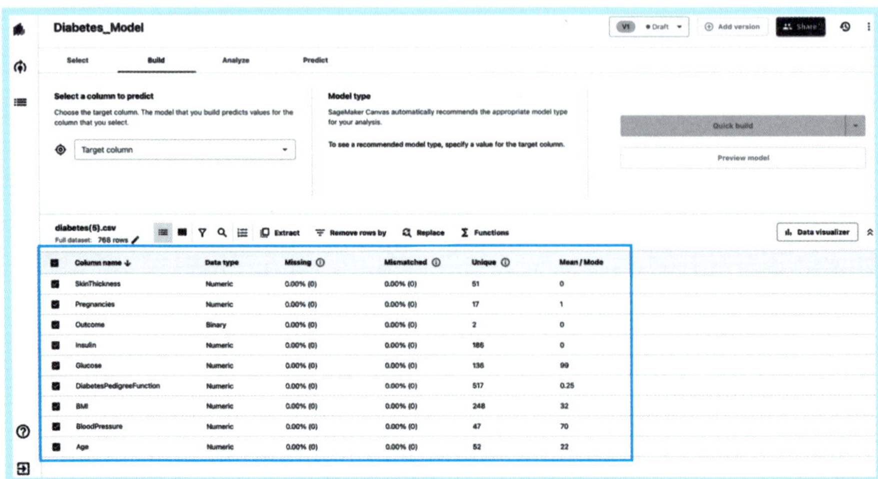

그림 10-36 Diabetes 데이터

[그림 10-37]을 보면 Canvas에서는 각 데이터 칼럼을 클릭하여 정보를 오른쪽 그림과 같이 시각화 하여 사용자에게 알려준다.

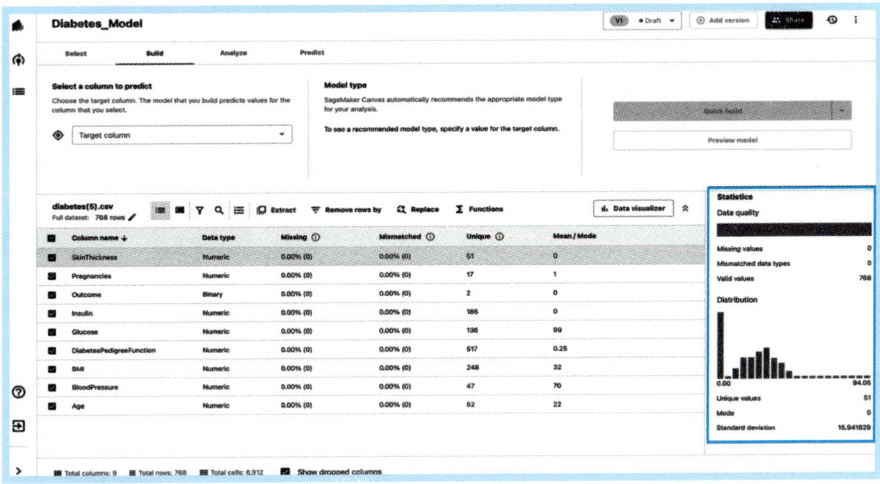

그림 10-37 Diabetes 데이터 Statistics

[그림 14-38]을 살펴보면 당뇨병 훈련 데이터 모델을 생성하기 위해서는 Target Column을 설정해야 한다.

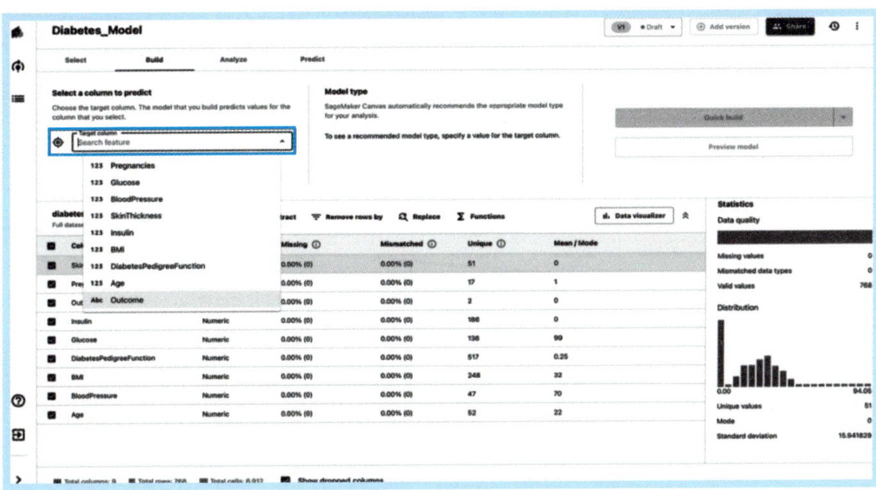

그림 10-38 Diabetes 모델 생성

Canvas에서 모델 생성을 진행하려면 Target Column을 설정한다. 여기서는 피마지역 인디언의 당뇨병을 예측하기 위해서 Target Column을 Outcome으로 설정한다. 사용자가 Model 타입을 설정할 필요가 있다면 [그림 10-39]를 보면 중간에 보이는 Change type을 클릭한다.

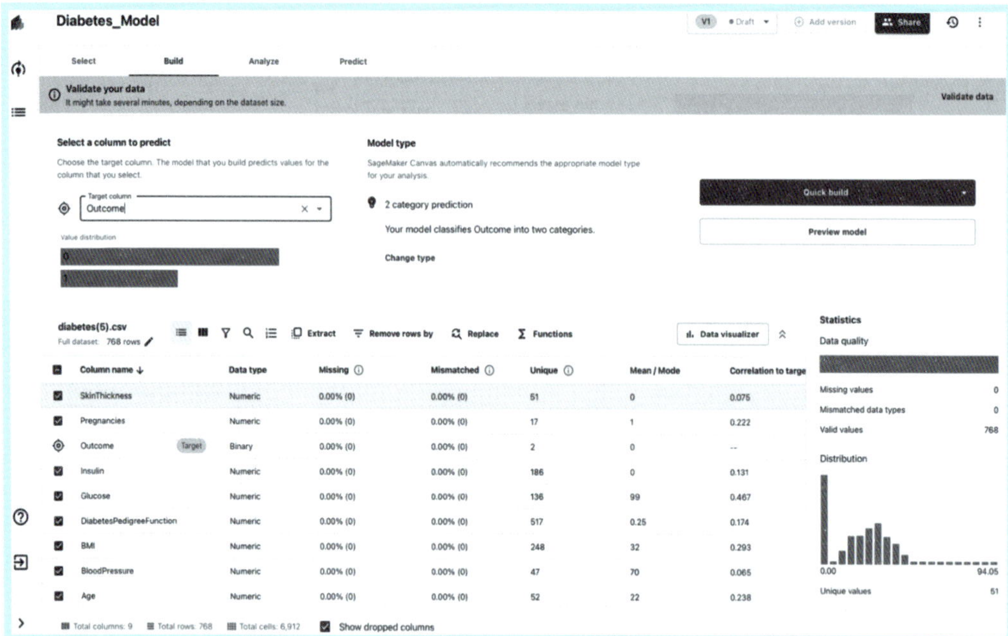

그림 10-39 Model type 화면

Canvas에서 모델을 생성할 때 모델 타입 설정은 [그림 10-40]과 같이 나타난다. 당뇨병 예측 모델은 인디언들의 당뇨병 여부에 대해 예측을 하는 것이기 때문에 2 category model을 선택한다.

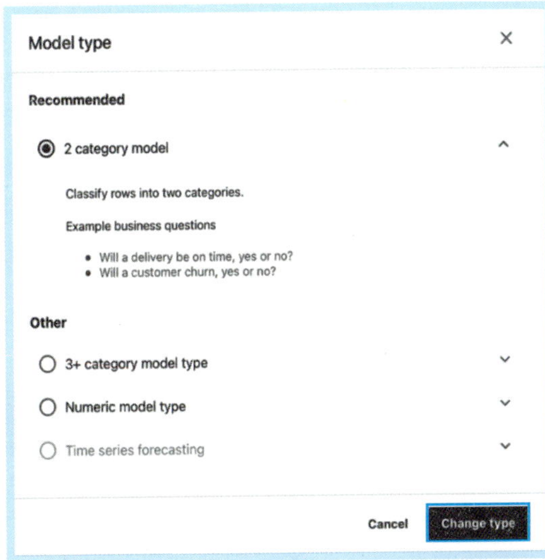

그림 10-40 Canvas Model type 설정

모델 생성 타입을 설정했으면 우측 상단에 있는 Quick build 버튼을 클릭하여 모델 생성을 한다.

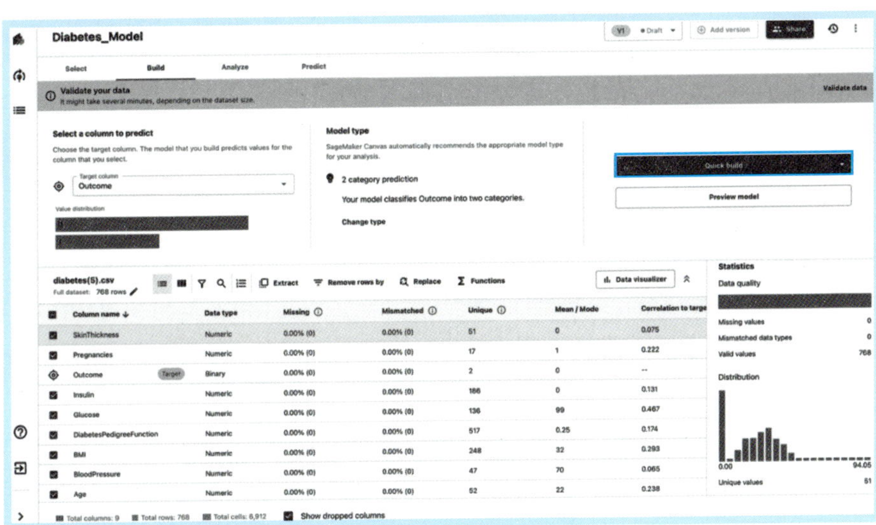

그림 10-41 Quick Build

[그림 10-41]에서 모델 생성 버튼을 클릭하면 [그림 10-42]와 같은 화면이 나타난다. 모델을 생성하기 위한 시간은 대략 2~15분 정도 소요된다.

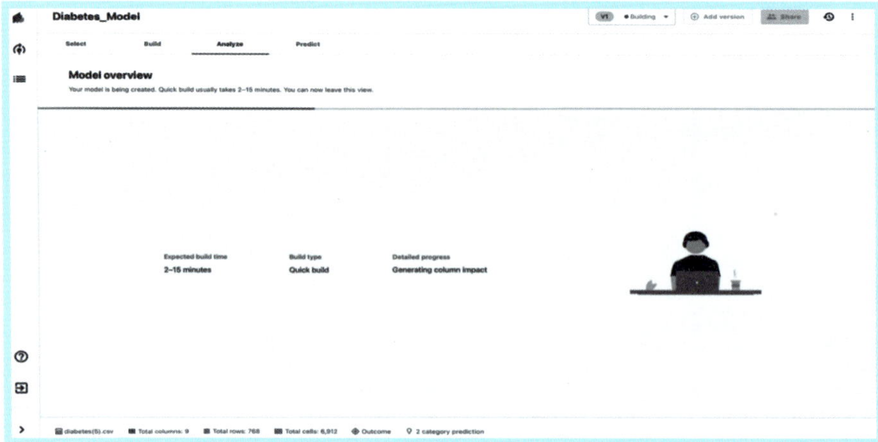

그림 10-42 Quick Model 생성

당뇨병 훈련 분석 화면에서 모델에 대한 전반적인 결과를 보여준다. [그림 10-43]을 보면 당뇨병 예측에 대한 정확도는 83.64%로 나타났다. 당뇨병 예측에 대한 각 컬럼들의 영향도 파악할 수 있다.

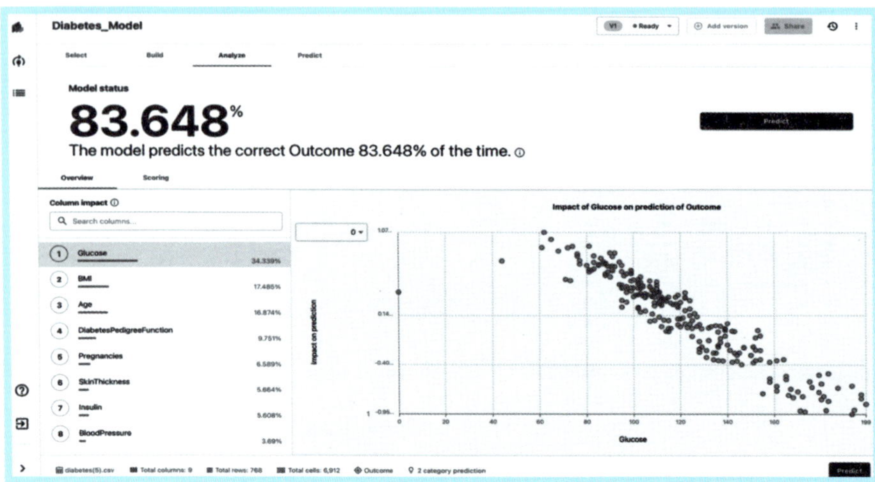

그림 10-43 Diabetes Model Overview

[그림 10-44]와 같이 생성된 모델의 분석 결과를 자세하게 파악하고 싶으면 Scoring을 클릭하여 실제 값과 예측한 값을 비교할 수 있다.

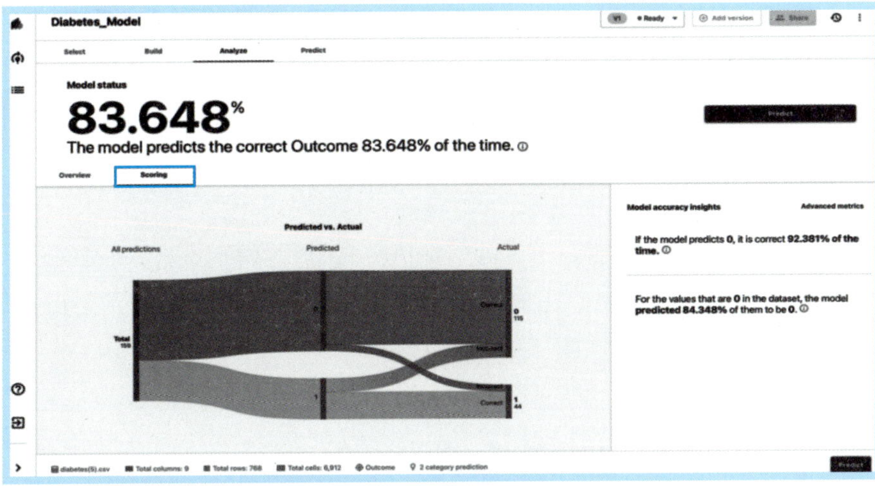

그림 10-44 Diabetes Analysis Scoring

Diabetes 예측 분석 모델에 대한 수행 결과를 보기 위해 [그림 10-44]의 Advanced metrics를 클릭한다. 아래 [그림 10-45]와 같이 TP, TN, FN, FP 값들을 파악할 수 있을 뿐만 아니라 F1 score, Accuracy, Precision, Recall, AUC 등 데이터 분석에 관한 지표를 파악할 수 있다.

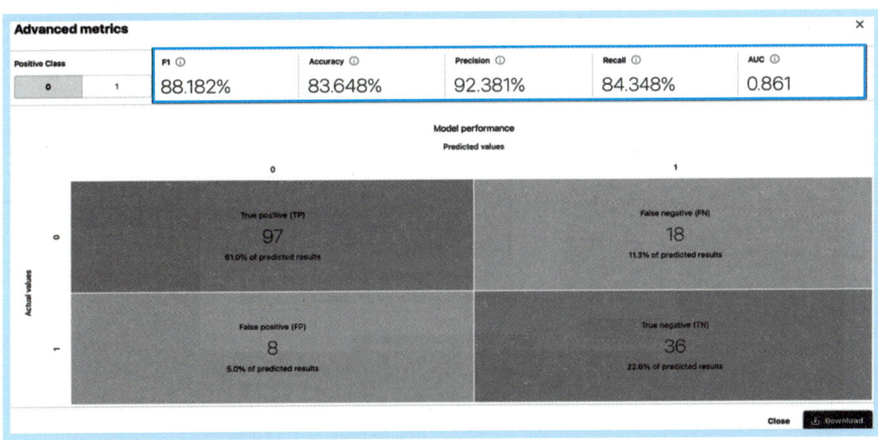

그림 8-45 Diabetes Analysis Advanced metrics

Canvas에서 당뇨병 예측 모델을 구축을 했다면 [그림 10-46]에서 Predict 항목을 클릭하면 [그림 10-46]과 같은 화면이 나타난다. 다음 화면에서 생성한 예측 모델을 활용하여 예측해 보자.

그림 10-46 Diabetes Predict

다음은 당뇨병 예측 모델을 통해 테스트할 데이터 값을 사용자가 설정한 후 예측을 해보자. [그림 10-47]을 보면 Single Prediction 방법으로 예측한 결과를 볼 수 있다. Single prediction 버튼을 누른 후 각 Column의 Value를 사용자가 원하는 값으로 입력할 수 있다. 새로운 값을 넣게 되면 Outcome Prediction에서 Update버튼을 클릭하여 예측을 할 수 있다.

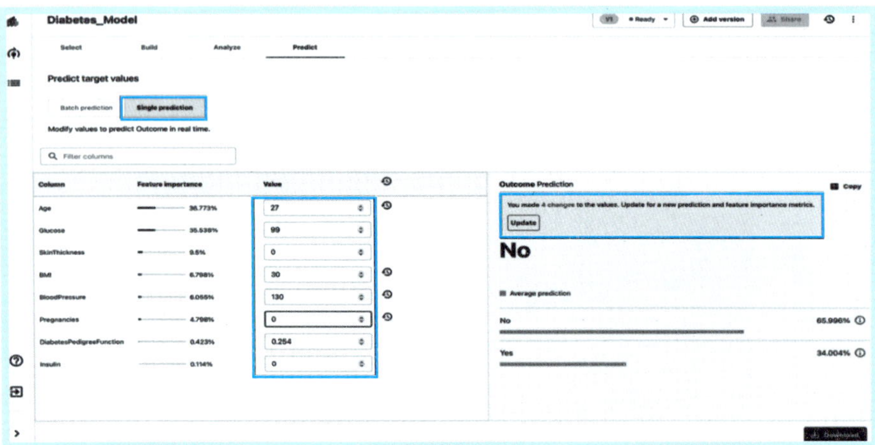

그림 10-47 Single prediction

[그림 10-48]을 보면 사용자가 입력한 값을 통해 예측된 결과이다. 새로운 예측 값을 보면 당뇨병일 확률은 28.675%로 예측되었고 당뇨병이 아닌 확률은 71.325%로 예측되었다.

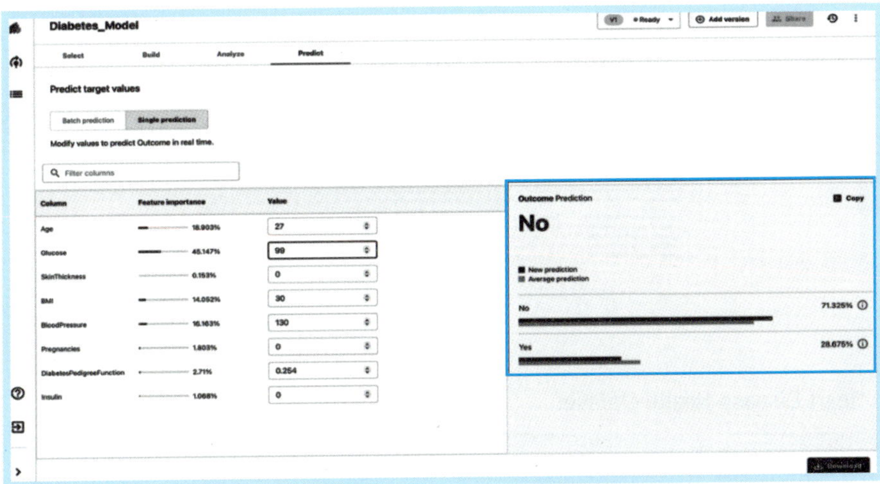

그림 10-48 Test Data preview

10.3 환자의 심장 질환 상태 예측 실습하기

이번 예제에서는 Kaggle에서 제공하는 심장 질환 건강 지표(혈압, 콜레스테롤, BMI, 흡연, 만성 질환 등)를 활용하여 SageMaker Canvas로 심장 질환 예측모델을 구현해 볼 것이다.

Heart Disease Health데이터는 주소(https://www.kaggle.com/datasets/alexteboul/heart-disease-health-indicators-dataset)를 통해 확인할 수 있다. [그림 10-49]와 같이 Kaggle 사이트에 들어가서 오른쪽 위에 파일을 다운 받을 수 있는 버튼이 있다. 화면 오른쪽 위에 있는 Download 버튼을 클릭하여 파일을 다운 받는다.

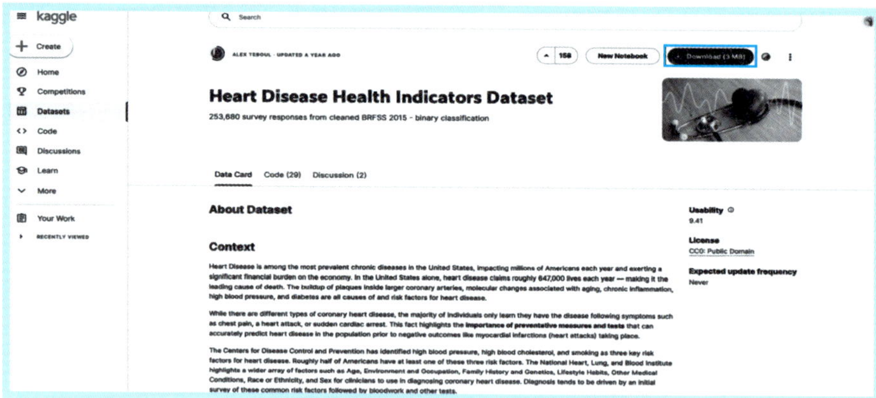

그림 10-49 Kaggle Heart Disease

표 10-3 Heart Disease Health Dataset

변수 명	설명
Blood pressure(high)	혈압(높음)
cholesterol	콜레스테롤(높음)
smoking	흡연
diabetes	당뇨병
obesity	비만
age	나이
sex	성별
race	인종
diet	식습관
exercise	운동
alcohol consumption	알코올 섭취
BMI	체질량 지수
household Income	가계 소득
Sleep	수면
Education	교육 수준
Marital Status	혼인 여부
Time since last checkup	마지막 건강검진 이후 시간
Health care coverage	건강 보험
Mental Health	정신 건강

파일을 다운로드 받았으면 Canvas에 다운받은 파일을 업로드를 한다. 업로드가 완료되면 [그림 10-50]과 같은 화면이 나타난다. 이후 오른쪽 아래에 있는 Import data 버튼을 클릭하여 데이터를 업로드 한다.

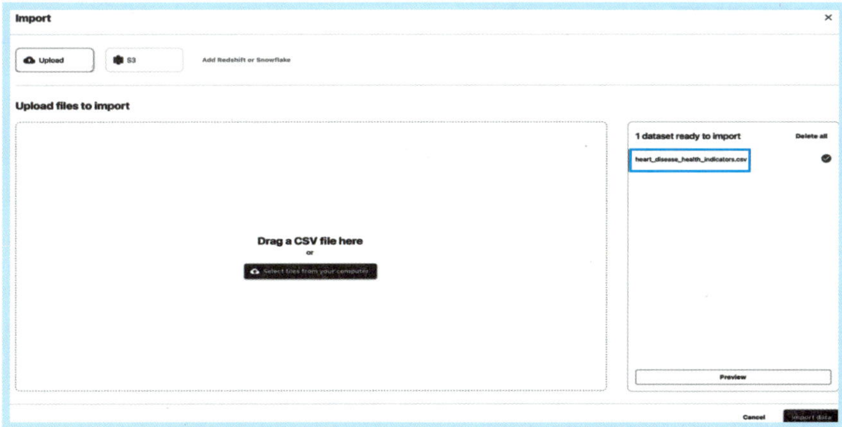

그림 10-50 Kaggle Heart Disease Dataset

심장질환 예측 데이터 업로드가 끝났다면 Datasets 화면에서 모델을 생성시킬 파일을 선택한다. [그림 10-51]을 보면 Heart Disease Health Indicators CSV 파일을 선택하여 오른쪽 위에 보면 Create a Model을 클릭하여 모델을 생성한다.

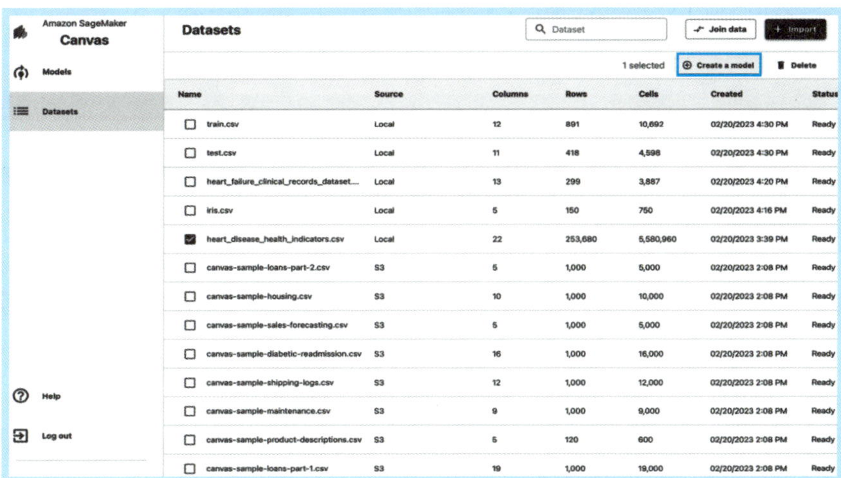

그림 10-51 Heart Disease 모델 생성

[그림 10-51]에서 데이터 파일의 업로드가 완료되었으면 [그림 10-52]와 같은 화면이 나타난다.

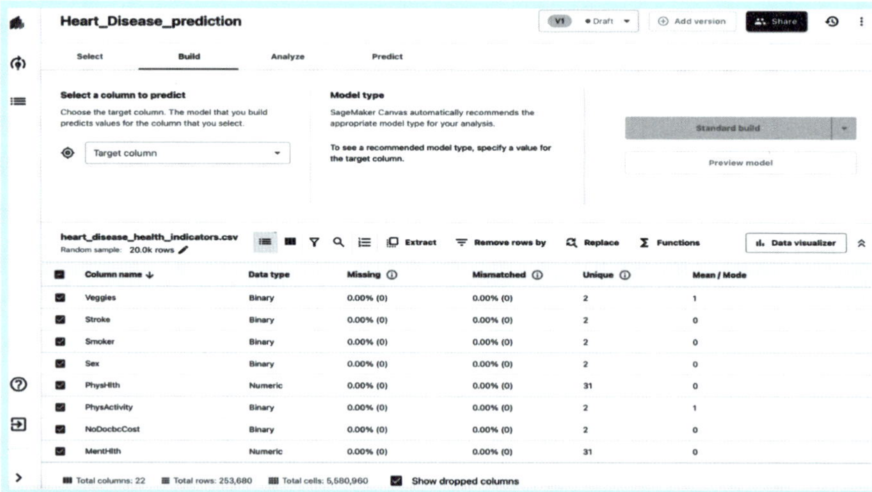

그림 10-52 Heart Disease Dataset Preview

데이터에 대한 탐색을 마친 후에 이제 모델을 생성하기 위해 Target Column을 설정한 다음 모델 빌드를 해야 한다. 심장 질환 여부에 대한 예측을 하기 위해서는 Target Column을 Heart Disease or Attack으로 설정한다. 이후 모델 빌드는 Quick build가 아닌 Standard build로 선택하여 모델을 생성한다. 모델이 생성되는 시간은 대략 30분 정도 소요된다.

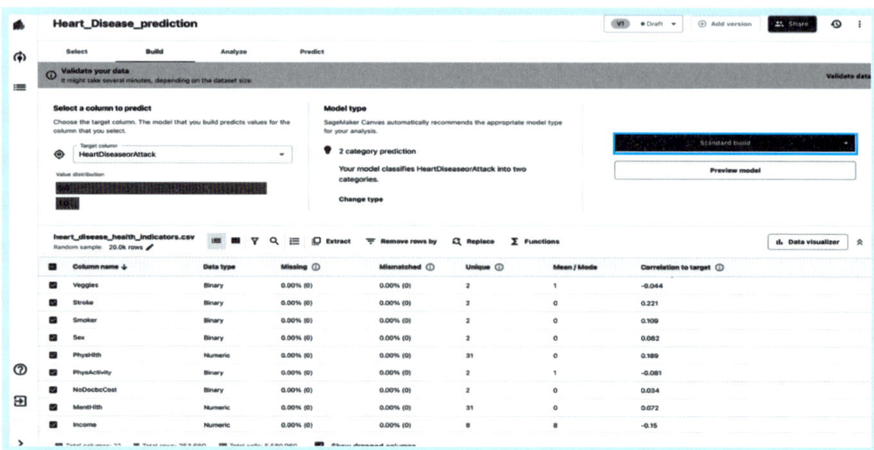

그림 10-53 Heart Disease Standard build

Standard Model 빌드가 완료되면 [그림 10-52]와 같은 화면이 나타난다. Standard Model을 빌드한 결과 85%의 정확도가 나타났다.

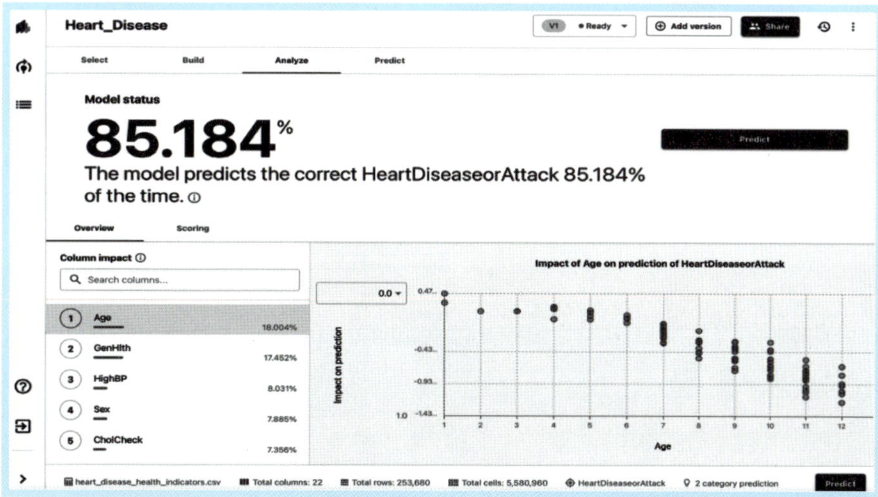

그림 10-52 Heart Disease Analyze Overview

[그림 10-53]과 같이 심장 질환에 대해 모델 빌드를 한 결과를 자세하게 확인하고 싶으면 Scoring을 클릭하여 실제 값과 예측된 값을 비교할 수 있다.

그림 10-53 Heart Disease Analyze Scoring

사용자가 F1 Score, Accuracy, Precision, Recall, AUC값을 확인하려면 [그림 10-54]의 Advanced metrics를 클릭하여 값을 확인할 수 있다. 또한 TP, FN, FP, TN 값을 개별적으로도 파악할 수 있다.

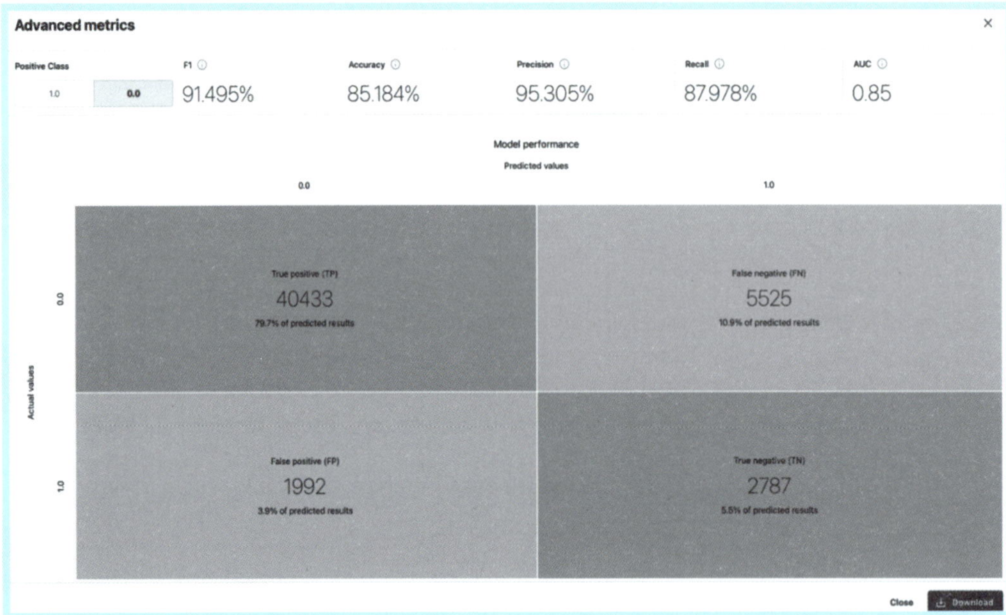

그림 10-54 Heart Disease Analyze Advanced Metrics

모델을 생성한 후 결과에 대한 분석이 끝나면 예측을 해보도록 한다. [그림 10-55]와 같이 Single prediction을 선택한 후 예측한다. 각 컬럼의 Value값을 입력한 후 오른쪽에 보이는 Update 버튼을 클릭하여 예측을 한다.

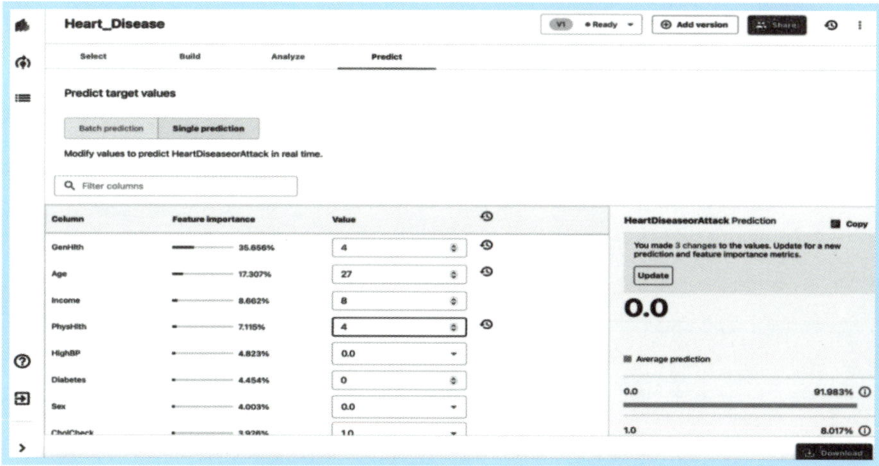

그림 10-55 Heart Disease Single Prediction

[그림 10-55]에서 Update 버튼을 클릭했으면 다음 [그림 10-56]과 같은 화면이 나타난다. 사용자가 Single Prediction한 결과는 우측 하단 부분에 나타난다. 현재 0과 1로 심장 질환 여부를 예측하는 이진 분류 형태로 예측되었으며, 결과를 보면 Feature Importance에 대한 정보도 파악할 수 있다.

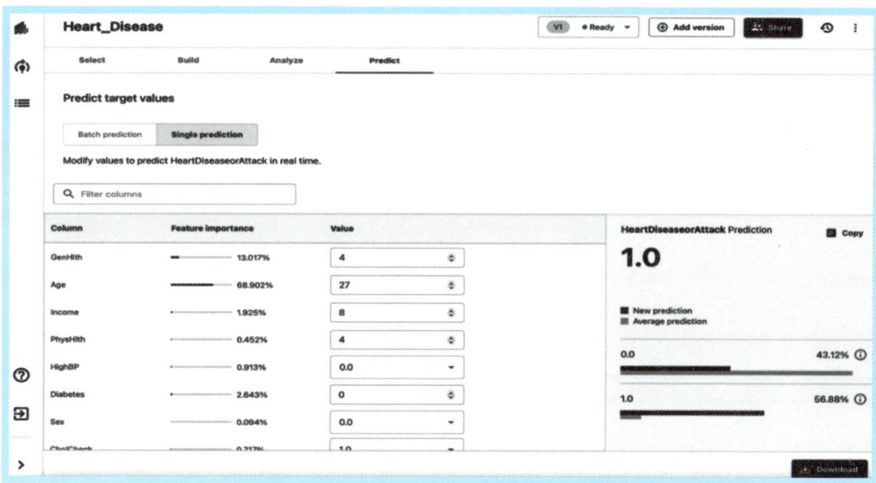

그림 10-56 Heart Disease Single Prediction Result

11. Amazon SageMaker Studio

Amazon SageMaker Studio는 웹 기반의 통합 개발 환경으로, 머신러닝 모델의 전체 생명 주기인 데이터 수집부터 모델 구축, 훈련, 배포까지의 과정을 한 곳에서 관리할 수 있다. 세부적으로는 JupyterLab 기반의 인터페이스를 통해 필요한 도구와 라이브러리에 쉽게 접근할 수 있으며, 사용자는 데이터를 업로드하고, 모델을 훈련 및 튜닝하며, 실험을 조정하는 등의 작업을 효율적으로 수행할 수 있다. 또한, 코드 공유 기능을 통해 팀원들과 원활하게 협업이 가능하다. SageMaker Studio는 AWS의 다양한 머신러닝 서비스와의 연동도 지원하여, 사용자는 AWS의 서비스를 통합적으로 활용하여 머신러닝 프로젝트를 더욱 효과적으로 진행할 수 있다.

11.1 SageMaker Studio Notebook

SageMaker Studio에 있는 Notebook을 시작하기 위해 [그림 11-1]과 같이 SageMaker의 메인 홈으로 이동한다. SageMaker Studio는 AWS SageMaker Console 메인 화면에서 왼쪽 부분에 [Studio]탭을 클릭하여 실행하면 된다.

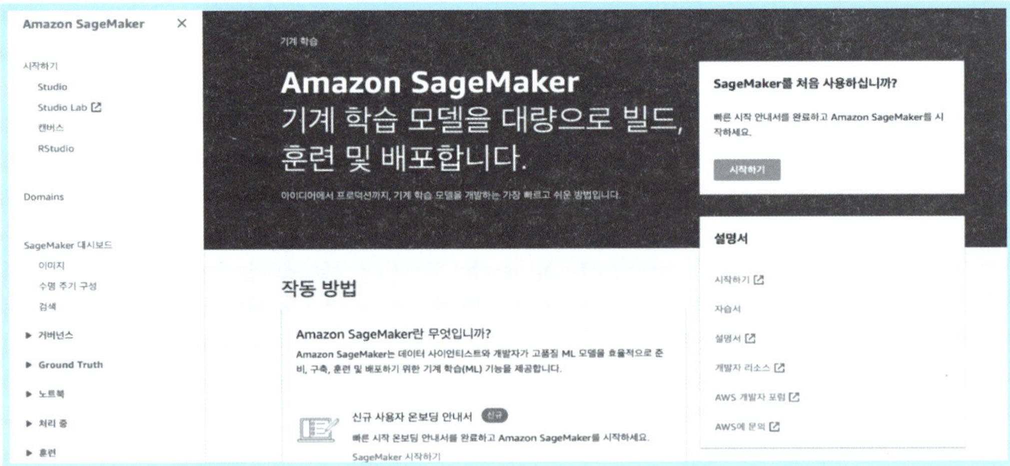

그림 11-1 SageMaker 메인 화면

[그림 11-1]에서 [Studio]탭을 클릭했다면 다음 [그림 11-2]와 같은 화면이 나타난다. 로그인을 하고 도메인이 생성된 상태에서 화면 오른쪽에 보이는 [Studio 열기] 버튼을 클릭하여 Studio를 실행한다.

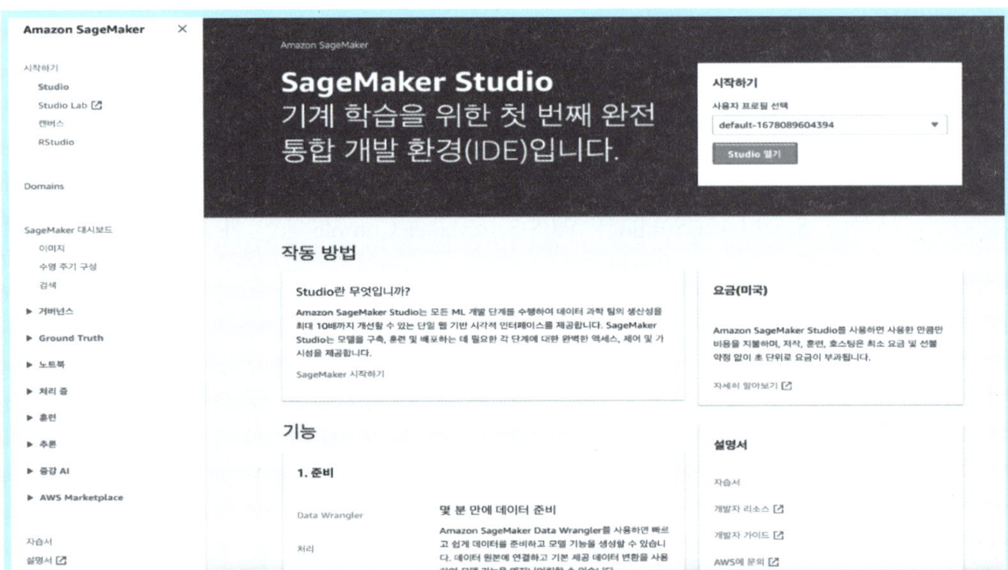

그림 11-2 SageMaker Studio 화면

[그림 11-2]에서 Studio 열기를 클릭하면 [그림 11-3]과 같은 화면이 나타난다. Studio를 시작할 때 대략 1~2분 정도가 소요된다. SageMaker Studio 화면에서 Notebook을 생성하여 Studio를 실행한다.

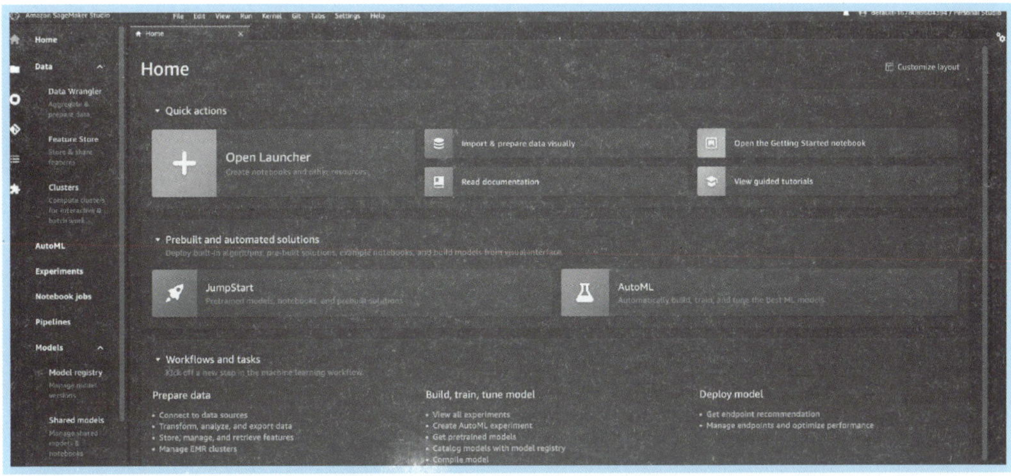

그림 11-3 SageMaker Studio 화면

[그림 11-4]를 살펴보면 〈File〉탭에서 〈New〉를 클릭한다. 클릭하면 Notebook을 클릭하여 노트북 파일을 생성한다.

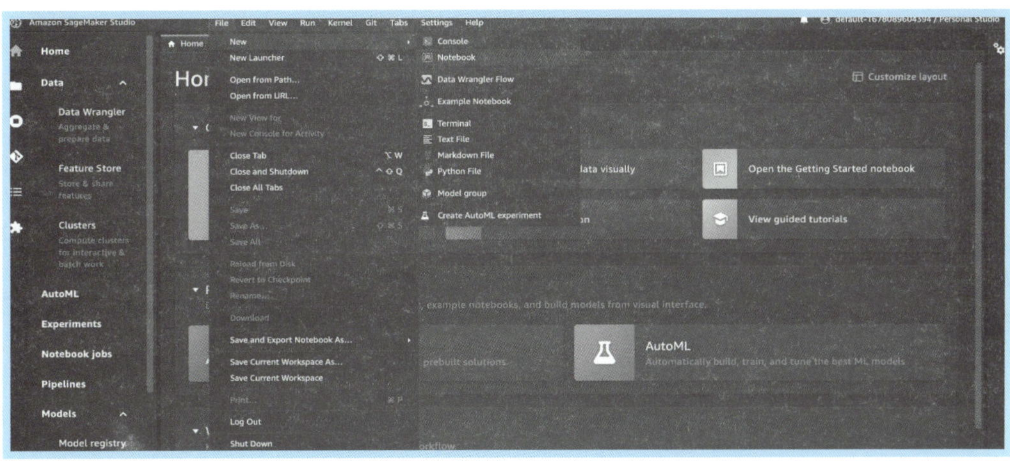

그림 11-4 SageMaker Studio Notebook 생성

SageMaker Studio에서 Notebooks을 생성하면 [그림 11-5]와 같이 노트북 환경 설정을 해야 한다. 이번 실습 과정에서는 Image는 Data Science를 선택, Kernel은 Python 3를 선택하고, Instance type를 ml.t3.medium를 선택해야 한다. 여기서 주의해야 할 점은 Instance type 설정을 할 때 사용자가 적절한 인스턴스 유형을 설정하지 않으면 비용이 과다하게 청구될 수 있다.

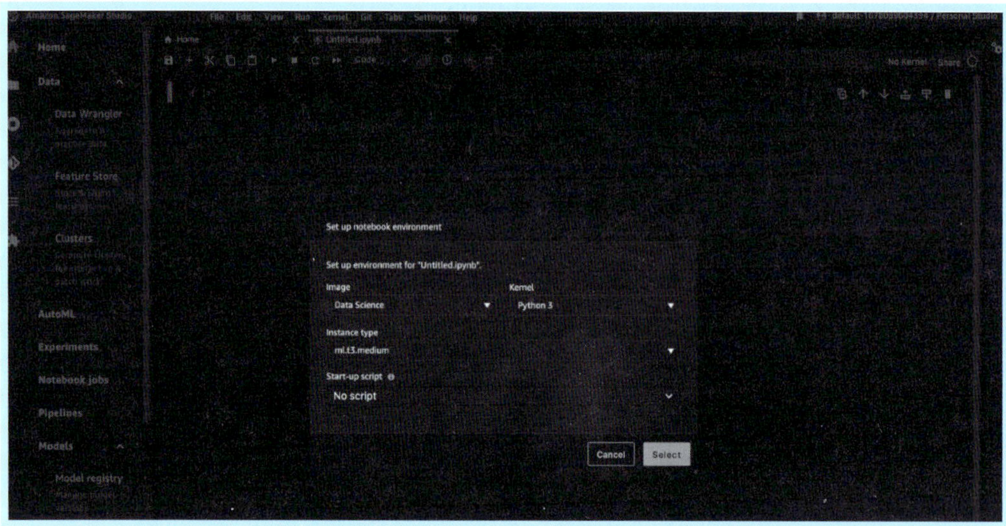

그림 11-5 SageMaker Studio Notebook 생성

SageMaker Studio Notebook은 인스턴스 유형과 파일 저장 용량 미리 설정할 필요가 없으며 협업할 수 있는 환경을 제공한다. 기본 설정 상태에서는 영구적으로 저장 공간을 제공하므로 노트북이 실행되는 인스턴스가 종료되더라도 노트북을 보고 공유할 수 있다. 또한 SageMaker Studio Notebook은 다른 사람과 공유하여 모델을 생성하고 데이터를 탐색하는 동안 결과를 쉽게 재현하고 함께 작업을 할 수 있다. 보안 URL을 통해 노트북의 읽기 전용 복사본에 대한 액세스를 제공하며, 노트북에 대한 종속 항목은 노트북의 메타데이터에 포함된다.

11.2 합성곱 신경망을 이용한 이미지 분류 실습하기

이번 예제에서는 Kaggle에서 제공하는 Fashion MNIST 데이터셋을 활용하여 딥러닝 기술 중 하나인 합성곱 신경망을 사용한 이미지 분류를 해보도록 하자. 데이터 세트은 아래 그림과 같이 운동화, 셔츠, 샌들과 같은 작은 이미지들의 모음이며, 기본 MNIST 데이터셋과 같이 열 가지로 분류될 수 있는 28 × 28 픽셀의 이미지 70,000개로 이루어져 있다.

그림 11-6 Fashion MNIST 이미지 데이터셋

[그림 11-6]을 살펴보면 TensorFlow에 내장된 Fashion MNIST 데이터셋을 불러오는 코드이다. 먼저 텐서플로우 라이브러리를 가져오고, 텐서플로우 안에 있는 Keras 라이브러리를 가져온다. Fashion MNIST 데이터셋을 가져왔다면 Fashion MNIST 데이터를 훈련 데이터와 테스트 데이터를 나누는 과정을 진행한다. load_data() 함수를 호출하면 4개의 NumPy 배열이 반환된다.

- train_input와 train_target 배열은 모델 학습에 사용
- test_input와 test_target 배열은 모델 테스트에 사용

각 배열의 형태를 출력해보면, 훈련 데이터와 테스트 데이터는 각각 28 × 28의 형태를 갖는 60,000개, 10,000개 이미지의 배열을 갖는다. 따라서 각 데이터들은 0에서 9사이의 정수 60,000개, 10,000개의 배열임을 알 수 있다.

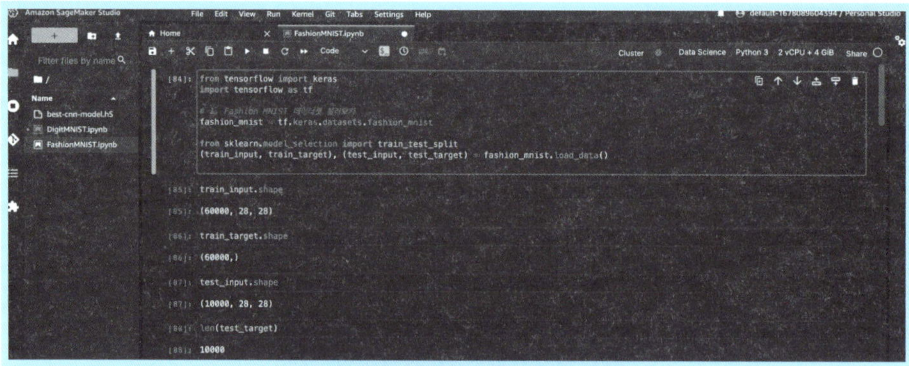

그림 11-7 Fashion MNIST 데이터셋 업로드

```
from tensorflow import keras
import tensorflow as tf

# 1. Fashion MNIST 데이터셋 불러오기
fashion_mnist = tf.keras.datasets.fashion_mnist
from sklearn.model_selection import train_test_split
(train_input, train_target), (test_input, test_target) = fashion_mnist.load_data()

# 훈련 데이터 셋
train_input.shape
train_target.shape

# 테스트 데이터 셋
test_input.shape
len(test_target)
```

[그림 11-8]과 같이 sklearn의 model_selection에서 train_test_split 함수를 불러온 후, train set과 target set으로 분리시킨다. 훈련 데이터와 테스트 데이터의 비율은 8:2로 test_size 옵션에서 0.2를 사용해준다. 추가로 random_state=42, seed를 42로 지정했다. 그리고 Fashion MNIST 데이터를 0에서 255 사이의 갖는 훈련 및 테스트 데이터들을 0.0~1.0 사이의 값을 갖도록 변환한다. 다음에 사용된 라이브러리는 다음과 같다.

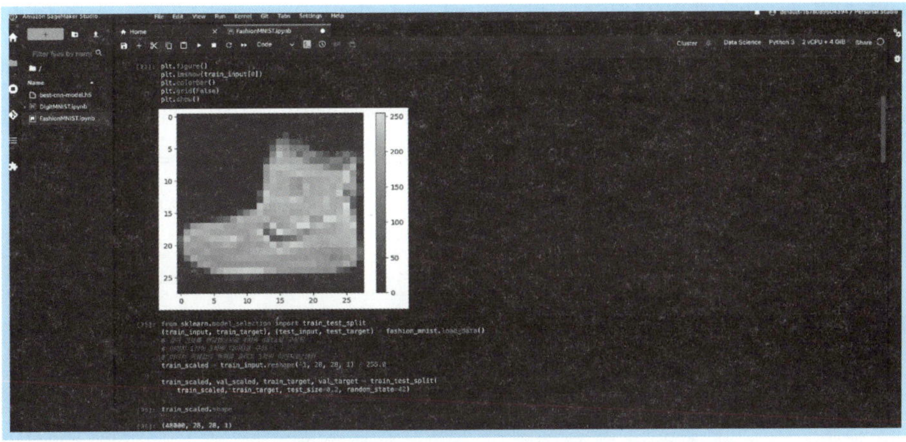

그림 11-8 Fashion MNIST 데이터 변환

```
# 훈련 데이터셋 시각화
plt.figure()
plt.imshow(train_input[0])
plt.colorbar()
plt.grid(False)
plt.show()

# Fashion MNIST 데이터셋 분리
from sklearn.model_selection import train_test_split
(train_input, train_target), (test_input, test_target) = fashion_mnist.load_data()
# 깊이 정보를 전달했으므로 4차원 data로 구성됨
# 이미지 픽셀 값의 범위를 줄이고 3차원 이미지로 생성
train_scaled = train_input.reshape(-1, 28, 28, 1) / 255.0
train_scaled, val_scaled, train_target, val_target = train_test_split(
    train_scaled, train_target, test_size=0.2, random_state=42)

#스케일링 데이터 세트 확인
train_scaled.shape
val_scaled.shape
```

[그림 11-9]를 보면 모델을 생성하는 함수는 다음과 같다. 우선 model.Sequential() 함수를 사용하여 model를 선언해 주고, model.add() 함수를 사용하여 차곡차곡 하나씩 층을 만들어 준다. model.add 함수 안에 Conv2D(32, kernel_size=3, activation='relu', padding='same' input_shape=(28,28,1))을 살펴보면 32개의 mask를 사용하고 있다. Kernel_size = 3으로 커널을 정했고, activation 활성화 함수는 relu로 정해준 것을 알 수 있다. model.summary() 함수를 보면 모델의 구조를 파악할 수 있다.

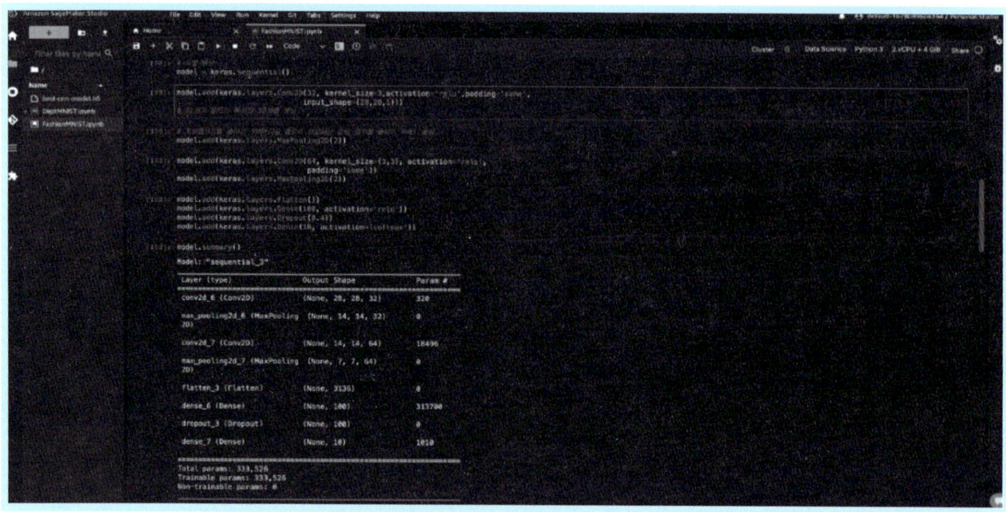

그림 11-9 Fashion MNIST 모델 생성

```
# 모델 생성
model = keras.Sequential()
model.add(keras.layers.Conv2D(32, kernel_size=3,activation='relu',padding='same', input_
    shape=(28,28,1)))
# 32개의 필터가 특성맵 32개를 생성
# 특성 맵 크기를 줄이기 위해(다음 층으로 전달되는 값의 갯수를 줄이기 위해) 풀링
model.add(keras.layers.MaxPooling2D(2))
model.add(keras.layers.Conv2D(64, kernel_size=(3,3), activation='relu', padding='same'))
model.add(keras.layers.MaxPooling2D(2))
model.add(keras.layers.Flatten())
```

```
model.add(keras.layers.Dense(100, activation='relu'))
model.add(keras.layers.Dropout(0.4))
model.add(keras.layers.Dense(10, activation='softmax'))

# 모델 요약
model.summary()
```

[그림 11-10]을 보면 compile() 메서드를 이용해서 모델을 훈련하는데 사용할 옵티마이저, 손실함수, 지표를 설정한다.

- 손실 함수는 훈련 과정에서 모델의 오차를 측정하는데 사용된다.
- 옵티마이저는 데이터와 손실 함수를 바탕으로 모델을 업데이트 하는 방식을 말한다.
- 지표는 훈련과 테스트 단계를 평가하기 위해 사용된다. 여기서 'accuracy'로 설정하면, 이미지를 올바르게 분류한 비율로 모델을 평가한다.

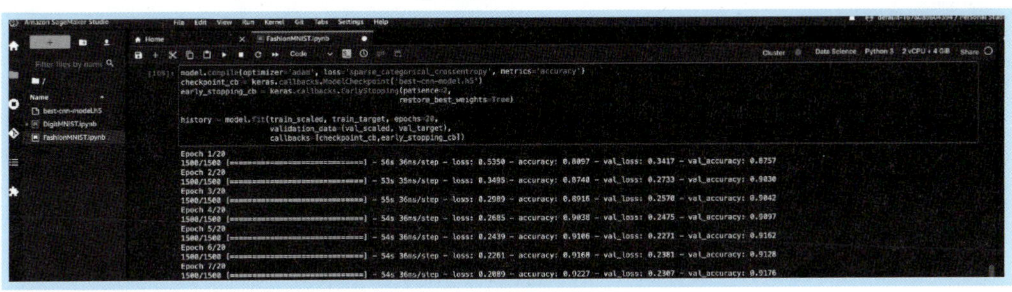

그림 11-10 Fashion MNIST 모델 컴파일

```
# 모델 컴파일
model.compile(optimizer='adam', loss='sparse_categorical_crossentropy',
    metrics='accuracy')
checkpoint_cb = keras.callbacks.ModelCheckpoint('best-cnn-model.h5')
early_stopping_cb = keras.callbacks.EarlyStopping(patience=2, restore_best_weights=True)
```

```
history = model.fit(train_scaled, train_target, epochs=10,
                    validation_data=(val_scaled, val_target),
                    callbacks=[checkpoint_cb,early_stopping_cb])
```

[그림 11-11]은 [그림 11-10]에서 모델 컴파일 한 결과를 시각화 한 그림이다. Fashion MNIST 모델 성능을 파악하면 먼저 훈련 데이터셋을 살펴보면 모델을 반복할 수록 손실 함수 값이 떨어지는 것을 볼 수 있다. 테스트 데이터셋은 4번의 반복 이후 손실 함수 값이 미세하게 증가된 것을 볼 수 있다. 아래 evaluate() 메서드를 이용해서 손실 값과 정확도를 각각 얻을 수 있다.

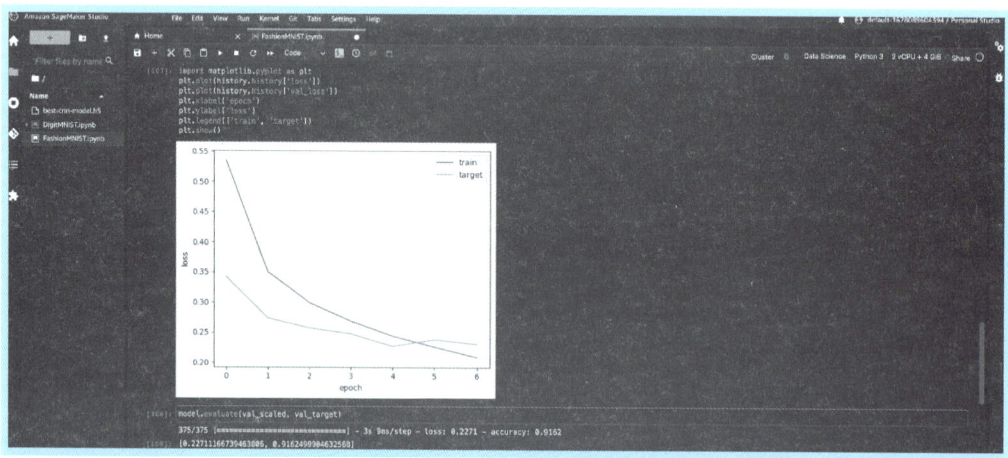

그림 11-11 Fashion MNIST 모델 성능

```
# 손실 함수 시각화
import matplotlib.pyplot as plt
plt.plot(history.history['loss'])
plt.plot(history.history['val_loss'])
plt.xlabel('epoch')
plt.ylabel('loss')
plt.legend(['train', 'target'])
plt.show()
```

다음은 검증 첫번째 이미지를 출력하여 모델 예측을 어떻게 했는지 살펴볼 것이다. [그림 11-12]를 보면 preds = model.predict(val_scaled[0:1]) 코드에서 predict() 메서드를 사용하면 모델이 각 이미지의 클래스를 예측하는 결과를 확인할 수 있다. Preds의 결과는 각 val_scaled에 대한 신경망의 출력값을 나타내는 배열이다. 첫번째 예측 val_scaled[0]을 출력해보면 10개의 값을 갖는 배열이다.

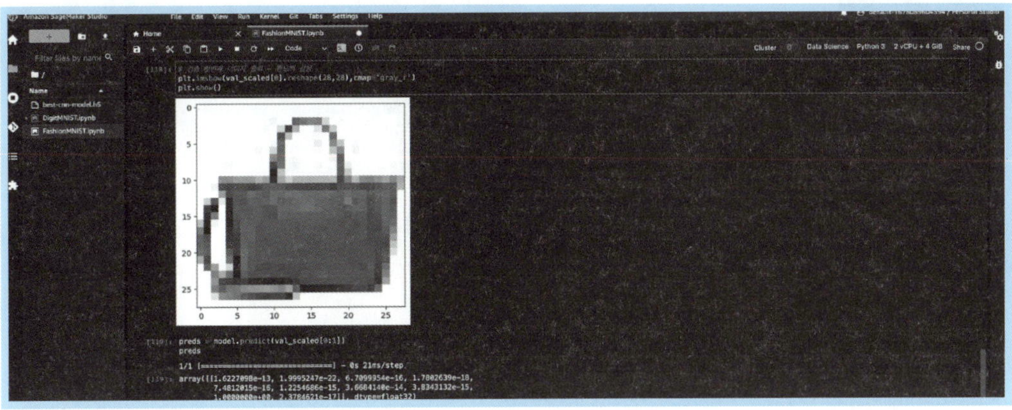

그림 11-12 Fashion MNIST 첫번째 이미지 출력 결과

```
# 검증 첫번째 이미지 출력 - 핸드백 같음
plt.imshow(val_scaled[0].reshape(28,28),cmap='gray_r')
plt.show()
# 예측 모델 생성
preds = model.predict(val_scaled[0:1])
preds
```

[그림 11-13]을 보면 np.argmax() 함수를 이용해서 가장 높은 값을 갖는 인덱스를 확인해보면 9를 출력한다. 즉 학습된 신경망은 가방이라고 예측했다.

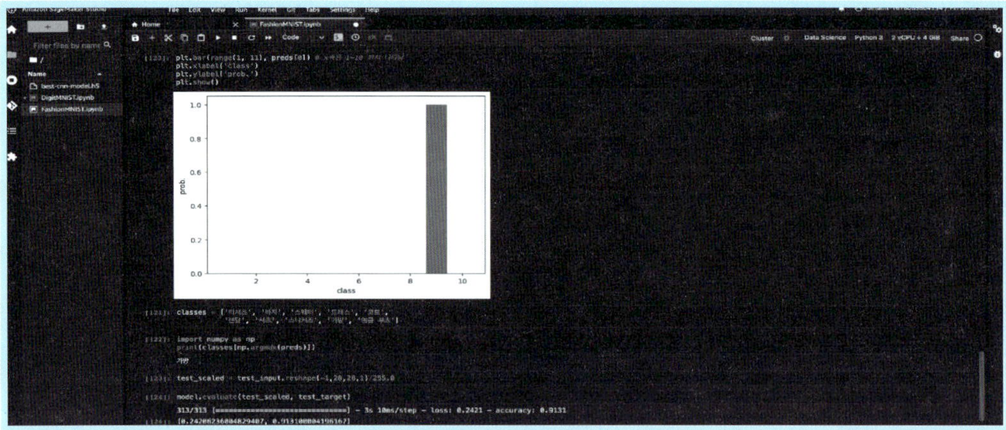

그림 11-13 Fashion MNIST 예측 결과

```
plt.bar(range(1, 11), preds[0]) # x축은 1~10까지 나타남
plt.xlabel('class')
plt.ylabel('prob.')
plt.show()
# Fashion 품목
classes = ['티셔츠', '바지', '스웨터', '드레스', '코트',
          '샌들', '셔츠', '스니커즈', '가방', '앵클 부츠']

import numpy as np
print(classes[np.argmax(preds)])
test_scaled = test_input.reshape(-1,28,28,1)/255.0
model.evaluate(test_scaled, test_target)
```

11.3 KNN 최근접 알고리즘 기반의 Iris 품종 예측

2장에서 서술되었던 KNN 알고리즘 기반으로 AWS SageMaker Studio에서 제공하는 함수 중 S3 버킷과 연동시키는 boto3를 활용하여 품종을 예측해보자.

(1) Iris 품종 예측하기

```
import urllib
import pandas as pd
import numpy as np
import seaborn as sns
import matplotlib.pyplot as plt

download_url = "https://archive.ics.uci.edu/ml/machine-learning-databases/iris/iris.data"
file_name = "iris.data"
urllib.request.urlretrieve (download_url, file_name)

# Pandas DataFrame 기반으로 데이터 읽기
# 'sepal_length', 'sepal_width', 'petal_length', 'petal_width', 'species'는 변수
df=pd.read_csv('./{}'.format(file_name),names=['sepal_length','sepal_width','petal_
    length','petal_width', 'species'])

df.head()
```

	sepal_length	sepal_width	petal_length	petal_width	species
0	5.1	3.5	1.4	0.2	Iris-setosa
1	4.9	3.0	1.4	0.2	Iris-setosa
2	4.7	3.2	1.3	0.2	Iris-setosa
3	4.6	3.1	1.5	0.2	Iris-setosa
4	5.0	3.6	1.4	0.2	Iris-setosa

그림 11-14 iris 데이터셋

```
# 변수의 개수
df.count()
```

```
sepal_length    150
sepal_width     150
petal_length    150
petal_width     150
species         150
dtype: int64
```

그림 11-15 iris 데이터 개수

```
# 각각의 변수 별 값 그래프
plt.figure(1 , figsize = (15 , 6))
n = 0
for x in ['sepal_length' , 'sepal_width' , 'petal_length', 'petal_width']:
    n += 1
    plt.subplot(1 , 4 , n)
    plt.subplots_adjust(hspace =0.5 , wspace = 0.5)
    sns.distplot(df[x] , bins = 20)
    plt.title('Distplot of {}'.format(x))
plt.show()
```

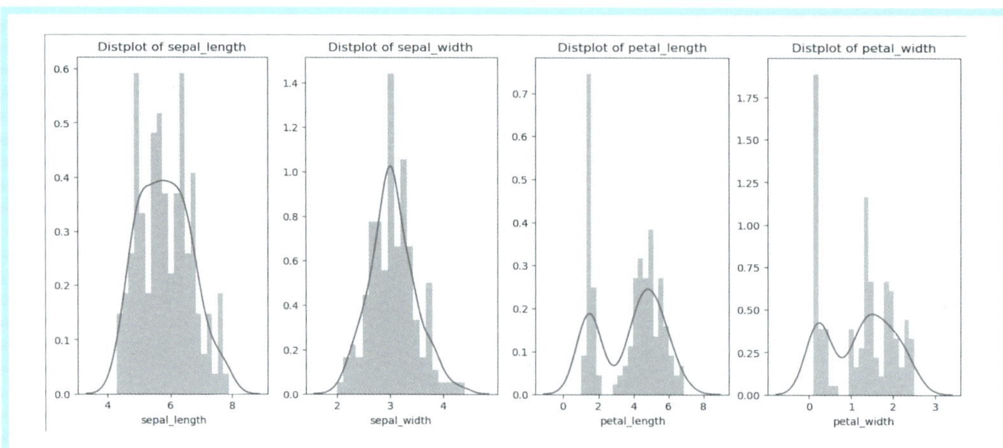

그림 11-16 iris 데이터 분포 가시화

```
# 상관 관계 (heatmap): 꽃잎 길이 및 너비 모양이 가장 연관성이 높음
plt.figure(figsize=(7,4))
sns.heatmap(df.corr(),annot=True)
plt.show()
```

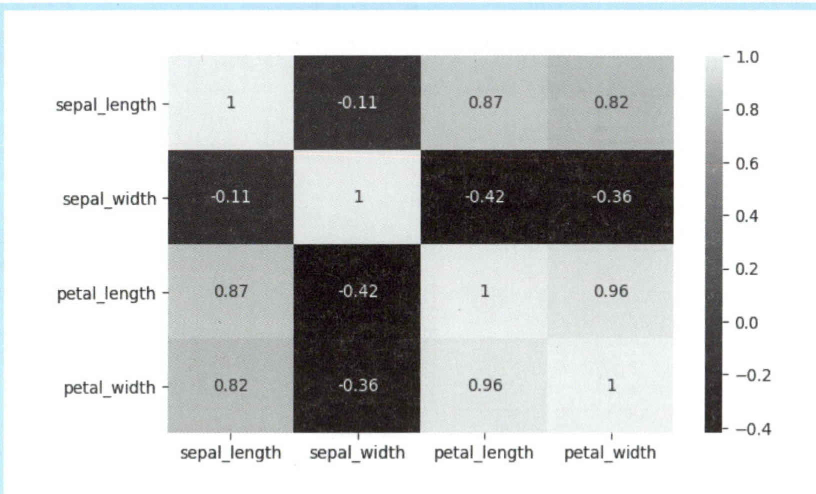

그림 11-17 Iris heatmap

```
# 대체 상관 관계 보기: 꽃잎 길이와 너비 사이의 강한 연관성을 보여줌
g = sns.pairplot(df, hue='species', markers='+')
plt.show()
```

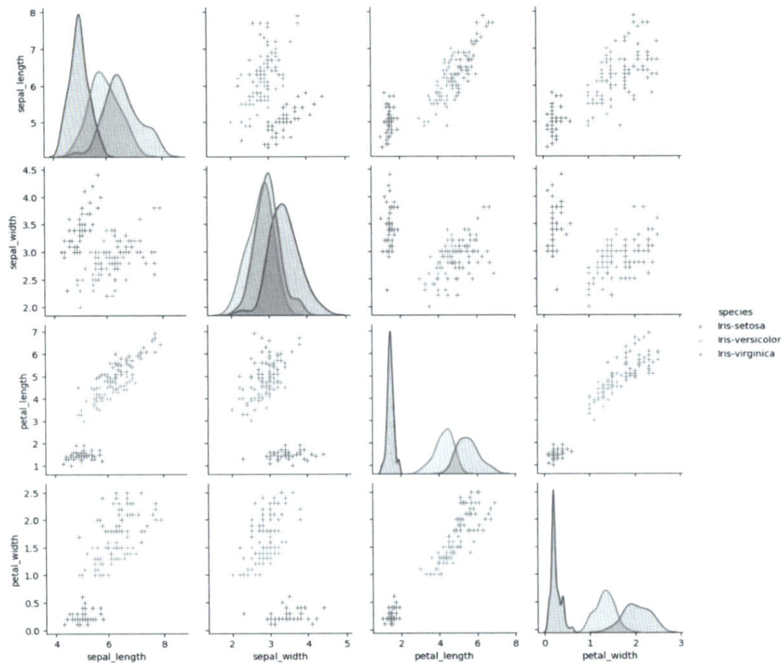

그림 11-18 Iris 데이터 대체 상관 관계 시각화

```
# 무작위로 Train 데이터와 Test 데이터를 7:3 비율로 생성
train_data, test_data = np.split(df.sample(frac=1, random_state= np.random.
    RandomState()), [int(0.7 * len(df))])

# KNN 알고리즘 모델 생성
from sklearn.neighbors import KNeighborsClassifier

# knn 분류자 선언: 가장 가까운 이웃 3개의 가장 일반적인 분류를 기반으로 분류
knn = KNeighborsClassifier(n_neighbors=3)

# knn model 생성
knn.fit(train_data[['sepal_length', 'sepal_width', 'petal_length', 'petal_width']], train_
    data["species"])
```

```
# Model 및 Test 데이터를 사용하여 예측
preds_array = knn.predict(test_data[['sepal_length', 'sepal_width', 'petal_length', 'petal_
    width']])

# 배열을 pred라는 단일 열이 있는 데이터 프레임으로 변환
preds_df = pd.DataFrame(preds_array, columns=['prediction'])

# 나란히 배치하여 선행 데이터 프레임을 Test 데이터 프레임에 추가
combined_df = test_data.reset_index(drop=True).join(preds_df)

# 알려진 클래스에 비해 예측이 좋아 보임
combined_df.head(20)
```

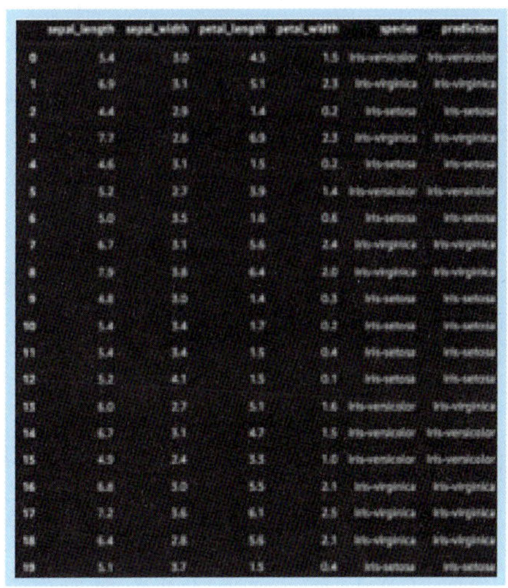

	sepal_length	sepal_width	petal_length	petal_width	species	prediction
0	5.4	3.0	4.5	1.5	Iris-versicolor	Iris-versicolor
1	6.9	3.1	5.1	2.3	Iris-virginica	Iris-virginica
2	4.4	2.9	1.4	0.2	Iris-setosa	Iris-setosa
3	7.7	2.6	6.9	2.3	Iris-virginica	Iris-virginica
4	4.6	3.1	1.5	0.2	Iris-setosa	Iris-setosa
5	5.2	2.7	3.9	1.4	Iris-versicolor	Iris-versicolor
6	5.0	3.5	1.6	0.6	Iris-setosa	Iris-setosa
7	6.7	3.1	5.6	2.4	Iris-virginica	Iris-virginica
8	7.9	3.8	6.4	2.0	Iris-virginica	Iris-virginica
9	4.8	3.0	1.4	0.3	Iris-setosa	Iris-setosa
10	5.4	3.4	1.7	0.2	Iris-setosa	Iris-setosa
11	5.4	3.4	1.5	0.4	Iris-setosa	Iris-setosa
12	5.2	4.1	1.5	0.1	Iris-setosa	Iris-setosa
13	6.0	2.7	5.1	1.6	Iris-versicolor	Iris-virginica
14	6.7	3.1	4.7	1.5	Iris-versicolor	Iris-versicolor
15	4.9	2.4	3.3	1.0	Iris-versicolor	Iris-versicolor
16	6.8	3.0	5.5	2.1	Iris-virginica	Iris-virginica
17	7.2	3.6	6.1	2.5	Iris-virginica	Iris-virginica
18	6.4	2.8	5.6	2.1	Iris-virginica	Iris-virginica
19	5.1	3.7	1.5	0.4	Iris-setosa	Iris-setosa

그림 11-19 iris 품종 예측 결과

```
# 관찰된 종에 대비 시 품종의 예측은 대체로 정확함
pd.crosstab(combined_df['species'], combined_df['prediction'], rownames=['Actual
    species'], colnames=['Predicted species'])
```

Predicted species	Iris-setosa	Iris-versicolor	Iris-virginica
Actual species			
Iris-setosa	15	0	0
Iris-versicolor	0	14	1
Iris-virginica	0	0	15

그림 11-20 iris 품종 데이터 예측 결과 정리

iris 품종 데이터를 Pandas 데이터 프레임 안에 CSV 파일을 다시 업로드한다.

```
# Pandas 데이터 프레임 내로 CSV 파일 다시 업로드
df = pd.read_csv('./{}'.format(file_name), names=['sepal_length', 'sepal_width', 'petal_
    length', 'petal_width', 'species'])

# Remap species values to integers
df['species'] = df['species'].replace({'Iris-setosa': 0, 'Iris-versicolor': 1, 'Iris-virginica': 2})

# Move species column to first position
df = pd.concat([df['species'], df.drop(['species'], axis=1)], axis=1)
# Create training and test DataFrames based on a random 70/30 split
train_data, test_data = np.split(df.sample(frac=1, random_state= np.random.
    RandomState()), [int(0.7 * len(df))])
```

AWS 내에서 데이터 셋을 가져오기 위해서는 s3버킷 설정이 필요하다. 이전 장에서 설정했던 S3 버킷 혹은 새로 만든 버킷에 iris-test.csv파일과 iris-train.csv 데이터를 활용하기 위해 설정을 진행한다. [그림 11-21]과 같이AWS 메인 홈페이지로 돌아가 검색창에 S3를 검색 후 선택한다.

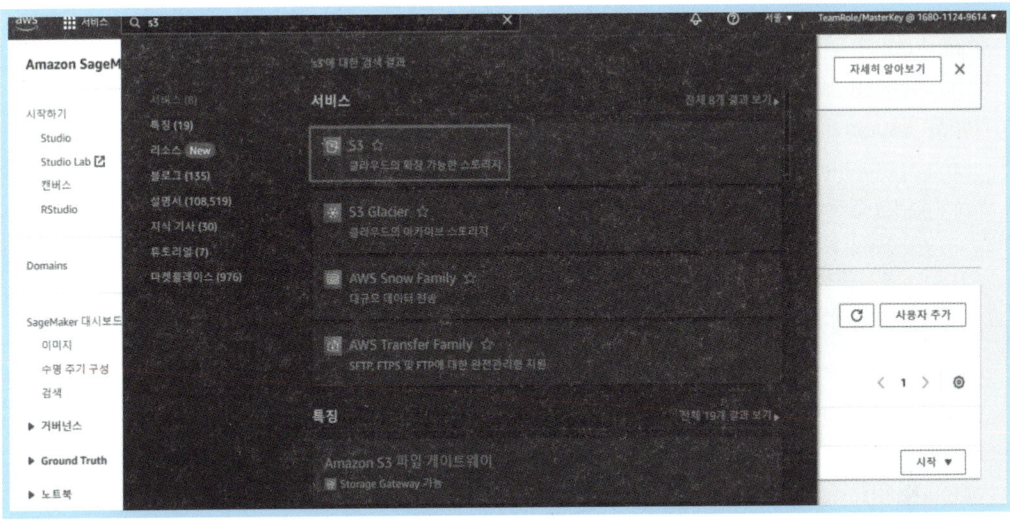

그림 11-21 Amazon S3 Bucket

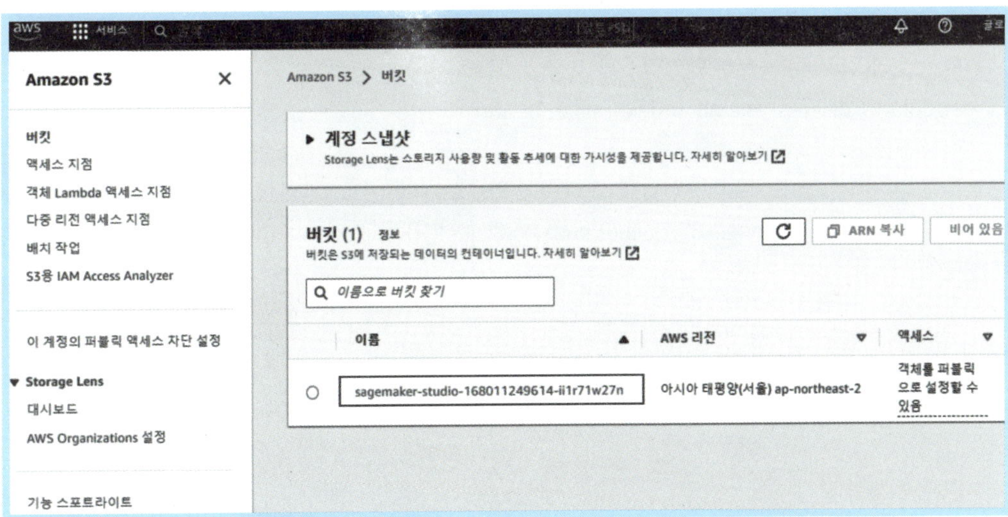

그림 11-22 Amazon S3 Bucket 정보

[그림 11-22]를 보면 있는 버킷 이름을 복사 후 아래 코드에서 버킷 부분에 붙여 넣는다. S3 버킷에 데이터가 업로드 되었다면 SageMaker Studio에서 실습을 다시 진행하자.

```
import boto3
from datetime import datetime
import sagemaker
from sagemaker import get_execution_role
from sagemaker.predictor import csv_serializer, json_deserializer
from sagemaker.amazon.amazon_estimator import get_image_uri

# S3 설정
bucket = 'sagemaker-studio-168011249614-ii1r71w27n' # 설정한 버킷 이름으로 변경
train_fname = 'iris-train.csv'
test_fname = 'iris-test.csv'
output_path = 's3://{}/output'.format(bucket)

# 훈련 데이터셋을 노트북 인스턴스에 저장
train_data.to_csv(train_fname, index=False, header=False)

# 테스트 데이터셋을 노트북 인스턴스에 저장
test_data.to_csv(test_fname, index=False, header=False)

# 훈련 데이터셋과 테스트 데이터셋을 s3 버킷에 업로드
boto3.Session().resource('s3').Bucket(bucket).Object("{}/{}".format('train', train_fname)).
    upload_file(train_fname)
boto3.Session().resource('s3').Bucket(bucket).Object("{}/{}".format('test', test_fname)).
    upload_file(test_fname)
# 훈련 환경 구성
job_name = 'iris-job-{}'.format(datetime.now().strftime("%Y%m%d%H%M%S"))

# KNN 추정량 설정
knn = sagemaker.estimator.Estimator(get_image_uri(boto3.Session().region_name, "knn"),
                                    get_execution_role(),
                                    train_instance_count=1,
                                    train_instance_type='ml.m4.xlarge',
                                    output_path=output_path,
                                    sagemaker_session=sagemaker.Session())
```

```
# 하이퍼파라미터 설정: 일반적인 3개의 가장 가까운 이웃을 기준으로 분류
knn.set_hyperparameters(predictor_type='classifier',
                        feature_dim=4,
                        k=3,
                        sample_size=len(train_data))

# 훈련 및 테스트 데이터에 대한 데이터 유형 및 경로 설정
content_type = "text/csv"
train_input=sagemaker.session.s3_input(s3_data="s3://{}/{}/".
    format(bucket,'train'),content_type=content_type)
test_input=sagemaker.session.s3_input(s3_data="s3://{}/{}/".format(bucket,'test'),content_
    type=content_type)

# 훈련 데이터만으로 이루어진 모델을 훈련
knn.fit({'train': train_input}, job_name=job_name)

# 훈련 및 검증 데이터를 사용하여 KNN 모델 훈련
knn.fit({'train': train_input, 'test': test_input}, job_name=job_name)
```

그림 11-23 훈련 & 테스트 데이터셋 환경 구성

모델의 배포를 위해서 SageMaker 내의 endpoint에 모델을 배포시킨다.

```
# SageMaker Endpoint에 모델 배포
knn_predictor = knn.deploy(initial_instance_count=1,instance_type='ml.m4.xlarge')
knn_predictor.serializer = csv_serializer
knn_predictor.deserializer = json_deserializer
```

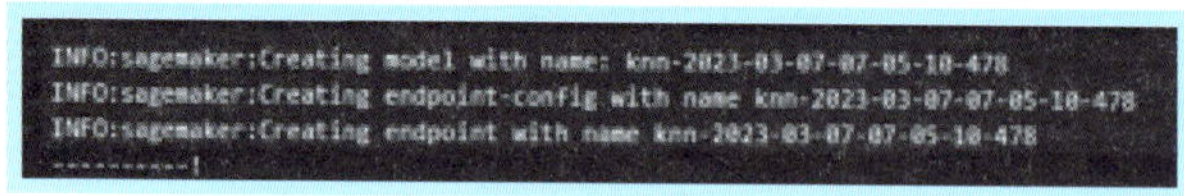

그림 11-24 Endpoint 모델 배포 완료

```
# 테스트 데이터 열 중에서 품종 열을 삭제
test_data_array = test_data.drop(['species'], axis=1).values

# 테스트 데이터 예측
preds = knn_predictor.predict(test_data_array)

# 하나의 iris 품종 데이터 값을 예측
preds = knn_predictor.predict([4.8, 3.0, 1.4, 0.1])

# JSON 예측을 배열로 변환
preds_array=np.array([preds['predictions'][i]['predicted_label']for i in range(len(preds['predi
    ctions']))])

# '예측'열의 데이터 형식을 배열을 데이터 프레임으로 형 변환
preds_df = pd.DataFrame(preds_array, columns=['prediction'])

# 예측 데이터 프레임을 테스트 데이터 프레임에 추가
combined_df = test_data.reset_index(drop=True).join(preds_df)

# 품종 별 값을 원래 값으로 다시 매핑
combined_df['species'] = combined_df['species'].replace({0: 'Iris-setosa', 1: 'Iris-versicolor',
    2: 'Iris-virginica'})
```

```
)
combined_df['prediction'] = combined_df['prediction'].replace({0: 'Iris-setosa', 1: 'Iris-
    versicolor', 2: 'Iris-virginica'})

# 기존의 iris품종과 비교하여 제대로 예측한 품종 값 확인
combined_df.head(20)
```

	species	sepal_length	sepal_width	petal_length	petal_width	prediction
0	Iris-versicolor	6.9	3.1	4.9	1.5	Iris-versicolor
1	Iris-versicolor	6.2	2.2	4.5	1.5	Iris-versicolor
2	Iris-setosa	5.4	3.4	1.7	0.2	Iris-setosa
3	Iris-versicolor	6.0	2.7	5.1	1.6	Iris-virginica
4	Iris-setosa	4.7	3.2	1.6	0.2	Iris-setosa
5	Iris-versicolor	6.1	2.8	4.7	1.2	Iris-versicolor
6	Iris-versicolor	5.1	2.5	3.0	1.1	Iris-versicolor
7	Iris-versicolor	5.4	3.0	4.5	1.5	Iris-versicolor
8	Iris-virginica	7.7	3.8	6.7	2.2	Iris-virginica
9	Iris-setosa	5.7	4.4	1.5	0.4	Iris-setosa
10	Iris-setosa	5.0	3.3	1.4	0.2	Iris-setosa
11	Iris-versicolor	5.5	2.4	3.8	1.1	Iris-versicolor
12	Iris-setosa	5.5	3.5	1.3	0.2	Iris-setosa
13	Iris-versicolor	6.0	2.2	4.0	1.0	Iris-versicolor
14	Iris-versicolor	5.9	3.2	4.8	1.8	Iris-versicolor
15	Iris-setosa	5.1	3.8	1.9	0.4	Iris-setosa
16	Iris-virginica	6.0	3.0	4.8	1.8	Iris-virginica
17	Iris-versicolor	5.8	2.7	4.1	1.0	Iris-versicolor
18	Iris-virginica	6.3	2.5	5.0	1.9	Iris-virginica
19	Iris-virginica	6.3	3.4	5.6	2.4	Iris-virginica

그림 11-25 iris 품종 예측 결과

세션 유지 시 나올 수 있는 과금을 막기 위해 endpoint를 삭제함으로써 마무리 짓는다.

```
# Endpoint 삭제
sagemaker.Session().delete_endpoint(knn_predictor.endpoint)
```

12. Amazon SageMaker Autopilot

2019년 말에 SageMaker에 도입된 Autopilot은 머신러닝 모델의 개발을 자동화하는 서비스로, 데이터 전처리부터 모델 선택, 학습, 하이퍼파라미터 튜닝까지의 과정을 자동으로 처리한다. 이 서비스는 최적의 모델을 찾아 사용자에게 제안하며, SageMaker Studio 인터페이스를 통해 쉽게 접근할 수 있다. Autopilot은 TensorFlow와 Scikit-learn 같은 오픈 소스 프레임워크를 활용하여 모델을 생성하고 평가한다. 사용자는 특정 알고리즘 선택이나 리소스 제약 설정, 다양한 사용자 정의 옵션을 활용할 수 있다.

Autopilot의 작동 방식은 사용자가 데이터셋을 Amazon S3에 업로드하고, 학습할 열을 지정하는 것만으로도 충분하다. 혹은 SageMaker Studio의 GUI나 SageMaker SDK의 간단한 코드를 통해 Autopilot 작업을 시작할 수 있다. Autopilot의 강점은 사용의 편리함과 동시에 모델 구축 과정의 투명성을 제공한다는 것이다. 이를 통해 사용자는 모델의 작동 방식을 이해하고, 필요한 경우 개선 작업을 수행할 수 있다. 이번 장에서는 SageMaker Autopilot의 특징과 그를 활용한 데이터 분석, 피처 엔지니어링, 모델 튜닝 방법에 대해 살펴볼 것이다.

(1) 데이터 분석

Amazon SageMaker Autopilot은 현대의 머신러닝 애플리케이션에서 필수적인 도구로 자리잡았다. 이 서비스는 선형 회귀, 이진 분류 및 다중 클래스 분류와 같은 주요 작업들을 지원하며, 데이터의 특성에 따라 적절한 모델을 선택한다. 예컨대, 만약 대상 속성이 오직 두 가지 값만을 갖는다면, 이진 분류 모델이 가장 적합하다. 또한, SageMaker Autopilot은 데이터셋 내의 다양한 열에 대한 통계 계산 기능을 갖추고 있다. 이 기능은 고유 값의 수, 평균, 중앙값과 같은 핵심 통계치를 포함하며, 이를 통해 머신러닝 전문가들은 데이터에 대한 깊은 통찰력을 얻을 수 있다. 이런 자동화된 데이터 분석은 초기 데이터 이해 단계에서 큰 도움이 된다. 데이터 분석 후, SageMaker Autopilot은 효과적인 모델 학습을 위해 10개의 파이프라인 후보를 생성한다. 이 후보들은 다양한 데이터 전처리와 특성 엔지니어링 전략을 통합하여 최적의 성능을 달성하려고 시도한다.

(2) 피처 엔지니어링

피처 엔지니어링은 머신러닝 프로세스의 핵심 단계 중 하나로, 입력 데이터셋을 모델 학습에 적합하게 변환하는 역할을 한다. SageMaker Autopilot은 10개의 파이프라인을 제공하는데, 이 파이프라인들은 단순한 참조 목적뿐만 아니라, 사용자가 해당 단계를 수동으로 실행하여 Autopilot이 수행한 프로세스를 재현할 수 있는 구체적인 지침을 포함하고 있다. 이러한 접근법은 높은 투명성과 제어 수준을 제공한다. 따라서 모델이 어떠한 방식으로 구축되었는지에 대한 깊은 이해를 얻을 수 있게 되며, 이를 통해 모델의 성능과 예측이 올바른지 확인하고, 필요한 경우에는 추가적인 최적화나 조정을 수행할 수 있다. 이러한 투명성은 모델을 다른 관계자들에게 설명하거나 검증할 필요가 있을 때 매우 유용하다. 결과적으로, SageMaker Autopilot은 사용자에게 높은 수준의 유연성과 제어력을 제공하며, 머신러닝 프로젝트의 성공을 위한 중요한 도구로서의 역할을 한다.

(3) 모델 튜닝

Autopilot의 이 단계는 데이터 분석에서 정의된 파이프라인을 바탕으로 모델의 학습과 튜닝을 중점적으로 다룬다. SageMaker Autopilot은 설정된 각 파이프라인에 대해 자동 모델 튜닝 작업을 수행하며, 이를 통해 하이퍼파라미터 최적화 기법을 활용하여 주어진 데이터셋에 가장 적합한 모델을 구축한다. 이 과정은 완전히 관리되는 인프라에서 이루어진다. 모델 튜닝이 완료되면, Amazon SageMaker Studio를 통해 훈련된 모델의 상세 정보와 성능 메트릭을 확인할 수 있다. 더불어, 다양한 시각화 도구를 활용하여 모델의 성능을 직관적으로 평가할 수 있다. 프로그래밍적인 접근이 필요한 경우, Amazon SageMaker Experiments SDK를 활용하여 이러한 작업들을 자동화할 수 있다.

12.1 SageMaker Autopilot 활용하기

이번 장에서는 SageMaker Studio안에서 Autopilot을 사용하여 직접 코딩 없이 모델을 구축해 보자.

1) Autopilot 시작

Amazon SageMaker Autopilot은 머신러닝 모델의 생성과 평가를 자동화하는 강력한 도구로, 다양한 알고리즘, 피처 엔지니어링 전략, 그리고 하이퍼파라미터 조합을 통해 최적의 모델을 탐색한다. 이렇게 생성된 다양한 모델 중에서, 주어진 성능 메트릭과 제약 조건을 만족하는 최적의 모델을 선택한다. 또한 콘솔을 통해 사용자는 실시간으로 작업의 진행 상황을 모니터링하고, 생성 중이거나 평가 중인 모델의 상세 정보에 접근할 수 있다. 더불어, 생성된 모델의 세부 사항을 사용자 지정하거나, 해당 모델의 데이터 특성을 탐색하는 것도 가능하다. 최종적으로 선정된 최적의 모델은 SageMaker의 엔드 포인트에 배포될 수 있으며, 이를 통해 실제 환경에서의 추론 작업에 활용될 수 있다. Amazon SageMaker Autopilot의 핵심 장점은 머신러닝 워크플로우의 복잡성을 줄이면서도 효율적이고 직관적인 프로세스를 제공한다는 것이다. 이를 통해, 사용자는 머신러닝 모델 구축과 관련된 복잡한 작업들을 간편하게 자동화할 수 있다.

다음은 Autopilot을 사용하는 방법을 알아보기 위해 마케팅 데이터셋을 사용하여 알아볼 것이다. 이 데이터셋은 고객이 마케팅 제안을 수락할지 여부를 이진 분류 문제로 나타낸 것이다. 데이터는 약 41,000개의 레이블 된 고객 샘플이 포함되어 있다. 그러면 이제부터 Autopilot을 활용해보자.

❶ SageMaker Studio를 열고 Data Science 커널을 사용하여 새 Python3 노트북을 만든다.

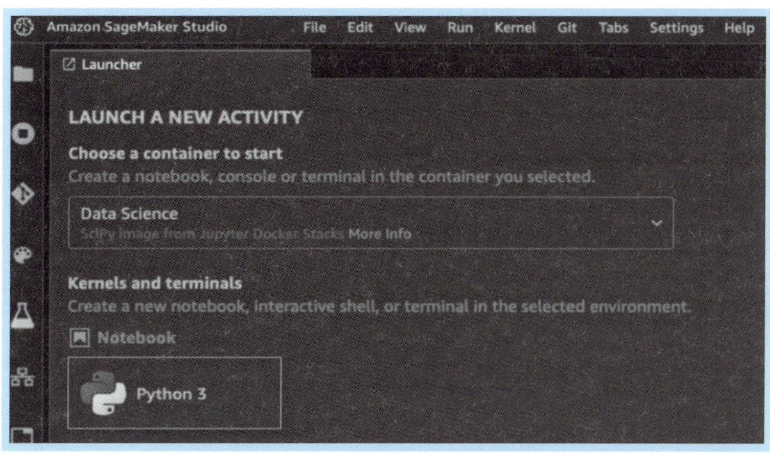

그림 12-1 Creating a Notebook

❷ 이제 다음과 같이 데이터 세트를 다운로드하고 압축을 해제한다.

```
%%sh
apt-get -y install unzip
wget -N https://sagemaker-sample-data-us-west-2s3.-us-west2.amazonaws.com/
    autopilot/ direct_marketing/bank-additional.zip
unzip -o bank-additional.zip
```

❸ Amazon SageMaker Processing으로 feature engineering 스크립트를 실행했다. 데이터 셋을 그대로 S3에 업로드하면 된다. 이는 SageMaker에서 생성한 기본 버킷에 저장된다.

```
import sagemaker
prefix = 'sagemaker/DEMO-autopilot/input'
sess = sagemaker.Session()
uri = sess.upload_data(path="./bank-additional/bank-addition-full.csv", key_prefix=prefix
print(uri)
```

데이터 세트는 다음 위치의 S3에 있을 것이다.

```
s3://sagemaker-us-east-2-123456789012/sagemaker/DEMO-autopilot/input/bank-
    additional-full.csv
```

❹ 이제 왼쪽 수직 아이콘 표시줄의 실험 아이콘을 클릭한다. 이렇게 하면 Experiments 탭이 열리고 새 Autopilot 작업을 생성하는 Create Experiment 버튼을 클릭한다.

❺ 다음 화면에서 작업을 구성한다. [그림 12-2]에 표시된 대로 my-first-autopilot-job이라는 이름을 지정한다.

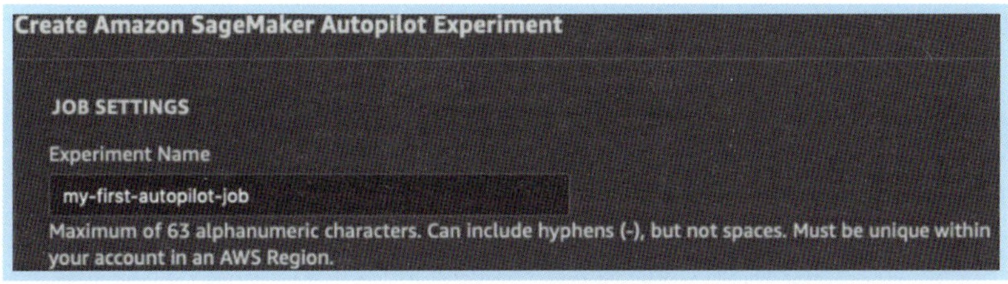

그림 12-2 Creating an Autopilot Experiment

path에서 반환된 위치를 사용하여 입력 데이터 세트의 위치를 설정한다. S3 버킷을 탐색하거나 S3 위치를 직접 입력할 수 있다. 다음 단계에서는 데이터셋의 S3 위치를 설정한다. 아래 [그림 12-3]에서 보이듯이 S3 버킷을 검색하거나 직접 S3 위치를 입력할 수 있다.

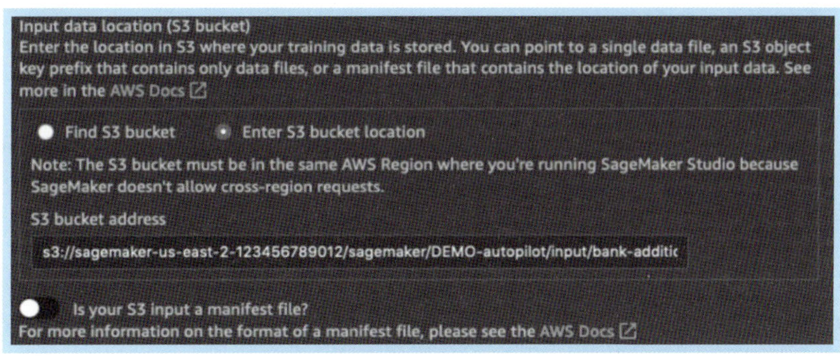

그림 12-3 Defining the input location

❻ 다음 단계는 대상 속성의 이름을 정의하는 것이다. [그림 12-4]에 표시된 대로 yes 또는 no 레이블을 저장하는 열의 이름은 y이다.

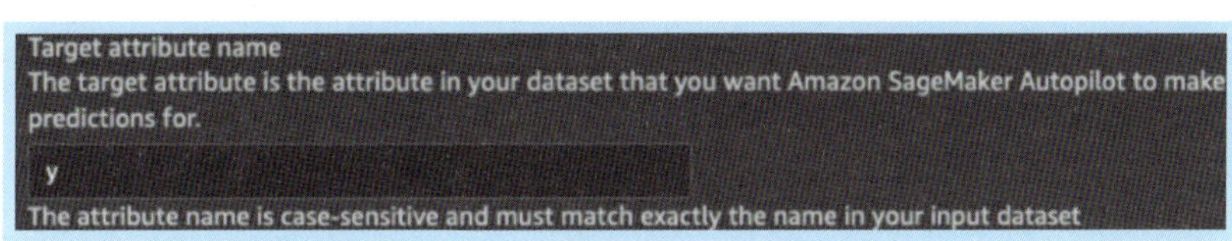

그림 12-4 Defining the target attribute

[그림 12-5]와 같이 작업 결과물이 복사될 출력 위치를 설정한다.

그림 12-5 Defining the output location

❼ 다음 단계에서 다운로드하고 압축 해제한 데이터셋의 S3 위치를 설정한다. [그림 12-6]과 같이 S3 버킷을 검색하거나 직접 S3 위치를 입력할 수 있다.

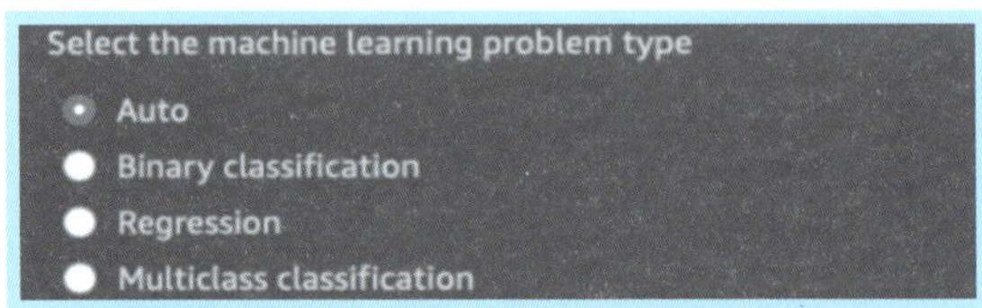

그림 12-6 Setting the problem type

❽ 마지막으로, 전체 작업을 실행할 것인지 노트북을 단순히 생성할 것인지 결정한다. 아래 [그림 12-7]과 같이 전체 작업을 실행하는 것으로 선택한다.

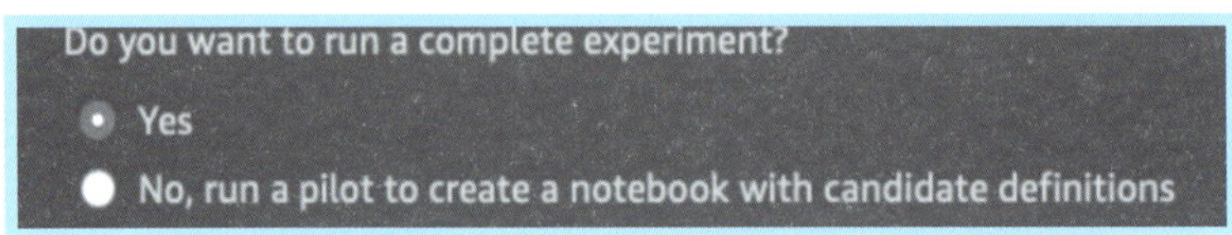

그림 12-7 Running a complete experiment

❾ 고급 설정 부분에서는 IAM 역할을 변경하고 작업 자산에 대한 암호화 키를 설정하고 작업 인스턴스를 시작할 VPC를 정의할 수 있다. 여기서는 기본값을 유지하도록 한다.

❿ 작업 설정이 완료되었다. 'Yes'를 체크하면 작업이 시작된다.

2) 모니터링 작업

Amazon SageMaker Autopilot에서 작업을 모니터링하는 것은 작업이 원활하게 실행되고 있는지 확인하고 문제를 식별하기 위한 중요한 단계이다. 기능을 살펴보면 새로운 실험이 Experiments 탭에 나열되며, 현재 상태를 확인하기 위해 오른쪽 마우스 단추로 작업 설명을 클릭할 수 있다.

예상대로, 작업은 데이터 분석부터 시작하며 다음 [그림 12-8]에서 강조된 것처럼 진행된다.

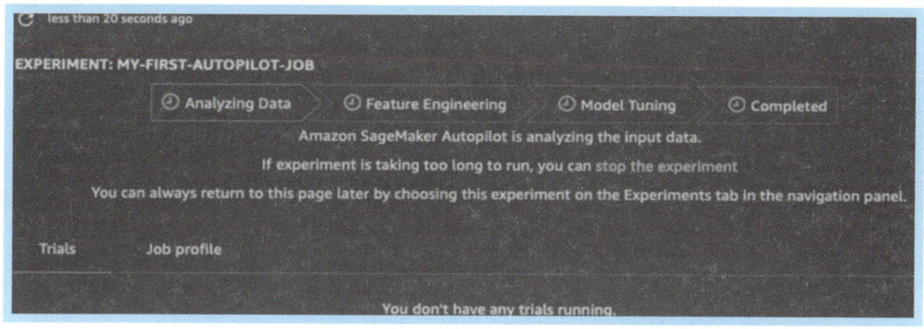

그림 12-8 Viewing Job Progress Analyzing Data

약 10분 후, 데이터 분석이 완료되어 작업이 Feature Engineering으로 이동한다.

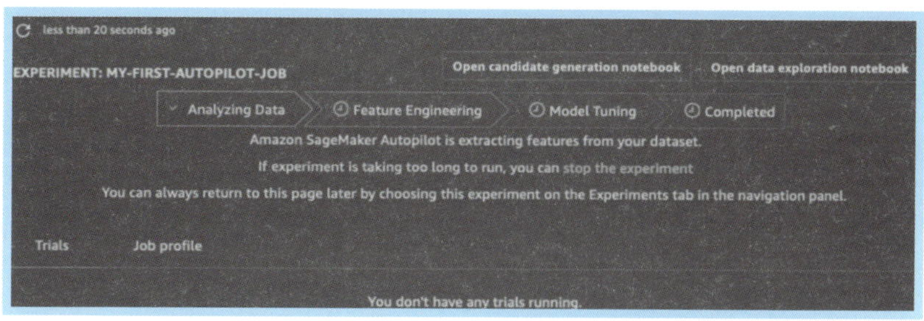

그림 12-9 Viewing Job Progress Feature Engineering

Feature Engineering이 완료되면 작업은 모델 튜닝으로 이동한다. Trial은 Amazon SageMaker Experiments에서 관련 작업(처리 작업, 배치 변환 작업, 훈련 작업 등)의 집합에 대한 이름이다.

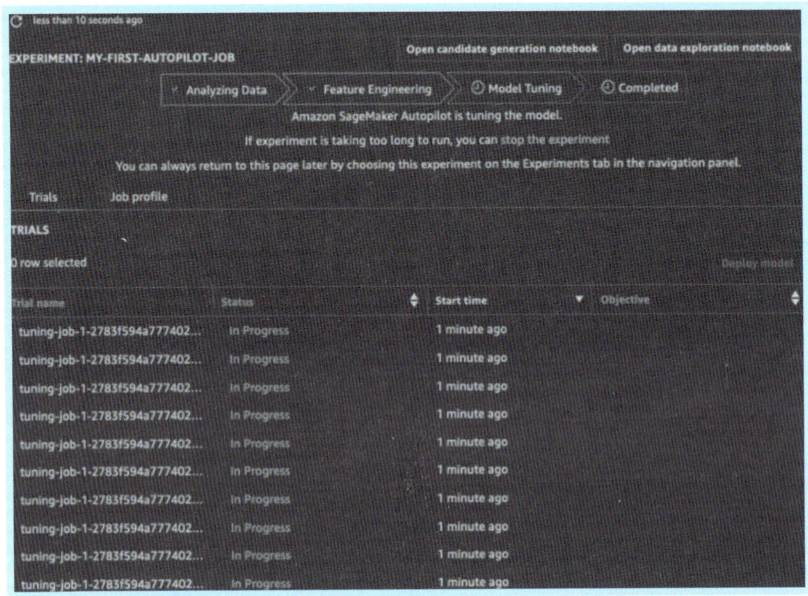

그림 12-10 Viewing Job Progress Model Tuning

먼저, 10개의 튜닝 작업을 볼 수 있다. 이는 10개의 후보 파이프라인에 해당한다. 작업이 완료되면, 작업이 최적화하려고 시도한 지표인 Objective를 볼 수 있다. 메트릭에 따라 작업을 정렬할 수 있으며, 성능이 가장 좋은 튜닝 작업은 별표로 강조된다.

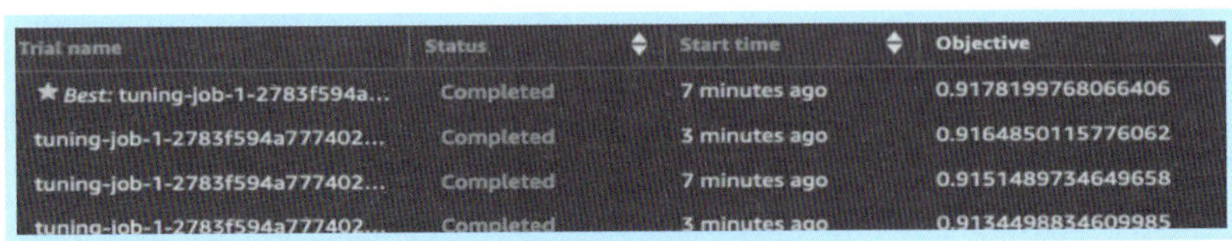

그림 12-11 Viewing result

작업을 선택하고 마우스 오른쪽 버튼을 클릭하여 시험 세부 정보에서 열면 같은 시험에 속하는 다른 작업들과 같은 추가 정보들을 볼 수 있다. 다음 [그림 12-12]에서는 XGBoost 모델 학습에 사용된 실제 알고리즘과 하이퍼파라미터 값들과 함께 볼 수 있다.

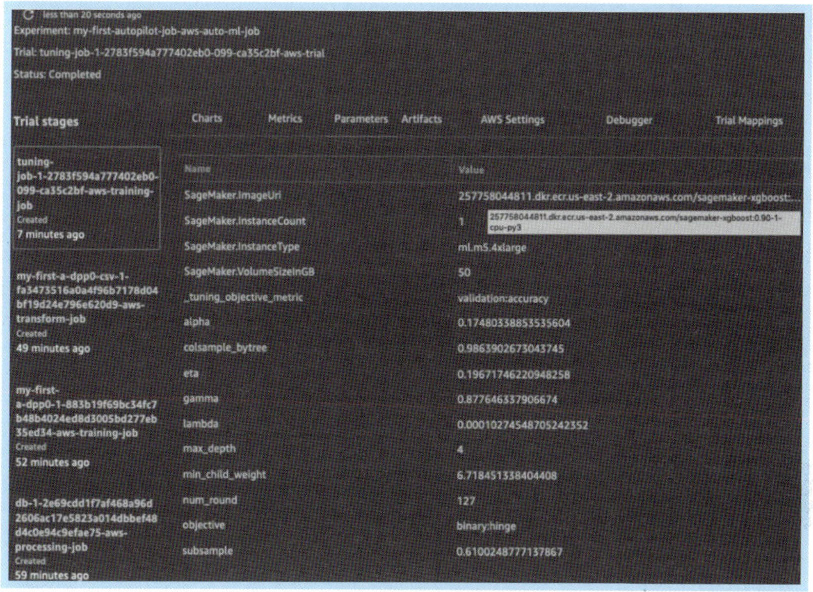

그림 12-12 Examining a job

작업이 완료되었고, 500개의 작업이 학습되었다. 이는 SageMaker API에서 변경할 수 있는 기본값이며, 이 시점에서 작업을 배포할 수 있다. SageMaker Studio에 내장된 시각화 도구를 사용하여 상위 10개 작업을 비교해보자.

3) 모니터링 작업 비교하기

Amazon SageMaker Autopilot에서 모니터링 작업을 비교하면 서로 다른 머신러닝 모델 구성의 성능을 평가하는 데 도움이 될 수 있으며, 방법은 다음과 같다.

- **메트릭 및 로그**: 각 작업에서 생성된 메트릭 및 로그를 분석하는 것으로 정확도, 정밀도 및 재현율과 같은 실시간 지표와 훈련 프로세스에 대한 자세한 정보를 제공하는 로그를 볼 수 있다. 다양한 작업의 메트릭과 로그를 비교하여 모델의 성능을 이해하는 데 도움이 되는 패턴과 추세를 식별할 수 있다.
- **실험**: SageMaker는 여러 훈련 작업을 구성, 추적 및 비교할 수 있는 실험 기능을 제공한다. 따라서, SageMaker Experiments를 사용하면 관련 훈련 작업을 실험으로 그룹화하고, 파라미터 및 지표를 추적하고, 다양한 실험의 성능을 비교할 수 있다. 실험에 메타데이

터로 태그를 지정하여 나중에 구성하고 검색할 수도 있다.

- 디버거: SageMaker 디버거를 사용하여 그래디언트, 가중치 및 활성화와 같은 훈련 작업에서 실시간 데이터를 캡처하고 데이터를 시각화하여 서로 다른 작업 간의 차이점을 식별할 수 있다. 또한, 모델의 내부 작업을 비교하여 성능에 대한 통찰력을 얻고 개선이 필요한 영역을 식별할 수 있다.
- 하이퍼파라미터 튜닝: SageMaker의 기본 제공 하이퍼파라미터 튜닝 기능을 사용해 탐색할 하이퍼파라미터 범위를 지정할 수 있다. 또한, 다양한 하이퍼파라미터 조합을 자동적으로 활용해 여러 훈련 작업을 실행한다. 그런 다음 여러 작업의 성능을 비교하여 모델에 대한 최적의 하이퍼파라미터를 식별할 수 있다.

이러한 도구를 사용하여 작업을 비교하면 머신러닝 모델의 성능에 대한 인사이트를 얻고 최적화하며 정확도와 성능을 개선하는 데 도움을 준다.

시간이 지남에 따라, 수만 개의 작업이 생기고 작업들의 속성을 비교하고 싶을 수 있다. 다음은 모니터링 작업에 대한 예시이다.

❶ 왼쪽의 실험 탭으로 이동하여 작업을 찾은 다음 마우스 오른쪽 버튼을 클릭하여 시험 구성 요소 목록에서 열기를 선택한다.

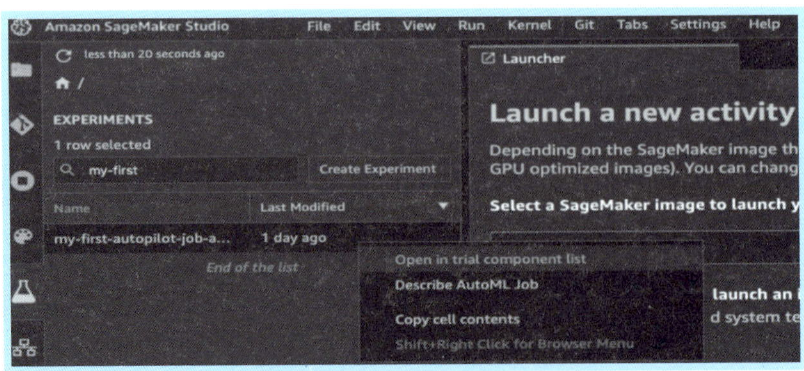

그림 12-13 Comparing jobs

❷ 이렇게 하면 다음 [그림 12-14]에서 확인할 수 있는 시험 구성 요소 목록이 열린다. 오른쪽에 있는 테이블 속성 패널을 열기 위해 톱니바퀴 모양의 아이콘을 클릭한 후, 메트릭 섹션에서 ObjectiveMetric 상자를 선택한다. 마지막으로 유형 필터 섹션에서는 Training job만 선택한다. 주요 패널에서 화살표를 클릭하여 목표 메트릭에 대해 내림차순으로 작업을 정렬한다. 그 후, Shift를 눌러 상위 10개 작업을 선택하고 차트 추가 버튼을 클릭하면 된다.

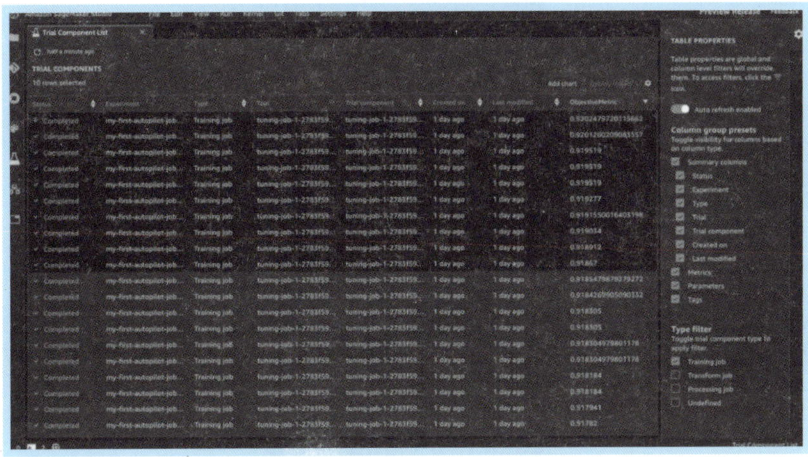

그림 12-14 Comparing jobs 2

❸ 이렇게 하면 [그림 12-15]에서 확인할 수 있는 시험 구성 요소 차트 탭이 확인 가능하다. 아래 차트 상자를 클릭하여 오른쪽에 차트 속성 패널을 열어본다.

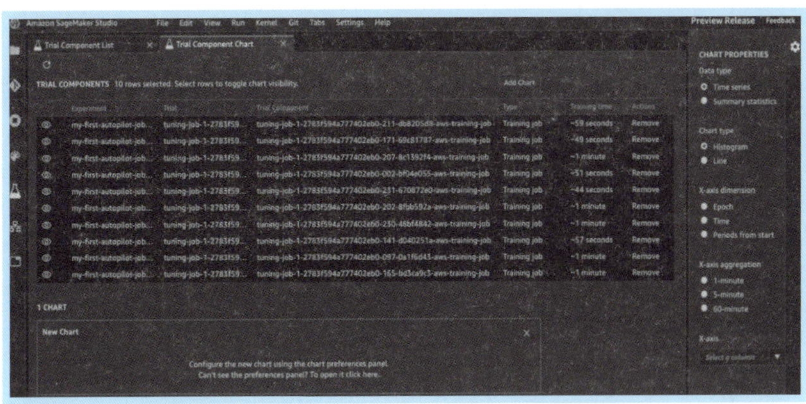

그림 12-15 Comparing jobs 3

훈련 작업은 매우 짧기 때문에 시계열 차트를 위한 충분한 데이터가 없다. 따라서 요약 통계를 선택한다. 다음 [그림 12-16]처럼 훈련 정확도와 검증 정확도를 비교하는 산점도 그래프를 만들 것이다.

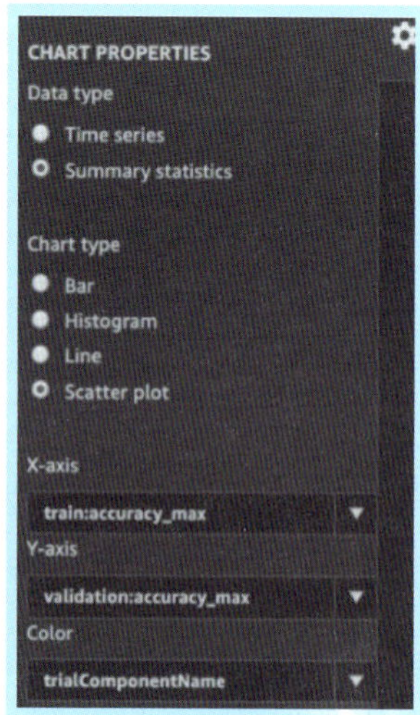

그림 12-16 Creating a Chart

❹ 다음 차트를 확대하면 작업과 해당 메트릭을 시각화할 수 있다. 또한 정확도에 대한 일부 하이퍼파라미터의 영향을 보여주는 차트를 만들어서 모델을 선정하고 추가적인 테스트를 할 수 있다. 아마도 몇 가지 모델을 앙상블 예측에 대한 후보로 고려하게 될 것이다.

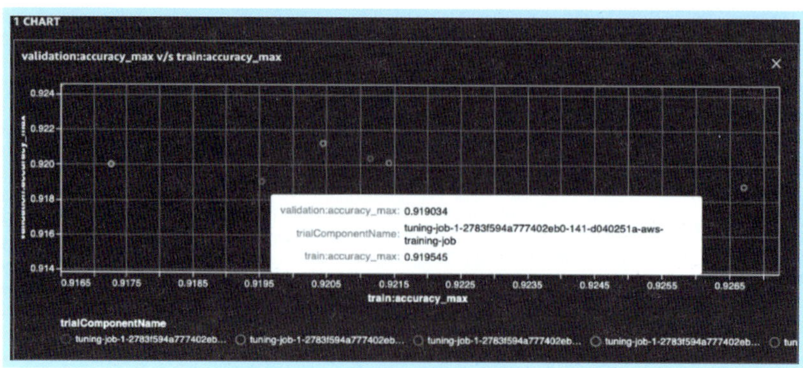

그림 12-17 Plotting Accuracies

4) 모델 배포 및 호출하기

SageMaker Autopilot은 아키텍처와 다양한 기본 제공 도구 및 기능을 통해 클라우드에서 고품질 머신러닝 모델을 간단한 프로세스를 통해 구축, 훈련, 배포 및 관리할 수 있다.

❶ 실험 탭으로 돌아가 실험 이름을 마우스 오른쪽 버튼으로 클릭하고 Describe AutoML 작업을 선택한다. 이렇게 하면 훈련 작업 목록이 열린다. 목표에 따라 내림차순으로 정렬되어 있는지 확인한 다음 최상의 작업을 선택한다. 그런 다음 모델 배포 버튼을 클릭한다.

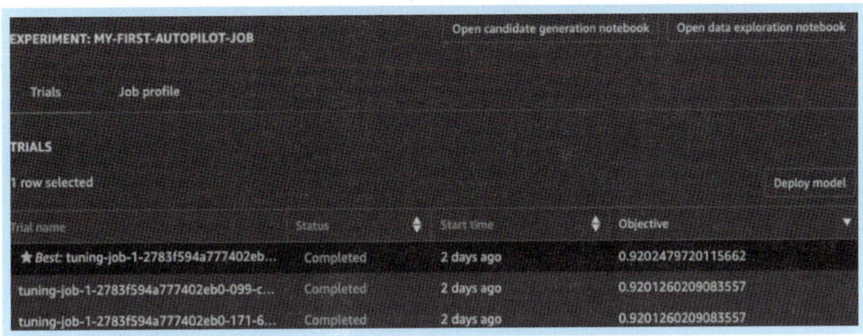

그림 12-18 Deploying a Model

❷ [그림 12-19]에서 표시된 화면에서는 엔드포인트 이름만 지정하고 다른 설정은 모두 그대로 둔다. 모델은 ml.m5.xlarge 인스턴스를 백업하는 실시간 HTTPS 엔드포인트에 배포된다.

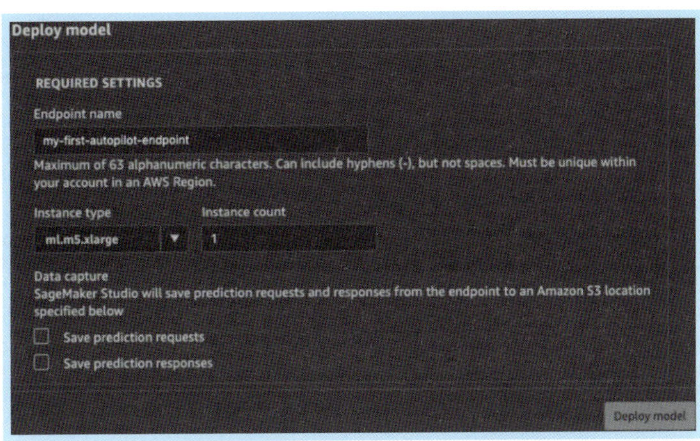

그림 12-19 Deploying a Model

3. 왼쪽 수직 패널의 엔드포인트 섹션으로 이동하면 엔드포인트가 생성되는 것을 볼 수 있다. [그림 12-20]에 나와 있는 것처럼, 초기에는 Creating 상태가 된다. 몇 분 후 InService 상태가 된다.

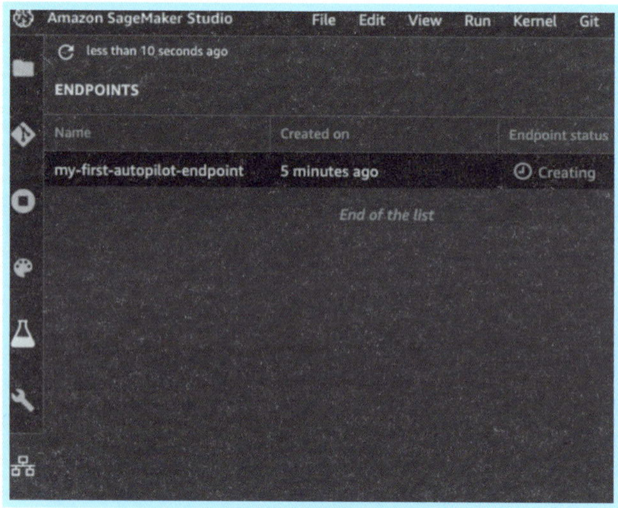

그림 12-20 Creating an Endpoint

4. Jupyter 노트북으로 이동한다. 엔드포인트의 이름과 예측할 샘플을 정의하고 데이터 세트의 첫 번째 줄을 사용한다.

```
ep_name = 'my-first-autopilot-endpoint'
sample='56,housemaid,married,basic.4y,no,no,no,telephone,may,mon,261,1,999,0,nonexist
    ent,1.1,93.994,-36.4,3.857,5191.0'
```

5. SageMaker 런타임용 boto3 클라이언트를 생성한다. 이 런타임에는 invoke_endpoint라는 API가 포함되어 있다. 이를 이용하면 모델을 호출하는 것만 필요한 클라이언트 애플리케이션에 효율적으로 내장할 수 있다. 아래는 클라이언트 생성하는 코드이다.

```
import boto3
sm_rt = boto3.Session().client('runtime.sagemaker')
```

❻ 샘플을 엔드포인트로 보내고 입력 및 출력 콘텐츠 유형을 전달한다.

```
response=sm_rt.invoke_endpoint(EndpointName=ep_name,ContentType='text/csv',
    Accept='text/csv',Body=sample)
```

❼ 예측 결과를 디코딩하고 출력한다. 이 고객은 제안을 받아들이지 않을 것으로 No라고 고객이 대답할 것으로 예상된다.

```
response = response['Body'].read().decode("UTF-8")
print(response)
```

❽ 예측이 끝난 후에는 불필요한 요금이 청구되지 않도록 엔드포인트를 삭제해야 한다. boto3의 delete_endpoint API를 사용하여 이 작업을 수행할 수 있다.

```
sm = boto3.Session().client('sagemaker')
sm.delete_endpoint(EndpointName=ep_name)
```

Autopilot을 활용해 Amazon SageMaker에서 첫 번째 머신러닝 모델을 성공적으로 구축, 훈련 및 배포했다. 방금 작성한 코드는 데이터셋을 다운로드하고 모델로 예측하는 것이다. SageMaker Studio GUI를 사용하면 새 데이터셋으로 빠르게 실험할 수 있으며, 기술적으로 덜 숙련된 사용자도 모델을 직접 생성할 수 있다.

12.2 SageMaker Autopilot SDK

SageMaker Autopilot SDK는 코드를 통해 SageMaker Autopilot 서비스와 상호 작용할 수 있는 도구 및 라이브러리 세트이다. SDK를 사용하면 SageMaker Autopilot 작업을 프로그래밍 방식으로 생성 및 관리할 수 있으므로 머신러닝 모델 구축 및 훈련 프로세스를 자동화할 수 있다. 개발자나 머신러닝 분야의 실무자의 경우 SDK를 사용하면 워크플로를 간소화하고 머신러닝 모델을 쉽게 구축할 수 있다. Amazon SageMaker SDK에 대한 내용을 자세하게 알고 싶다면 https://sagemaker.readthedocs.io/en/stable/automl.html에서 확인할 수 있다.

1) SageMaker SDK 시작

SageMaker SDK를 사용하면 Autopilot 작업을 매우 쉽게 시작할 수 있다. 데이터를 S3에 업로드하고 단일 API를 호출하면 된다.

❶ 먼저, SageMaker SDK를 import한다.

```
import sagemaker
sess = sagemaker.Session()
```

❷ 데이터셋을 다운로드 한다.

```
%%sh
apt-get -y install unzip
wget -N https://sagemaker-sample-data-us-west-2.s3-us-west2.amazonaws.com/
    autopilot/direct_marketing/bank-additional.zip
unzip -o bank-additional.zip
```

❸ 데이터셋을 S3에 업로드한다.

```
bucket = sess.default_bucket()
prefix = 'sagemaker/DEMO-automl-dm'
s3_input_data = upload_data(path="./bank-additional/bank-
additional-full.csv", key_prefix=prefix+'input')
```

❹ AutoML 작업을 구성한다. 이 작업은 한 줄의 코드로 수행할 수 있다. 대상 속성을 정의하고 학습 결과를 저장할 위치를 정의한다. 작업의 최대 실행 시간, 작업 당 최대 실행 시간, 또는 조정될 후보 모델 수를 조정할 수 있다. 주의 사항은 작업의 지속 시간을 많이 제한하면 정확도에 영향을 미칠 수 있다.

```
from sagemaker.automl.automl import AutoML
Auto_ml_job = AutoML(
role = sagemaker.get_execution_role(),
sagemaker_session = sess,
target_attribute_name = 'y',
output_path= 's3://{}/{}/output'.format(bucket,prefix), max_runtime_per_training_job_in_
    seconds=600,
max_candidates = 250,
total_job_runtime_in_seconds = 3600
)
```

5. 다음으로, 훈련 세트의 위치를 전달하여 Autopilot 작업을 시작한 후 로그를 끈다. 그리고 콜을 비동기식으로 설정하여 다음 셀에서 작업 상태를 조회하도록 한다.

```
auto_ml_job.fit(inputs=s3_input_data, logs=False, wait=False)
```

2) 작업 모니터링

작업이 실행되는 동안, describe_auto_ml_job() API를 사용하여 진행 상황을 모니터링할 수 있다.

1. 예를 들어, 다음 코드는 데이터 분석 단계가 완료될 때까지 30초마다 작업 상태를 확인한다.

```
from time import sleep
job = auto_ml_job.describe_auto_ml_job()
job_status = job['AutoMLJobStatus']
job_sec_status = job['AutoMLJobSecondaryStatus']
if job_status not in ('stopped','Failed'):
while job_status in ('InProgress') and job_sec_status in ('AnalyzingData'):
 sleep(30)
 job = auto_ml_job.describe_auto_ml_job()
 job_status = job['AutoMLJobStatus']
job_sec_status = job['AutoMLJobSecondaryStatus']
print(job_status, job_sec_status)
```

❷ 데이터 분석이 완료되면, 자동으로 생성된 2개의 노트북을 사용할 수 있다. 동일한 API를 사용하여 위치를 찾을 수 있다.

```
job = auto_ml_job.describe_auto_ml_job()
job_condidate_notebook = job['AutoMLJobArtifacts']
['CandidateDefinitionNotebookLocation']
job_data_notebook = job['AutoMLJobArtifacts']
['DataExplorationNotebookLocation']
print(job_candidate_notebook)
print(job_data_notebook)
```

위 코드는 두 개의 노트북의 S3 경로를 출력한다.

```
s3://sagemaker-us-east-2-123456789012/sagemaker/DEMO-automl-dm/output/
    automl-2020-04-24-14-21-16-938/sagemaker-automl-candidates/pr-1-a99cb67acb594
    5d695c0e74afe8ffe3ddaebafa95f394655ac973432d1/notebooks/SageMakerAutopilotCandid
    ateDefinitionNotebook.ipynb
s3://sagemaker-us-east-2-123456789012/sagemaker/DEMO-automl-dm/output/
    automl-2020-04-24-14-21-16-938/sagemaker-automl-candidates/pr-1-a99cb67acb594
    5d695c0e74afe8ffe3ddaebafa95f394655ac973432d1/notebooks/SageMakerAutopilotDataEx
    plorationNotebook.ipynb
```

❸ AWS CLI를 사용하여 두 개의 노트북을 로컬 환경으로 복사할 수 있다.

```
%%sh -s $job_candidate_notebook $job_data_notebook
aws s3 cp $1 .
aws s3 cp $2 .
```

❹ 피처 엔지니어링이 실행되는 동안, 앞에서 같은 코드를 사용하여 작업을 기다릴 수 있다. Job_info 딕셔너리에서 'AutoMLJobSecondaryStatus' 필드가 'FeatureEngineering'과 일치하는 경우 작업이 완료할 때까지 기다린다.

❺ 피처 엔지니어링이 완료되면 모델 튜닝이 시작된다. 이 과정에서 Amazon SageMaker

Experiments SDK를 사용하여 작업을 추적할 수 있다. SageMaker Experiments에 대해서는 이후 장에서 자세히 다룰 예정이지만, 이번 장에서는 코드를 살펴보자. 실험 이름을 Experiment Analytics 개체에 전달하는 것으로 충분하다. pandas DataFrame에서 지금까지 모든 조정 작업에 대한 정보를 검색할 수 있다. 지금까지 실행된 작업 수와 상위 5개 작업을 쉽게 표시할 수 있다.

```
import pandas as pd
from sagemaker.analytics import ExperimentAnalytics
exp = ExperimentAnalytics(
Sagemaker_session=sess,
Experiment_name=job['AutoMLJobName'] + '-aws-auto-ml-job')
df = exp.dataframe()
print("Number of jobs: ", len(df))
df = pd.concat([df['ObjectiveMetric - Max'],
df.drop(['ObjectiveMetric - Max'], axis=1)], axis=1)
df.sort_values('ObjectiveMetric - Max', ascending=0)[:5]
```

위의 코드 실행 결과, 아래 그림과 같은 표를 출력된다.

Number of jobs: 109

	ObjectiveMetric - Max	TrialComponentName	DisplayName
35	0.918594	tuning-job-1-57d7f377bfe54b40b1-050-b8c34b30-a...	tuning-job-1-57d7f377bfe54b40b1-050-b8c34b30-a...
43	0.917700	tuning-job-1-57d7f377bfe54b40b1-045-20ddd705-a...	tuning-job-1-57d7f377bfe54b40b1-045-20ddd705-a...
21	0.917316	tuning-job-1-57d7f377bfe54b40b1-065-2d7d46ad-a...	tuning-job-1-57d7f377bfe54b40b1-065-2d7d46ad-a...
17	0.916933	tuning-job-1-57d7f377bfe54b40b1-071-a0ce585e-a...	tuning-job-1-57d7f377bfe54b40b1-071-a0ce585e-a...
49	0.915911	tuning-job-1-57d7f377bfe54b40b1-039-024a3819-a...	tuning-job-1-57d7f377bfe54b40b1-039-024a3819-a...

그림 12-21 Viewing a job

❻ 모델 튜닝이 완료되면, 가장 좋은 모델 후보를 찾을 수 있다.

```
job_best_candidate = auto_ml_job.best_candidate()
print(job_best_candidate['CandidateName'])
print(job_best_candidate['FinalAutoMLJobObjectiveMetric'])
```

❼ 이는 가장 좋은 튜닝 작업의 이름과 해당 작업의 검증 정확도를 출력한다. SageMaker SDK를 사용하여 모델을 배포하고 테스트할 수 있다.

```
Tuning-job-1-57d7f377bfe54b40b1-030-c4f27053
{'MetricName' : 'validation: accuracy', 'Value': 0.9197599935531616}
```

3) 정리

SageMaker Autopilot는 데이터셋 분할, 전처리 스크립트, 전처리 된 데이터셋, 모델 등 많은 하위 결과물을 자동적으로 생성해준다. 정리하려면 코드 스니펫을 사용할 수 있으며, AWS CLI도 사용할 수도 있다. 또한 SageMaker Studio GUI와 SageMaker SDK를 모두 사용하여 모델 학습을 편하게 진행할 수 있다.

12.3 Deep on SageMaker Autopilot

이번 장에서는 SageMaker Autopilot이 데이터를 처리하고 모델을 훈련하는 방법에 대해 자세히 배워보자. 먼저 SageMaker Autopilot에서 생성된 결과물을 살펴보자.

1) 작업 결과물

S3 버킷을 조회하면 과거에 생성한 다수의 버킷이 확인된다.

```
$ aws s3 ls s3://sagemaker-us-east-2-123456789012/sagemaker/DEMO-autopilot/output/
my-first-autopilot-job/
```

아래 코드를 보면 많은 새로운 prefix를 볼 수 있다. 아래 prefix가 무엇인지 파악해보자.

```
PRE data-processor-models/
PRE preprocessed-data/
PRE sagemaker-automl-candidates/
PRE transformed-data/
PRE tuning/
```

preprocessed-data/tuning_data 접두사는 입력 데이터 집합에서 생성된 훈련 및 검증 분할을 포함하고, 분할된 작은 CSV 파일로 나눈다.

- preprocessed-data/tuning_data prefix는 입력 데이터셋에서 생성된 훈련 및 검증 분할을 포함하고 있으며, 각 분할은 작은 CSV 청크로 나누어져 있다.
- sagemaker-automl-candidates prefix에는 파이프라인마다 하나씩 (dpp [0-9] .py) 총 10개의 데이터 전처리 스크립트와 해당 스크립트를 사용하여 입력 데이터셋에서 훈련하는 코드(trainer.py) 및 각 모델을 처리하는 코드(sagemaker_serve.py)가 포함되어 있다.
- data-processor-models prefix에는 dpp 스크립트에 의해 훈련된 10개의 데이터 처리 모델이 포함되어 있다.
- transformed-data prefix에는 훈련 및 검증 분할의 10개의 처리된 버전이 포함되어 있다.
- sagemaker-automl-candidates prefix에는 두 개의 자동 생성된 노트북이 포함되어 있다.
- 마지막으로 tuning 프리픽스에는 모델 튜닝 단계에서 훈련된 실제 모델이 포함되어 있다. 다음 다이어그램은 결과물에 대한 관계를 요약한 것이다.

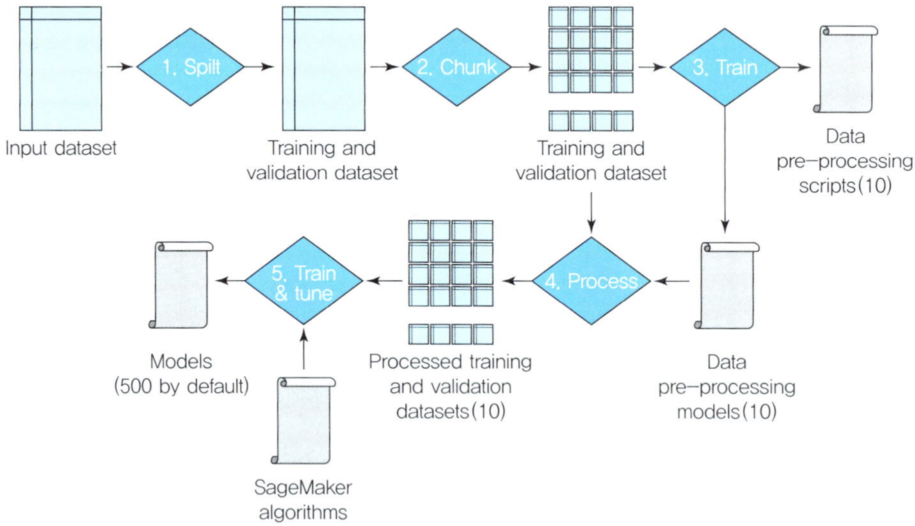

그림 12-22 Summing up the Autopilot process

2) 데이터 탐색 및 분석

데이터 분석 단계가 완료되면 Amazon S3에서 사용할 수 있다. 다음 [그림 12-23]에서 볼 수 있는 첫 번째 섹션은 데이터 집합의 샘플을 표시하는 것이다.

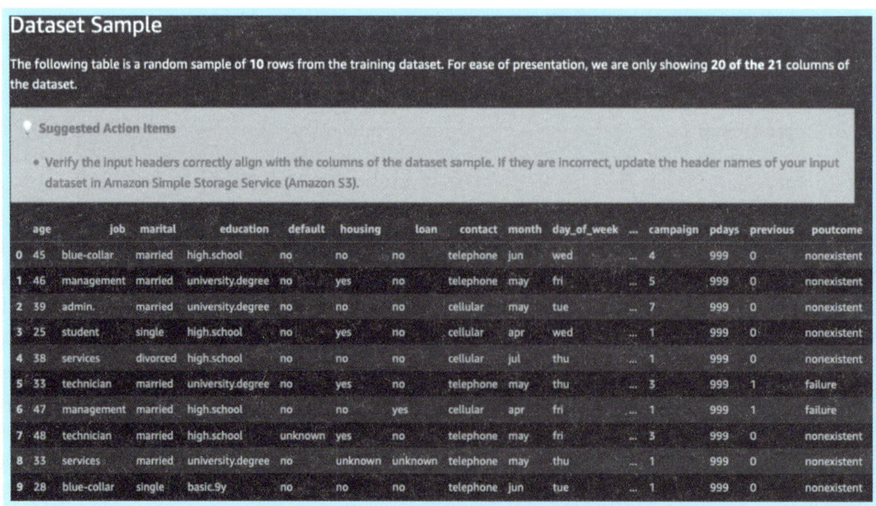

Dataset Sample

The following table is a random sample of 10 rows from the training dataset. For ease of presentation, we are only showing **20 of the 21** columns of the dataset.

Suggested Action Items

- Verify the input headers correctly align with the columns of the dataset sample. If they are incorrect, update the header names of your input dataset in Amazon Simple Storage Service (Amazon S3).

	age	job	marital	education	default	housing	loan	contact	month	day_of_week	...	campaign	pdays	previous	poutcome
0	45	blue-collar	married	high.school	no	no	no	telephone	jun	wed	...	4	999	0	nonexistent
1	46	management	married	university.degree	no	yes	no	telephone	may	fri	...	5	999	0	nonexistent
2	39	admin.	married	university.degree	no	no	no	cellular	may	tue	...	7	999	0	nonexistent
3	25	student	single	high.school	no	yes	no	cellular	apr	wed	...	1	999	0	nonexistent
4	38	services	divorced	high.school	no	no	no	cellular	jul	thu	...	1	999	0	nonexistent
5	33	technician	married	university.degree	no	yes	no	telephone	may	thu	...	3	999	1	failure
6	47	management	married	high.school	no	no	yes	cellular	apr	fri	...	1	999	1	failure
7	48	technician	married	high.school	unknown	yes	no	telephone	may	fri	...	3	999	0	nonexistent
8	33	services	married	university.degree	no	unknown	unknown	telephone	may	thu	...	1	999	0	nonexistent
9	28	blue-collar	single	basic.9y	no	no	no	telephone	jun	tue	...	1	999	0	nonexistent

그림 12-23 Viewing Dataset Statistics

[그림 12-24]와 같이 두 번째 섹션은 열 분석에 중점을 둔다. 누락된 값의 백분율, 고유 값의 수 및 기술 통계량 등이 포함된다. 예를 들어, pdays 필드는 최대값과 중앙값 모두 999로 나타난다. 이는 오류처럼 보일 수도 있지만 이전 장에서 설명한 바와 같이, 999는 고객이 이전에 연락을 받지 않았음을 의미하는 placeholder 값이다.

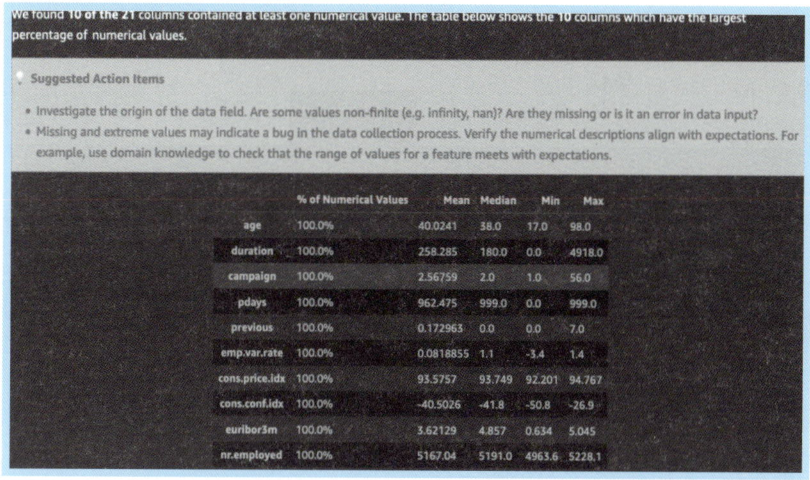

We found 10 of the 21 columns contained at least one numerical value. The table below shows the 10 columns which have the largest percentage of numerical values.

Suggested Action Items

- Investigate the origin of the data field. Are some values non-finite (e.g. infinity, nan)? Are they missing or is it an error in data input?
- Missing and extreme values may indicate a bug in the data collection process. Verify the numerical descriptions align with expectations. For example, use domain knowledge to check that the range of values for a feature meets with expectations.

	% of Numerical Values	Mean	Median	Min	Max
age	100.0%	40.0241	38.0	17.0	98.0
duration	100.0%	258.285	180.0	0.0	4918.0
campaign	100.0%	2.56759	2.0	1.0	56.0
pdays	100.0%	962.475	999.0	0.0	999.0
previous	100.0%	0.172963	0.0	0.0	7.0
emp.var.rate	100.0%	0.0818855	1.1	-3.4	1.4
cons.price.idx	100.0%	93.5757	93.749	92.201	94.767
cons.conf.idx	100.0%	-40.5026	-41.8	-50.8	-26.9
euribor3m	100.0%	3.62129	4.857	0.634	5.045
nr.employed	100.0%	5167.04	5191.0	4963.6	5228.1

그림 12-24 Viewing Dataset Statistics 2

데이터 분석 단계가 완료되면 Amazon S3에서 사용할 수 있다. 첫 번째 섹션은 데이터 집합의 샘플을 단순히 표시한다. 본격적인 데이터 분석에 대한 두 번째 섹션에서는 열 분석에 초점을 맞춘다. 결측치의 비율, 고유 값의 수 및 기술 통계치 등이 포함된다. 예를 들어, pdays 필드에는 최대 값과 중간 값이 모두 999로 나타났다. 이는 의심스러운 결과로, 이전 장에서 설명한 대로 999는 고객이 이전에 연락을 받지 않았다는 것을 나타내는 placeholder 값이다.

3) 후보 파이프라인 생성

이 노트북에는 10개의 후보 파이프라인의 정의와 훈련 방법이 포함되어 있다. 이 노트북은 즉시 실행 가능하며 숙련된 전문가들은 이를 사용하여 머신러닝의 프로세스를 다시 실행하고 실험을 지속적으로 개선할 수 있다. 예시로 파이프라인 중 하나를 수동으로 실행해보자.

❶ 노트북을 열고, 오른쪽 상단에 있는 'Import notebook' 링크를 클릭하여 읽기와 쓰기 가능한 복사본을 저장한다.

❷ SageMaker 설정 섹션에서 모든 필수 결과물과 매개변수를 가져오기 위해 셀을 실행한다.

❸ Candidate Pipelines으로 이동하여, 선택한 후보 파이프라인을 실행할 runner 객체를 생성한다.

```
from sagemaker_automl import AutoMLInteractiveRunner, AutoMLLocalCandidate
automl_interactive_runner = AutoMLInteracriveRunner(AUTOML_LOCAL_RUN_CONFIG)
```

❹ 그런 다음 첫 번째 파이프라인(dpp0)을 추가한다. 데이터 변환은 먼저 RobustImputer를 사용하여 'numeric' 특징을 변환하고, Threshold One Hd Encoder를 사용하여 'categorical' 특징을 변환한다. 모든 생성된 특징을 병합하고 Robust StandardScaler를 적용하고, 변환된 데이터는 XGboost 모델을 튜닝하는 데 사용된다. 이러한 객체는 scikit-learn 객체를 기반으로 하기 때문에 매우 익숙할 것이다. 예를 들어, RobustImputer는 추가 기능을 갖춘 sklearn.impute.SimpleImputer를 기반으로 구축된 것을 볼 수 있다.

```
automl_interactive_runner.select_candidate(
{"data_transformer":
 "name": "dpp0",
  }
)
```

❺ 다른 파이프라인을 간단히 살펴보면, 선형 회귀 등 다양한 처리 전략과 알고리즘을 볼 수 있다. 이것은 SageMaker의 내장 알고리즘 중 하나이며, 다음 장에서 다룰 예정이다.

❻ 아래로 스크롤하여 'Selected Candidates' 섹션으로 이동하면, 첫 번째 파이프라인만 선택한 것을 확인할 수 있다.

```
automl_interactive_runner.display_candidates()
```

Candidate Name	Algorithm	Feature Transformer
dpp0-xgboost	xgboost	dpp0.py

이는 데이터가 dpp0.py 스크립트로 처리되며, 모델이 XGBoost 알고리즘을 사용하여 훈련되었다는 것을 의미한다.

7. dpp0 하이퍼링크를 클릭하면 해당 스크립트가 열리며 scikit-learn transformer pipeline이 구축되는 것을 볼 수 있다. 수치형 변수의 결측치는 RobustImputer를 사용하여 보완되고 범주형 변수는 ThresholdOneHotEncoder를 사용하여 원-핫 인코딩된다. 생성된 특징들은 RobustStandardScaler를 사용하여 스케일링 된다. 마지막으로, 레이블은 LabelEncoder를 사용하여 인코딩된다. 이 처리된 데이터는 XGBoost 모델을 학습하는 데 사용된다.

```
numeric_processors = Pipeline(
steps = [('robustimputer', RobustImputer(strategy= 'constant', fill_values=nan))]
)
categorical_processors = Pipeline(
steps=[('thresholdonehotencoder', ThresholdOneHotEncoder(threshold=301))]
)
column_transformer = ColumnTransformer(
transformers=[('numeric_processing', numeric_processors, numeric), ('categorical_
    processing', categorical_processors categorical)]
)
```

8. 뒤로 돌아가서, Run Data Transformation Steps 섹션에서 스크립트를 실행한다.

```
automl_interactive_runner.fit_data_transformers(parallel_jobs=7)
```

9. 순차적인 SageMaker 작업을 생성하며, 이 결과물들은 노트북 실행을 위해 새롭게 생성된 prefix에 저장된다. 첫 번째 작업은 입력 데이터셋에 대해 dpp0 transformers를 학습한다. 두 번째 작업은 결과 모델을 사용하여 입력 데이터셋을 처리한다.

```
$ aws s3 ls s3://sagemaker-us-east-2-123456789012/sagemaker/DEMO-autopilot/output/
my-first-autopilot-job/my-first-a-notebook-run-24-13-17-22/
```

⑩ 작업 이름을 두 번 클릭하면 다음 [그림 12-25]와 같은 "Trial Component 설명" 창이 나타난다. 이 창에서 작업에 대해 알아야 할 모든 정보를 알 수 있다. 매개변수, 결과물의 위치 등등 데이터 처리가 완료되면 노트북은 자동 모델 튜닝과 모델 배포로 이어진다.

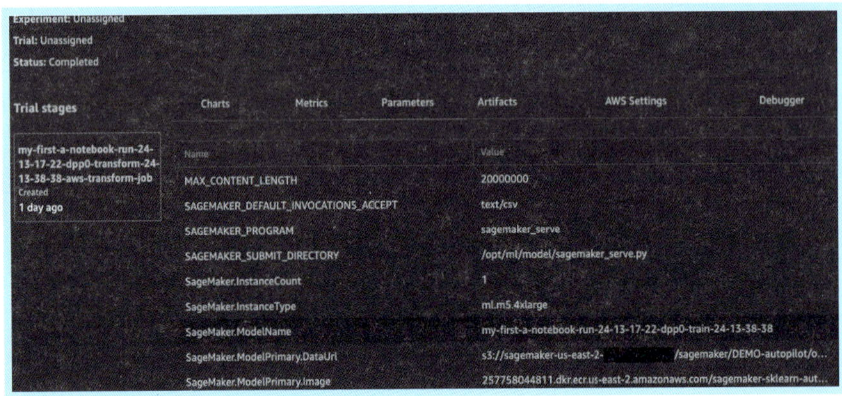

그림 12-25 Describe a trial

4) 요약

Amazon SageMaker Autopilot는 머신러닝 모델의 구축, 훈련, 최적화 과정을 단순화해주는 도구이며, SageMaker Studio GUI와 SageMaker SDK를 활용하면, 복잡한 코딩 없이도 분류 모델을 효과적으로 만들 수 있다. 사용자는 데이터를 시각화하고 예측 대상 열을 지정하기만 하면, Autopilot이 데이터 처리, 통계적 인사이트 제공, 숫자가 아닌 정보의 추출 등의 작업을 자동으로 수행한다. 추가적으로 세부적인 튜닝을 위해서 Autopilot은 모든 생성된 모델에 대한 Studio 노트북을 자동으로 제공한다. 이를 통해 모델의 세부 사항과 작동 방식을 자세히 분석할 수 있다. 생성된 다양한 머신러닝 알고리즘은 Autopilot 내에서 쉽게 검토하고 비교할 수 있다. 모델의 성능을 평가할 때 정확도, 정밀도, ROC 곡선, AUC와 같은 지표들이 중요한데, SageMaker Autopilot을 사용하면 이러한 지표들을 기반으로 여러 모델을 비교하고 피처 영향 Feature Importance을 통해 각 특성이 예측에 어떻게 기여하는지 파악할 수 있다. 추가적인 모듈인 Amazon SageMaker Clarify와의 통합 덕분에, Autopilot은 모델의 예측 방식을 명확하게 이해하고 설명하는 보고서를 제공한다. 이를 통해 사용자는 모델의 작동 방식을 더 깊게 파악할 수 있다. [그림 12-26]은 Autopilot에 대한 대표적인 특징을 정리한 내용이다.

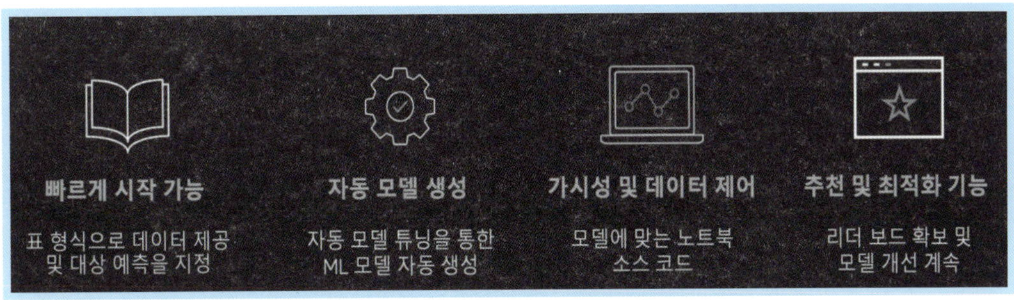

그림 12-26 SageMaker Autopilot의 특징

13. Microsoft Azure

Azure는 2010년부터 서비스한 Microsoft 사의 클라우드 컴퓨팅 플랫폼이며, 약 600개 이상의 서비스를 제공하고 있다. [그림 13-1]은 Azure Machine Learning의 workflow로 Azure 플랫폼을 활용하여 데이터 수집과 관리를 클라우드에서 담당, ML Studio를 통해 모델을 만들고 손쉽게 웹 서비스를 구축한 뒤 다양한 기기에서 활용할 수 있다는 것을 알 수 있다.

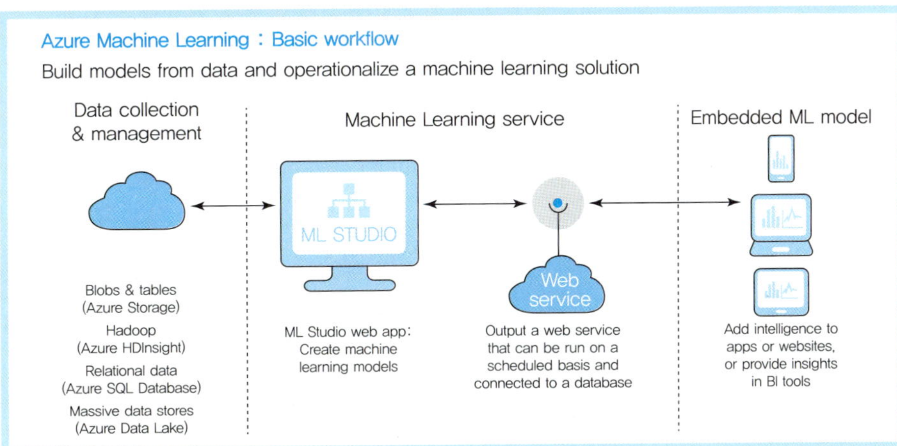

그림 13-1 Azure Machine Learning Basic workflow

[그림 13-2]를 통해 알 수 있듯이 Azure ML Studio는 기존의 클라우드 플랫폼·기계학습 라이브러리와 툴과 다르게 사용자의 편의성을 고려하여 접근하기 쉬운 GUI 환경으로 제공한다. 코딩 없이는 활용하기 어려운 기능들을 블록으로 제작, Drag & Drop 형식으로 끌어와 연결하는 방식으로 쉽게 ML 모델을 만들 수 있다. 아울러 R, Python으로 짠 스크립트를 블록 형태로 삽입하여 활용할 뿐 아니라 결과를 시각화를 통해 확인할 수 있다. 쉬운 구조 덕분에 사용 방법만 숙지하면 누구나 쉽게 예측 모델을 만들고 배포할 수 있다.

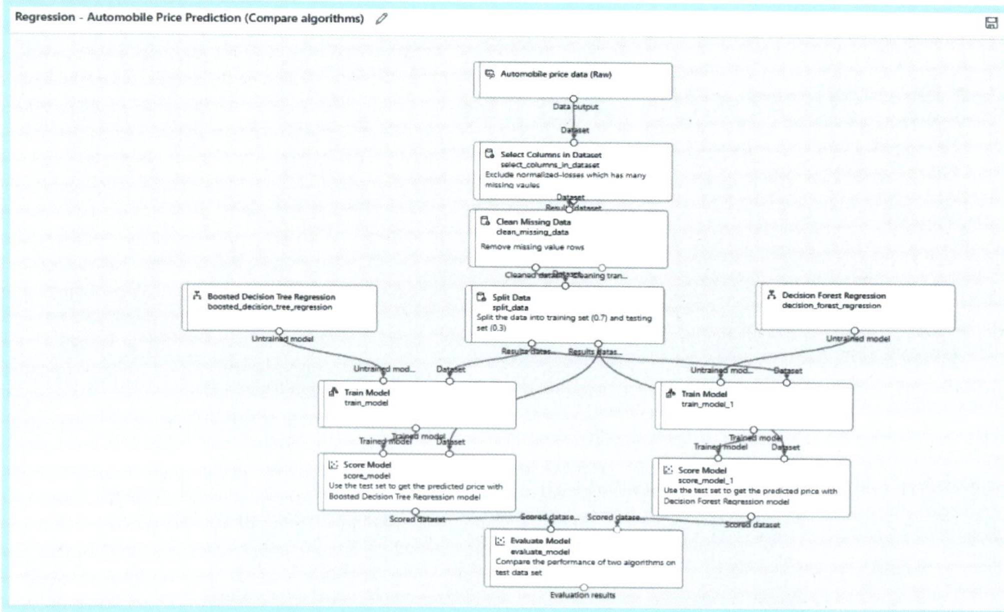

그림 13-2 Azure Machine Learning Studio Designer

다음 장의 [그림 13-3]을 통해 전체적인 Azure Machine Learning의 기능을 볼 수 있다. Azure Machine Learning에서는 데이터 입력, 출력, 시각화를 기본적으로 지원하며, 데이터 사이언티스트들이 많이 사용하는 머신러닝 알고리즘이 있다.

- **실험 데이터 삽입**: 모델을 학습시킬 데이터를 가져와 Azure Cloud에 삽입하여 활용할 수 있다.
- **실험 데이터 전처리**: 모델을 학습시킬 데이터가 누락된 경우 오타가 있을 경우를 위해 데이터를 전처리해야 한다.
- **특징추출**: 모델을 학습시키기 위해 목적과 알고리즘에 맞게 특징을 추출한다.
- **학습과 모델평가**: 알고리즘을 선정하고 학습을 시키고 평가를 하여 모델에 대한 평가를 내리고 오류는 없는지 확인한다.
- **학습된 모델 저장**: 학습 완료된 모델을 저장한다.
- **웹 서비스 적용 및 실행**: 학습 완료된 모델을 웹 서비스를 활용하기 위해 적용하고 실행한다.

이러한 구성요소를 활용하여 모델을 개발하고 배포할 수 있다.

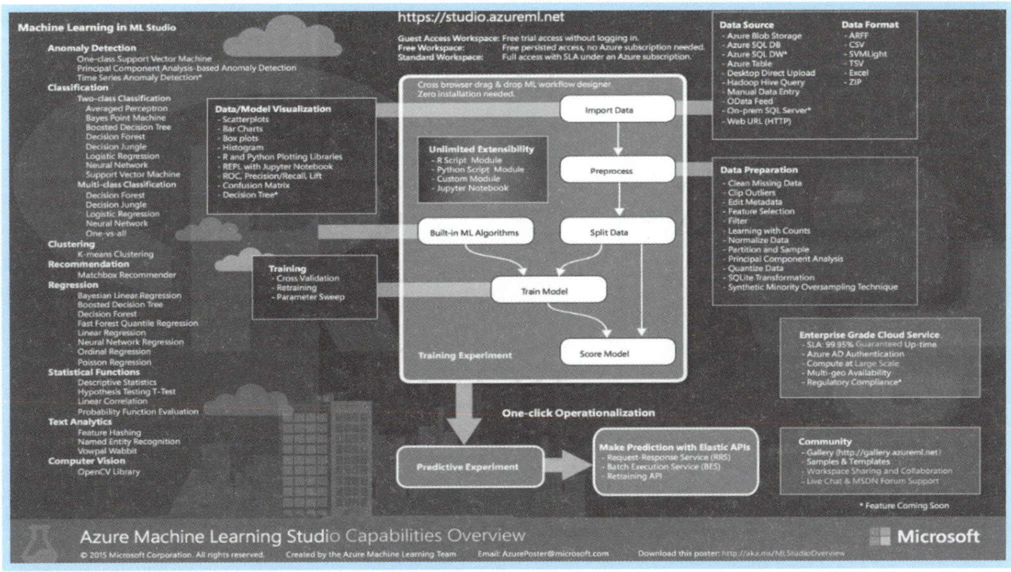

그림 13-3 Azure Machine Learning Studio 다이어그램

13.1 Microsoft Azure 사용자 등록

https://azure.microsoft.com/ko-kr에 접속하여 [그림 13-4]의 체험 계정 링크를 클릭한다.

그림 13-4 Azure 홈페이지

[그림 13-5]는 체험계정 만들기 홈페이지로, 체험계정 만들기 링크를 클릭한다.

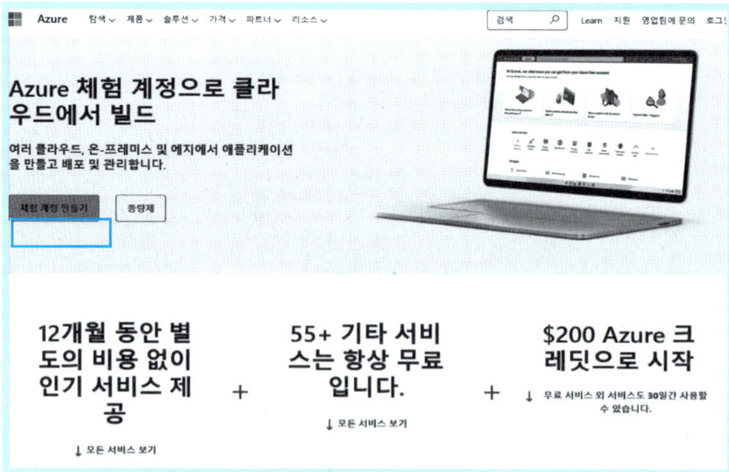

그림 13-5 Azure 체험 계정 만들기

Azure 체험 계정은 30일간 200크레딧 지급 및 12개월간의 무료 서비스를 제공한다. 따라서 위 계정을 통해 향후 진행될 예제 등을 진행할 수 있다. [그림 13-6]은 개인정보 동의 란으로 다음과 같이 체크 후 다음 버튼을 클릭해 넘어간다.

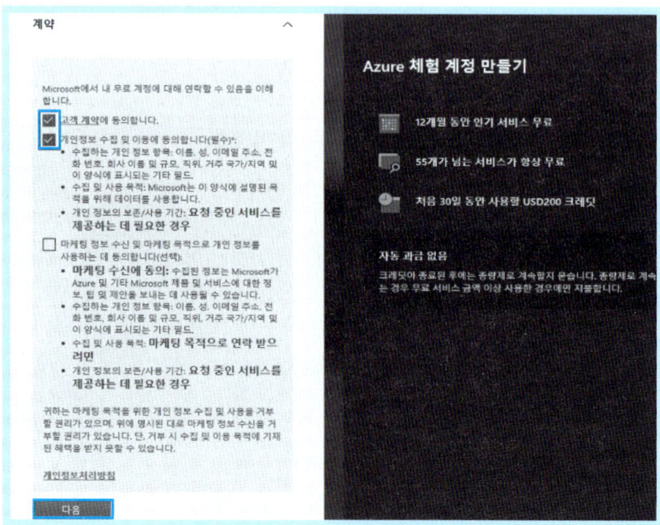

그림 13-6 Azure 계약 내용

[그림 13-7]은 정상적으로 체크 시 ID 검증으로서 전화번호를 입력 후 문자를 클릭해 ID 검증을 진행 후 넘어간다.

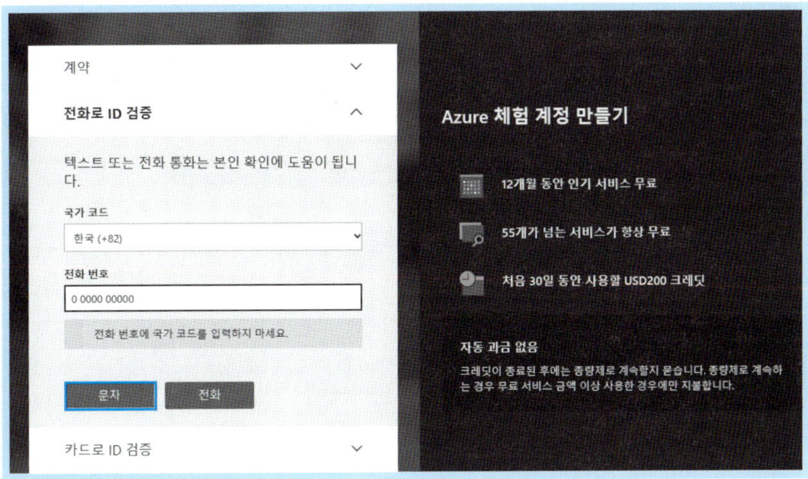

그림 13-7 ID 검증

[그림 13-8]은 AWS와 마찬가지로 Microsoft Azure도 카드 등록이 필요하기에 나오는 카드 등록 페이지이다. VISA 등 해외 결제가 가능한 카드를 입력 후 진행한다.

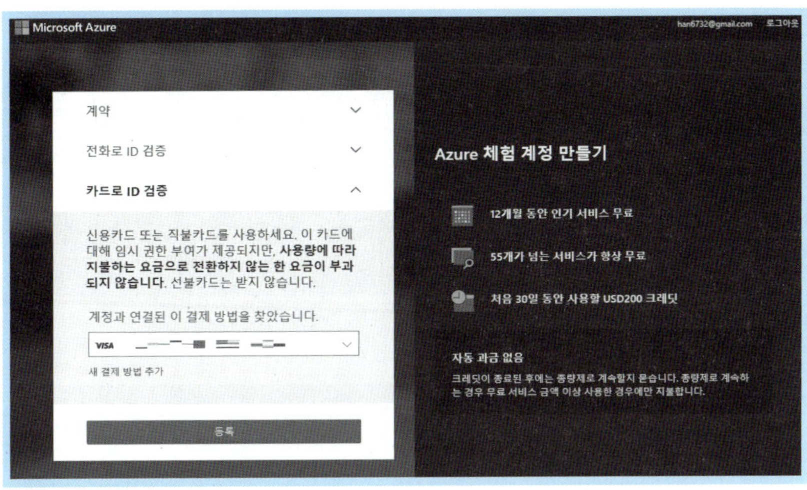

그림 13-8 카드 등록

[그림 13-9]처럼 정상적으로 등록이 완료되었다면 같이 Azure를 시작할 준비 완료라는 페이지가 나오게 된다.

그림 13-9 Azure 가입 완료 페이지

Azure 계정이 생성되었다면 https://azure.microsoft.com/en-us/products/machine-learning로 이동해 Azure Machine Learning을 활용할 수 있다.

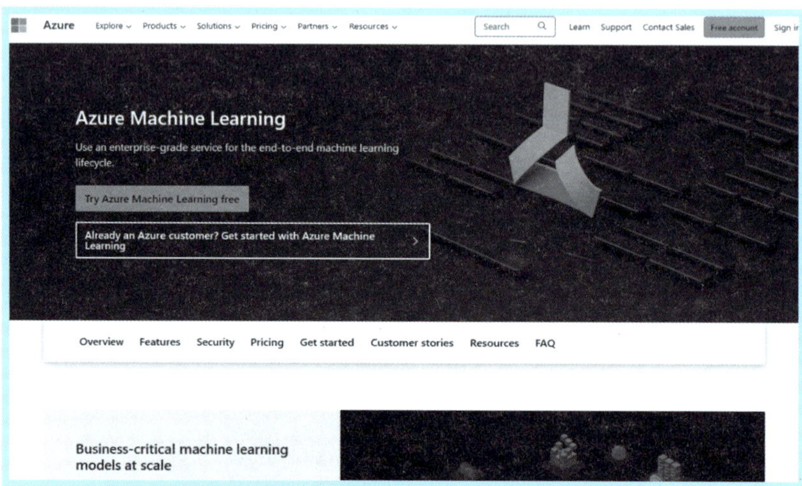

그림 13-10 Azure Machine Learning 홈페이지

[그림 13-10]에서 우측 상단에 보이는 Sign in을 통해 로그인을 진행한다.
[그림 13-11]처럼 로그인 옵션은 여러가지가 있지만 방금 만든 아이디로 로그인을 진행한다.

그림 13-11 Azure Machine Learning 로그인

[그림 13-11]처럼 로그인 옵션은 여러가지가 있지만 방금 만든 아이디로 로그인을 진행한다.

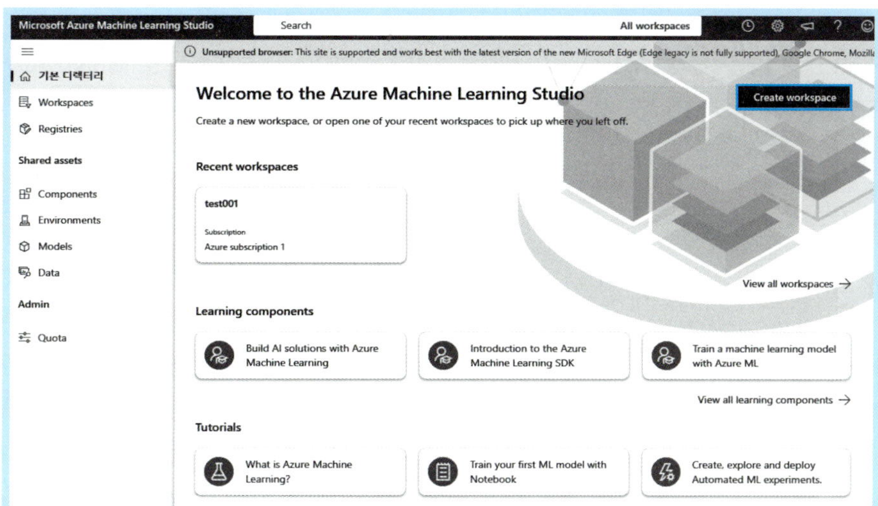

그림 13-12 Machine Learning 메인 화면

[그림 13-12]는 로그인 후 나오는 Azure Machine Learning Studio 메인 페이지다. 가장 처음은 Workspace를 만드는 것으로, 이는 Azure Machine Learning을 위해 준비하는 전반적인 환경이다. 이 안에서 혼자 혹은 다른 사람들과 협업하여 머신러닝 모델을 만들고 관련 작업을 그룹화가 가능한 환경으로써 실험, 데이터 세트, 모델링, 성분 및 추론 등이 가능하다.

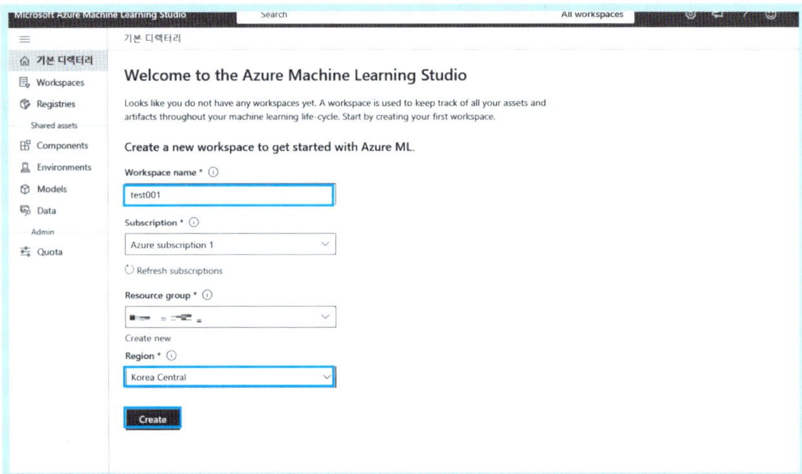

그림 13-13 Machine learning workspace

[그림 13-13]은 처음 Azure Machine learning에 접속하면 나오는 페이지로 Workspace 생성창이다. Name은 자유롭게 설정, Region은 국적에 맞춰서 설정하면 되며 Create를 통해 자신만의 Workspace를 만들 수 있다.

14. Azure Automated ML

Azure Machine Learning의 기능 중 하나인 Auto ML이라고 하는 자동화 머신러닝은 모델 개발의 시간 소모적이고 반복적인 작업을 자동화하는 프로세스이다. 데이터 과학자, 분석가 및 개발자는 모델 품질을 유지하면서 높은 확장성, 효율성 및 생산성을 갖춘 ML 모델을 구축할 수 있으며, Azure 머신러닝의 자동화된 ML은 위 챕터에서 설명한 AWS Sagemaker Canvas와 같은 No-Code 자동화 ML 모델이다. Titanic 생존자 예측 데이터를 가지고 사용법에 대해 알아보자.

14.1 Azure Automated ML Titanic 예측

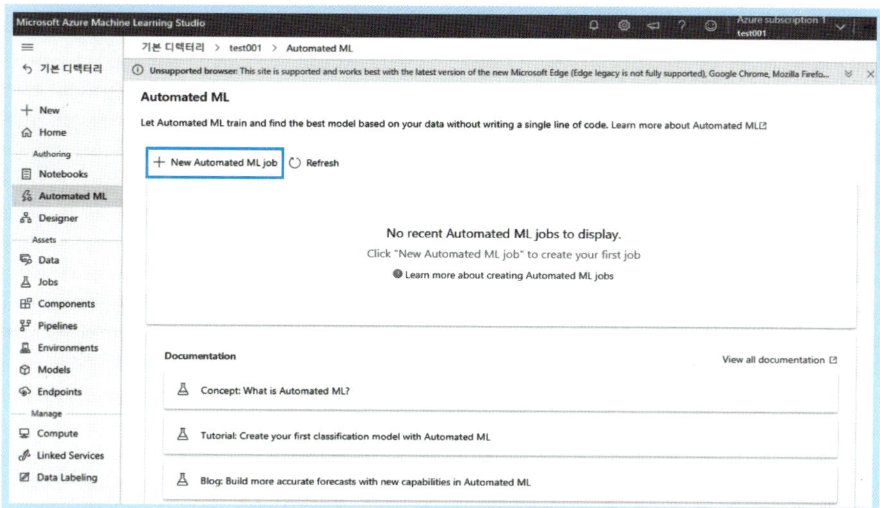

그림 14-1 Automated ML 시작 화면

[그림 14-1]과 같이 Automated ML을 클릭 후 New Automated ML job을 선택한다.

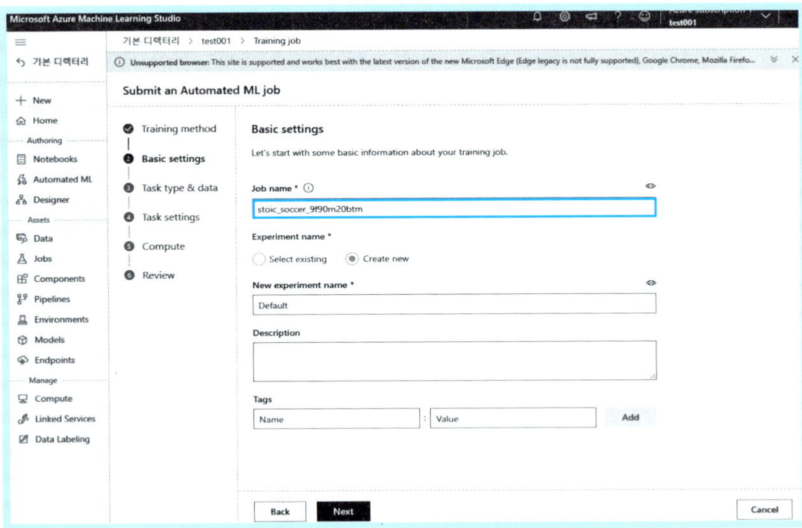

그림 14-2 Basic setting

New Automated ML job을 선택했다면 [그림 14-2]와 같은 화면을 볼 수 있다. Job name 및 New experiment name은 기본 설정을 유지하며, 그 후 Next를 눌러 다음 단계로 넘어간다.

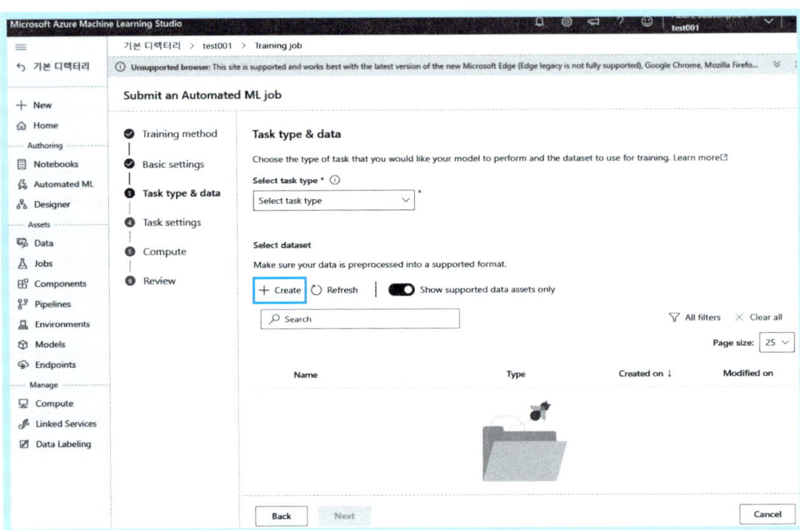

그림 14-3 데이터셋 선택

Next 버튼을 누르면 [그림 14-3]과 같은 화면을 볼 수 있다. 머신러닝에 필요한 데이터 세트를 불러오기 위해 Create 버튼을 클릭한다.

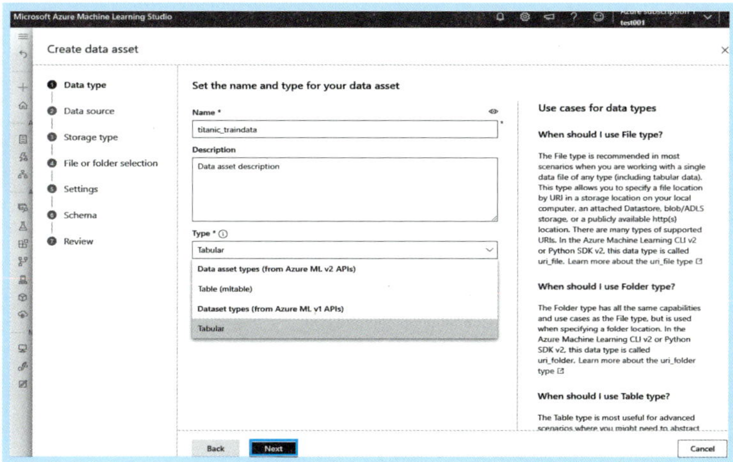

그림 14-4 데이터 기본 설정

여기선 불러올 dataset이 없기에 먼저 Assets의 Data를 눌러 [그림 14-4]와 같은 화면으로 넘어가서 데이터셋을 생성한다. 먼저 Name과 Type를 자신이 만들고자 하는 데이터셋에 맞게 설정한다.

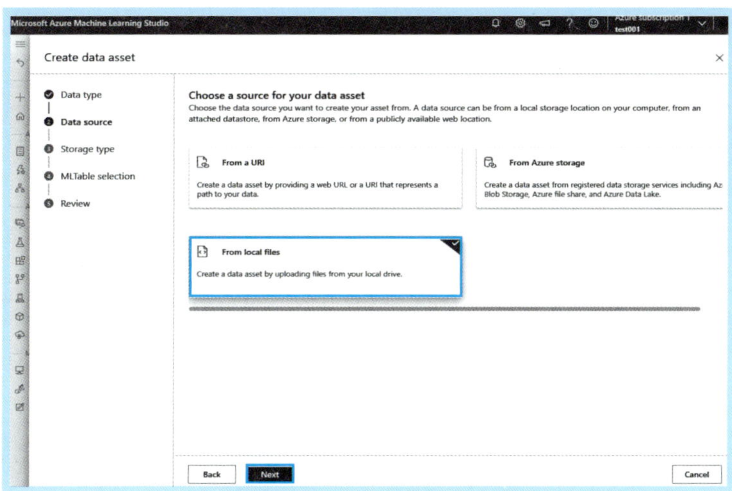

그림 14-5 Data source 선택

[그림 14-5]와 같은 화면에서는 자신이 만들고자 한 데이터셋의 데이터들을 업로드하는 방법을 선택할 수 있다. 여기선 local drive에 다운받은 데이터를 활용하기 위해 From local files를 선택한다.

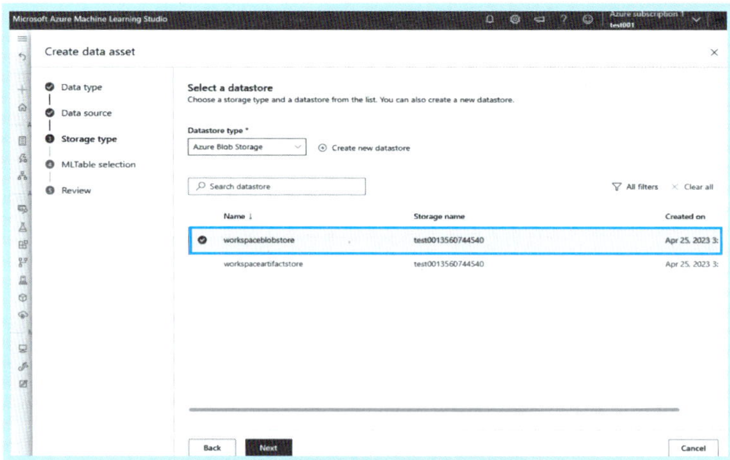

그림 14-6 Datastore 선택

이전에 정상적으로 workspace가 생성되었다면 [그림 14-6]과 같이 workspace가 생성되어 있다. 위 기본 workspaceblobstore를 선택한다.

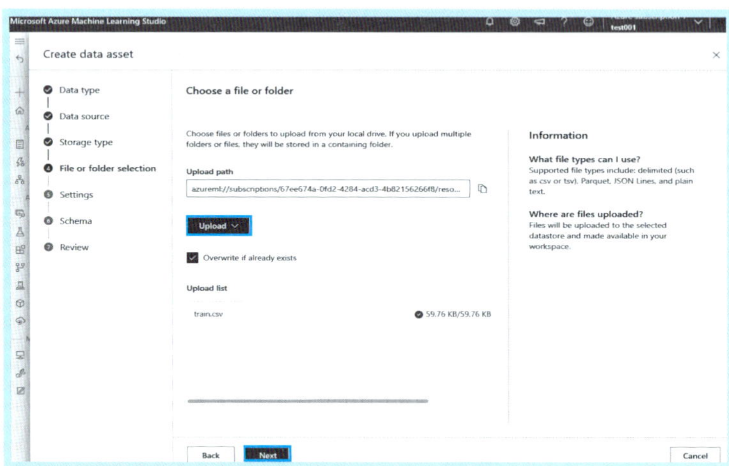

그림 14-7 Dataset import

[그림 14-7]과 같이 Upload를 눌러 훈련시킬 데이터를 넣고 next를 통해 dataset을 Azure에 import 시킨다.

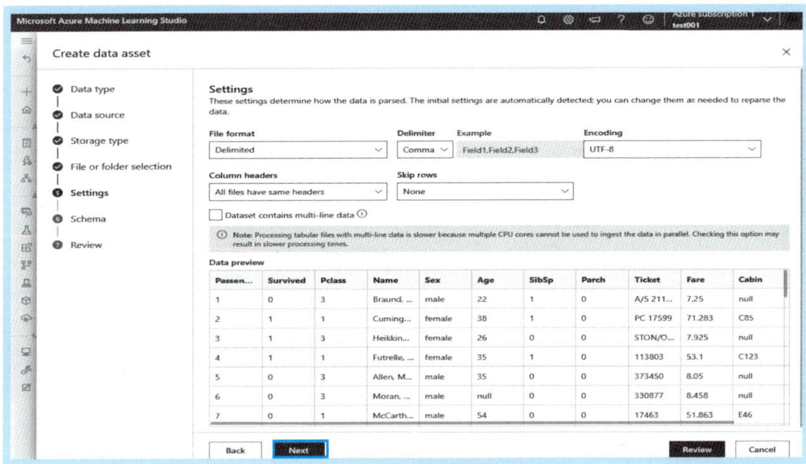

그림 14-8 Data preview

[그림 14-8]과 같이 데이터셋이 정상적으로 import 되었다면 아래와 같은 preview 화면이 뜨게 된다. 아래와 같이 데이터가 정상적으로 import 된걸 확인 후 next를 통해 넘어간다.

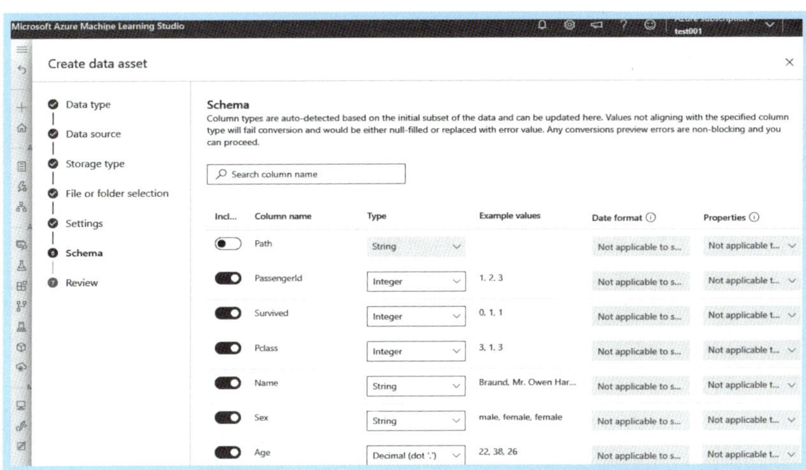

그림 14-9 Dataset Type setting 1

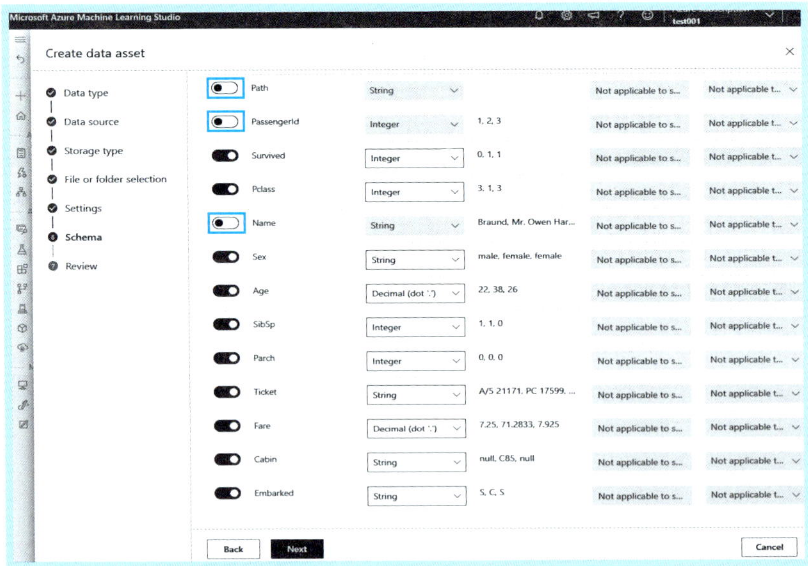

그림 14-10 Dataset Type setting 2

[그림 14-9], [그림 14-10]과 같이 세팅이 끝나면 Schema를 설정해야 한다. 기본적으로 추천 설정에 맞게끔 Type가 세팅 되어 있기 때문에 추가적인 설정은 필요 없다. [그림 14-10]과 같이 include에서 Path, Passengerid, Name의 경우 필요가 없는 데이터 항목이기에 include 설정에서 제외한다.

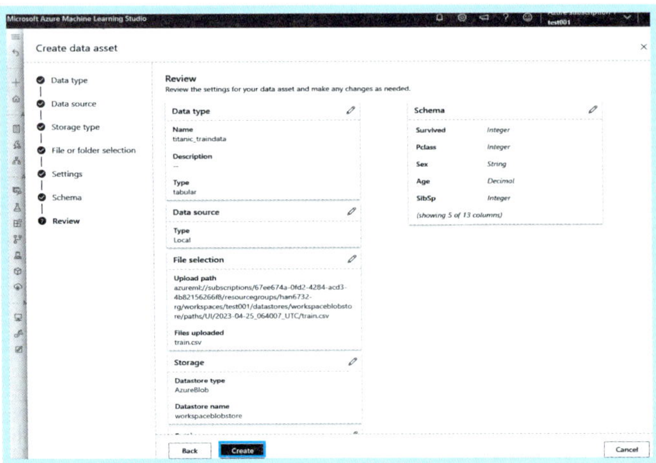

그림 14-11 Data review

[그림 14-11]과 같이 최종적인 확인을 진행하는 Review를 통해 본인의 데이터가 정확히 맞는지 체크 후 Create를 통해 마무리 짓는다.

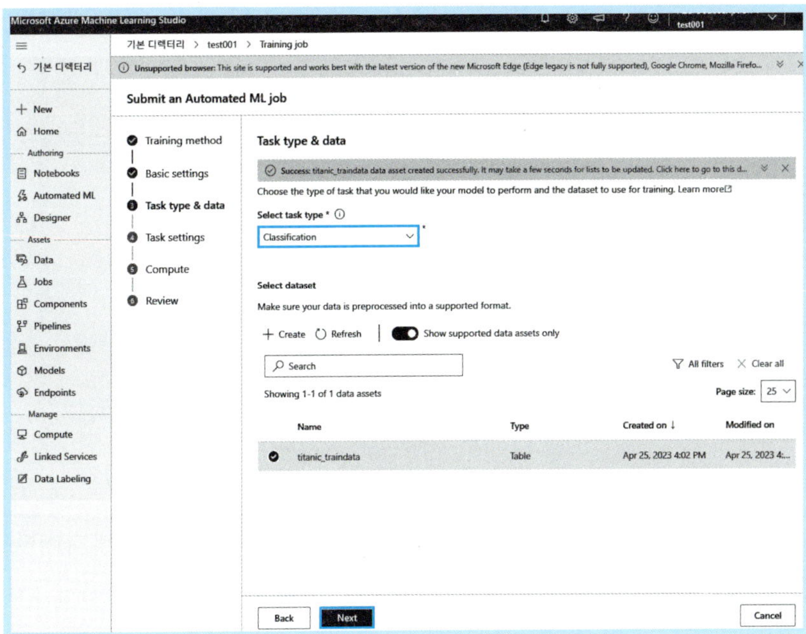

그림 14-12 Task type 세팅

데이터가 import 되었다면 [그림 14-12]와 같이 설정한 데이터값이 보이게 된다. Titanic 예측 모델을 분류 모델로 진행하기 위해 Task type을 classification을 설정 후 데이터셋을 선택한다. 그 후 next를 통해 다음 단계로 넘어간다.

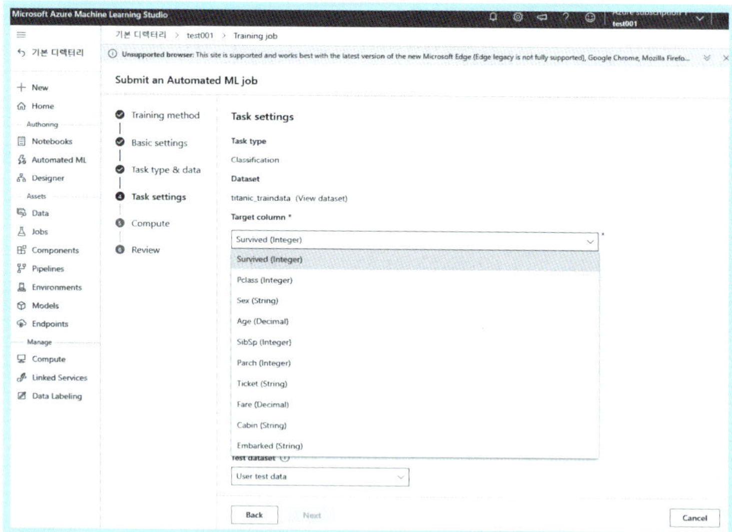

그림 14-13 Target column 설정

Machine Learning job을 위해서 Target 행이 필요하다. [그림 14-13]과 같이 타이타닉 생존자를 예측하기 위해 Survived 행을 선택해 진행한다. Target column 설정 완료 후 [그림 14-14]와 같이 Select test dataset을 통해 테스트용 데이터셋을 설정한다.

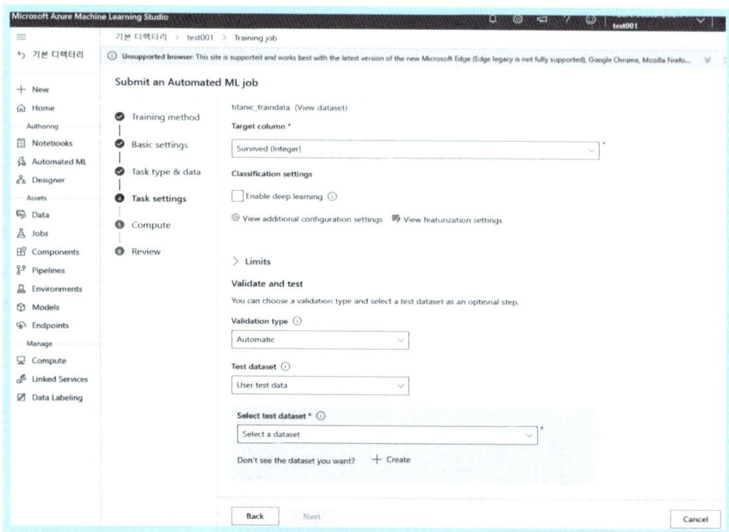

그림 14-14 Select test dataset

Target column 설정 완료 후 [그림 14-14]와 같이 Select test dataset을 통해 테스트용 데이터셋을 설정한다. 그 후 Dataset type 설정은 [그림 14-4]와 같은 동일한 방식으로 설정한다.

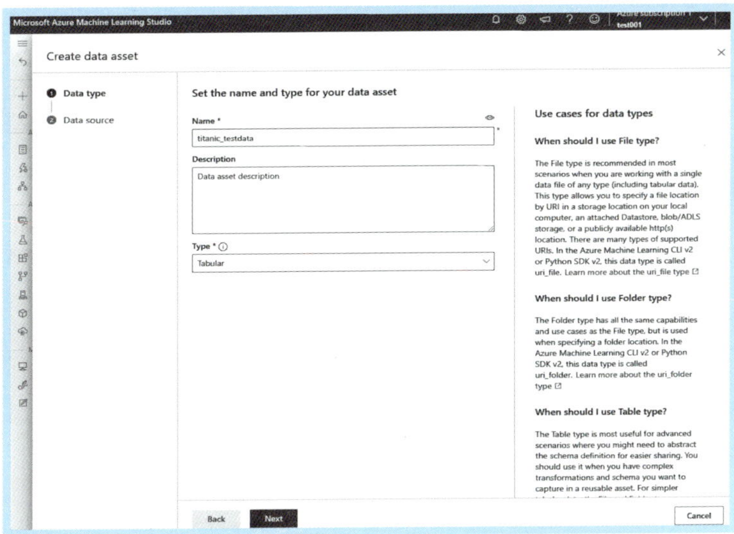

그림 14-15 Test dataset 1

Data source 단계에서는 [그림 14-5]와 같은 동일한 방식으로 설정한다.

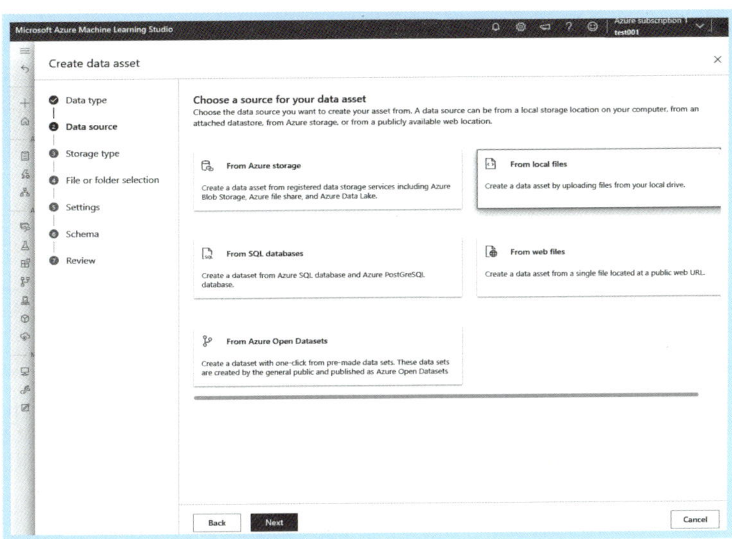

그림 14-16 Test dataset 2

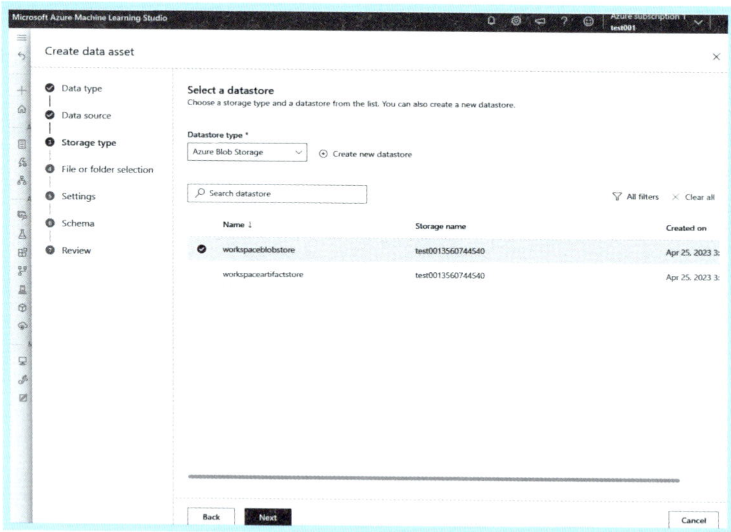

그림 14-17 Test dataset 3

[그림 14-18]과 같이 타이타닉 생존자 예측 데이터 중 test.csv 파일을 업로드 시킨다.

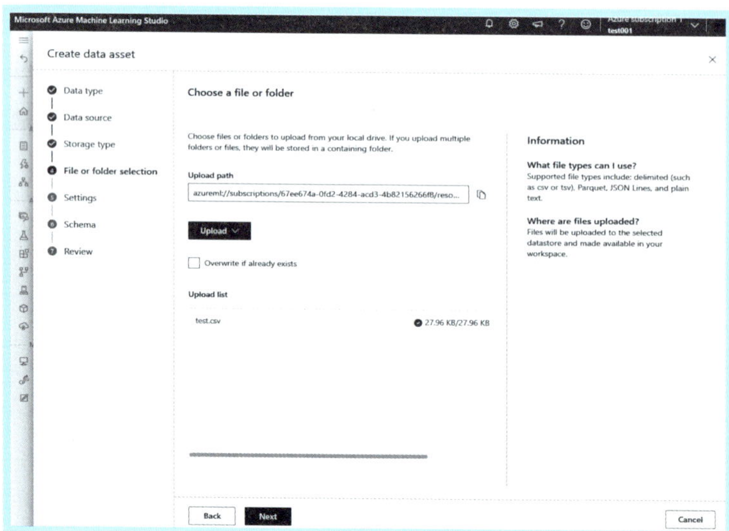

그림 14-18 Test dataset 4

[그림 14-18]과 같이 타이타닉 생존자 예측 데이터 중 test.csv 파일을 업로드 시킨다.

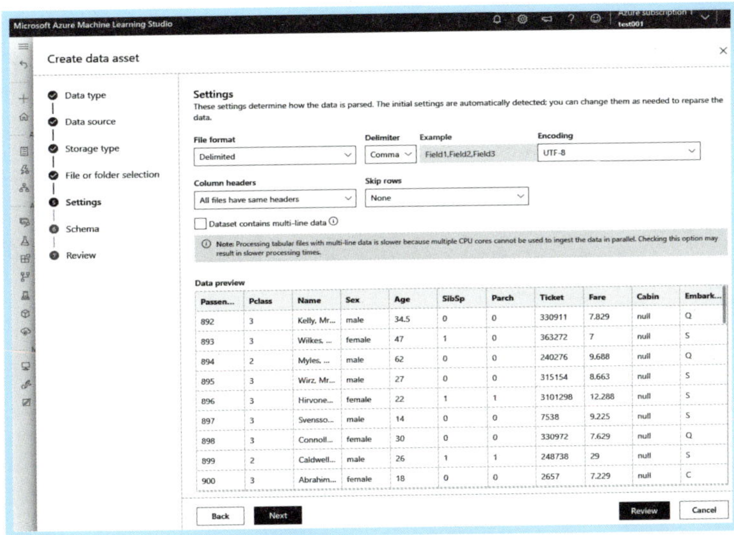

그림 14-19 Test dataset 5

[그림 14-19]는 test 데이터 세팅으로 자동 설정이 되어있어 다음으로 넘어가면 된다.

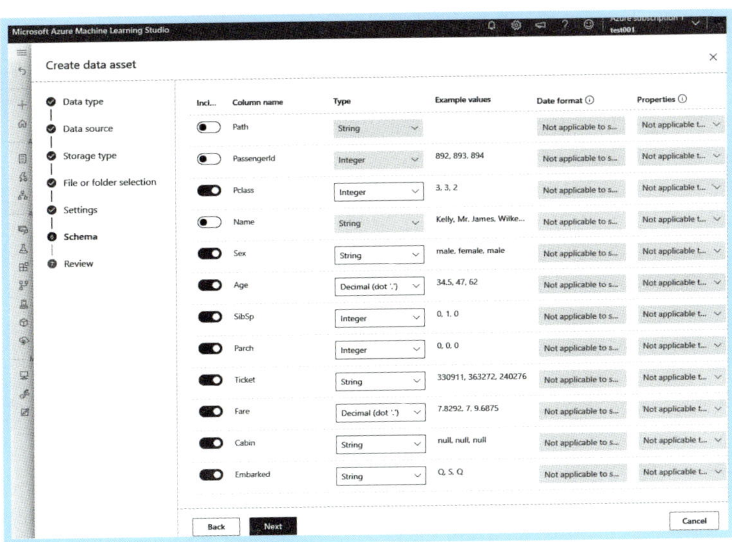

그림 14-20 Test dataset 6

[그림 14-20] 같이 train 데이터와 마찬가지로 Path, Passengerid, Name의 행은 제외시킨다.

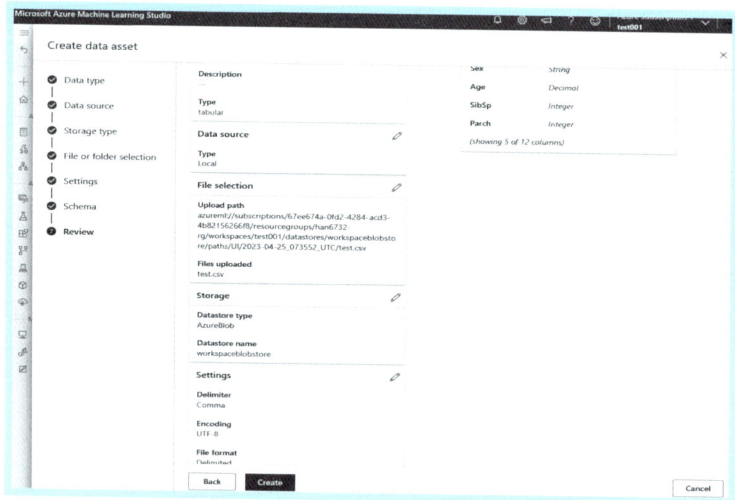

그림 14-21 Test dataset 7

[그림 14-21]은 Test 데이터셋의 최종 확인 화면이다.

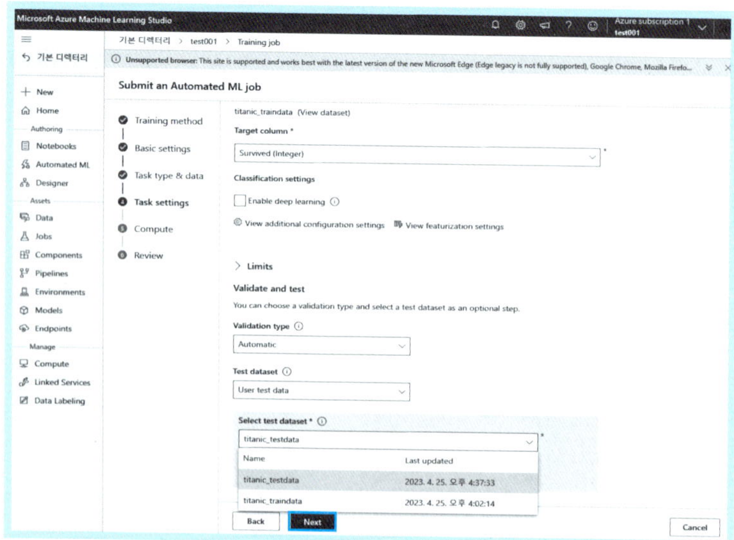

그림 14-22 Test data 선택

[그림 14-22]는 test data 업로드 후 select test dataset 설정으로 위에서 업로드한 testdata를 선택한다.

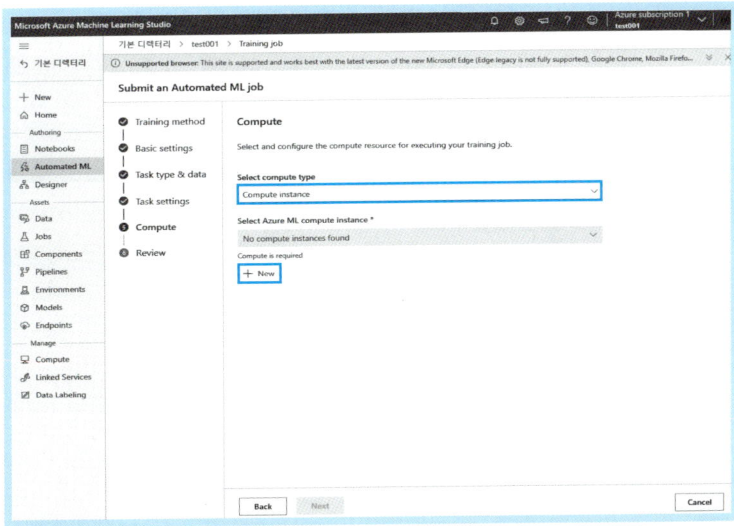

그림 14-23 Compute Type 선택

[그림 14-23]은 컴퓨터 인스턴스 유형을 선택하는 단계이다. Azure-ML은 자체적으로 컴퓨팅 인스턴스를 지원해 Azure 내부에서 머신러닝이 가능하다. Select compute type에서는 Compute instance를 선택 후 New를 통해 훈련시킬 컴퓨터 환경을 세팅한다.

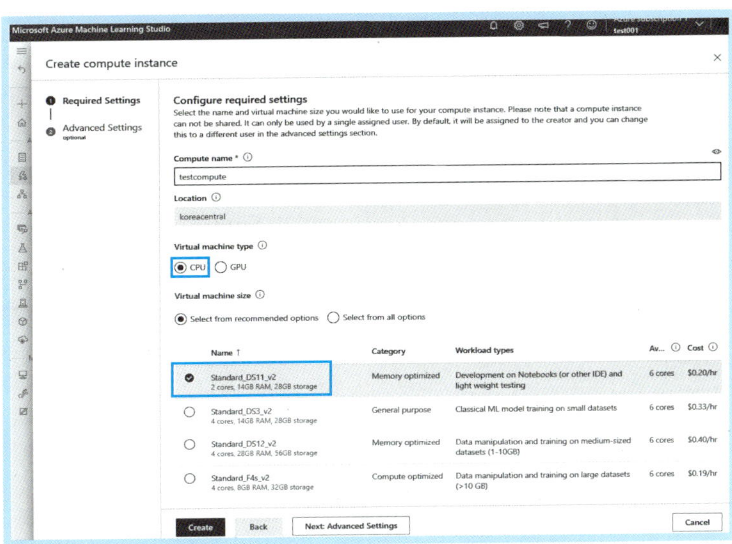

그림 14-24 Compute 환경 설정 및 생성

[그림 14-24]와 같이 Azure ML은 다양한 PC환경을 지원하고 있다. Compute name을 설정하고 CPU에서 추천 옵션 중 Standard_DS11_v2를 선택한다. 그 후 Create를 통해 컴퓨팅 환경을 생성한다.

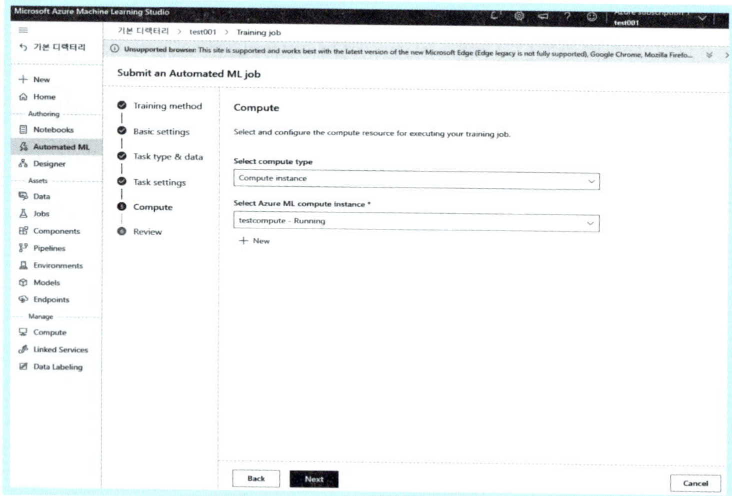

그림 14-25 Compute instance 선택

[그림 14-25]는 설정이 완료된 후 세팅으로 방금 설정한 compute instance를 선택 후 Next를 클릭한다.

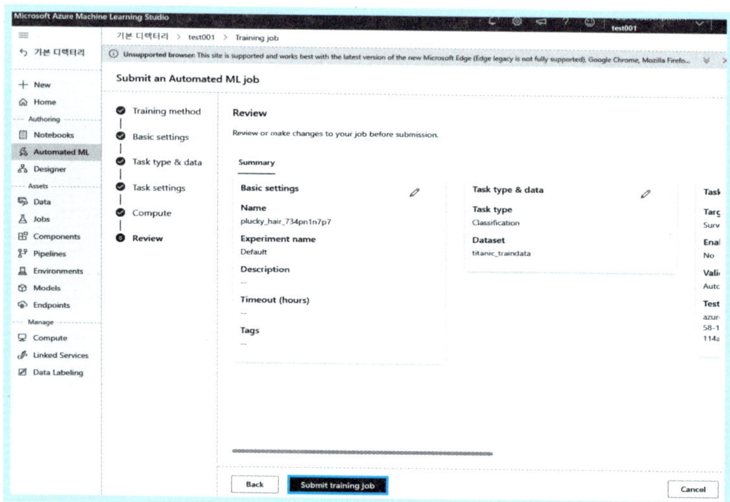

그림 14-26 Training job review

[그림 14-26]은 최종적인 리뷰로 Submit 전 마지막 확인 단계이다. 전부 올바르게 설정되어 있다면 Submit training job을 통해 진행한다.

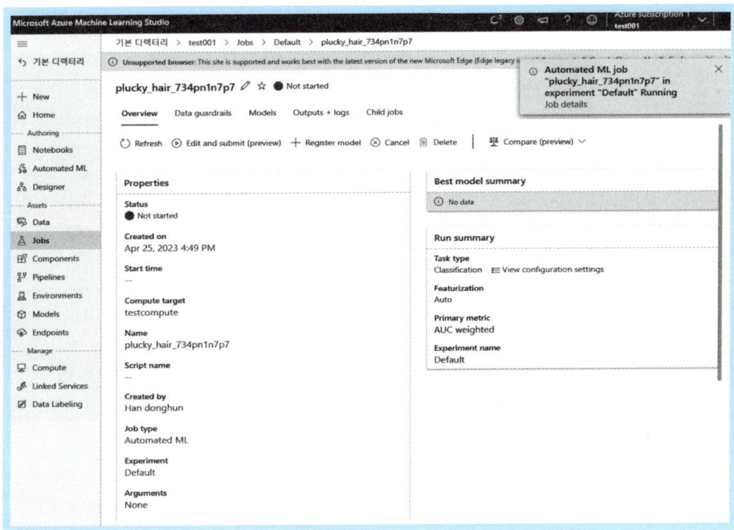

그림 14-27 Training job running 페이지

[그림 14-27]은 Submit training job 실행을 보여주는 상태 페이지다.

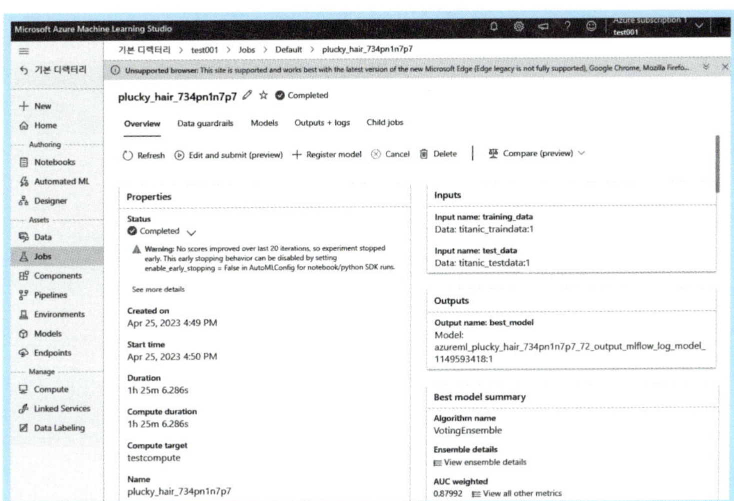

그림 14-28 Training job 완료

[그림 14-28]은 실행이 완료된 후의 Status 페이지로 Models를 통해 어떠한 모델을 사용했는지에 대한 결과에 대해 볼 수 있다.

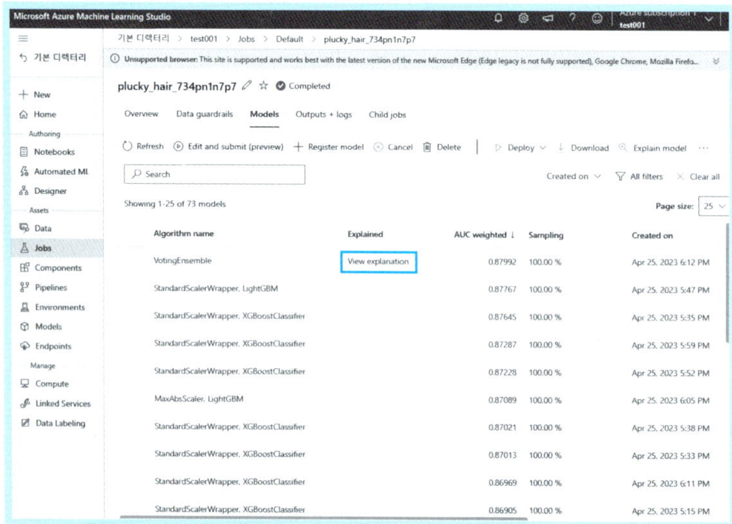

그림 14-29 Models View 페이지

[그림 14-29]는 Azure에서 자동으로 생성시킨 Models을 확인할 수 있는 페이지로 View explanation을 통해 활용된 모델의 세부 내용 확인이 가능하다.

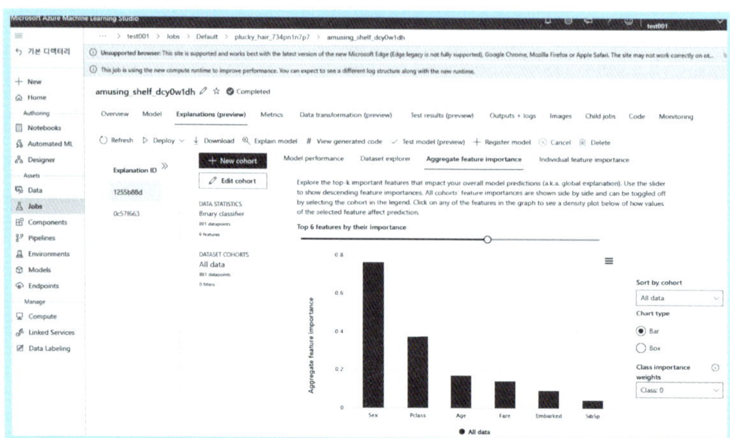

그림 14-30 Aggregate feature importance

[그림 14-30]은 세부 모델 explanation에서 변수 중 어떠한 값이 제일 큰 영향을 주었는가를 그래프로 보여주고 있다. 그래프에 따르면 Sex, Pclass, Age 순으로 생존에 큰 영향을 미친 것을 알 수 있다.

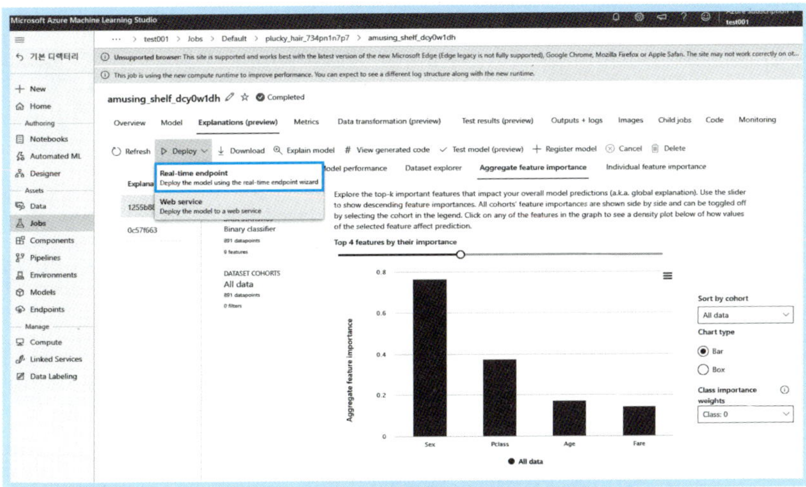

그림 14-31 select deploy model

[그림 14-31]은 만들어진 모델에 대해서 배포를 보여준다. 2가지 배포 방식이 있는데 그 중 Web Service를 눌러 진행한다.

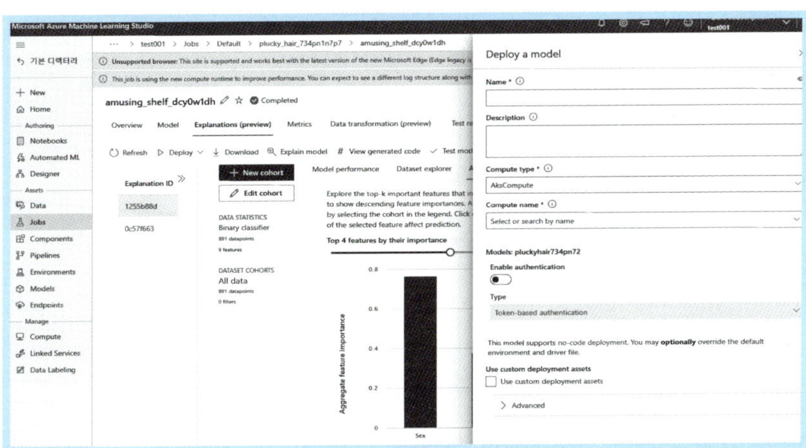

그림 14-32 Deploy model setting

[그림 14-32]와 같이 Name, Compute type를 설정한다. Name은 임의의 이름을 지정하고 Compute type은 Azure Container Instance로 클릭해 진행한다.

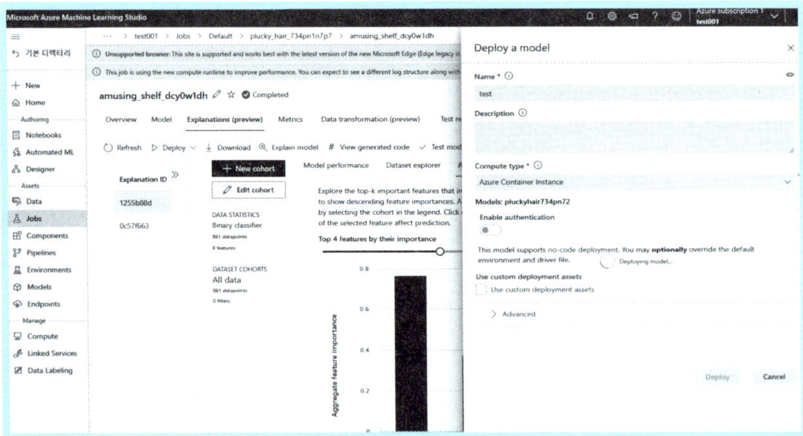

그림 14-33 model deploy

[그림 14-33]과 같이 완료된 이후 Deploy를 클릭해 생성을 완료한다.

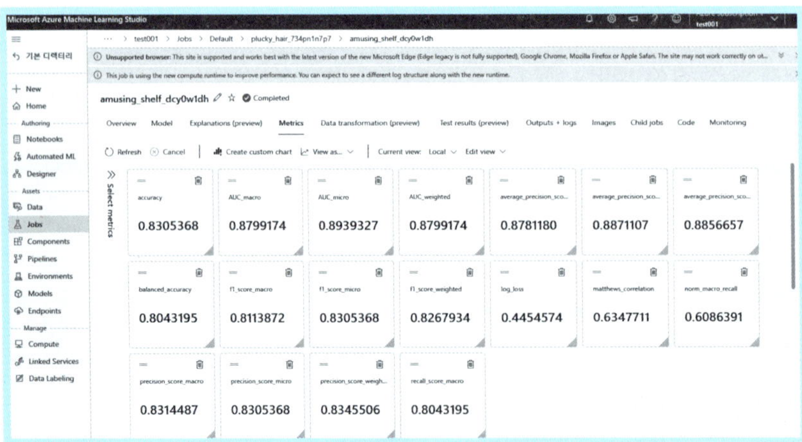

그림 14-34 Model Metrics

[그림 14-34]와 같이 Deploy 이후 Metrics를 확인할 수 있다. 여기서는 모델의 accuracy, AUC 등 사용된 모델의 다양한 지표를 확인 가능하다.

15. Azure Pipeline

Microsoft Azure Pipeline은 Microsoft Azure의 DevOps 서비스 중 하나이다. 소프트웨어 개발 및 배포 프로세스를 자동화하고 관리하기 위한 클라우드 기반 서비스이며, 소프트웨어 개발자와 운영 팀이 협력하여 애플리케이션을 빠르고 신뢰성 있게 제공할 수 있도록 지원하는 도구 및 서비스이다. Azure Pipeline은 코드의 Drag & Drop을 통해 소프트웨어 개발 주기를 단축하여 애플리케이션의 품질과 신속성을 향상시키는 데 도움이 된다. Titanic 생존자 예측 예시와 함께 사용법을 알아보자.

15.1 Azure Pipeline Titanic 생존자 예측

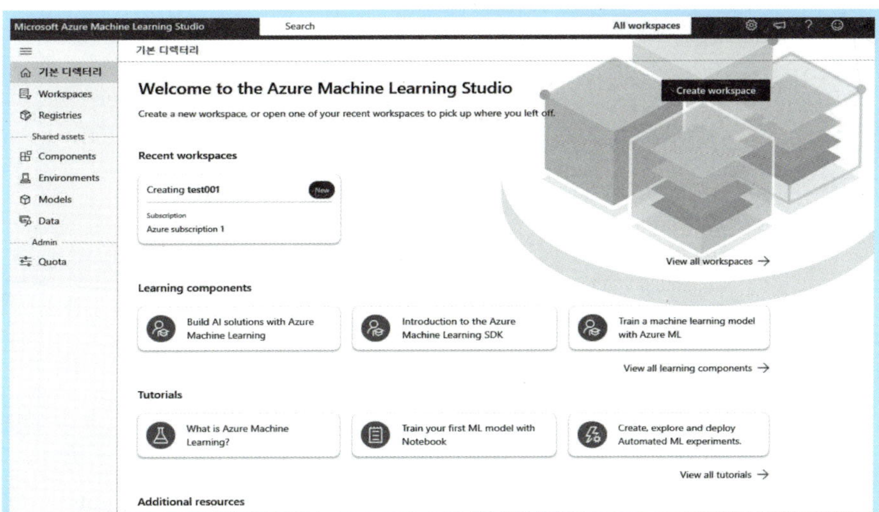

그림 15-1 Microsoft Azure ML Studio 홈 화면

[그림 15-1]에서 Recent workspaces에서 test001을 클릭하여 사용자 workspace로 이동한다.

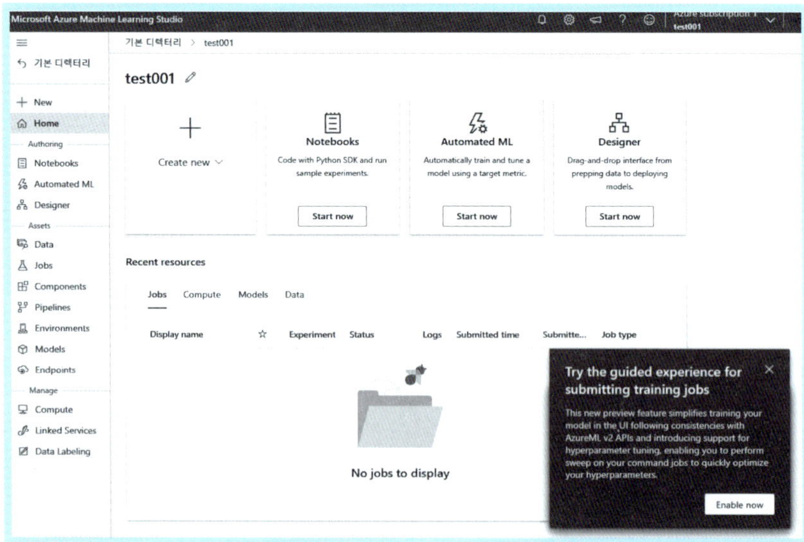

그림 15-2 Microsoft Azure ML Studio 사용자 workspace

[그림 15-2]는 사용자 workspace 화면을 나타낸다.

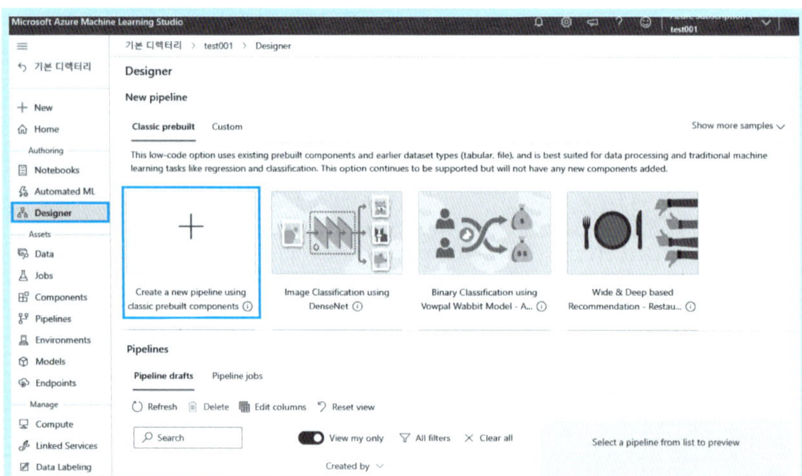

그림 15-3 Pipeline 생성 화면

[그림 15-3]에서 왼쪽 중간에 [Designer]탭을 클릭하여 화면을 이동한다. 이후 새로운 Pipeline을 생성한다.

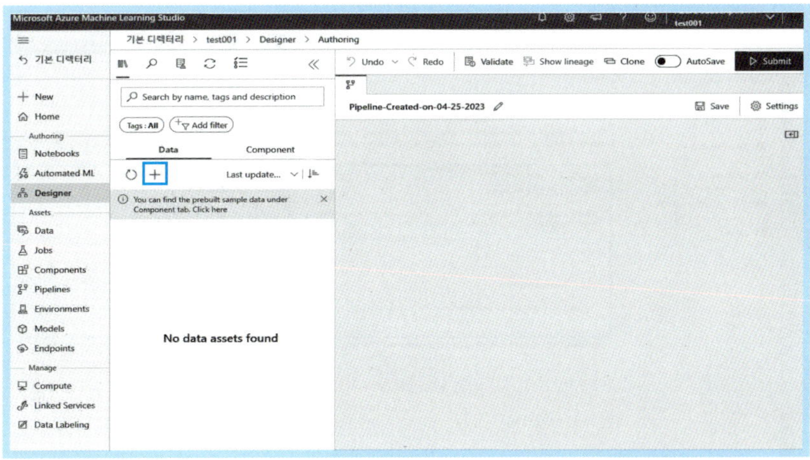

그림 15-4 Microsoft Azure ML Studio 사용자 workspace

[그림 15-4]에서 데이터를 활용하여 Pipeline을 구축하는 과정을 알아보도록 한다. 화면에 보이는 (+)를 클릭하여 데이터를 가져온다. 다음은 Data asset을 생성하도록 하자. 먼저, 데이터 유형을 설정한다.

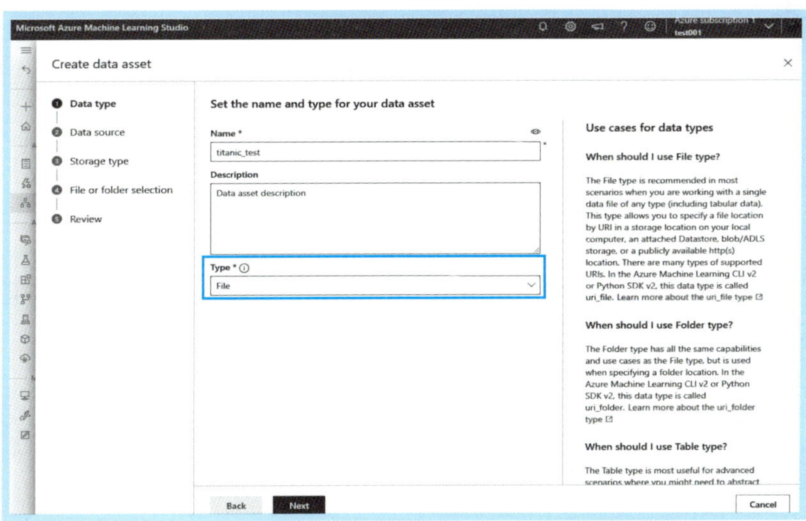

그림 15-5 Data type

데이터 유형 설정이 완료되었으면 다음은 데이터 출처를 선택하는 단계이다. Azure storage, Local files, web files 중 사용자가 가져온 데이터의 출처를 선택하면 된다.

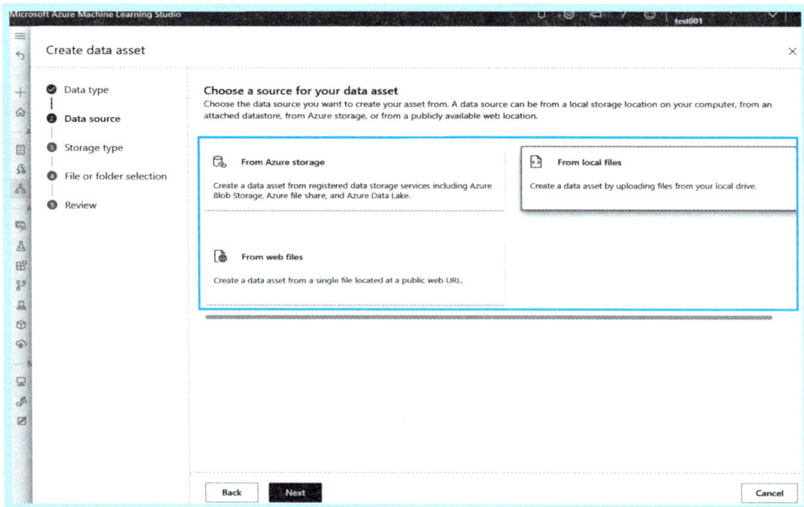

그림 15-6 Data Source

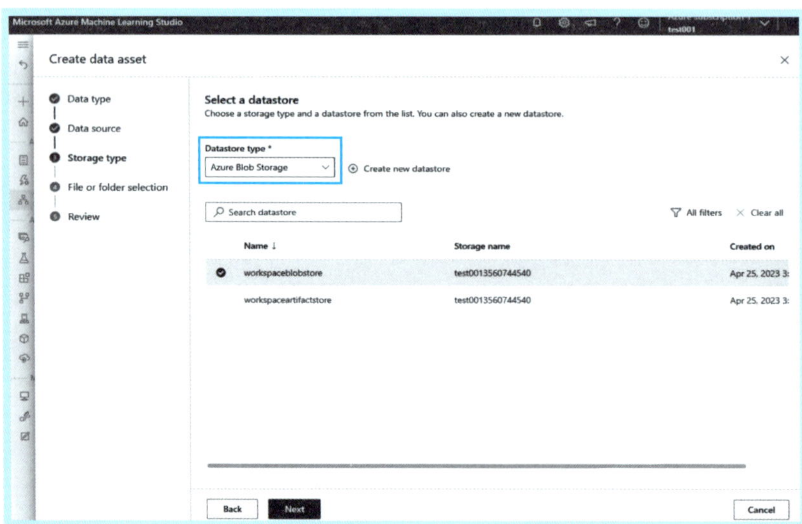

그림 15-7 Storage type

다음 [그림 15-7]은 저장 유형을 설정하는 단계이다. 여기서 Azure에서 제공하는 Storage 유형을 파악한 후 각 사용자가 원하는 저장 공간 유형에 맞게 설정하면 된다.

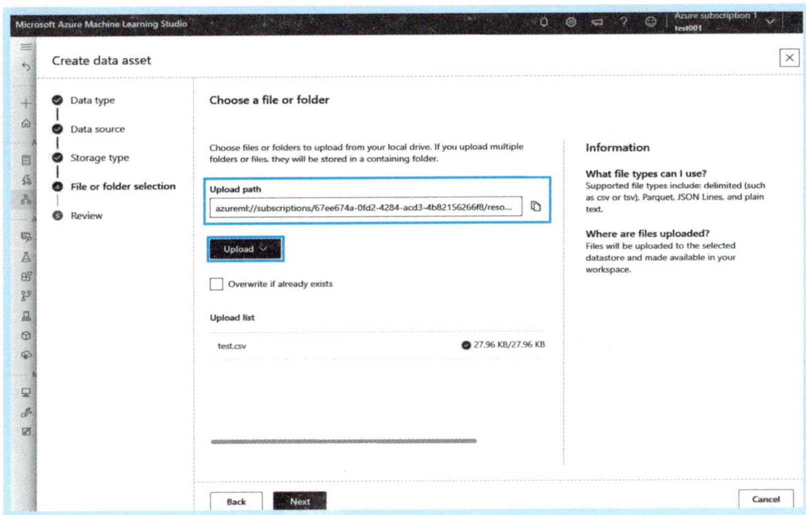

그림 15-8 File or folder selection

다음은 파일 또는 폴더를 선택하는 과정이다. [그림 15-8]과 같이 Upload path에 경로 지정을 설정한 후 [Upload]를 클릭하면 된다.

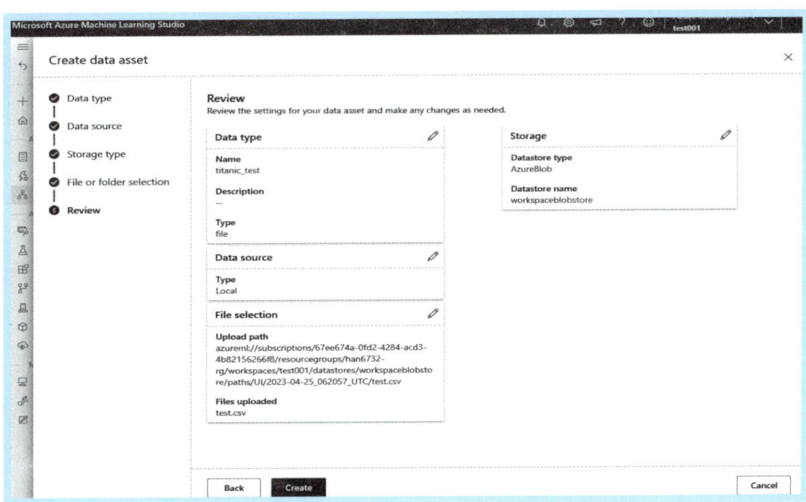

그림 15-9 Review

모든 단계가 완료되었다면 아래 [Create] 탭을 클릭한다.

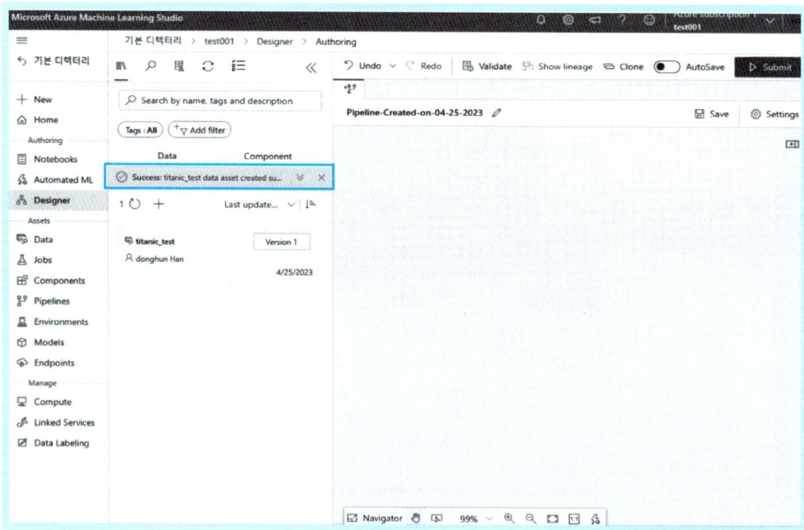

그림 15-10 Review

앞서 파이프라인에서 titanic_test 데이터가 asset가 끝났다면 아래 [그림 15-10]과 같이 Success 표시가 나타난다.

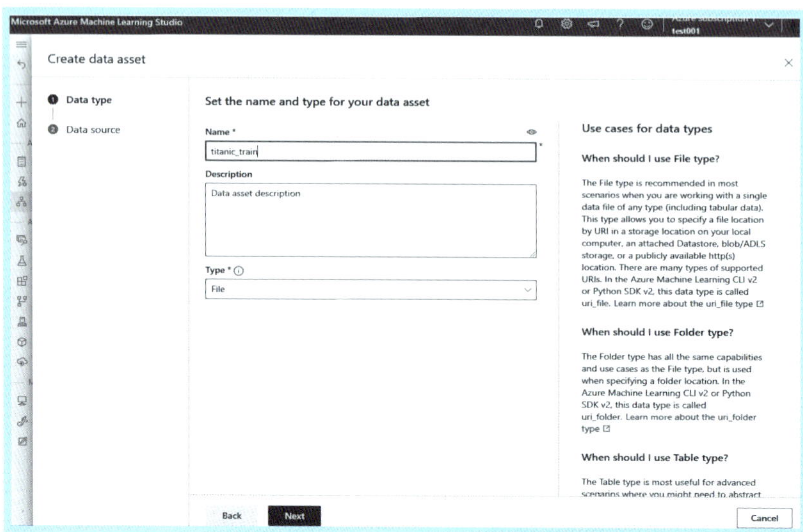

그림 15-11 Train Data Asset

다음은 titanic의 훈련 데이터셋을 생성하는 방법을 알아보도록 하자. 아래 그림과 같이 Create Data asset에서 Name 설정과 이에 대한 Description을 작성할 수 있으며 Type을 설정하면 된다.

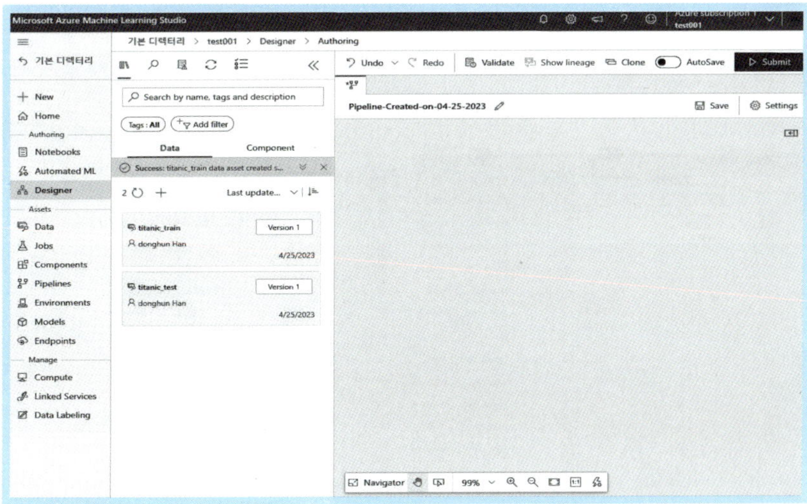

그림 15-12 Train Data Asset

[그림 15-11]에서 아래 [Next]탭을 클릭하고 Data source를 설정하면 [그림 15-12]와 같은 화면이 나타난다.

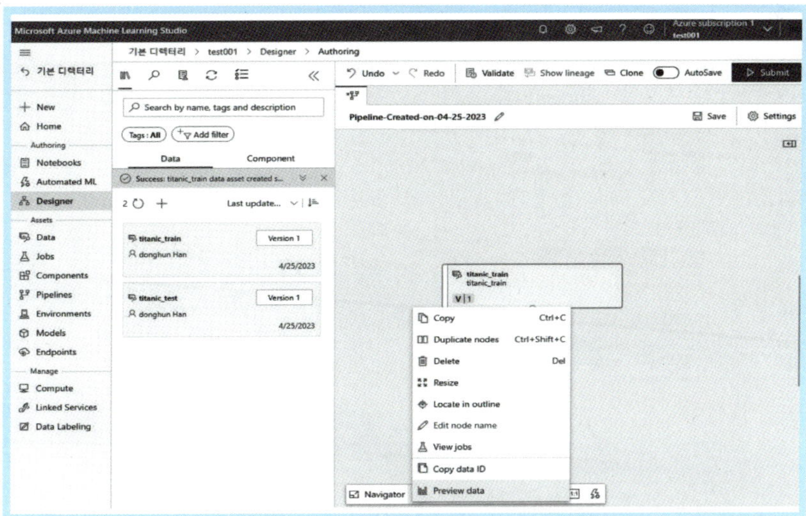

그림 15-13 Pipeline Dashboard

[그림 15-13]의 Data 목록에서 titanic_train을 클릭하면 파이프라인 시각화 필드에 나타난다. 이후 Preview data를 클릭하여 titanic_train 데이터를 살펴보도록 한다. [그림 15-13]에서 Preview data를 클릭하면 아래 [그림 15-14]와 같이 데이터를 한눈에 볼 수 있다.

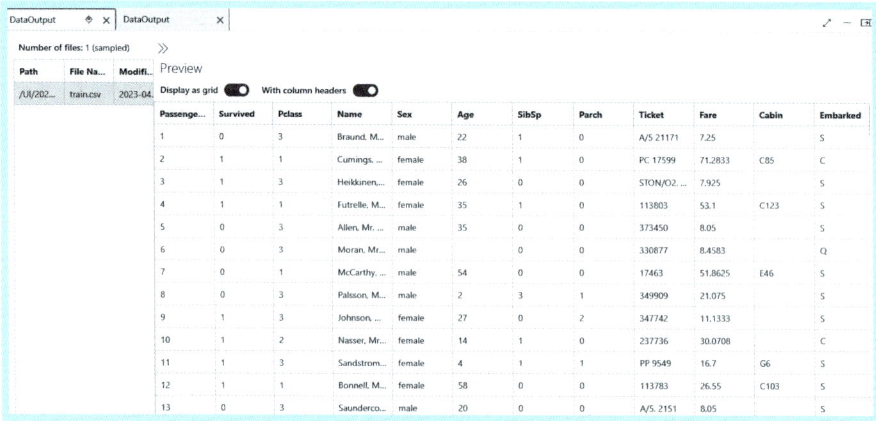

그림 15-14 Preview Data

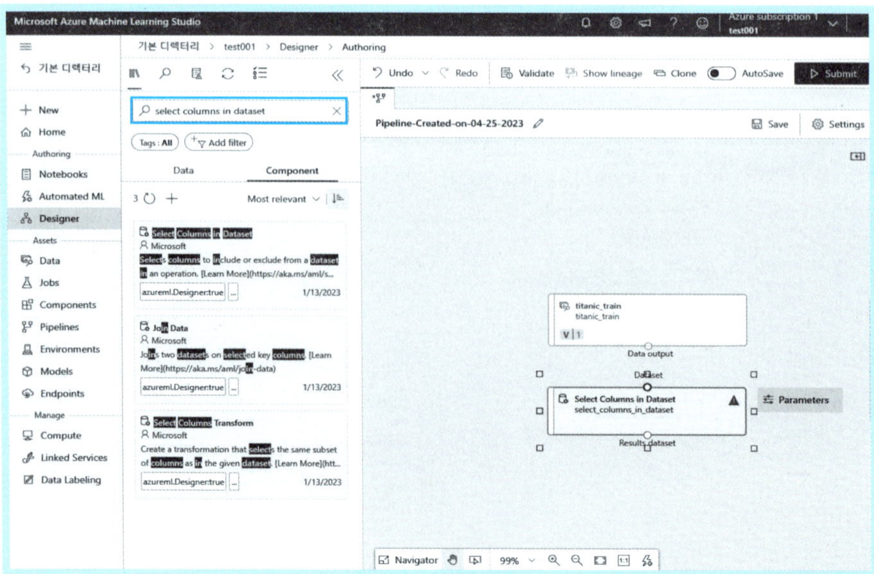

그림 15-15 Select Columns in Dataset

[그림 15-15]와 같이 왼쪽 상단 부분에 select columns in dataset을 검색하여 Component를 파악할 수 있다. 이 후 Select Columns in Dataset를 Pipeline Dashboard에 올려놓도록 한다.

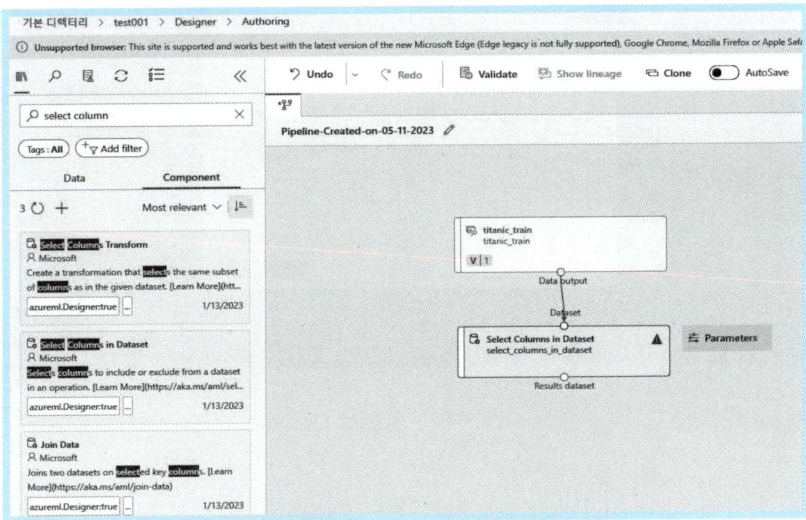

그림 15-16 Connect Dataset

[그림 15-16]과 같이 titanic_train 데이터를 아래 Select Columns in Dataset에 연결한다.

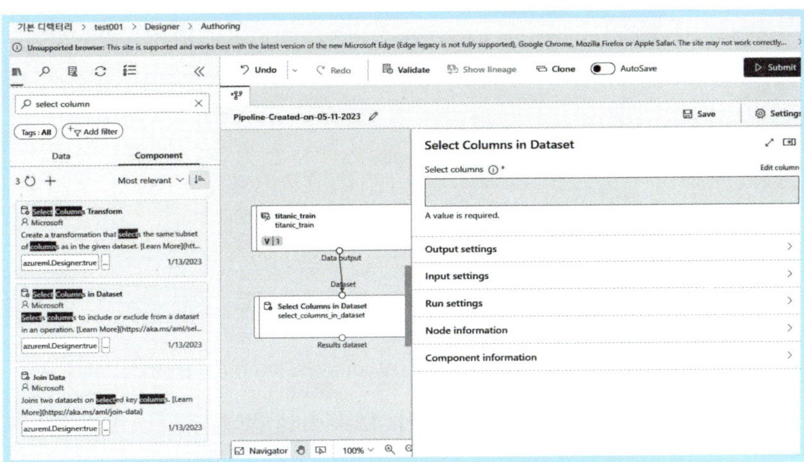

그림 15-17 Select Columns in Dataset

[그림 15-17]과 같이 Select Columns in Dataset에서 필요한 데이터의 Column을 선택한다.

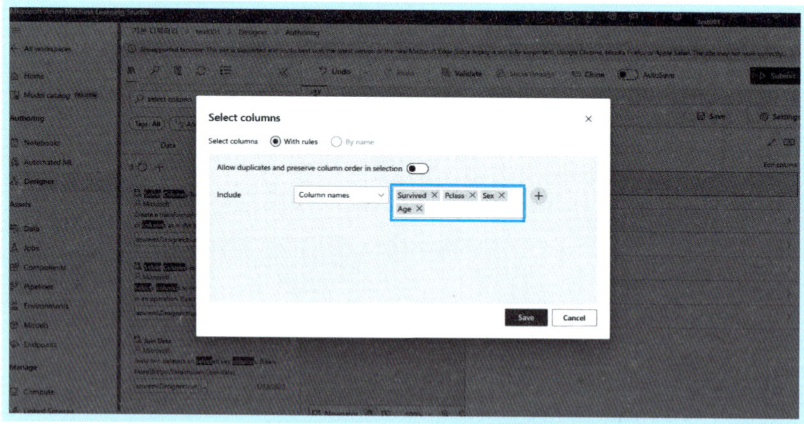

그림 15-18 Select Column

[그림 15-18]과 같이 Survived, Pclass, Sex, Age 열을 선택한다.

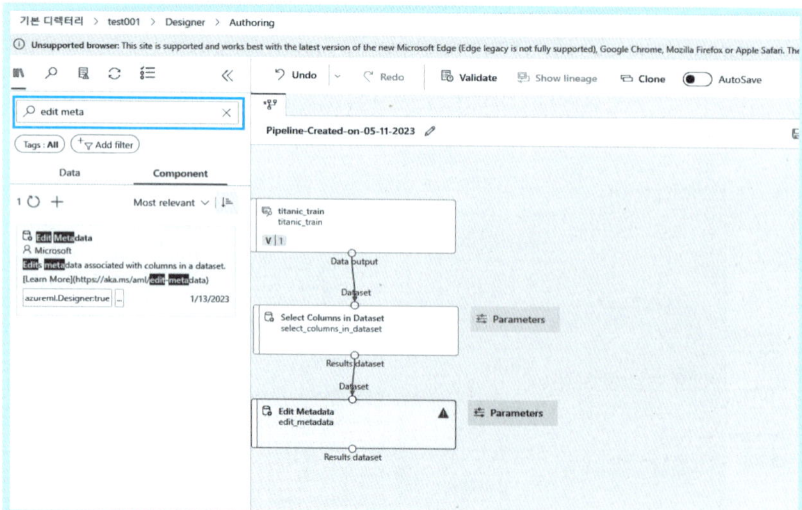

그림 15-19 Edit Metadata 검색

왼쪽 상단 부분에 있는 검색 창에서 edit meta를 검색하면 Edit Metadata를 찾아볼 수 있다. 이후 Edit Metadata를 Pipeline Dashboard에 업로드 한다.

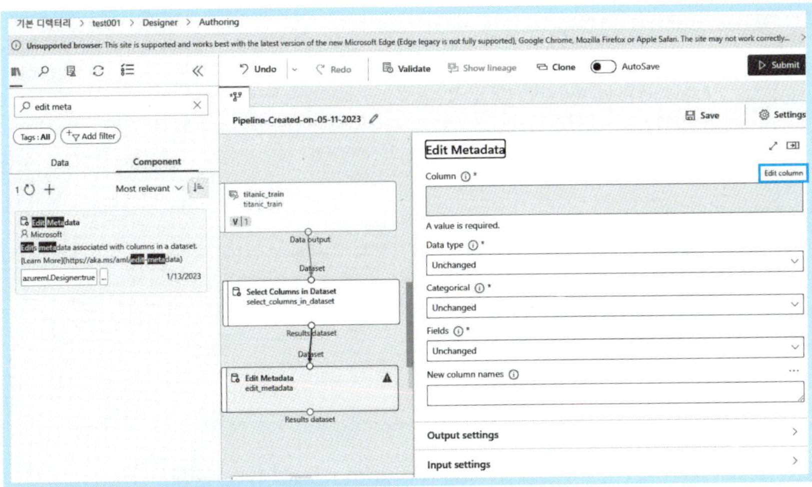

그림 15-20 Edit Metadata

[그림 15-20]은 학습 및 예측 데이터의 Metadata를 정의하는 화면으로 데이터 유형, 카테고리, 필드 설정을 할 수 있다.

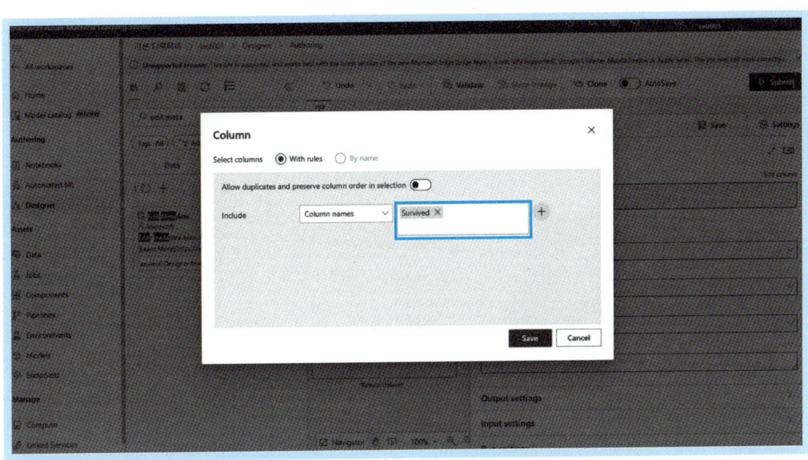

그림 15-21 Edit Metadata Column설정

여기에서 오른쪽 부분에 Edit column을 클릭하면 [그림 15-21]과 같은 화면이 나타난다. 여기서 Column을 설정할 수 있는데 Survived 열을 설정한다. 설정을 완료하면 아래 [Save]를 클릭한다.

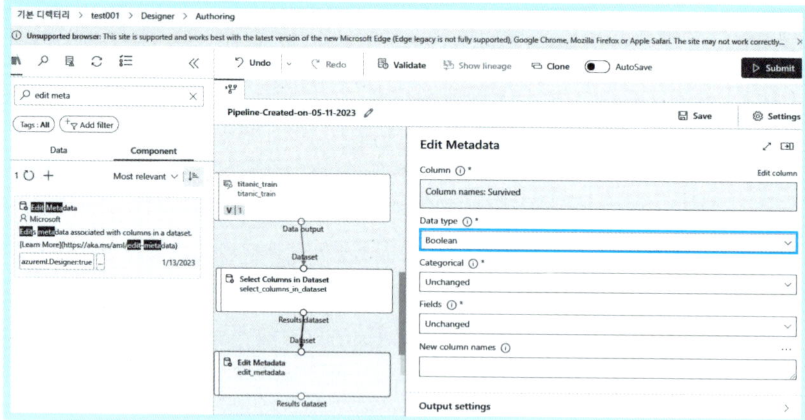

그림 15-22 Edit Metadata Data type설정

[그림 15-22]는 Data type을 설정하는 단계로 Boolean으로 데이터 유형을 설정하도록 한다.

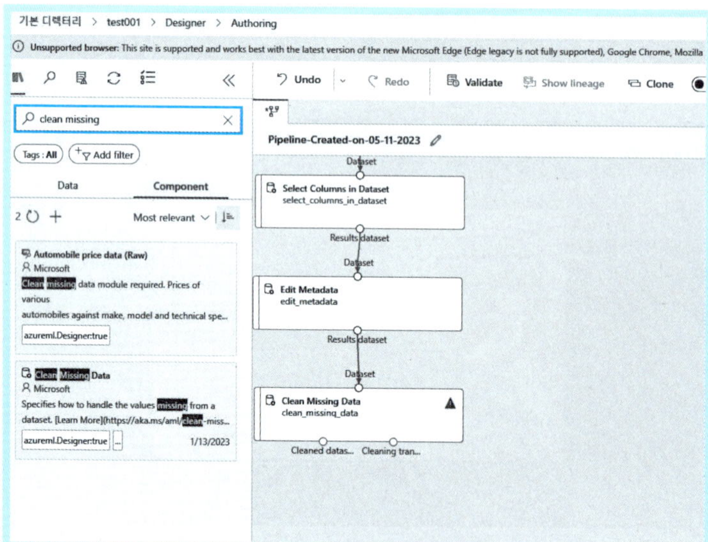

그림 15-23 Clean Missing Data 검색

[그림 15-23]은 Edit Metadata 단계가 끝난 후 왼쪽 상단의 검색 창에서 clean missing을 검색한다. Clean Missing Data를 선택하여 Pipeline Dashboard에 업로드 한다. 이 과정은 데이터의 결측된 값을 처리하는 과정으로 이해하면 된다.

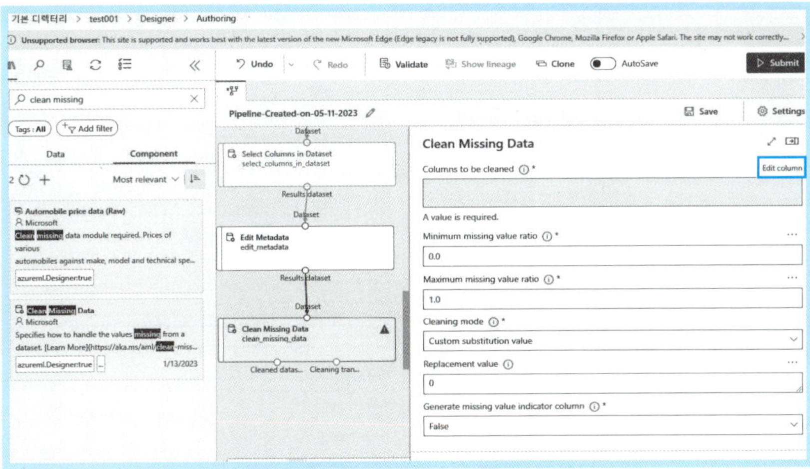

그림 15-24 Clean Missing Data

[그림 15-24]는 Clean Missing Data를 항목 별로 설정할 수 있다. 사용자가 아래 항목들을 확인한 후 데이터의 결측 값을 쉽게 처리할 수 있다. [그림 15-24]의 Columns to be cleaned 항목에서 오른쪽 부분을 보면 Edit column을 클릭해 보자.

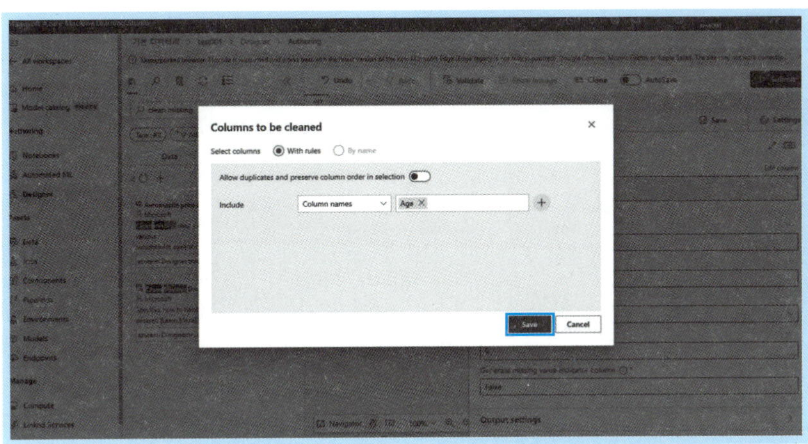

그림 15-25 Clean Missing Data Column 설정

[그림 15-25]와 같은 화면에서 Column names을 Age로 선택한 후 [Save] 탭을 클릭한다.

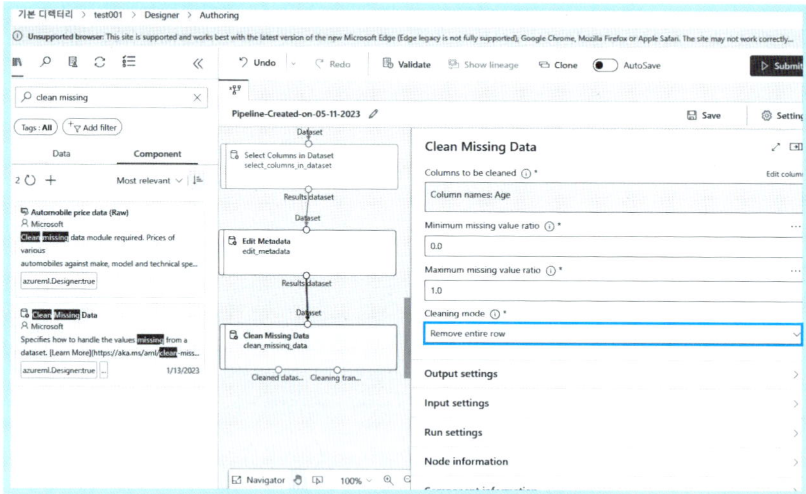

그림 15-26 Cleaning mode 설정

이 후 [그림 15-26]과 같이 Cleaning mode 항목에서 Remove entire row로 설정한다.

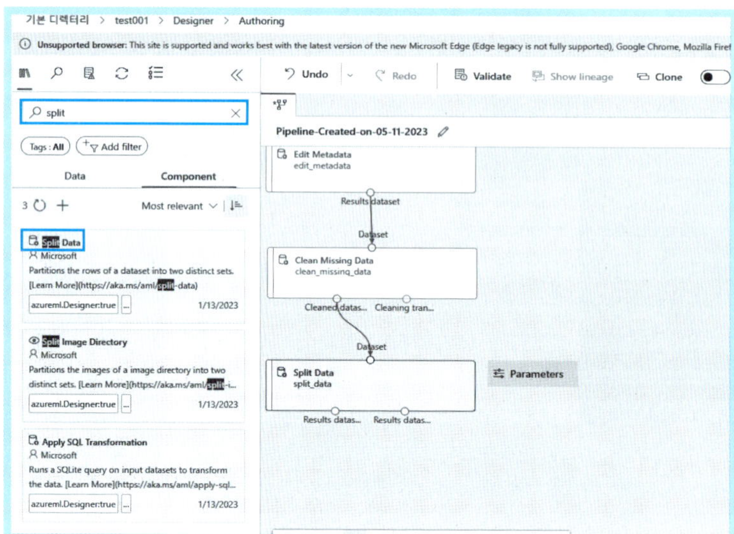

그림 15-27 Split Data 검색

[그림 15-27]과 같이 왼쪽 검색 창에 split을 검색하면 Split Data 기능을 찾을 수 있다. Split Data를 Pipeline Dashboard에 업로드한다.

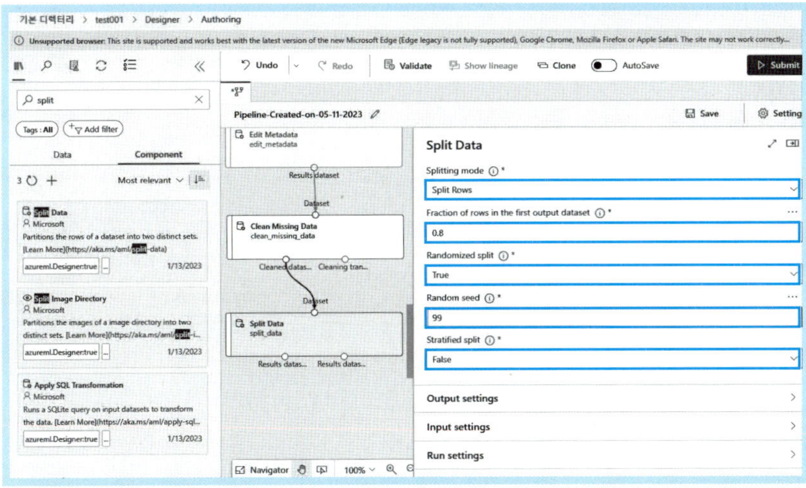

그림 15-28 Split Data 설정

[그림 15-28]을 살펴보면 5개의 항목에 대해 사용자가 설정할 수 있다. 각 항목에 대한 Split Data를 설정한다.

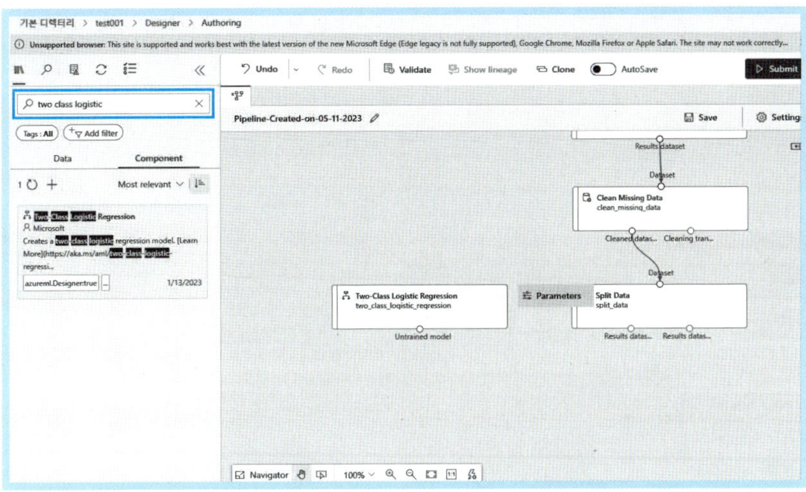

그림 15-29 Two-Class Logistic

[그림 15-29]는 왼쪽 상단의 검색 창에 two class logistic을 검색하여 Two-Class Logistic Regression을 Pipeline Dashboard에 업로드한다.

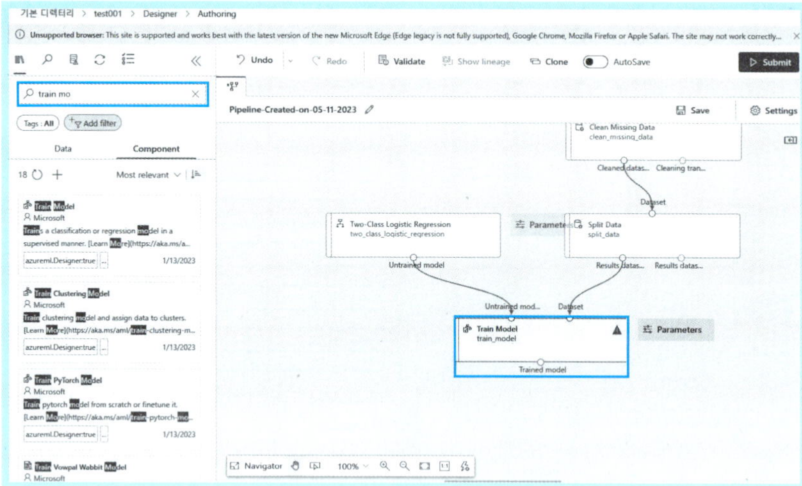

그림 15-30 Train Model

[그림 15-30]은 검색 창에서 train model을 찾아 Pipeline Dashboard에 업로드 한 후 Split Data와 Two-Class Logistic Regression 모듈을 서로 연결한다.

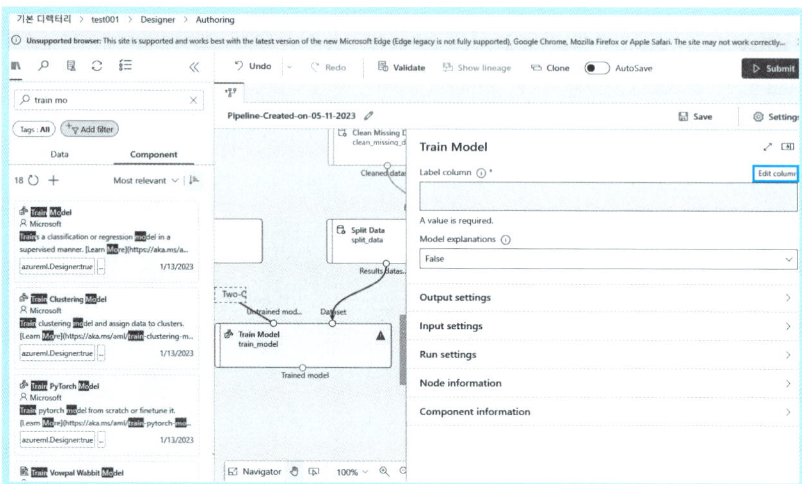

그림 15-31 Train Model 설정

[그림 15-31]과 같이 Train Model을 선택한 후 오른쪽 상단에 보면 Edit Column을 설정할 수 있다. 그 다음으로 Edit column을 클릭해 보자.

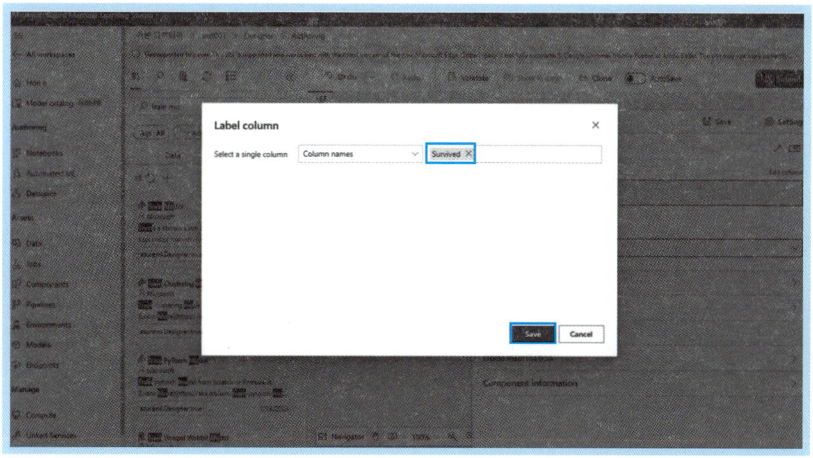

그림 15-32 Train Model Column 설정

[그림 15-32]와 같은 화면에서 Column names을 Survived으로 선택한 후 Save 탭을 클릭한다.

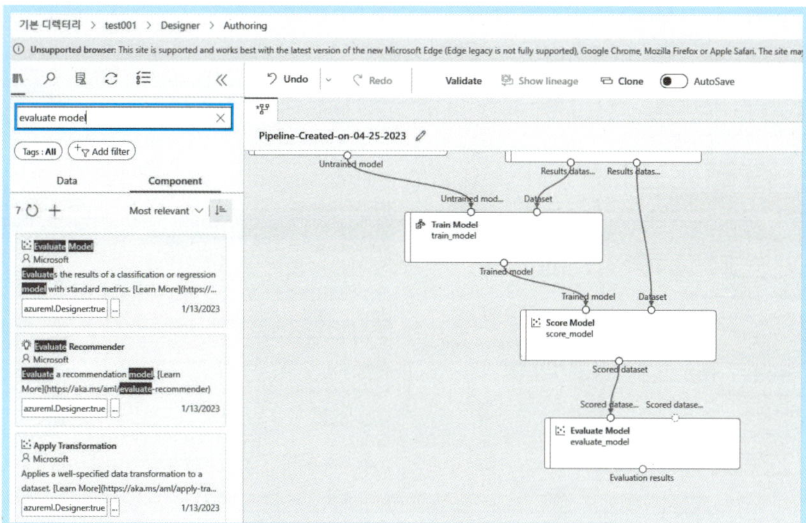

그림 15-33 Evaluate Model 검색

[그림 15-33]에서는 왼쪽 상단 검색 창에 evaluate model를 검색하여 Evaluate Model 모듈을 Pipeline Dashboard에 업로드한다.

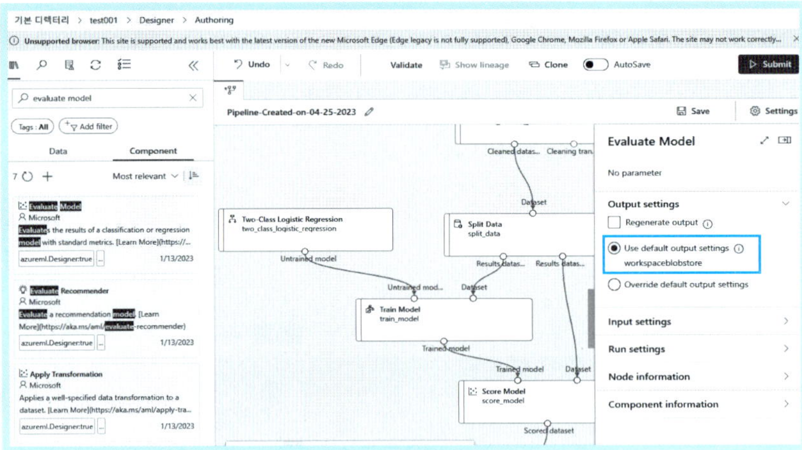

그림 15-34 Evaluate Model 설정

[그림 15-34]와 같이 Evaluate Model 설정에서 Output settings 항목을 보면 Use default output settings workspaceblobstore를 클릭한다. 그 다음 Run settings을 클릭해 보자.

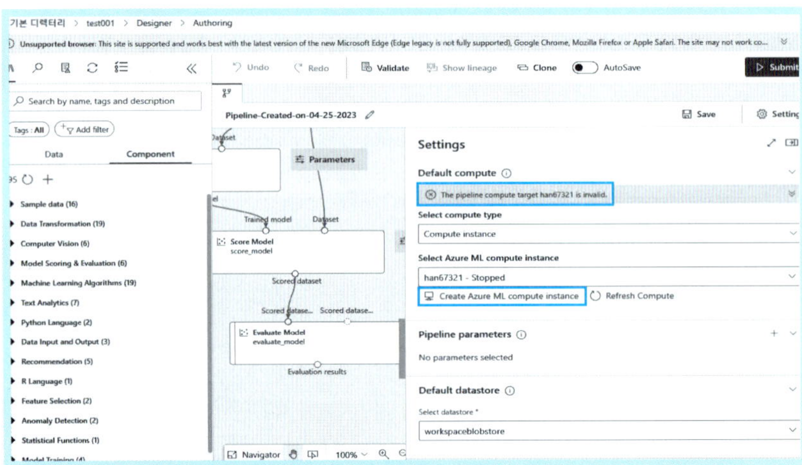

그림 15-35 Evaluate Model Settings

[그림 15-35]와 같은 화면을 보면 Default compute에서 invalid가 뜨는 이유는 현재 pipeline compute instance가 없기 때문에 나타난 것이다. 따라서 아래 Create Azure ML compute instance를 클릭하여 인스턴스를 생성하도록 한다.

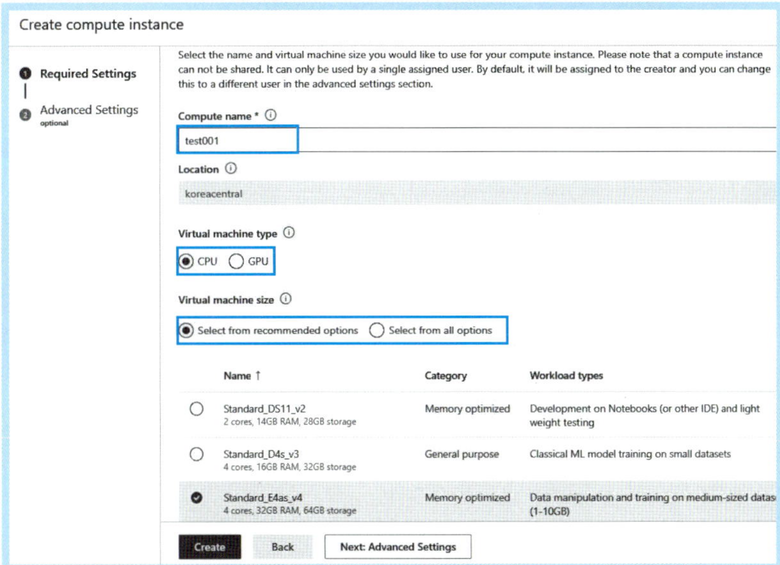

그림 15-36 Compute instance 생성

[그림 15-36]을 보면 Compute instance를 생성하는 과정이다. 먼저 Required Settings 단계에서는 Compute name을 입력하고 Virtual Machine Type을 설정한 후 Size를 선택한다.

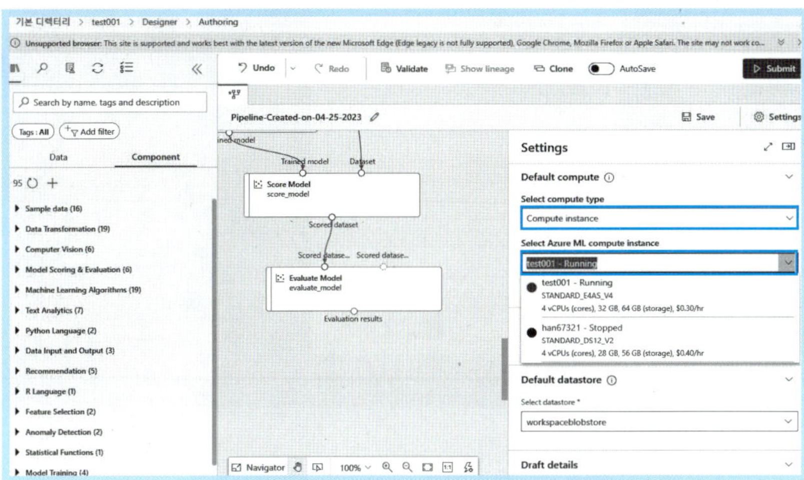

그림 15-37 Compute instance 설정

[그림 15-37]과 같이 Compute type을 설정하고 Select Azure ML compute instance를 선택한다.

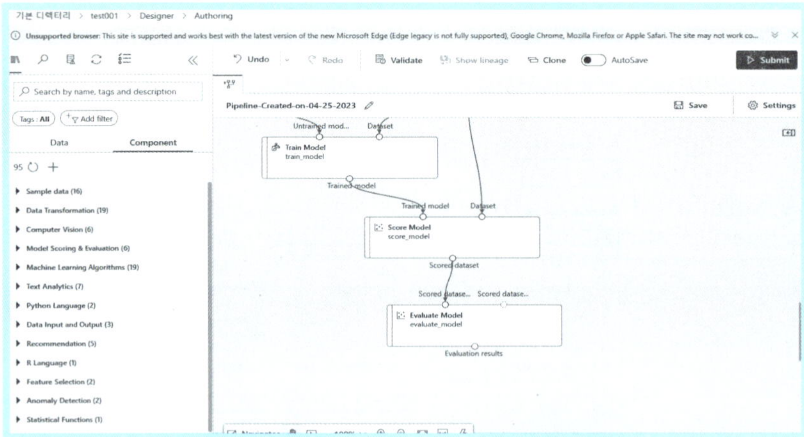

그림 15-38 Evaluate Model 업로드

[그림 15-38]과 같이 Evaluate Model 설정이 완료가 되면 Pipeline Dashboard에 업로드 한다. 위 모든 과정이 완료된 후 오른쪽 상단에 [Submit] 탭을 클릭해 보자.

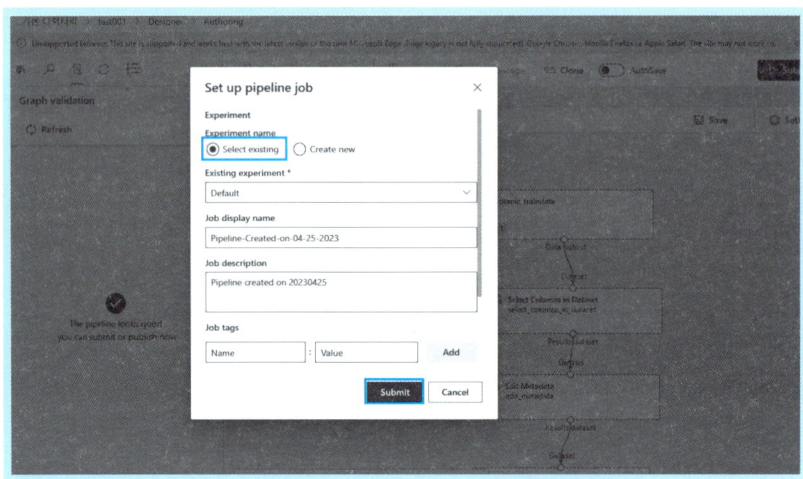

그림 15-39 Set up pipeline job

[그림 15-39]와 같은 Set up 창이 나타난다. 각 항목에 맞게 내용을 입력하고 하단의 [Submit]을 클릭한다.

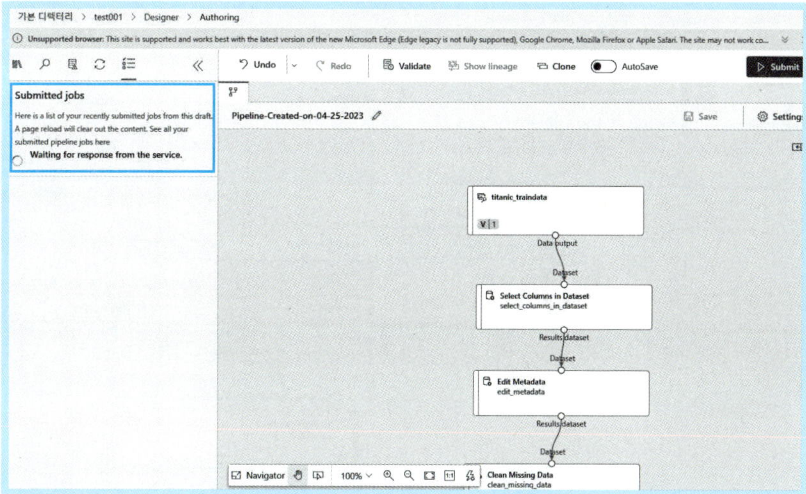

그림 15-40 Set up pipeline job

[그림 15-40]은 pipeline job 과정이 실행되는 화면으로 약 1분 후 작업이 완료된다.

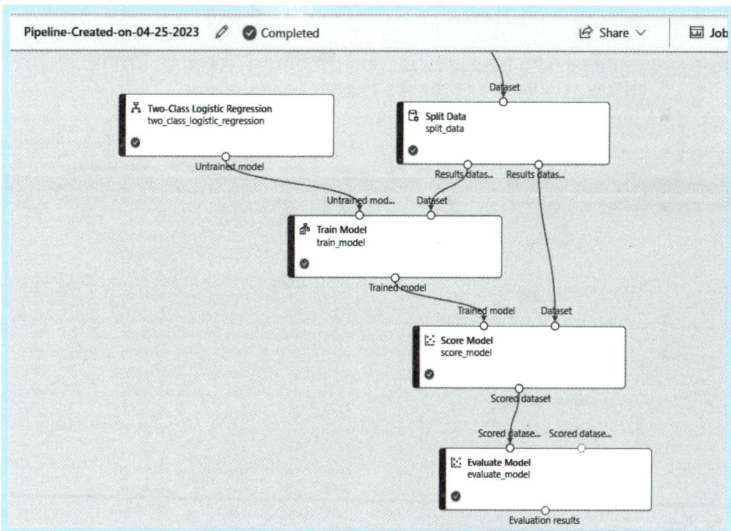

그림 15-41 pipeline job 결과

[그림 15-41]은 Pipeline Dashboard에서 생성한 모든 모듈을 실행한 결과이다.

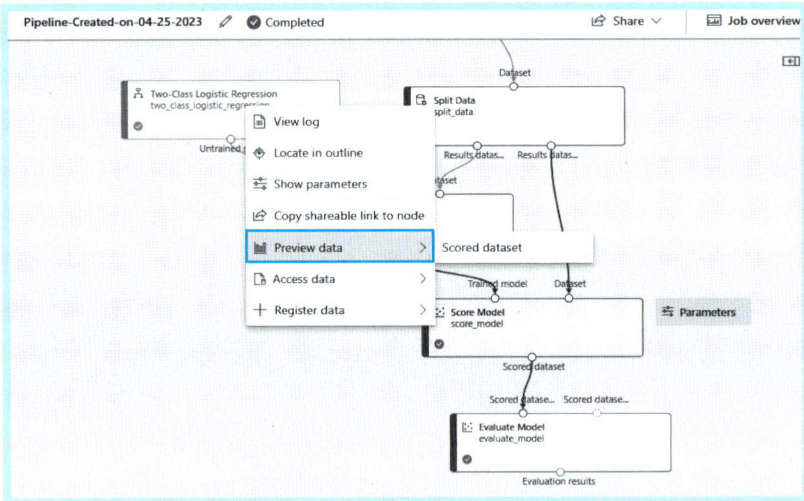

그림 15-42 Score Model

[그림 15-42]는 Score Model에서 Preview data를 클릭한 후 Score dataset을 클릭하면 Model의 결과를 확인할 수 있다.

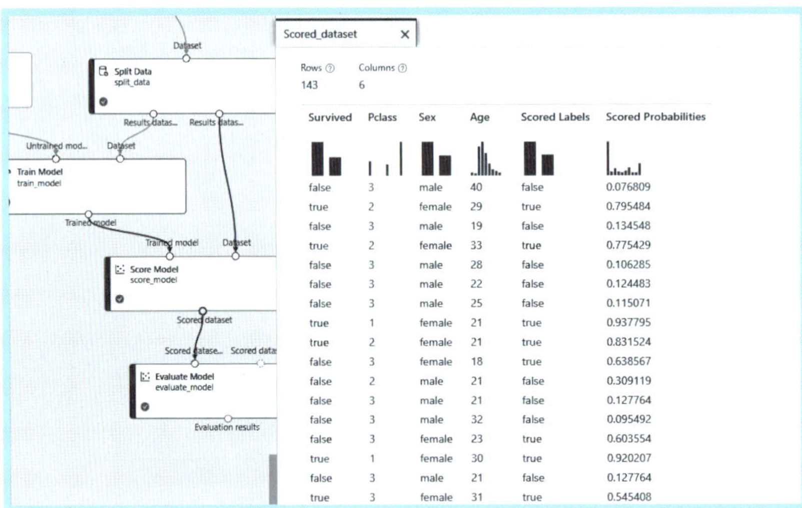

Survived	Pclass	Sex	Age	Scored Labels	Scored Probabilities
false	3	male	40	false	0.076809
true	2	female	29	true	0.795484
false	3	male	19	false	0.134548
true	2	female	33	true	0.775429
false	3	male	28	false	0.106285
false	3	male	22	false	0.124483
false	3	male	25	false	0.115071
true	1	female	21	true	0.937795
true	2	female	21	true	0.831524
false	3	female	18	true	0.638567
false	2	male	21	false	0.309119
false	3	male	21	false	0.127764
false	3	male	32	false	0.095492
false	3	female	23	true	0.603554
true	1	female	30	true	0.920207
false	3	male	21	false	0.127764
true	3	female	31	true	0.545408

그림 15-43 Score Model 결과

여기에서 Score dataset을 클릭하면 결과가 [그림 15-43]과 같이 나타난다.

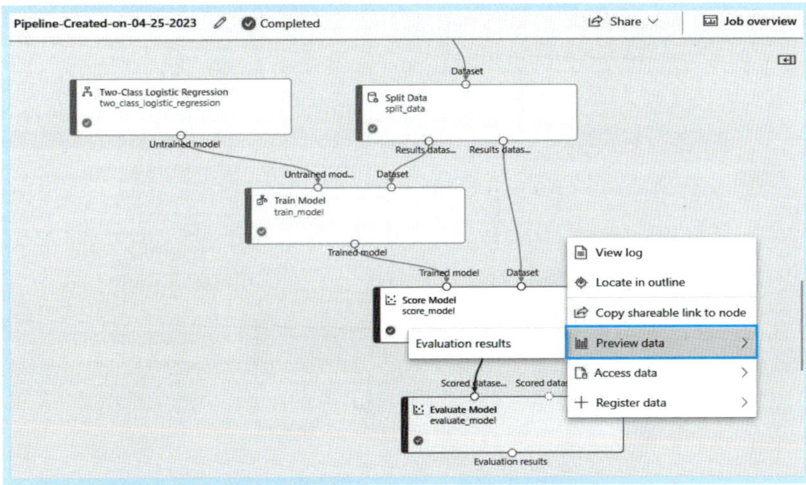

그림 15-44 Evaluate Model

[그림 15-44]를 통해 모델의 평가 지표를 확인하는 방법을 알 수 있다. Preview data에서 Evaluation results를 클릭한다.

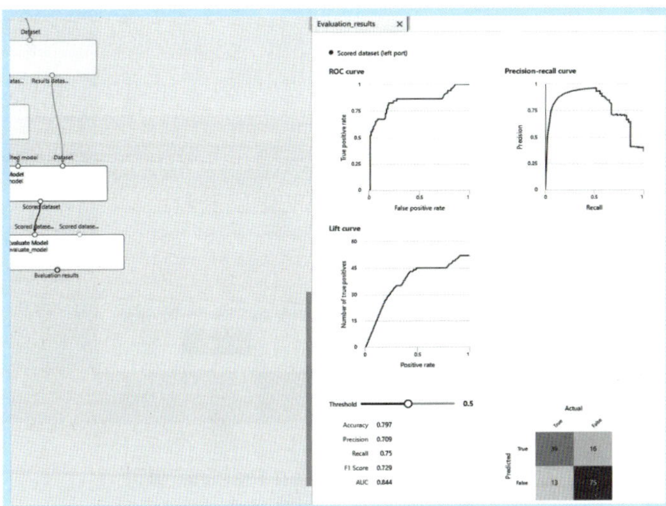

그림 15-45 Evaluate Model 평가 지표

[그림 15-45]는 모델의 평가 지표를 나타낸 것으로 시각화 하여 사용자에게 제공한다. 다음은 생성된 Pipeline을 publish하는 방법을 알아보고자 한다.

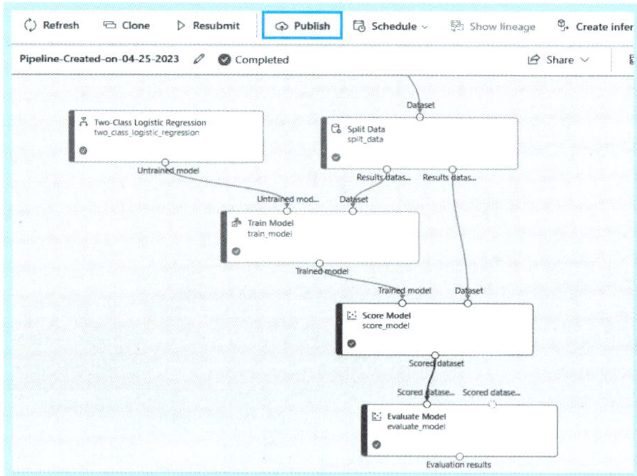

그림 15-46 Published Pipeline

[그림 15-46]의 Publish탭을 클릭해 보자.

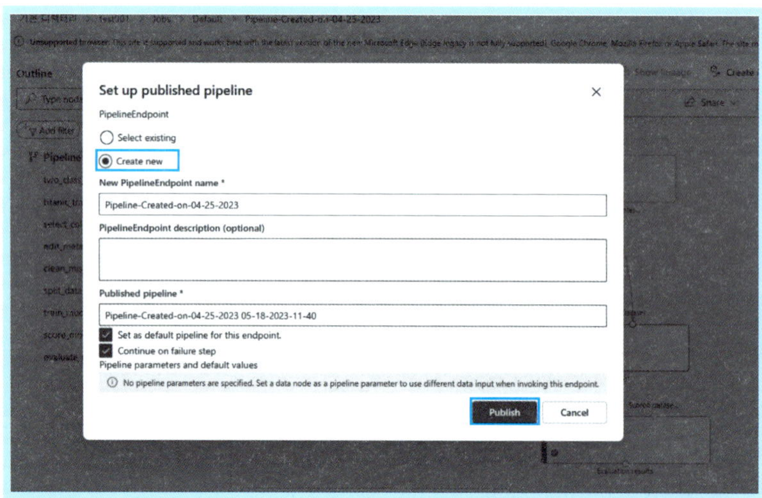

그림 15-47 Published Pipeline 설정

[그림 15-47]과 같이 pipeline을 공유하려면 아래와 같은 창이 나타난다. 여기서 Pipeline Endpoint를 Create new로 선택한 다음 각 항목에 맞게 내용을 입력한 후 오른쪽 하단 [Publish]를 클릭한다.

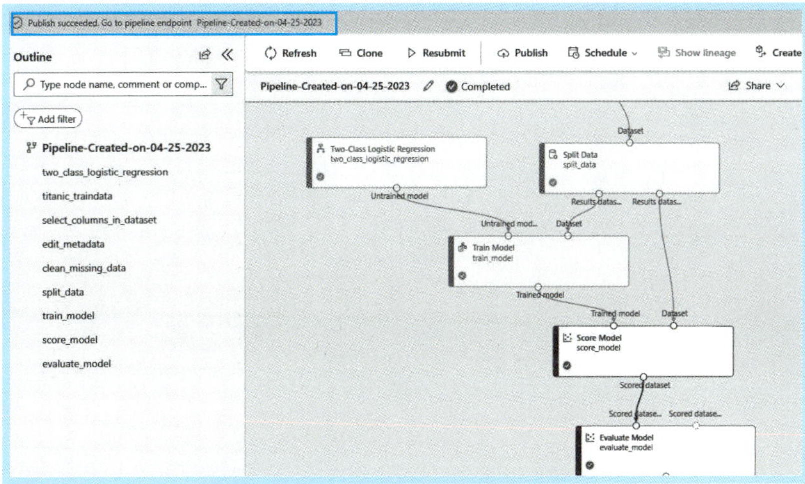

그림 15-48 Published Pipeline 완료

[그림 15-48]과 같이 Pipeline 생성 후 공유가 완료되면 Publish succeeded라는 문구가 나타난다.

Part 3

BI 솔루션

16. Amazon QuickSight

Amazon QuickSight는 AWS의 클라우드 기반 비즈니스 인텔리전스[Business Intelligence](BI) 도구다. 이 도구는 다양한 데이터 소스를 연결하고 결합하여 사용자가 데이터를 분석하고 결과를 보고서나 대시보드 형태로 제시할 수 있게 해준다. 2015년에 출시된 QuickSight는 AWS의 다양한 데이터 소스뿐만 아니라 빅 데이터, 스프레드시트, SaaS 데이터, B2B 데이터 등과도 호환된다. QuickSight는 기업의 보안 요구사항, 전세계적인 가용성 및 내장된 이중화 기능을 지원한다. BI 개발자들은 이 도구를 사용하여 데이터 시각화와 대시보드를 만들어 비즈니스 트렌드와 인사이트를 쉽게 파악할 수 있다. 분석은 하나의 데이터셋에서 시작되며, 사용자는 여러 데이터셋을 등록하고 각 데이터셋에 대한 다양한 시각화를 생성할 수 있다. 이 시각화는 특정 시트에 배치될 수 있고, 여러 시트를 생성할 수 있다. 완성된 시트는 대시보드로 게시되며, 팀원과 공유하거나 주기적인 리포트 이메일로 발송하는 것도 가능하다.

Quick sight의 대표적인 장점은 다음과 같다.

- 애플리케이션을 설치할 필요 없이 공동 분석을 수행할 수 있다.
- 다양한 데이터를 하나의 분석에 결합할 수 있다.
- 분석을 대시보드로 게시하고 공유할 수 있다.
- 서비스에 대한 분석(구매율, MAU, 광고 효과 등에 대한 데이터 시각화)이 효율적

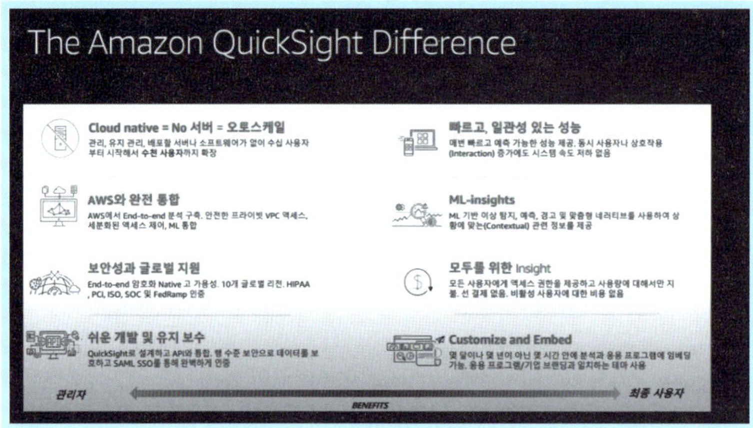

그림 16-1 QuickSight 주요 작업

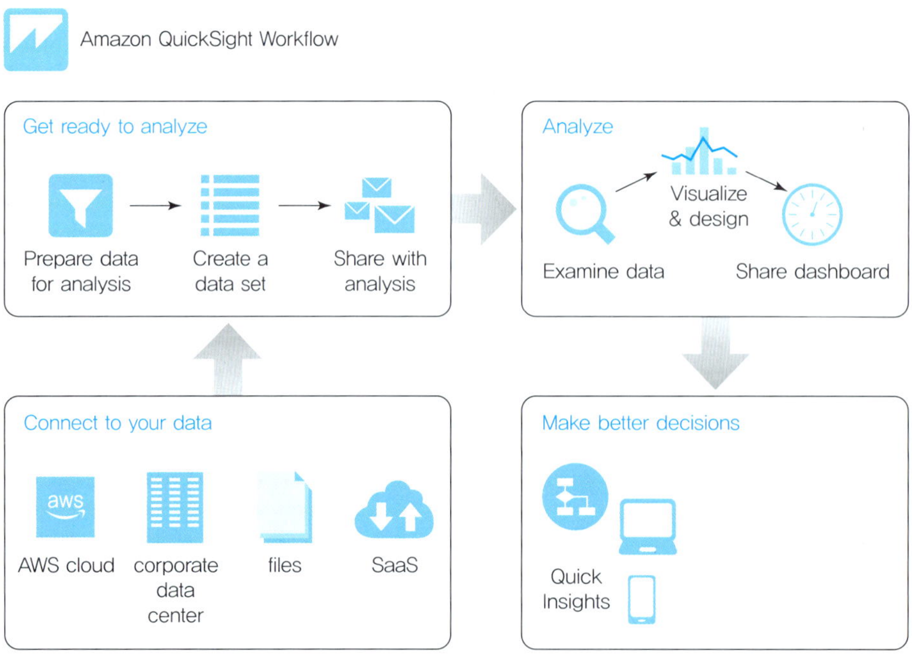

그림 16-2 QuickSight Workflow

16.1 QuickSight 기능

QuickSight의 핵심 기능은 다양한 데이터 소스와 통합할 수 있다는 것이다. 예를 들어 Amazon Redshift, Amazon RDS, Amazon S3, Amazon Athena 등을 비롯하여 다양한 데이터베이스 및 클라우드 스토리지 솔루션과 통합할 수 있다. 또한, 시각화 도구를 활용하여 데이터를 쉽게 시각화 할 수 있다. 사용자는 직관적인 인터페이스를 사용하여 차트, 그래프, 표 등으로 대시보드와 보고서를 생성 및 다양한 형식으로 내보내 다른 사용자와 공유할 수 있으며, 높은 성능과 빠른 확장성을 통해 대규모 데이터 세트를 분석하고 다양한 사용자가 동시에 데이터에 액세스할 수 있다. 비용적인 부분에서 사용자는 사용한 만큼만 지불하면 되므로 경제적으로 서비스를 사용할 수 있다. 이러한 기능들로 QuickSight는 데이터 시각화 및 비즈니스 인텔리전스를 위한 도구로 자리 잡고 있다.

(1) 데이터 세트

Amazon QuickSight는 여러 데이터 소스를 지원하며 QuickSight 데이터 세트는 시각화를 위해 QuickSight로 가져온 데이터이다. 또한 하나 이상의 데이터 소스에서 구축될 수 있으며 QuickSight에서 임시 저장 되거나 혹은 데이터 소스를 직접 쿼리로 작성할 수 있다.

(2) 시각화 및 인사이트

QuickSight 분석은 데이터 시각화를 포함하는 화면 구성 요소widget으로 구성되며 BI 개발자는 두 가지 다른 유형의 이러한 구성 요소를 추가할 수 있다. 시각화는 일반적으로 플롯 유형 및 차트를 사용하여 데이터 세트를 그래픽으로 나타내는 것을 의미한다. 다른 시각화 유형에는 간단한 또는 피벗 테이블, 지리 공간 시각화 등이 있다. 인사이트는 일반적인 분석 또는 머신러닝 기능을 사용하여 데이터의 통찰력을 제공하는 구성 요소다.

(3) 대시보드

분석이 개발되고 게시할 준비가 되면 BI 개발자는 QuickSight 대시보드로 내보낼 수 있다. 대시보드는 일반적으로 비즈니스 사용자에게 액세스되며, BI 개발자는 대시보드에 사용자 지정 컨트롤을 추가하고 상호 작용을 추가할 수도 있다. 사용자는 BI 개발자가 만든 대시보드와 보고서를 열람하고 상호작용해야 한다.

	READER	AUTHOR	ADMIN
ACCESS QUICKSIGHT	√	√	√
RECEIVE ALERTS	√	√	√
USE DASHBOARDS	√	√	√
CREATE DATASETS		√	√
CREATE ANALYSIS		√	√
SHARE ANALYSIS		√	√
MANAGE USERS			√
MANAGE QUICKSIGHT			√
MANAGE STORAGE			√

그림 16-3 QuickSight User Type

Quicksight의 사용자 유형은 다음과 같다.

- 사용자READER: QuickSight 콘텐츠에 대해 읽기 전용 액세스 권한이 있다.
- 작성자AUTHOR: 대시보드와 보고서를 작성하고 게시하는 BI 개발자이다. QuickSight 콘텐츠에 대한 완전한 액세스 권한을 가지며 분석, 시각화 및 대시보드를 작성하고 편집할 수 있다.
- 관리자ADMIN: QuickSight 계정과 해당 리소스를 관리하는 사용자이다. 사용자 계정을 생성하고 관리하며, 데이터 소스 및 권한을 설정하고 사용량과 활동을 모니터링 할 수 있다.

(4) 비즈니스 인텔리전스

비즈니스 인텔리전스Business Intelligence는 점점 더 많은 조직들이 데이터 중심의 조직이 되어 전략적 의사결정을 내리기 위해 데이터를 사용한다. 비즈니스 인텔리전스 도구는 데이터를 실용적인 인사이트로 변환하는 데 조직을 도와주며, BI 도구를 사용하면 사용자들은 데이터를 분석하고 그 결과를 보고서나 대시보드로 가시화할 수 있다. 이러한 보고서나 대시보드는 비즈니스 상황을 파악하고자 하는 의사결정자들에게 제공될 수 있다.

(5) 데이터 웨어하우스

데이터 웨어하우스는 데이터 저장소로, BI 과정의 중요한 구성 요소이며 저장된 데이터는 일반적으로 구조화되어 있다. 기존의 운영 데이터 저장소에서 데이터를 수집하여 데이터 웨어하우스에 중앙 집중화 한다. 데이터 웨어하우스는 대량의 데이터를 대상으로 분석 쿼리를 최적화하도록 설계되어 있고 결과는 보통 하나 이상의 테이블에서 여러 행을 집계한 후 계산한다. BI 응용 프로그램은 분석 쿼리를 사용하여 데이터를 집계하고 시각화 한다. 데이터 웨어하우스를 사용하여 데이터를 BI 응용 프로그램에 제공하는 것이 일반적인 아키텍처 접근 방식이다. 클라우드 기반의 데이터 웨어하우스에는 Snowflake와 Google Big-Query가 있는데, 2012년에 AWS에서 클라우드 네이티브, 완전 관리형 데이터 웨어하우스 서비스인 Amazon Redshift를 출시했다. Amazon QuickSight를 비롯한 대부분의 BI 도구와 네이티브로 통합되어 현재는 많은 기업이 다양한 산업 분야에서 사용되고있다.

(6) 데이터 레이크

데이터 레이크는 다양한 데이터를 원본 형식 그대로 저장하고, 이를 대규모 분석, 예측 분석, 시각화 등 다양한 목적으로 활용할 수 있는 중앙 집중식 저장소다. 이 데이터는 원본 상태로 레이크에 저장되며 필요에 따라 변환되어 분석과 처리에 활용된다. 클라우드 기반의 데이터 레이크는 클라우드 객체 저장소를 활용해 데이터를 저장한다. 그러나 데이터 레이크의 주요 문제점 중 하나는 데이터의 스키마나 형식에 제한이 없기 때문에, 적절한 거버넌스 없이는 단순한 데이터 저장소로 빠르게 변질될 수 있다. 이러한 문제를 해결하기 위해 AWS는 데이터 거버넌스를 지원하는 다양한 서비스를 제공한다. AWS Glue 카탈로그는 이 중 하나로, AWS Glue의 핵심 구성 요소이다. 이 카탈로그는 Apache Hive와 호환되는 관리형 데이터 카탈로그로, 빅데이터 애플리케이션들이 메타데이터를 활용해 데이터를 탐색하고 처리할 수 있게 해준다. AWS Glue 카탈로그는 Amazon S3, Redshift, Aurora, DynamoDB와 같은 다양한 데이터 저장소의 메타데이터를 저장하고 관리한다.

16.2 QuickSight 시작하기

AWS 홈페이지 주소(https://aws.amazon.com/ko/)로 이동한다. 이동하게 되면 [그림 16-4]와 같은 화면이 나타나는데 로그인을 하지 않았다면 오른쪽 상단에 로그인 탭을 클릭하여 로그인을 한다.

그림 16-4 AWS 홈페이지

로그인을 했다면 다면 [그림 16-5]와 같이 AWS Console 홈 화면으로 이동하게 된다.

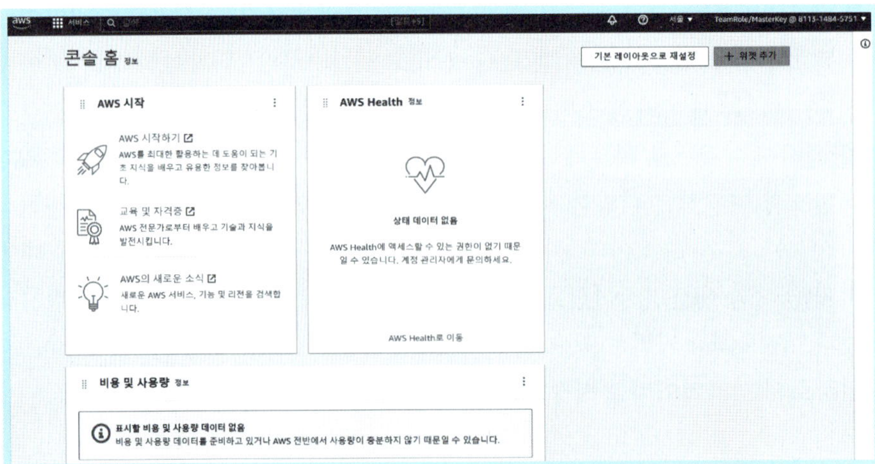

그림 16-5 AWS Console 홈페이지

AWS QuickSight으로 사용하기 위해 [그림 16-5]에서 [검색] 창에 QuickSight를 검색한다. 검색을 하게 되면 다음 [그림 16-6]과 같이 AWS에서 제공하는 QuickSight 서비스가 나타난다. QuickSight를 클릭하여 실행해 보자.

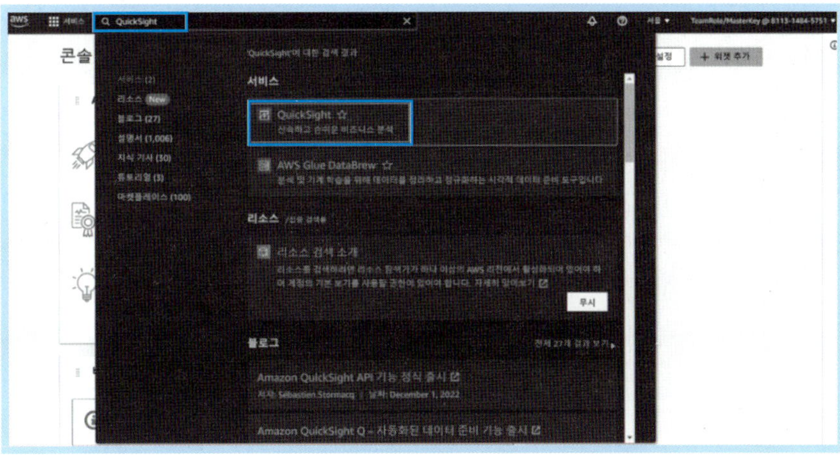

그림 16-6 QuickSight 검색 화면

실행하게 되면 [그림 16-7]과 같은 화면이 나타난다. QuickSight를 실행하기 위해서 먼저 가입을 진행해야 된다. 따라서 다음 장부터는 가입 절차에 대해 알아보고자 한다.

16.3 QuickSight 계정 생성

[그림 16-7]을 보면 가운데 [Sign up for QuickSight] 탭을 클릭하여 QuickSight에 가입한다. 가입할 때 Enterprise와 Enterprise + Q로 선택하여 가입하는 방법이 있다.

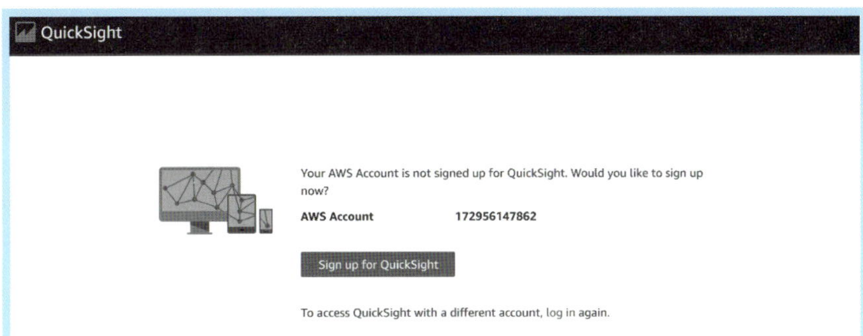

그림 16-7 QuickSight Sign up

[그림 16-7]에서 Sign up for QuickSight를 클릭하면 아래 [그림 16-8]과 같은 화면이 나타난다. QuickSight를 처음 시작할 때는 Enterprise로 선택하여 계정을 생성하고, 추후 QuickSight에 대해 더 많은 서비스가 필요하다면 Enterprise + Q를 선택하여 계정을 생성하면 된다. 선택을 완료했으면 오른쪽 아래에 [Continue] 탭을 클릭하여 다음 단계로 이동하자.

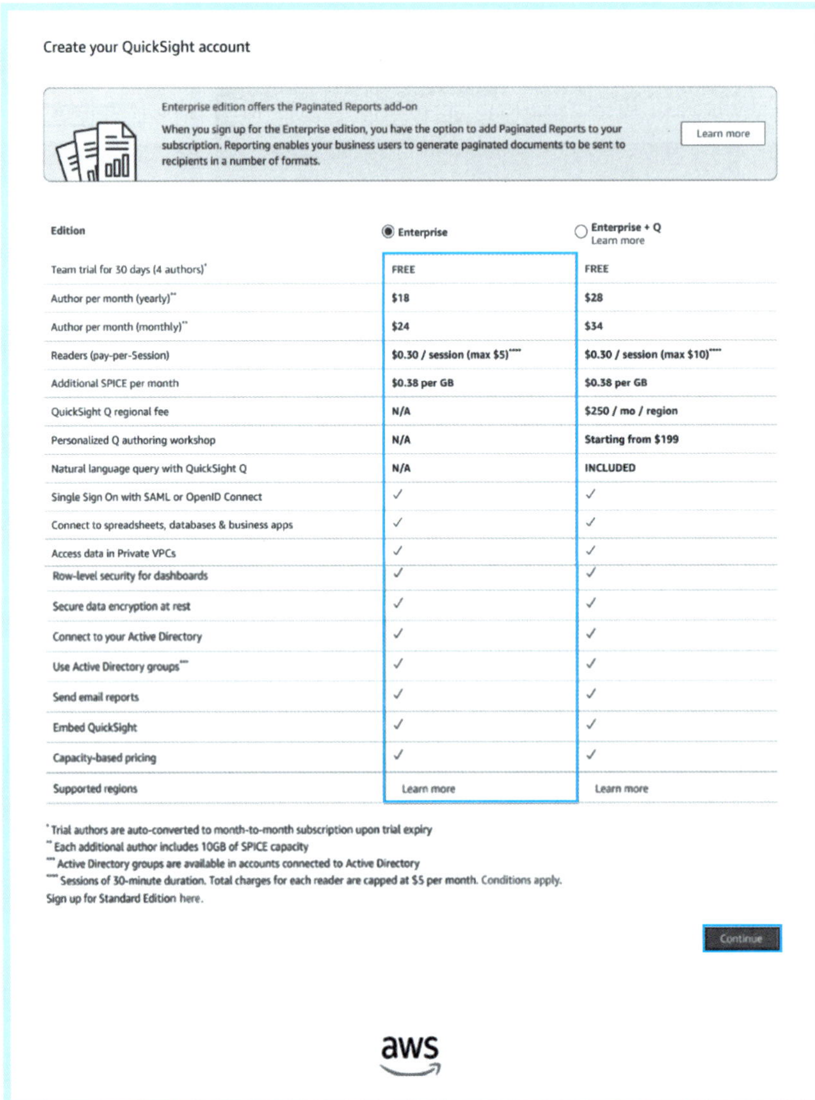

그림 16-8 QuickSight 회원 가입

[그림 16-8]을 보면 Enterprise 설정, QuickSight region 설정, QuickSight와 AWS Service의 접근 권한 설정을 하는 단계이다. 먼저 Enterprise의 설정은 Authentication method의 [Use IAM federated identities & QuickSight-managed users]을 선택한다. QuickSight 지역 설정은 사용자가 원하는 지역을 선택할 수 있다. Account Info는 사용자의 계정 정보를 입력하는 단계로 사용자가 QuickSight 서비스에서 사용할 계정 이름과 QuickSight 계정을 사용할 때 알림 받을 이메일 주소를 입력하면 된다. 마지막으로 QuickSight access to AWS Services 단계는 IAM Role를 설정할 때 2가지 방법으로 설정할 수 있다. 사용자의 환경에 따라 설정을 해야 하지만, 기본적으로 AWS에서 설정해주는 Use QuickSight-Managed role(default)를 선택하여 사용한다. 다음 단계에는 사용자가 AWS에서 제공하고 있는 서비스와 QuickSight의 연동을 위해 접근 설정을 하는 것으로 자동으로 4개의 서비스를 추천하여 설정해준다. 하지만 사용자가 다른 서비스의 접근을 허용하여 연동하고 싶다면 추가로 서비스를 선택해주면 된다. 모든 과정이 끝났다면 [Finish]버튼을 클릭하여 완료한다.

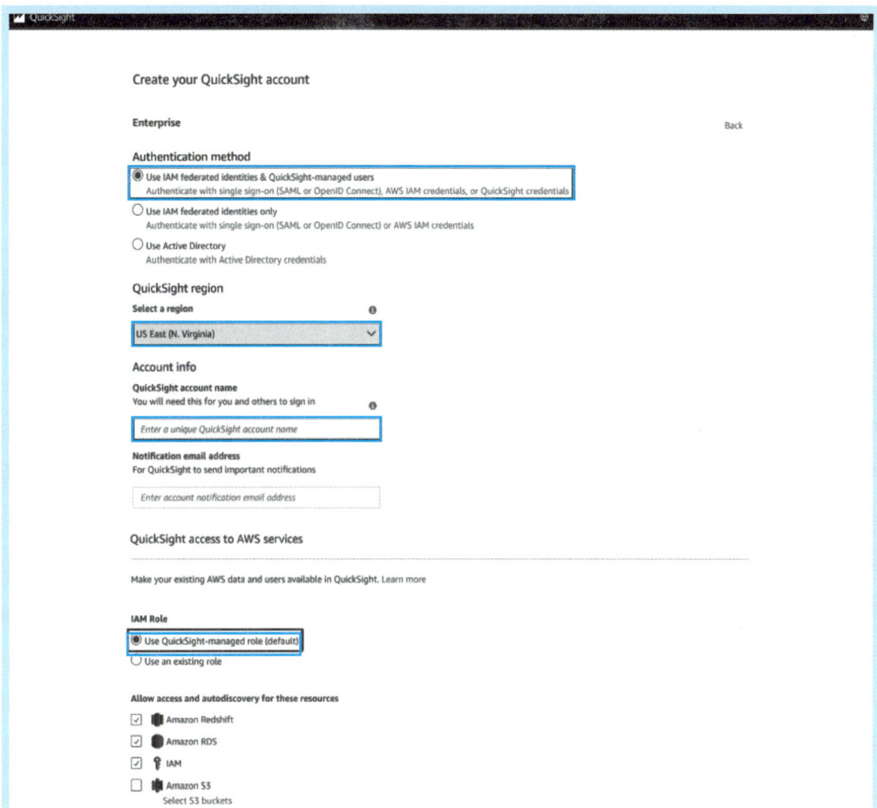

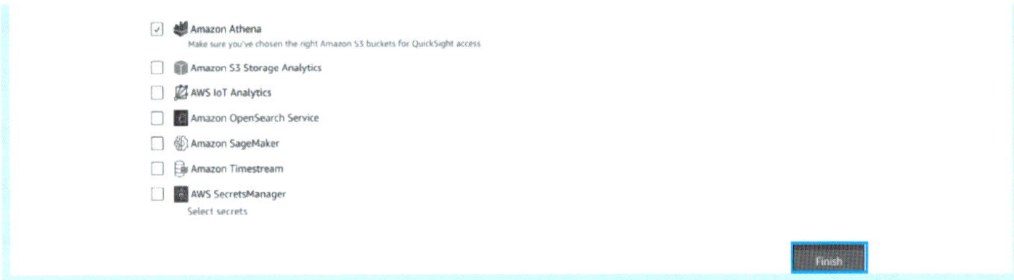

그림 16-9 QuickSight 회원 가입 절차

[그림 16-9]에서 [Finish] 버튼을 클릭하면 다음 [그림 16-10]과 같은 화면이 나타난다. 이 후 [Go to Amazon QuickSight] 탭을 클릭하여 QuickSight에 대해 알아보도록 하자.

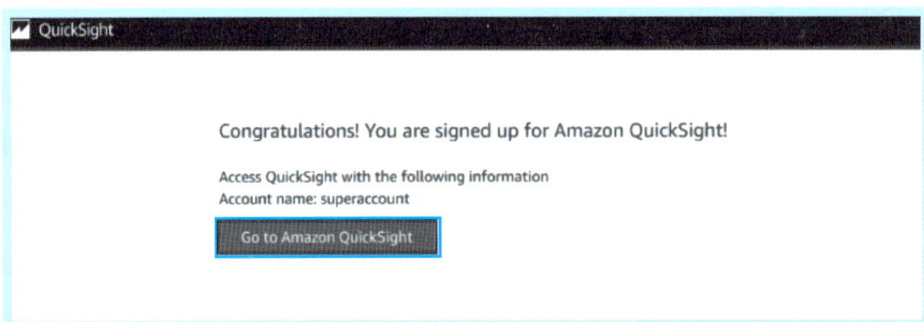

그림 16-10 QuickSight 회원 가입 완료

16.4 QuickSight 분석 생성

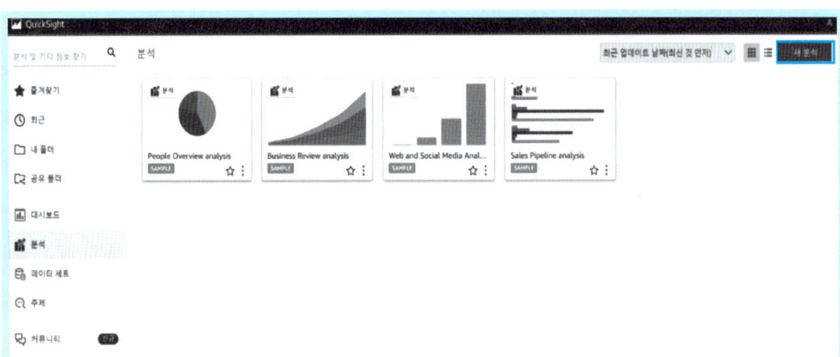

그림 16-11 QuickSight 시작 페이지

[그림 16-11]의 Amazon QuickSight 시작 페이지에서 우측 상단에 [새 분석] 탭을 클릭하여 데이터 세트 페이지로 넘어가보자.

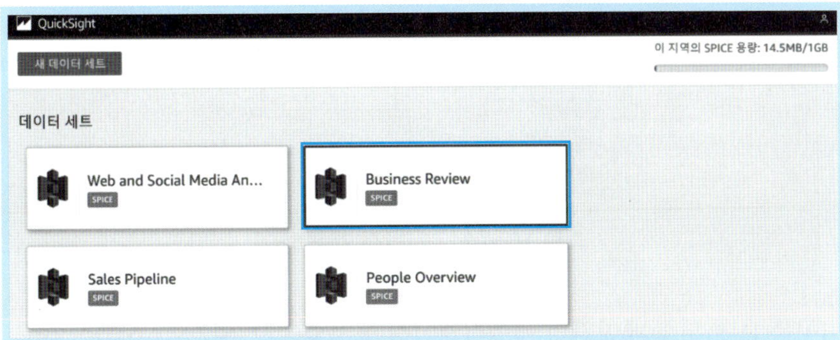

그림 16-12 QuickSight 데이터 세트 화면

데이터 세트 페이지에서 Business Review 샘플 데이터 세트를 선택한 다음 분석 생성을 선택한다.

(1) 시각적 차트 객체 생성

시각적 객체 유형을 선택하고 원하는 필드를 필드 모음으로 끌어서 시각적 객체를 생성한다. 차트 객체를 생성 하려면 [그림 16-13]에서 왼쪽 상단에 [추가] 탭을 클릭한다.

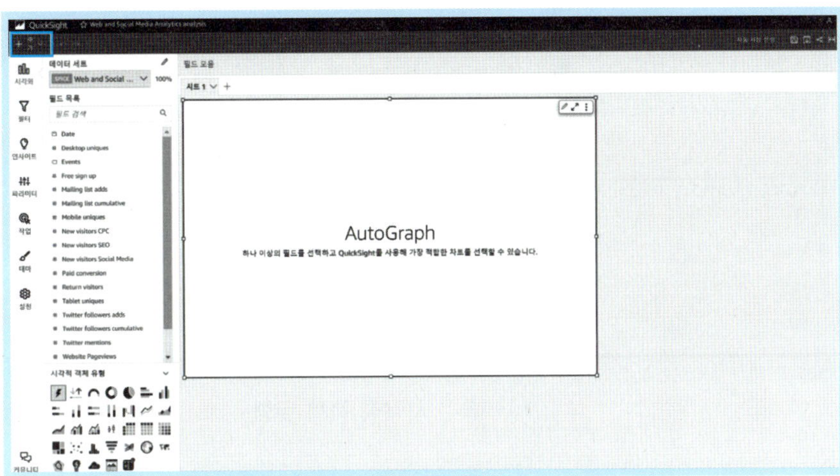

그림 16-13 Business Review Analysis

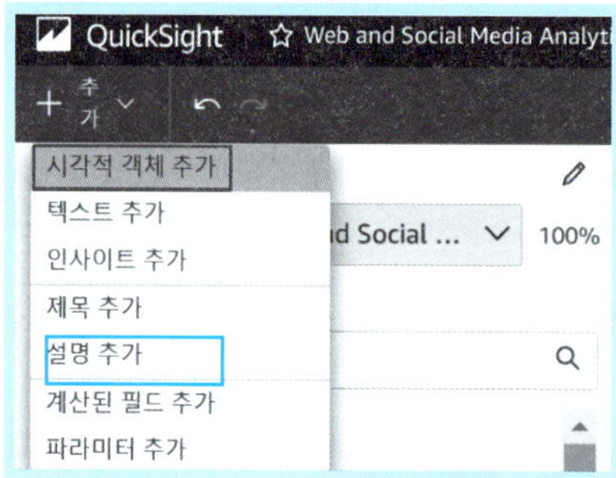

그림 16-14 시각적 객체 추가

[그림 16-14]를 보면 분석 페이지의 애플리케이션 표시줄에서 [추가]를 선택한 다음 [시각적 객체 추가]를 클릭한다. 시각적 유형에서 산점도 아이콘을 선택한다.

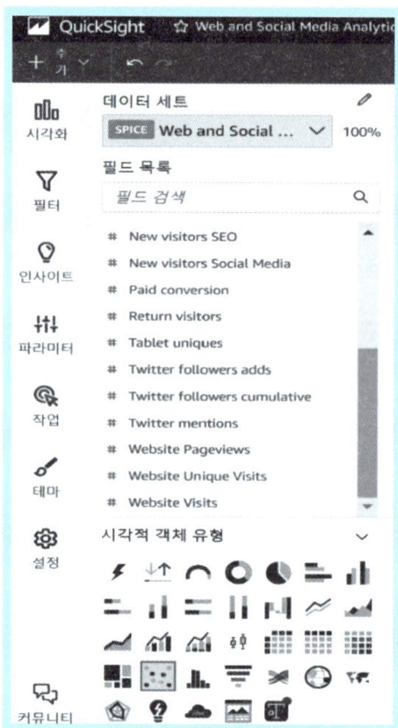

그림 16-15 시각적 객체 유형

[그림 16-15]와 같은 시각적 유형에서 산점도 아이콘을 선택해 보자.

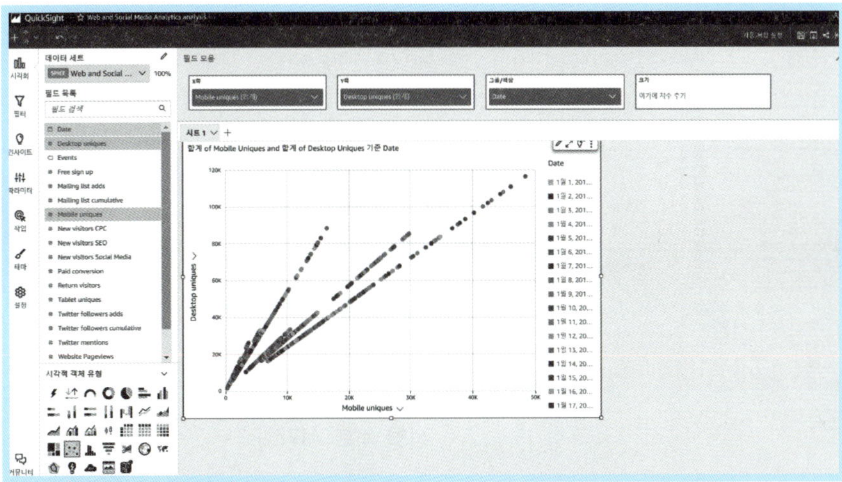

그림 16-16 산점도 그래프

그 다음에 필드 목록 창에서 필드 웹 패널에 추가할 필드를 선택한다. [Desktop Uniques]를 선택하여 [X axis] 필드 모음을 채우고, [Mobile Uniques]를 선택하여 [Y axis] 필드 모음을 채운다. [Date]를 선택하여 [Group/Color] 필드 모음을 채우면 다음 [그림 16-16]과 같이 필드를 사용한 산점도가 생성된다.

16.5 QuickSight 시각화

(1) 선형 차트 시각화

날짜별로 추가 측정값을 표시하고 차트 색상을 변경하여 선형 차트를 시각적으로 수정해보자. 선형 차트를 수정하려면 분석에서 선형 차트 시각화를 선택한다. 시각적 개체에 다른 치수를 추가한다. 필드 목록 창에서 신규 방문자 SEO 필드를 선택한다. 이 치수는 [Value] 필드 모음에 추가되고 선 차트는 선으로 업데이트되어 치수를 나타낸다.

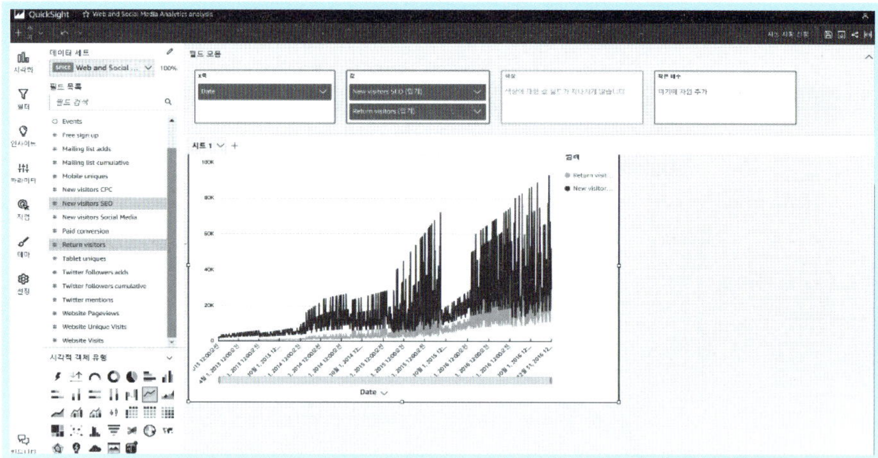

그림 16-17 선형 차트 시각화

[Return visitors] 치수를 나타내기 위해 사용되는 선의 색상을 변경한다. [Return visitors]를 나타내는 차트에서 선을 선택한다. 이렇게 하려면 선의 중간이 아니라 선의 끝을 선택한다. [Color Return visitors]를 선택한 다음 색 선택기에서 빨간색 아이콘을 선택한다.

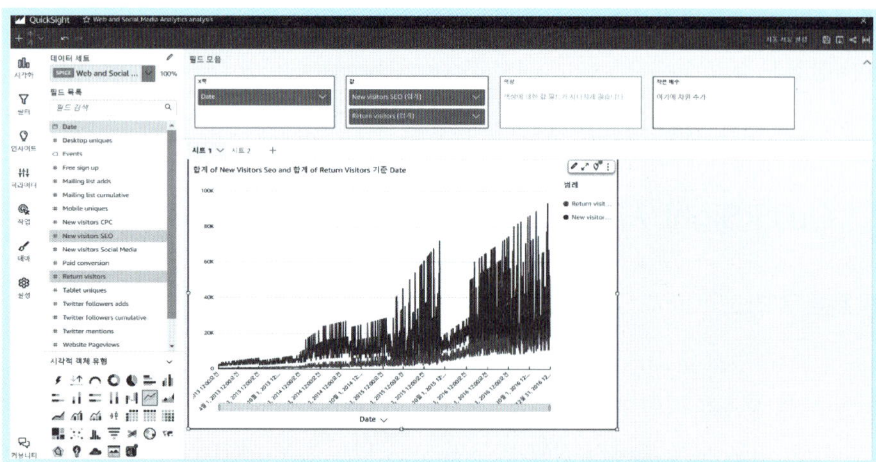

그림 16-18 선형 차트 시각화 결과

X축 필드에서 날짜 필드를 잘 선택하고 집계를 선택한 다음 월을 선택한다.

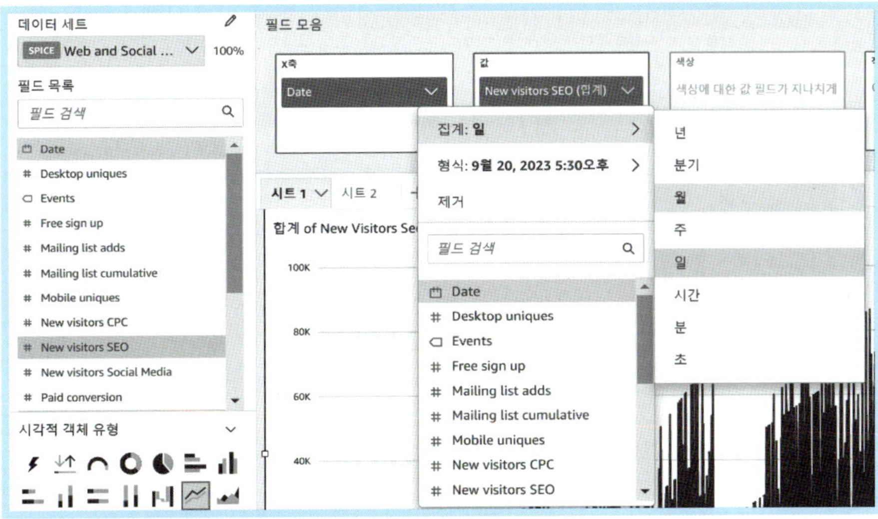

그림 16-19 선형 차트 날짜 설정

(2) 시각적 차트 객체 수정

데이터 세부 수준을 변경하여 시각적 차트를 수정하는 방법에 대해 알아보자. 시각적 차트 객체를 수정하려면 분석에서 산점도 시각적 객체를 선택한다. 그 다음 [Group/Color] 필드 모음을 선택하고 [Aggregate]를 선택한 다음 [Month]를 선택한다.

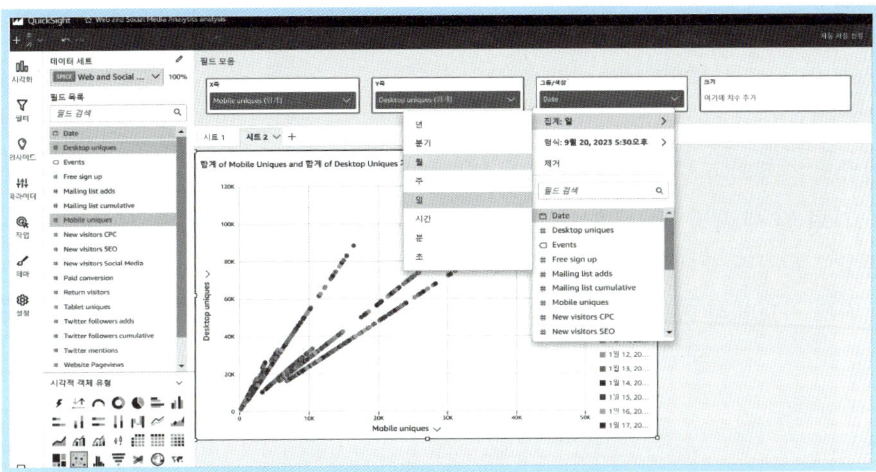

그림 16-20 Scatter Chart Visual

산점도는 기본값인 연도별이 아니라 월별 치수를 표시하기 위해 업데이트된다.

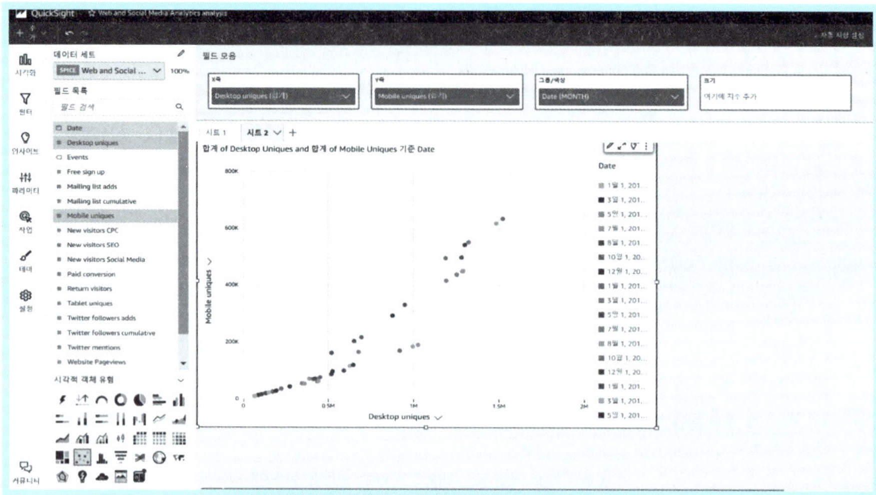

그림 16-21 Scatter Chart Visual 2

(3) 시각적 레이아웃 변경

다음은 시각적 레이아웃을 변경하고 필터를 추가하여 두 시각적 요소를 모두 수정하는 방법에 대해 알아보자. 시각적 객체 크기와 위치를 변경하고 필터 추가 및 적용하여 시각적 객체를 수정한다.

- 두 시각적 객체 수정하기
- 분석에서 Line Chart Visual을 선택
- 시각적 객체의 하단 오른쪽 모서리 부분에서 크기 조정 핸들을 선택하고 시각적 객체가 가로 및 세로 방향으로 모두 이전 크기의 절반이 될 때까지 왼쪽 위로 이동
- 산점도 시각적 객체에서 이 절차를 반복
- 산점도 차트에서 이동 핸들을 선택하고 선형 차트를 오른쪽으로 드래그하여 이동

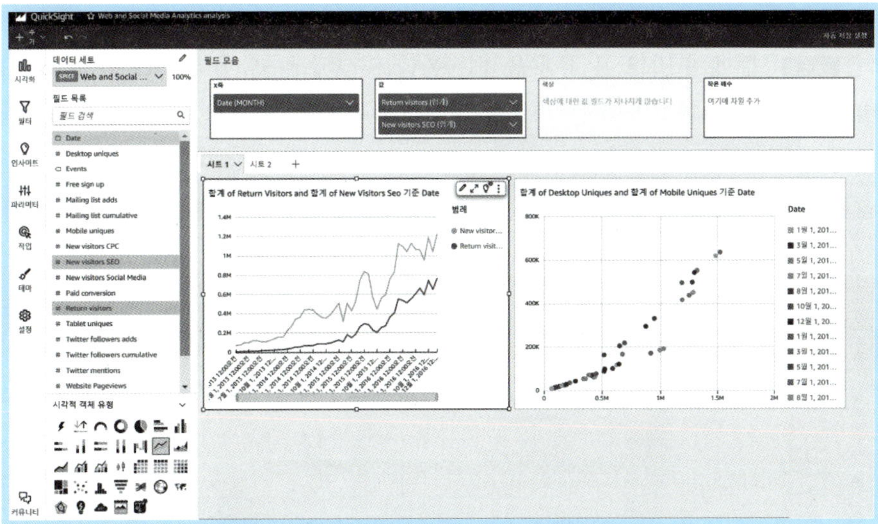

그림 16-22 Chart 병합

[그림 16-22]에서 필터 추가 및 적용을 수행하여 시각적 객체를 둘 다 수정한다. 그 다음 두 차트에 필터를 추가했으면, 분석에서 산점도 시각적 객체를 선택한다. 왼쪽에서 필터를 선택한 후, 필터 패널에서 더하기 아이콘을 선택한 다음 필터링 기준으로 사용할 날짜 필드를 선택한다.

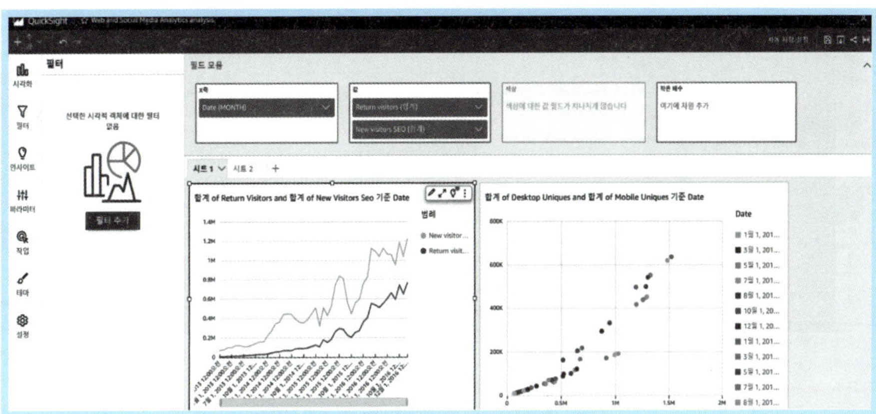

그림 16-23 Chart 필터 추가

[그림 16-23]을 보면 [필터 추가] 탭을 클릭하고 확장할 새 필터를 선택한다. 이후 [필터 편집] 창의 필터 유형에서 비교 후 유형을 선택한다. 그리고 아래에 시작일 값 2016/01/01을 입력한다. 날짜를 선택하고 연도는 2016년, 월은 1월을 선택한 다음 달력에서 1을 선택한다.

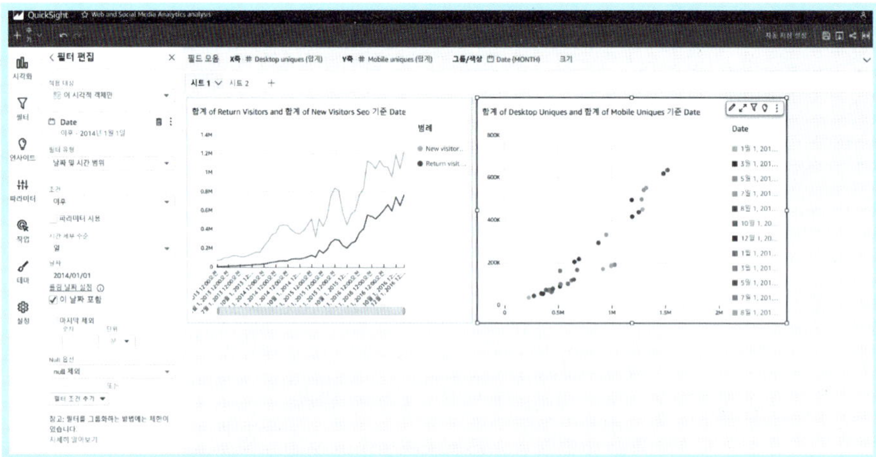

그림 16-24 산점도 차트 필터 편집

선형 차트에 필터를 적용한다. 왼쪽의 필터 패널에서 날짜 필터를 다시 선택하고 다음 이 데이터 세트의 모든 시각적 객체를 선택한다.

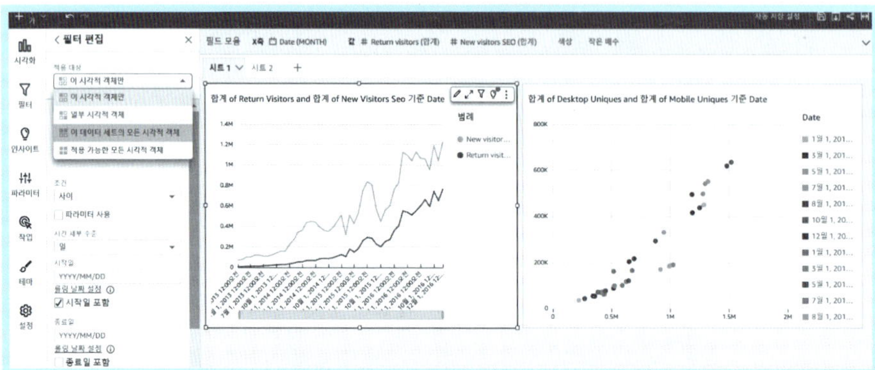

그림 16-25 선형 차트 필터 편집

[그림 16-25]는 시각적 객체를 편집하여 레이아웃을 변경한 결과이다. 차트 필터를 적용하여 차트를 편집하였다.

16.6 QuickSight 대시보드

이번 장에서는 QuickSight 분석을 사용하여 대시보드 생성하는 방법을 알아보자. 먼저 분석에서 오른쪽 상단의 응용 프로그램 표시줄에서 공유를 선택한 다음 대시보드 게시를 선택한다.

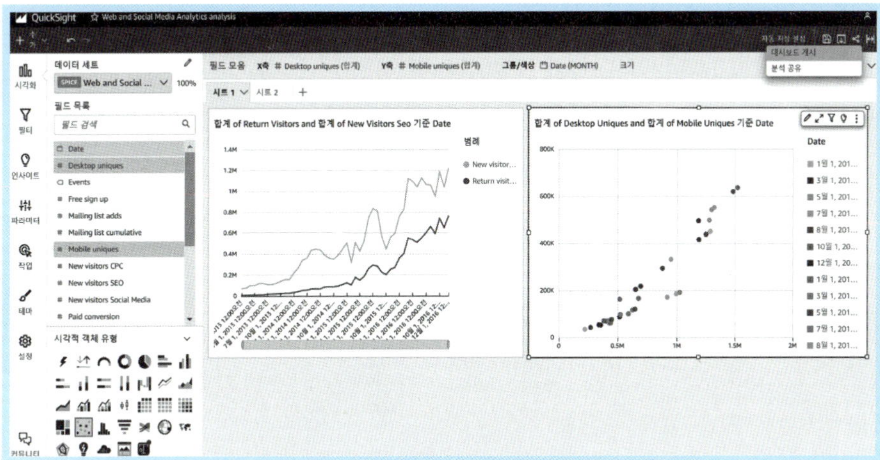

그림 16-26 대시보드 게시

열린 대시보드 게시 페이지에서 새 대시보드를 다른 이름으로 게시를 선택하고 이름을 입력한다.

그림 16-27 대시보드 게시

대시보드 게시를 선택하면 대시보드가 게시되었을 것이다. 열린 공유 대시보드 페이지에서 X 아이콘을 선택하여 닫는다. 대시보드 페이지의 공유 옵션을 사용하여 나중에 대시보드를 공유할 수 있다.

17. QuickSight 활용하기

17.1 QuickSight 튜토리얼

[그림 17-1]은 QuickSight의 시작 페이지이다. 화면을 보면 AWS에서 제공하고 있는 4가지의 Sample dataset을 제공하고 있으며, 왼쪽 탭을 보면 다양한 기능을 제공한다. Amazon QuickSight에서 준비된 데이터를 여러 가지 분석에 재사용할 수 있다. 데이터 준비를 통해 계산된 필드 추가, 필터 적용, 필드 이름 바꾸기 또는 데이터 형식 변경 등이 가능하다. SQL 데이터베이스의 데이터 원본에서 시작하는 경우 데이터 준비를 통해 테이블을 조인하거나 둘 이상의 테이블 데이터로 작업하려는 경우 SQL 쿼리를 입력할 수 있다. Amazon QuickSight에서 사용하기 전에 데이터 소스를 변환하려는 경우 필요에 맞게 준비하고 데이터 세트의 일부로 저장할 수 있다. 이렇게 생성한 데이터는 나중에 추가로 편집할 수 있다.

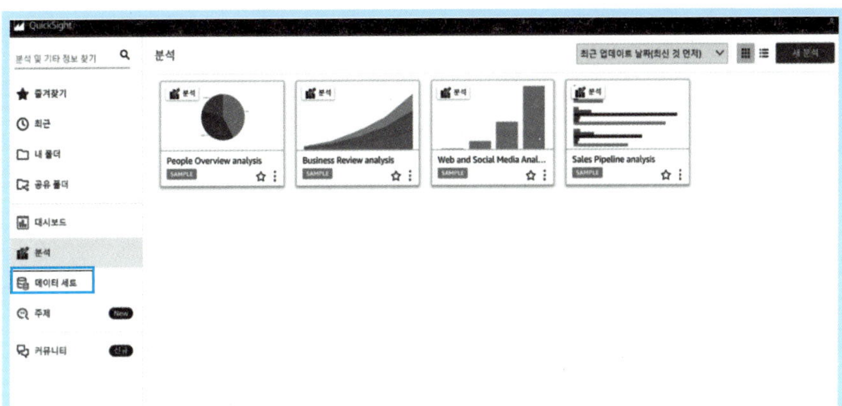

그림 17-1 QuickSight 시작 페이지

(1) QuickSight 데이터 세트 준비

앞장의 [그림 17-1]을 보면 Amazon QuickSight 시작페이지에서 왼쪽 탭의 [데이터 세트]를 클릭한다. 클릭하면 [그림 17-2]와 같은 화면이 나타난다.

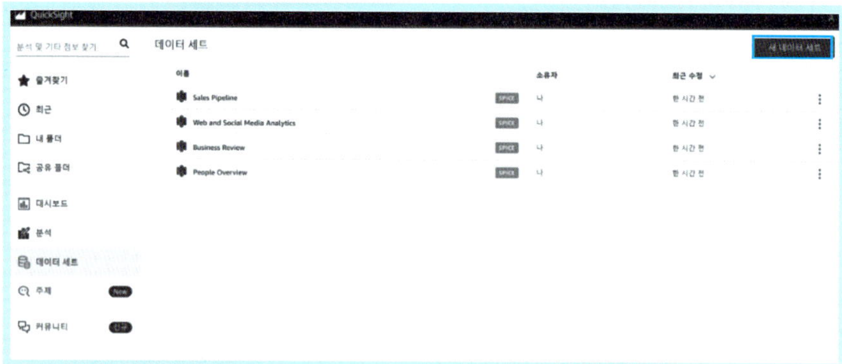

그림 17-2 QuickSight 데이터 세트 화면

[그림 17-2]의 [새 데이터 세트]를 클릭하면 [그림 17-3]과 같은 화면이 나타난다. 이 화면의 아래로 이동해서 [기존 데이터 소스부터] 섹션에서 웹 및 소셜 미디어 분석 Amazon S3 데이터 소스를 선택한 다음 데이터 세트 편집을 클릭해 데이터 준비 페이지를 열어보자.

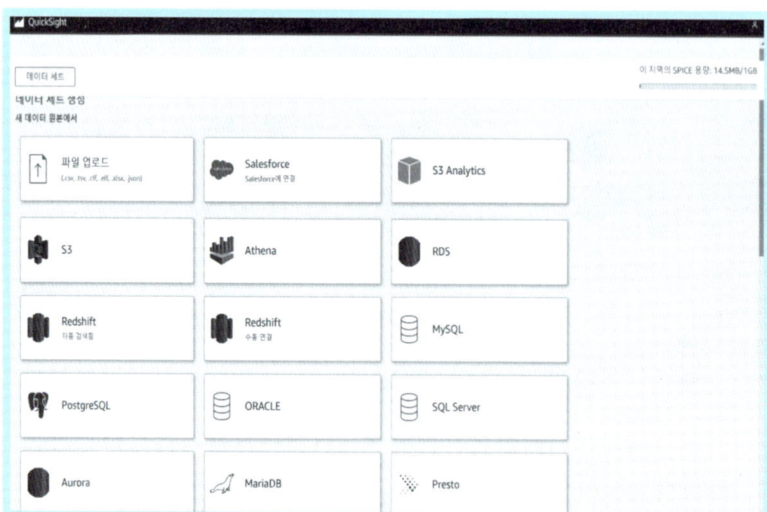

그림 17-3 QuickSight 데이터 셋 생성[새 데이터 원본에서] 화면

[그림 17-3]에서 마우스 스크롤링을 하여 아래로 이동하면 [그림 17-4]와 같은 화면이 나타난다.

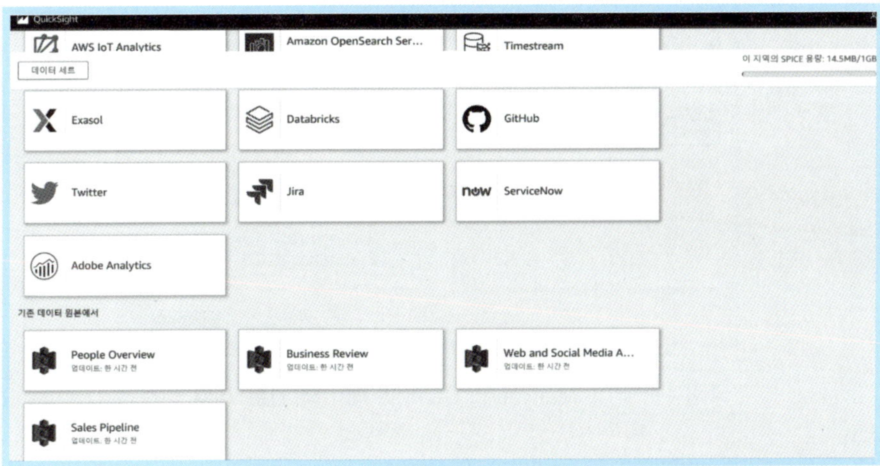

그림 17-4 QuickSight 데이터 세트 생성[기존 데이터 원본에서] 화면

[그림 17-4]에서 [기존 데이터 원본에서] 섹션에서 [Web and Social Media] 데이터를 클릭한다.

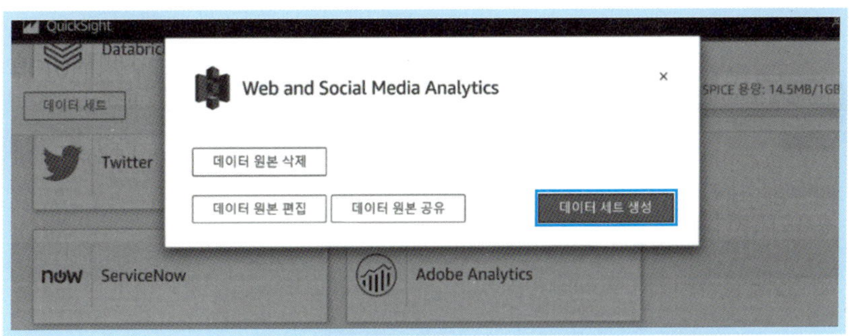

그림 17-5 Web and Social Media Analytics

[그림 17-5]에서 [데이터 세트 생성]을 클릭한다. 그러면 [그림 17-6]과 같은 창이 나타난다.

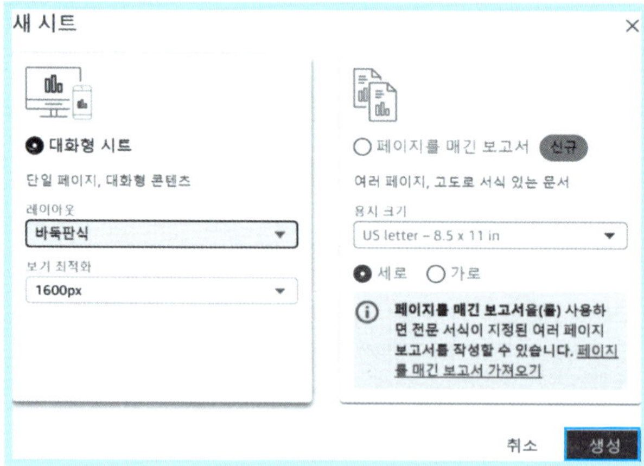

그림 17-6 Marketing Sample 데이터 원본 세부 정보

여기서 우측 하단에 [생성]탭을 클릭하여 데이터 세트 생성을 마친다.

(2) 데이터 셋 편집

이번 장에서는 데이터 세트를 보고 편집하는 방법에 대해 알아보자. QuickSight 시작 화면에서 [데이터 셋]탭을 클릭한 다음 오른쪽 상단에 [새 데이터 세트]탭을 클릭한다.

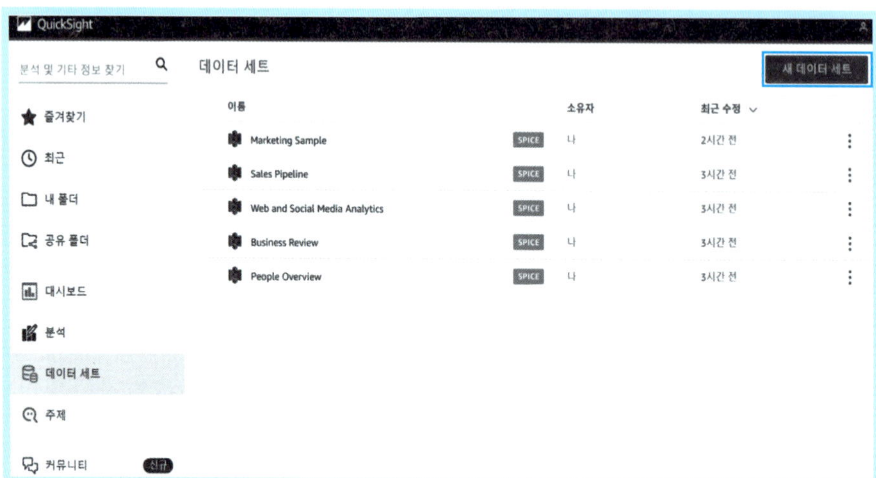

그림 17-7 QuickSight 데이터 셋 화면

[그림 17-7]에서 Web and Social Media Analytics 데이터를 클릭하면 [그림 17-8]과 같은 화면이 나타난다.

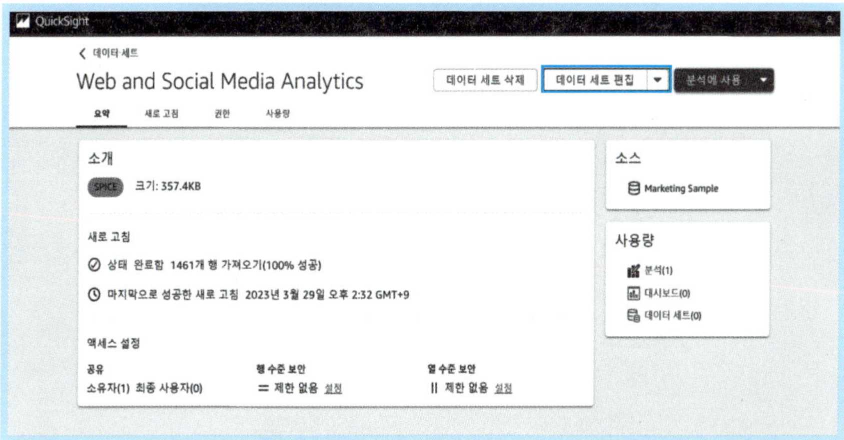

그림 17-8 Web and Social Media Analytics 데이터 화면

그 다음 [데이터 세트 편집]탭을 클릭하여 데이터 셋에 대한 편집을 진행해보자.

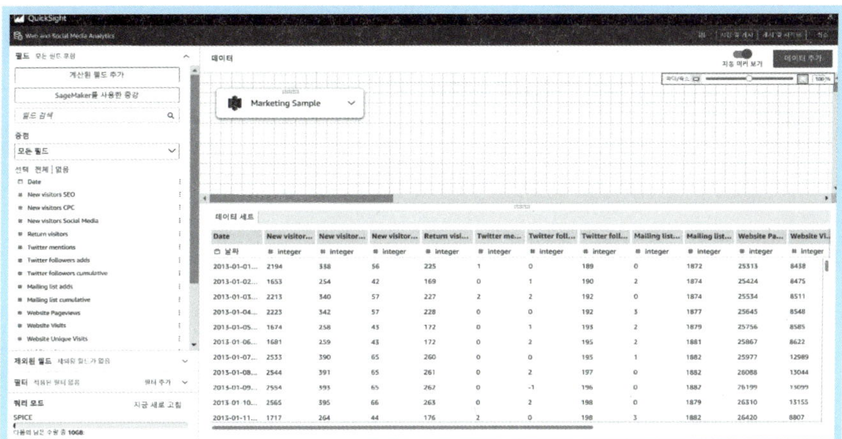

그림 17-9 Web and Social Media Analytics

[그림 17-9]는 Web and Social Media Analytics에 대한 전반적으로 데이터에 대한 내용을 보여준다. 여기서 필드 패널에서 Twitter 팔로워 누적 및 메일링 리스트 누적 필드의 필드 메뉴를

선택한 다음 필드 제외를 선택한다. 한 번에 둘 이상의 필드를 선택하려면 Ctrl 키를 누른 상태에서 클릭한다. 그러면 [그림 17-10]과 같은 화면을 볼 수 있다.

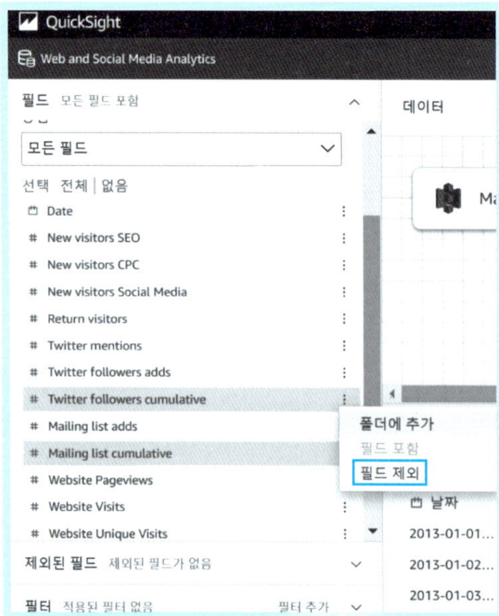

그림 17-10 필드 제거 과정

Twitter followers cumulative 필드와 Mailing list cumulative 필드를 선택한 후 [필드 제외]를 클릭하여 삭제한다. 다음으로 필드 이름을 바꾸는 과정을 알아보자. 데이터 세트 미리 보기 창에서 웹사이트 페이지 뷰 필드로 스크롤하고 편집 아이콘을 선택한다.

그림 17-11 필드 제거 과정

열리는 필드 편집 창에서 이름에 website page views 다음 [적용]을 클릭한다.

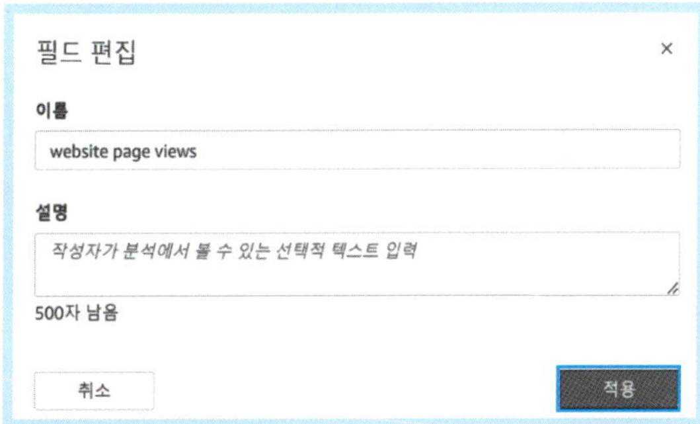

그림 17-12 필드 제거 과정

적용을 완료했으면 이제는 Events 필드에 길이가 0인 문자열 값을 텍스트로 대체하는 계산된 필드를 추가하는 기능을 알아보도록 한다.

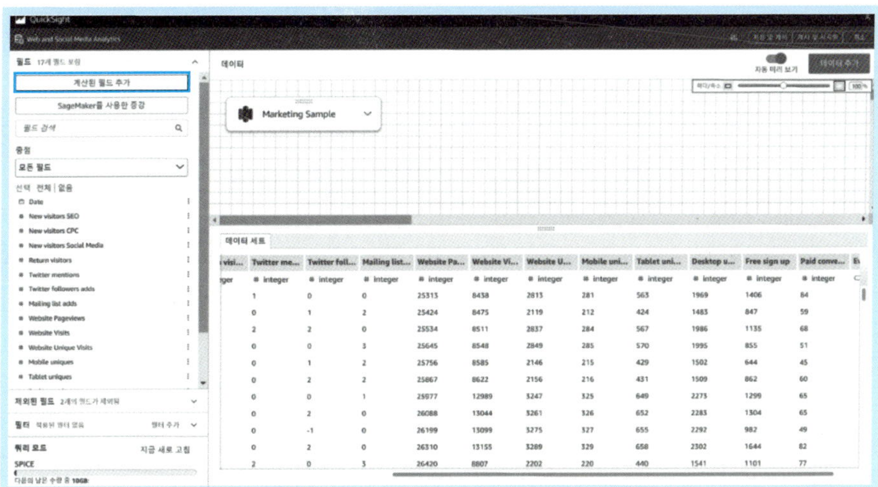

그림 17-13 Web and Social Media Analytics

[그림 17-13]을 보면 왼쪽 부분에 [계산된 필드 추가] 탭을 클릭하면 [계산된 필드 추가] 창이 [그림 17-14]와 같이 나타난다.

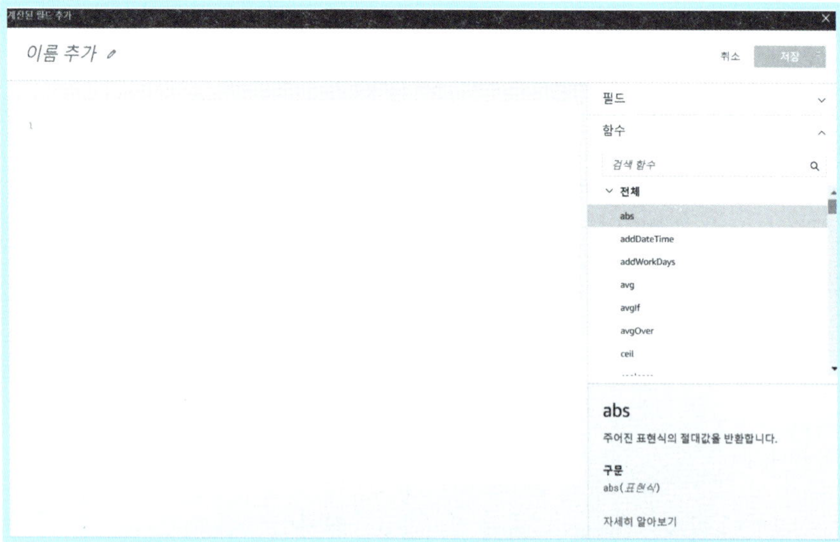

그림 17-14 계산된 필드 추가 페이지

이름에 populated_event를 입력하고, 오른쪽의 검색 함수에서 if else를 검색하여 해당 함수를 두번 클릭한다. 이렇게 하면 계산된 필드 공식에 함수가 추가된다.

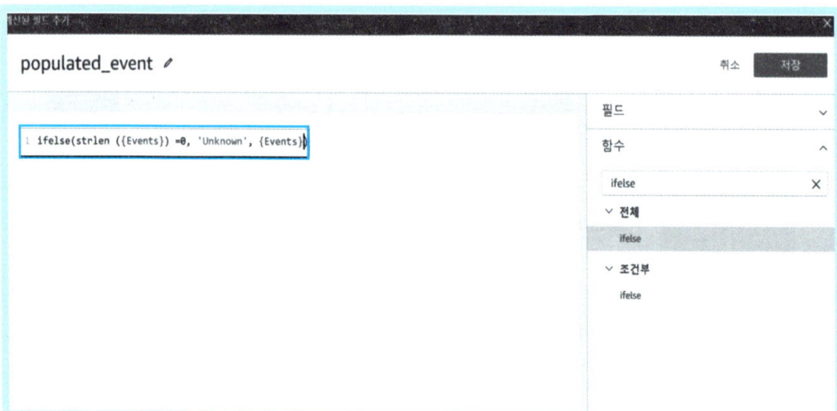

그림 17-15 계산된 필드 추가 완료

그 다음 공식 편집기에서 [그림 17-15]와 같게 추가 함수 및 매개 변수를 굵게 표시하여 입력한 후 오른쪽 상단에 [저장] 탭을 클릭하여 저장한다.

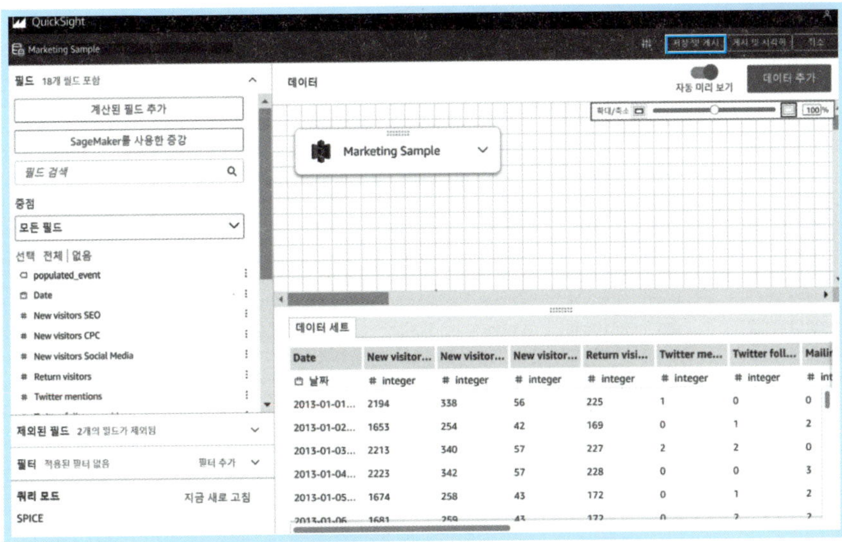

그림 17-16 Marketing Sample 화면

[그림 17-15]에서 계산된 필드 추가를 완료했다면 [그림 17-16]의 왼쪽 부분에 populated_event 이벤트가 생성된 것을 볼 수 있다. 오른쪽 상단에 [저장 및 게시] 탭을 클릭하여 저장하자.

17.2 공공데이터를 활용한 QuickSight 실습

이번 예제는 공공데이터 포털에서 제공하는 서울특별시 광진구 인구 현황 데이터를 활용하여 분석할 것이다. [그림 17-17]을 보면 광진구의 각 동 별 인구수, 지역별 남녀 구성비, 세대수 및 세대 당 인구 비율 등이 있다. 이 파일의 형식은 CSV(UTF-8)이다. 서울특별시 광진구 인구 현황 데이터는 주소(https://www.data.go.kr/data/15052327/fileData.do)로 이동하여 다운로드 할 수 있다.

	A	B	C	D	E	F	G	H	I	J
1	행정기관	계	인구수(남)	인구수(여)	지역(구성비	구성비(남)	구성비(여)	성비	세대수	세대당인구
2	광진구	337416	162541	174875	100	48.17	51.83	92.95	169291	1.99
3	중곡제1동	15299	7322	7977	4.53	2.17	2.36	91.79	8504	1.8
4	중곡제2동	20999	9903	11096	6.22	2.93	3.29	89.25	10656	1.97
5	중곡제3동	15945	7897	8048	4.73	2.34	2.39	98.12	8513	1.87
6	중곡제4동	28035	13715	14320	8.31	4.06	4.24	95.78	13122	2.14
7	능동	11180	5134	6046	3.31	1.52	1.79	84.92	6406	1.75
8	구의제1동	23387	11143	12244	6.93	3.3	3.63	91.01	13077	1.79
9	구의제2동	26043	12511	13532	7.72	3.71	4.01	92.45	11517	2.26
10	구의제3동	28211	13309	14902	8.36	3.94	4.42	89.31	12079	2.34
11	광장동	34168	16524	17644	10.13	4.9	5.23	93.65	11814	2.89
12	자양제1동	21862	10646	11216	6.48	3.16	3.32	94.92	11913	1.84
13	자양제2동	23946	11612	12334	7.1	3.44	3.66	94.15	10887	2.2
14	자양제3동	27553	13166	14387	8.17	3.9	4.26	91.51	11009	2.5
15	자양제4동	17926	8915	9011	5.31	2.64	2.67	98.93	10209	1.76
16	화양동	23437	11141	12296	6.95	3.3	3.64	90.61	18185	1.29
17	군자동	19425	9603	9822	5.76	2.85	2.91	97.77	11400	1.7

그림 17-17 서울특별시 광진구 인구 현황 데이터

서울시 광진구 인구 현황 데이터 파일을 저장했으면 QuickSight 메인 화면으로 이동하여 인구 현황 데이터를 분석해보자.

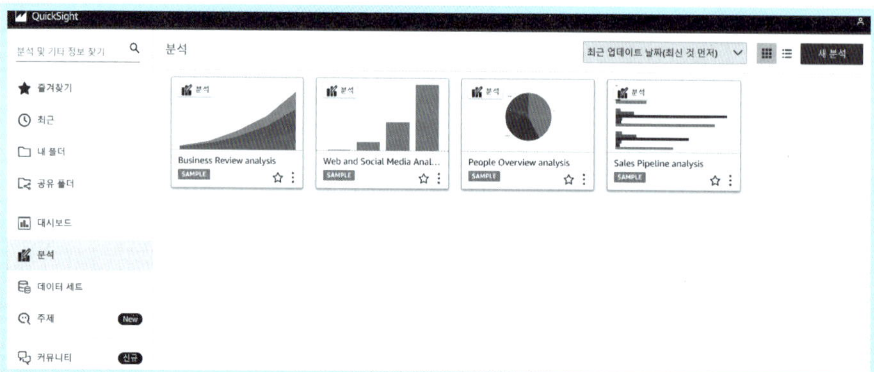

그림 17-18 QuickSight 메인 화면

[그림 17-18]에서 공공데이터 포털에서 저장한 파일을 QuickSight에 업로드할 것이다. 데이터 파일을 업로드 하려면 오른쪽 상단에 [새 분석] 탭을 클릭하여 다음 [그림 17-19]가 나타날 것이다.

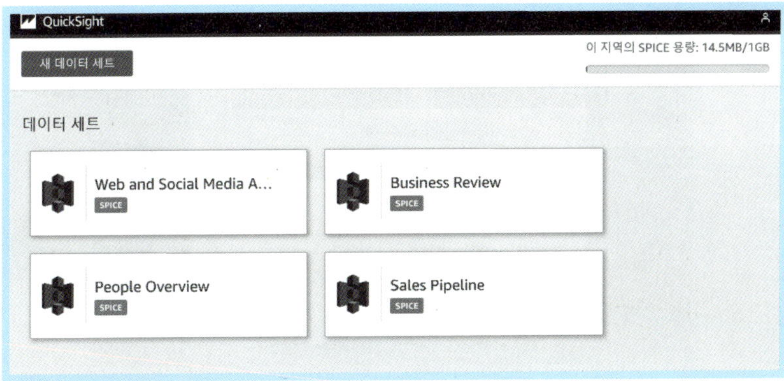

그림 17-19 QuickSight 데이터

[그림 17-19]에서 왼쪽 상단에 [새 데이터 세트] 탭을 클릭한다.

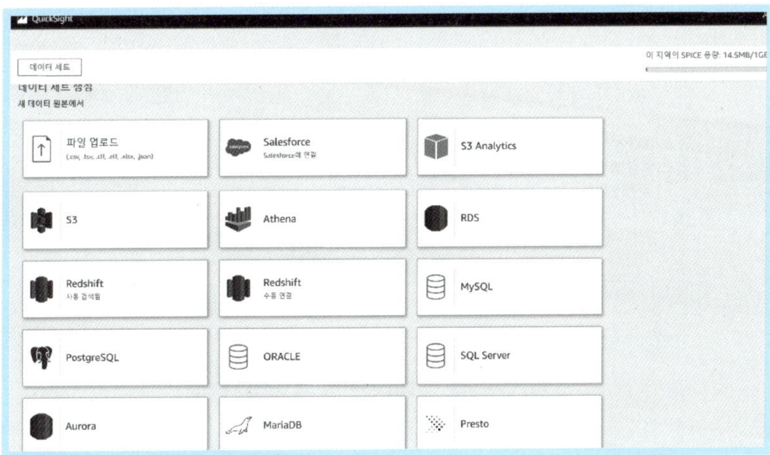

그림 17-20 QuickSight 데이터 업로드

[그림 17-20]에서 파일 업로드를 클릭하여 공공데이터 포털에서 다운로드한 서울특별시 광진구 인구현황 파일을 업로드 한다. 파일 업로드를 하면 설정 확인할 수 있는 창이 나타난다. 여기서 파일에 대한 정보를 간략하게 파악할 수 있다. [그림 17-21]에서 오른쪽 아래부분에 있는 [다음] 탭을 클릭하여 이동한다.

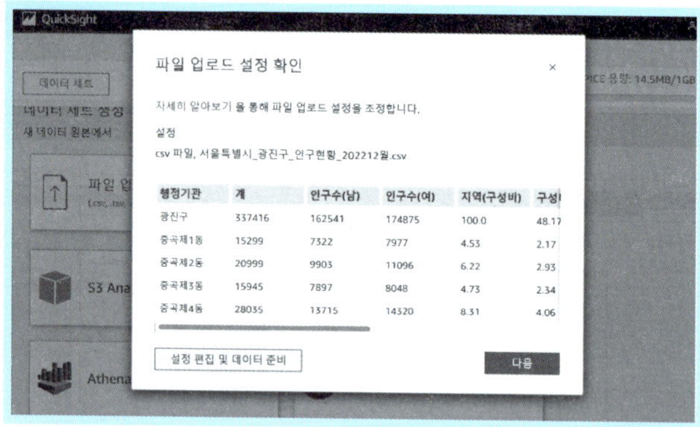

그림 17-21 파일 업로드 설정 확인

[그림 17-21]에서 [다음] 탭을 클릭하면 [그림 17-22]와 같은 창이 나타난다. 이 화면에서는 데이터 원본에 대한 세부 정보를 파악할 수 있다.

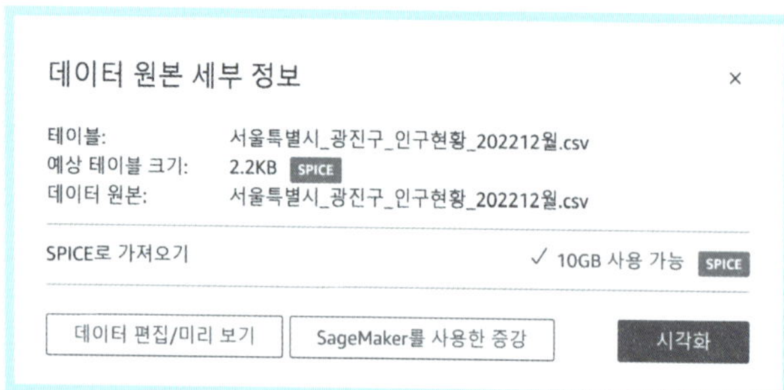

그림 17-22 데이터 원본 세부 정보

[그림 17-22]에서 데이터에 대한 정보를 파악했으면 오른쪽 아래에 있는 [시각화] 탭을 클릭하여 데이터 분석을 시작하기 위한 준비를 한다. [그림 17-23]과 같이 데이터 분석 시트를 생성한다. 설정 같은 경우, 레이아웃은 바둑판식으로 설정했고, 시각화를 위한 최적화된 px값은 1600px값으로 설정하여 생성한다.

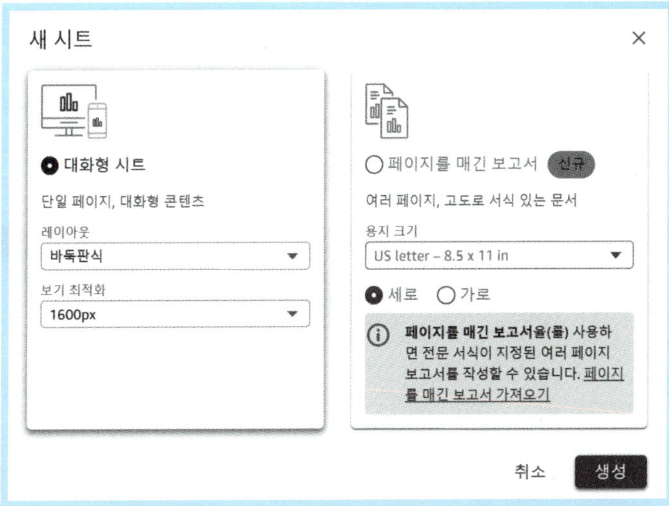

그림 17-23 데이터 분석 시트 생성

[그림 17-23]에서 [생성] 탭을 클릭하여 [그림 9-51]과 같은 화면으로 이동한다. 서울특별시 광진구 인구 현황에 대하여 간략하게 알아보도록 하자. 행정기관별 인구수(남)와 인구수(여)의 수를 파악하자.

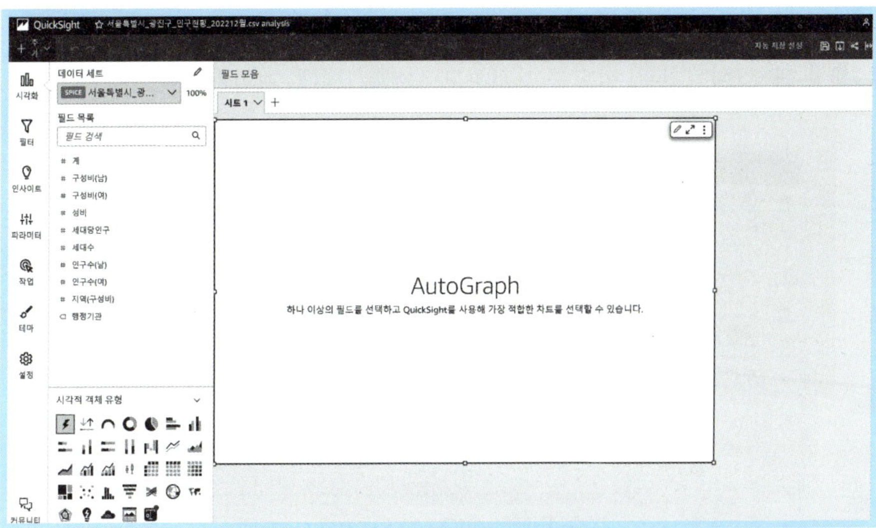

그림 17-24 서울특별시 광진구 인구 현황 데이터 분석 시트

[그림 17-25]를 보면 행정 기관별 남녀에 대한 인구수를 파악하고자 하여 데이터를 분석하였다. 시각화 하는 방법은 먼저 시각적 객체 유형을 세로 막대 차트 유형으로 선택한다. 그 다음 X축에는 행정기관 필드를 지정하고, 값에는 인구수(남)와 인구수(여) 2개의 필드를 지정한다. 모든 과정이 끝나면 화면은 아래 [그림 17-25]와 같이 나타난다.

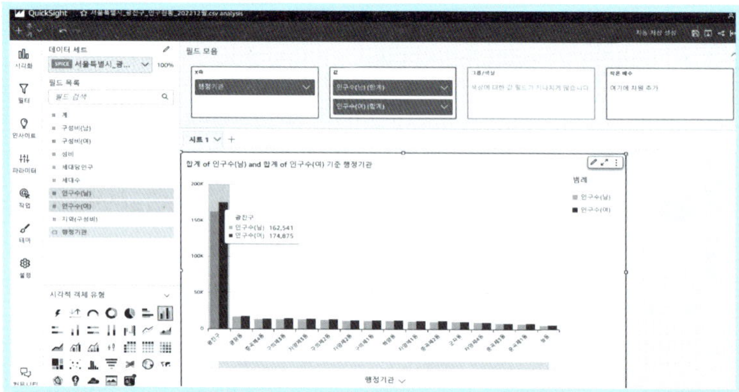

그림 17-25 행정기관 별 남녀 인구수 분석

다음은 서울 특별시 광진구 인구 현황 중 행정기관(자치구)별 세대수에 대해 알아보고자 한다. [그림 17-25]에서 새로운 시트를 생성한 후 분석한다. [시트 1] 오른쪽을 보면 + 모양을 클릭하여 새로운 시트를 생성한다. 생성한 다음 시각적 객체 유형을 도넛 차트로 설정한다. 설정한 다음 그룹/색상 탭에 [행정기관] 필드를 지정하고 값에는 [세대 수(합계)] 필드를 지정한다.

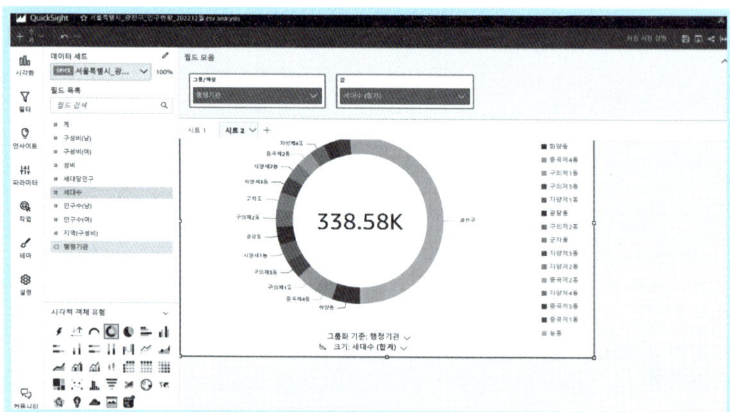

그림 17-26 행정기관별 세대 수

다음은 필터 기능을 이용하여 필드 값을 삭제해볼 것이다. 다음 [그림 17-26]을 보면 광진구 필드 값을 삭제할 것이다. [그림 17-26]을 보면 왼쪽 부분에 [필터] 탭이 있을 것이다. [필터] 탭을 클릭하면 [필터 추가] 버튼이 있는데 여기서 필터링할 필드는 [행정기관]으로 선택한다. 선택한 후 다음 [그림 17-27]의 편집 버튼을 클릭한다.

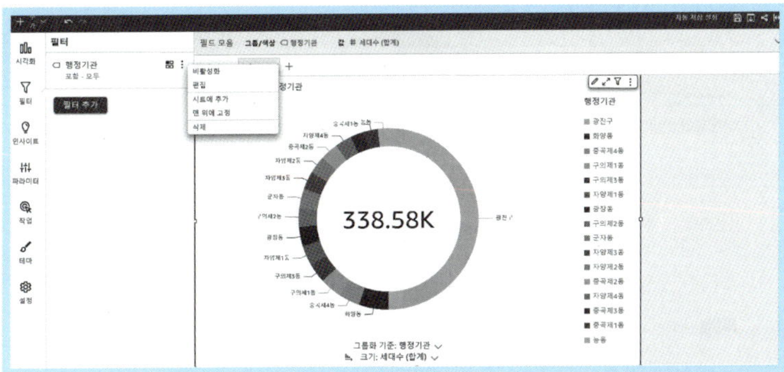

그림 17-27 행정기관 필터

행정기관 필터 편집 창을 보면 필터 유형은 사용자 지정 필터로 선택하고, 필터 조건은 미포함으로 지정한다. 마지막으로 값에는 광진구를 선택하면 서울특별시 광진구 필드 전체의 값에 대한 데이터를 제외하는 것이다. 모든 과정이 끝났으면 왼쪽 아래에 [적용] 탭을 클릭하여 필터 설정한 값을 적용시킨다.

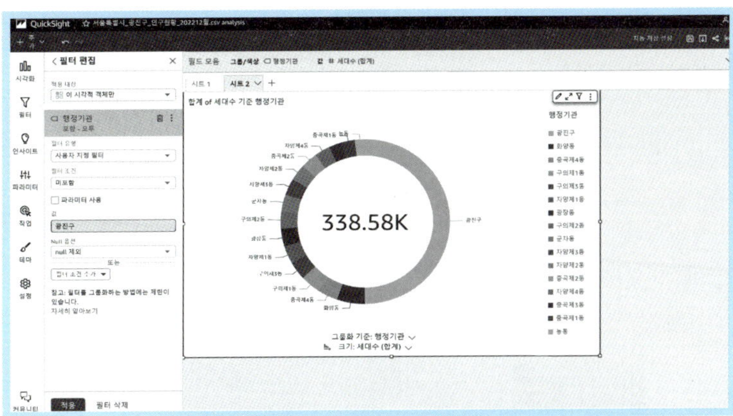

그림 17-28 행정기관 필터 값 설정

필터를 적용하면 [그림 17-29]와 같은 화면이 나타난다. 다음은 왼쪽 부분에 [인사이트]를 클릭하면, 시각화한 데이터에 대한 정리된 내용을 볼 수 있다.

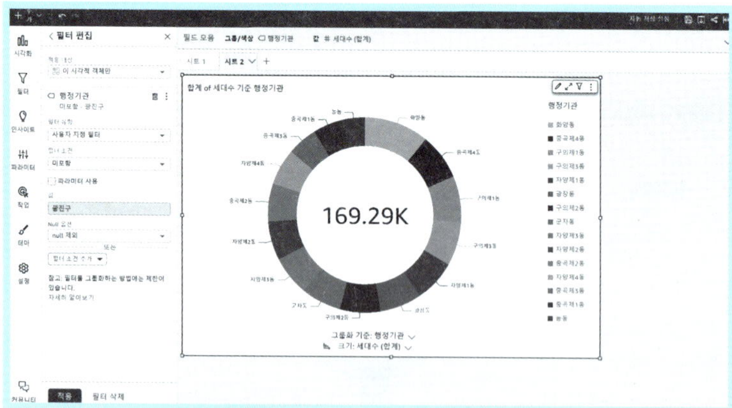

그림 17-29 서울시 광진구 동 별 세대 수

[그림 17-30]은 [그림 17-29]에 대한 제안된 인사이트 내용이다. 내용을 보면 광진구 동별 세대수에 대해 상위 3개 동을 보면 가장 세대수가 많은 지역이 화양동, 중곡제4동, 구의제1동 순으로 나타났고, 세대수가 가장 적은 동은 능동, 중곡제1동, 중곡제3동 순으로 나타났다.

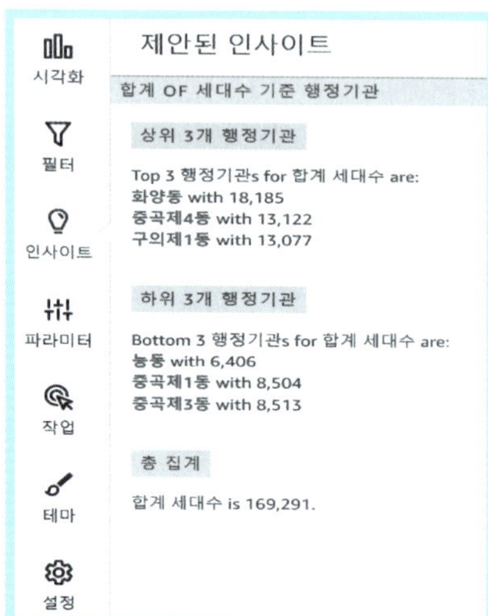

그림 17-30 서울시 광진구 동 별 세대 수 Insight

18. Power BI

Power BI는 빠른 의사결정을 위한 신속하고 효율적인 인사이트를 제공하는 현대적인 비즈니스 분석 서비스이다. 이 서비스를 통해 사용자는 데이터 연결, 모델링, 그리고 정보 탐색을 간편하게 수행하여 시각적 보고서를 제작할 수 있다. 또한, Power BI는 협업 및 공유 기능을 지원하며, Microsoft Excel과 같은 다른 도구와의 통합이 가능하다. 사용자는 제작된 보고서를 조직 내에서 웹이나 모바일 장치를 통해 공유하고 배포할 수 있으며, 이를 통해 팀원들과 데이터 관련 인사이트를 공유할 수 있다. 기본 제공되는 거버넌스 및 보안 기능은 기업 전반에 걸쳐 확장 가능하며, 이러한 특징들 덕분에 Power BI는 비즈니스 인텔리전스 서비스를 위한 확장성 있는 통합 플랫폼으로 평가받고 있다.

Power BI Desktop

그림 18-1 Power BI

18.1 Power BI 요소 및 특징

Power BI는 Power BI Desktop, Power BI Service, Power BI Mobile로 구성된다. Power BI Desktop은 Windows 데스크톱 응용 프로그램으로 무료로 사용할 수 있으며, Power BI Service

는 온라인 SaaS, Power BI Mobile은 Windows Phone 및 태블릿, iOS나 Android 장치에서 사용할 수 있는 모바일 앱이다. 3가지 요소는 사용자에 따라 효과적인 방식으로 데이터를 생성 또는 공유할 수 있다.

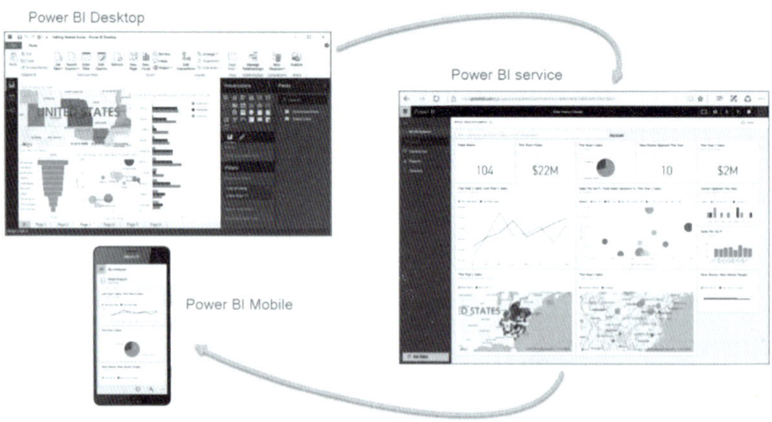

그림 18-2 Power BI 요소

특징으로는 다음과 같다.

- **기업 규모에서 셀프 서비스 분석 이용**: 개인에서 조직까지 전체로서 확정되는 분석 플랫폼을 사용하면 여러 솔루션을 사용할 경우 추가되는 비용, 복잡성 및 보안 위험을 줄일 수 있다.
- **스마트 도구 사용으로 인한 정확한 결과**: 데이터 시각화, 기본 제공되는 AI 기능, 긴밀한 Excel 통합, 사전에 사용자 지정 데이터 커넥터를 통해 의미 있는 인사이트를 확보하고 공유할 수 있다.
- **분석 데이터 보호**: 강력한 데이터 보안 기능과 민감도 레이블 지정, 엔드 투 엔드 암호화, 실시간 액세스 모니터링을 통해 데이터를 안전하게 보호할 수 있다.

18.2 Power BI 콘텐츠

(1) 데이터 세트

데이터 세트는 Power BI에서 데이터를 가져오거나 연결한 다음 보고서와 대시보드를 구성하는데 사용하는 데이터 컬렉션이다. Excel, CSV, 텍스트 등의 파일부터 각종 Database, 온라인 서비스 등의 다양한 데이터 원본을 가져올 수 있으며 하나의 데이터 세트는 여러 보고서와 대시보드에서 사용할 수 있다.

Date	Day	MonthNo	Month	QuarterNo	Quarter	Year
01/01/2019 00:00:00	1	1	January	1	Qtr 1	2019
01/02/2019 00:00:00	2	1	January	1	Qtr 1	2019
01/03/2019 00:00:00	3	1	January	1	Qtr 1	2019
01/04/2019 00:00:00	4	1	January	1	Qtr 1	2019
01/05/2019 00:00:00	5	1	January	1	Qtr 1	2019
01/06/2019 00:00:00	6	1	January	1	Qtr 1	2019
01/07/2019 00:00:00	7	1	January	1	Qtr 1	2019
01/08/2019 00:00:00	8	1	January	1	Qtr 1	2019
01/09/2019 00:00:00	9	1	January	1	Qtr 1	2019
01/10/2019 00:00:00	10	1	January	1	Qtr 1	2019

그림 18-3 Power BI Sample Data

(2) 시각화 차트

시각화는 데이터를 다양한 차트로 표현한다. Power BI 시각화 창에서 가로 막대형, 세로막대형, 원형, 리본, 폭포, 트리 맵, 카드, 분산형 및 게이지 등 다양한 시각적 개체를 사용할 수 있다.

기본적으로 영역형 차트는 축과 선 사이의 영역이 채워진 꺾은선형 차트를 기반으로 한다. 영역형 차트는 시간에 따른 변경 크기를 강조하며 추세 간의 총 가치에 주목하도록 하는데 사용할 수 있다. 예를 들어, 시간에 따른 수익을 나타내는 데이터를 영역형 차트에 그려 총 수익을 강조할 수 있다.

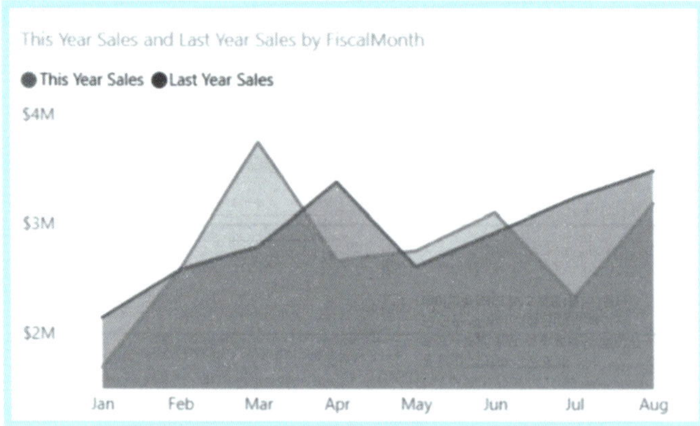

그림 18-4 영역형 차트

여러 범주의 특정 값을 살펴보는 데로 가로 막대형 차트가 표준이다.

그림 18-5 가로 막대형 차트

분해 트리 차트는 시각적 개체를 사용하여 여러 차원에서 데이터를 시각화 할 수 있다. 자동으로 데이터를 집계하며 임의 순서로 차원을 드릴다운할 수 있게 해준다. AI 시각화이기도 하므로 특정 기준에 따라 드릴다운 할 다음 차원을 찾도록 요청할 수 있다. 그러므로 임시 탐색 및 근본 원인 분석을 수행하는 데 유용한 도구이다. 꺾은선형 차트는 일반적으로 시간 경과에 따른 전체 값의 전체적인 모양을 강조한다.

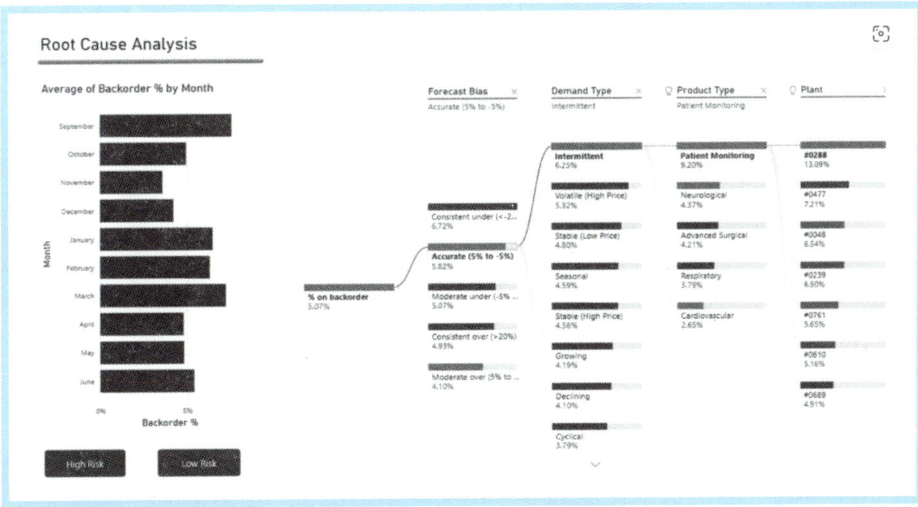

그림 18-6 분해 트리 차트

콤보 차트는 세로 막대형 차트와 꺾은선형 차트를 결합한다. 두 개의 차트를 하나로 결합하면 데이터를 더 빠르게 비교할 수 있다. 콤보 차트는 하나 또는 두 개의 Y축이 있을 수 있으므로 신중히 검토해야 한다.

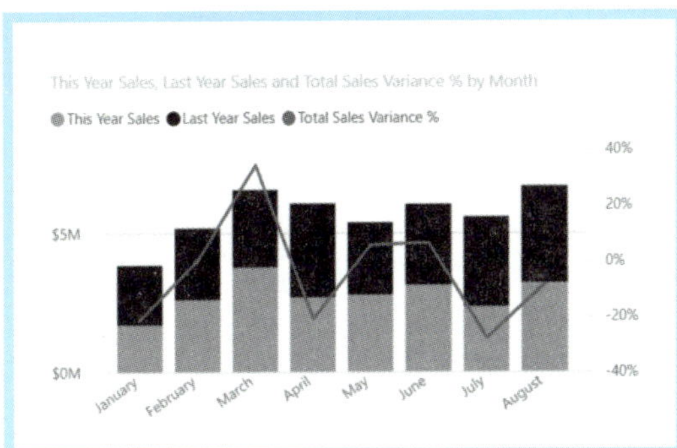

그림 18-7 콤보 차트

계기 차트는 원호 형태로 목표에 대한 진행률을 측정하는 단일 값을 표시한다. 목표 또는 목표 값은 선으로, 목표에 대한 진행률은 음영으로 표시된다. 진행률을 나타내는 값은 호의 내부에 굵게 표시된다. 가능한 모든 값은 최소값에서 최대 값까지 호를 따라 균등하게 분배된다.

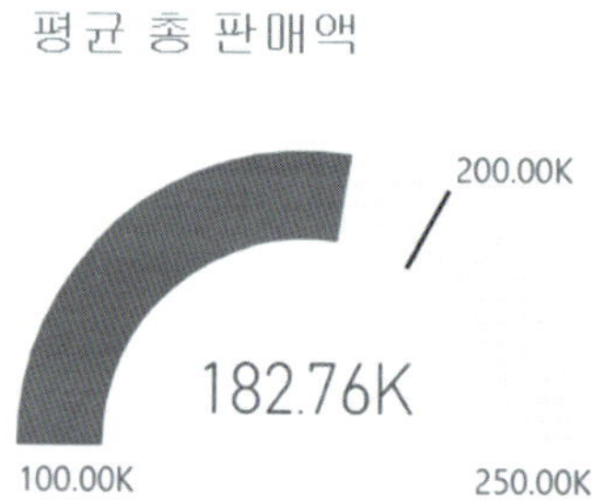

그림 18-8 계기 차트

깔대기 형 차트는 한 단계에서 다음 단계로 순차적으로 흐르는 프로세스를 시각화 하는데 도움이 된다. 깔대기 모양은 추적 중인 프로세스의 상태를 한눈에 보여주고 각 깔때기 단계는 합계의 백분율을 나타낸다.

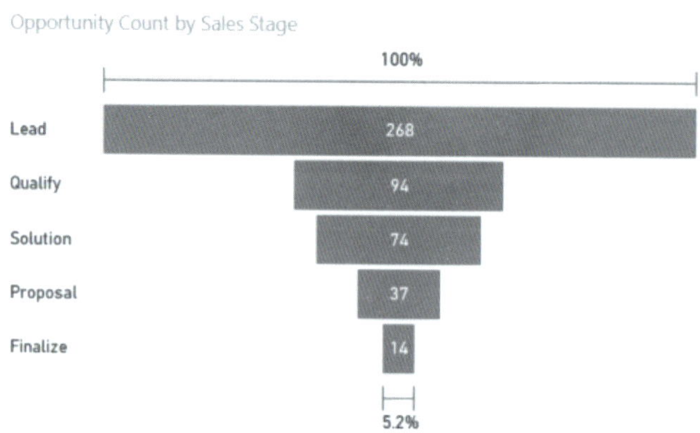

그림 18-9 깔대기 형 차트

리본 차트는 가장 높은 순위를 가지는 데이터 범주 중 가장 큰 값을 보여주며, 각 기간에 가장 높은 범위 값이 항상 위쪽에 표시되어 순위 변경 내용을 효과적으로 표시한다. 리본은 시각화된 기간 동안 데이터 범주의 값이 어떻게 변하는지 보여주고, 시간 연속체에 걸쳐 범주 값을 연결하므로 증가 또는 감소가 있을 때 쉽게 확인할 수 있다. 시각화를 통해 지정된 범주가 다른 범주에 비해 차트의 X축(일반적으로 타임라인)의 범위 전체에서 순위를 지정하는 방법을 확인할 수 있다.

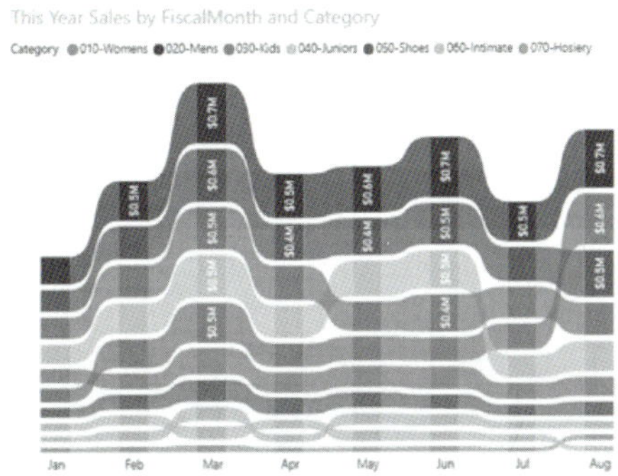

그림 18-10 리본 차트

분산형 차트에는 항상 가로 축을 따라 하나의 숫자 데이터 집합을 표시하고 세로 축을 따라 다른 숫자 값 집합을 표시하는 두 개의 값 축이 있다. 차트에서 x 및 y 숫자 값의 교차점에 점이 표시되고 이러한 값이 단일 데이터 요소로 결합된다. 데이터에 따라 가로 축에 균등 또는 불균등하게 이러한 데이터 요소를 배포할 수 있다. 거품형 차트는 데이터 요소를 거품으로 바꾸고 거품 크기로 데이터의 추가 차원을 나타낸다. 분산형 차트와 거품형 차트 모두 시간 경과에 따른 변화를 표시할 수 있는 재생 축을 포함할 수도 있다. X축을 따라 숫자 또는 범주 데이터를 그릴 수 있다는 점을 제외하면 점 그림 차트는 거품형 차트 및 분산형 차트와 비슷하다.

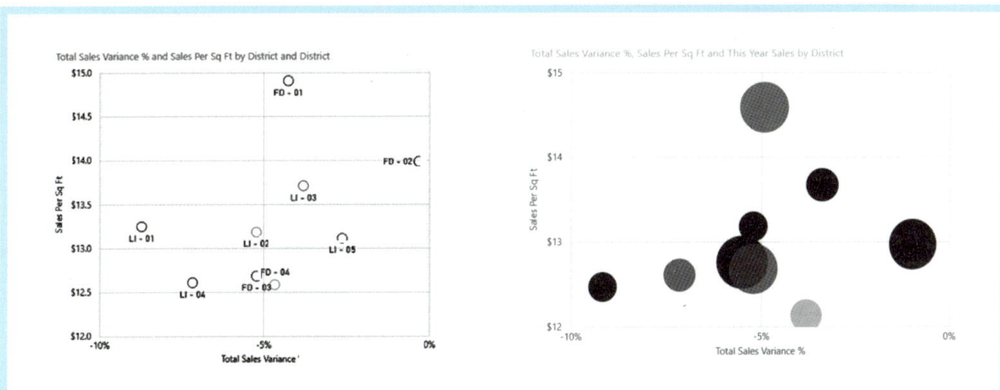

그림 18-11 분산형 및 거품형 차트

트리맵은 값을 나타내는 크기와 색이 지정된 사각형으로 구성된 차트이다. 이 차트는 사각형이 주 사각형 내에 중첩되는 계층 구조 형식일 수 있다. 각 사각형 내부의 공간은 측정되는 값을 기반으로 하여 할당된다. 사각형은 크기순으로 가장 큰 것이 왼쪽 위, 가장 작은 것이 오른쪽 아래에 정렬된다.

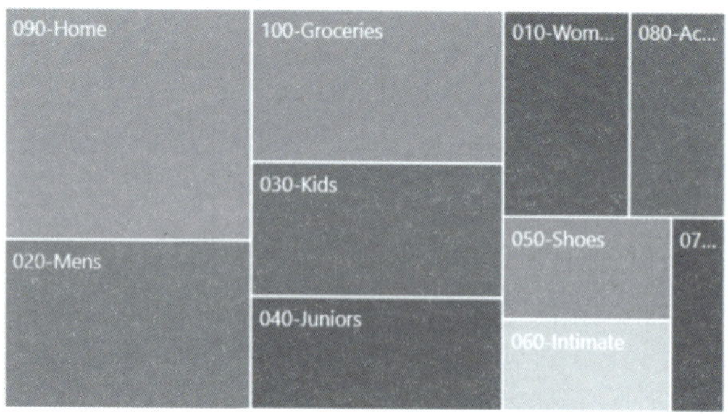

그림 18-12 트리맵 차트

폭포 차트는 값을 더하거나 뺄 때의 누계를 보여준다. 초기 값이 일련의 양수 및 음수 변경에 어떻게 영향을 받는지 이해하는 데 유용하다. 세로형 막대는 색으로 구분되어 증가 및 감소를 빠르게 구분할 수 있다. 중간 값 열이 부동 세로형 막대인 반면, 초기 및 최종 값 세로형 막대는 종종 가로축에서 시작한다.

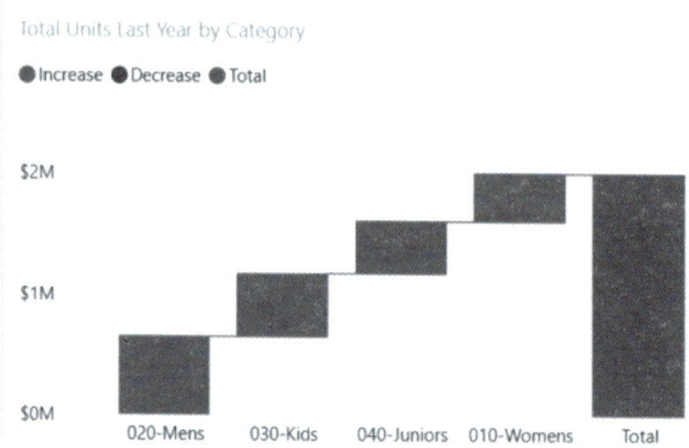

그림 18-13 폭포 차트

(3) 보고서

Power BI 보고서는 시각적 개체, 그래픽 텍스트로 이루어진 하나 이상의 페이지이다. 보고서의 모든 시각화는 단일 데이터 세트에서 제공하며 하나의 보고서는 여러 대시보드에 연결하여 사용할 수 있다.

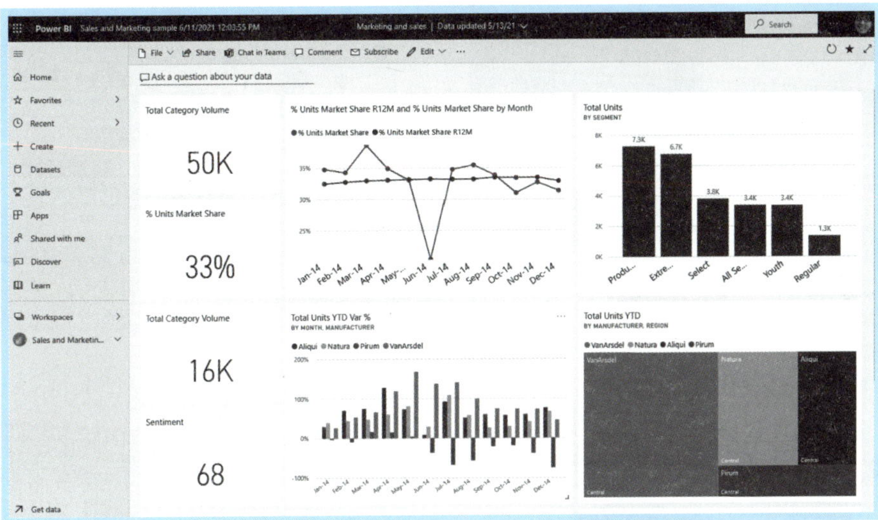

그림 18-14 시각화: Power BI보고서

(4) 대시보드

대시보드는 의사 결정에 필요한 정보를 한눈에 보거나 비즈니스에서 가장 중요한 정보를 모니터링하기 위해 사용한다. 대시보드는 타일, 그래픽 및 텍스트가 포함된 단일 캔버스로 타일은 보고서에서 대시보드 등으로 고정하는 시각적 개체이다. 하나의 대시보드는 여러 데이터 세트이나 여러 보고서의 시각화를 표시할 수 있으며, 대시보드에는 타일 또는, 전체 페이지가 포함될 수 있다.

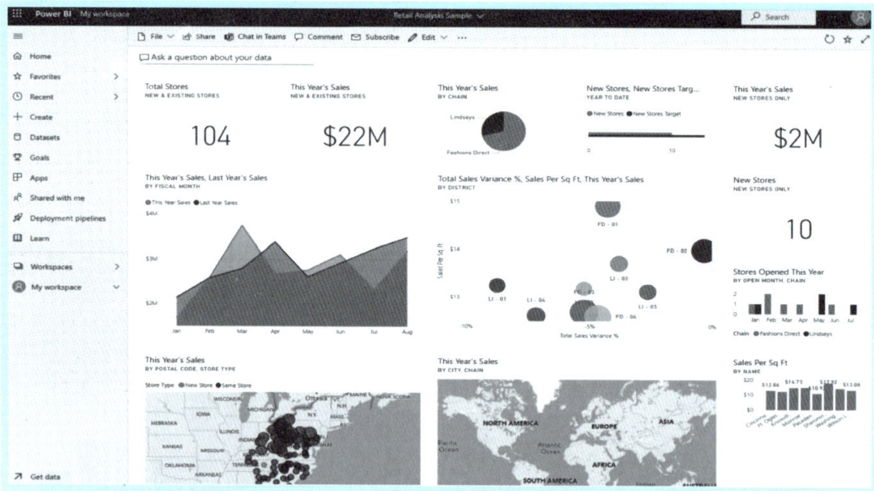

그림 18-15 시각화: Power BI대시보드

18.3 Power BI 회원가입

이번 장에서는 Power BI 회원가입 하는 방법에 대해 알아보자. [그림 18-16]을 보면 우측 상단에 무료 체험 클릭을 통해 가입을 진행한다.

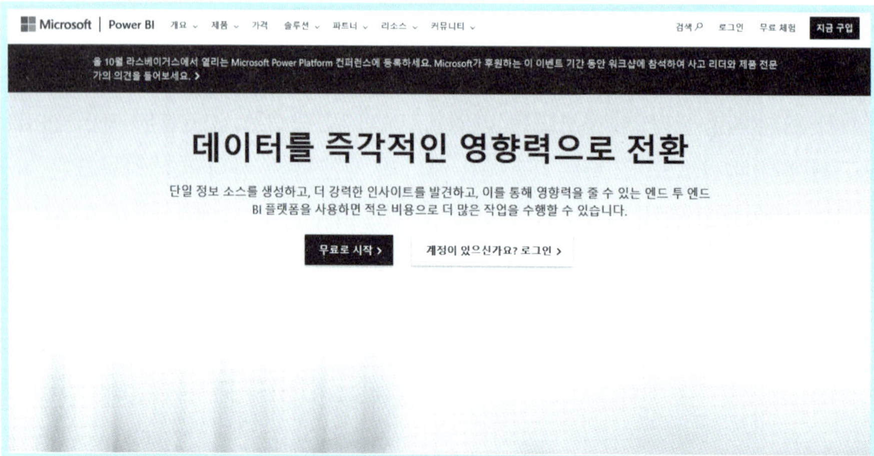

그림 18-16 Power BI 메인 화면

Power BI 회원가입을 위해 먼저 이메일을 입력해 새로운 계정을 만들어야 하는지 여부를 파악한다.

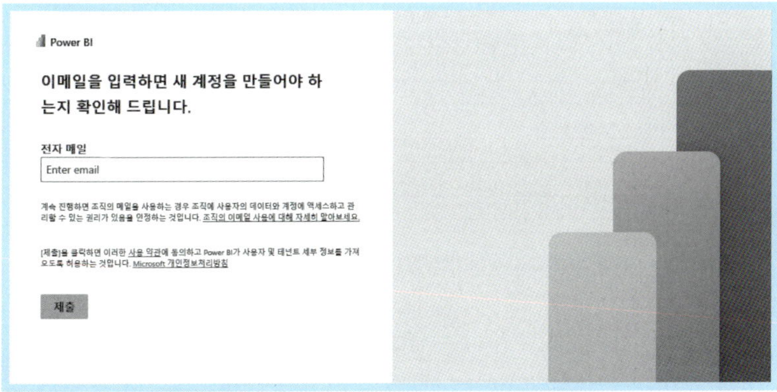

그림 18-17 Power BI 메일 입력 창

[그림 18-17]의 전자 메일 항목에 이메일 주소를 입력한 뒤, 새 계정을 만들어야 된다면 [그림 18-18]과 같은 창이 나타난다.

그림 18-18 회원가입 시작

[그림 18-19]와 같이 Power BI 계정을 생성하기 위해서는 계정 만들기 창에 나타난 사항에 대해 입력이 필요하다.

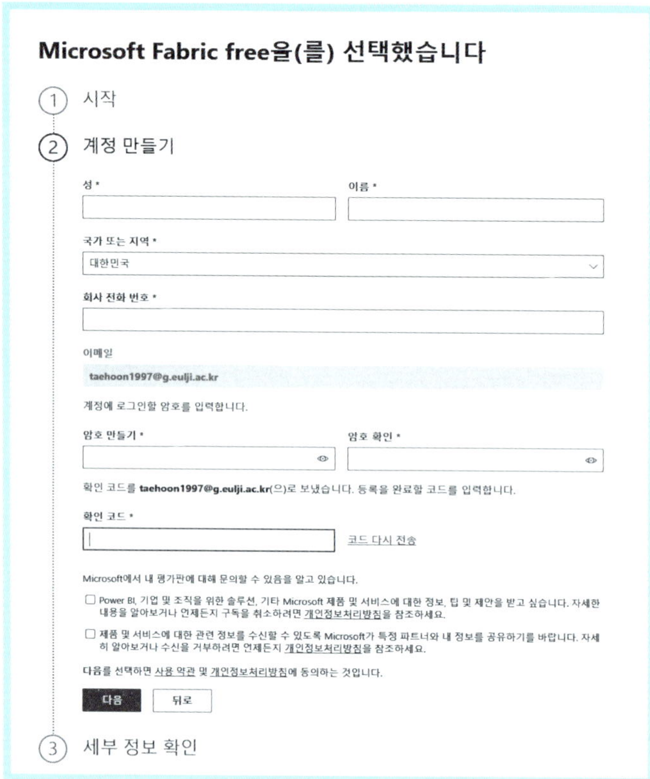

그림 18-19 회원가입 계정 만들기

[그림 18-20]에서 모든 절차가 끝나면 시작 탭을 클릭한다.

그림 18-20 회원가입 세부 정보 확인

[그림 18-20]에서 시작 탭을 클릭하면 [그림 18-21]과 같이 웹 기반의 Power BI를 확인할 수 있으며, 회원가입이 성공적으로 수행된 것을 확인할 수 있다.

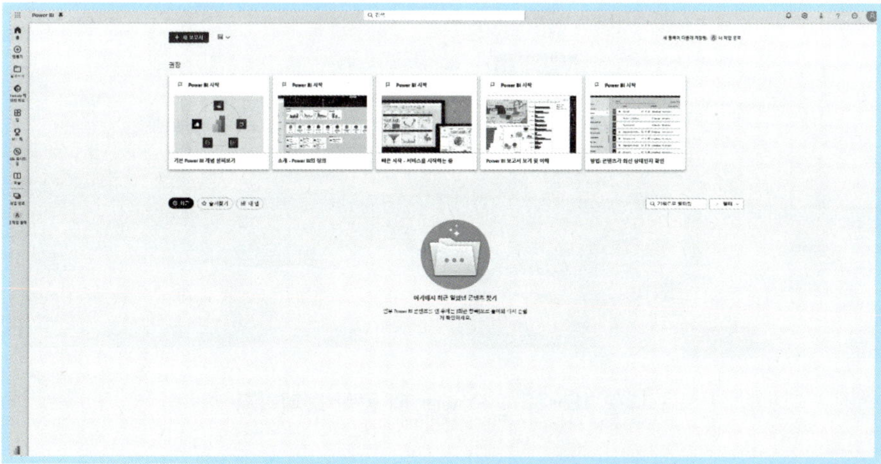

그림 18-21 회원가입 계정 생성 완료

18.4 Power BI Desktop 다운로드

Power BI 시작 화면에 로그인하면 데이터 세트를 구성하여 보고서나 대시보드를 작성할 수 있다. 또한, 사용자들과 대시보드를 공유 및 협업, 데이터 새로 고침까지 원활히 사용할 수 있다.

Power BI 공식 홈페이지 주소인(https://powerbi.microsoft.com)으로 이동하면 [그림 18-22]와 같은 화면이 나타난다. 그 다음 상단에 보면 [제품] 탭을 클릭한 다음 [Power BI Desktop]를 클릭하여 다운로드할 수 있다. 최신 버전의 Power BI Desktop은 Microsoft Store에서 가져오거나 컴퓨터에 다운로드하여 지원되는 모든 언어를 포함하는 단일 실행 파일로 가져온다.

그림 18-22 Power BI 공식 홈페이지

[그림 18-23]과 같이 Power BI Desktop을 다운로드 하기 위해서는 가운데 있는 [무료 다운로드]를 클릭하여 다운로드 화면으로 이동한다.

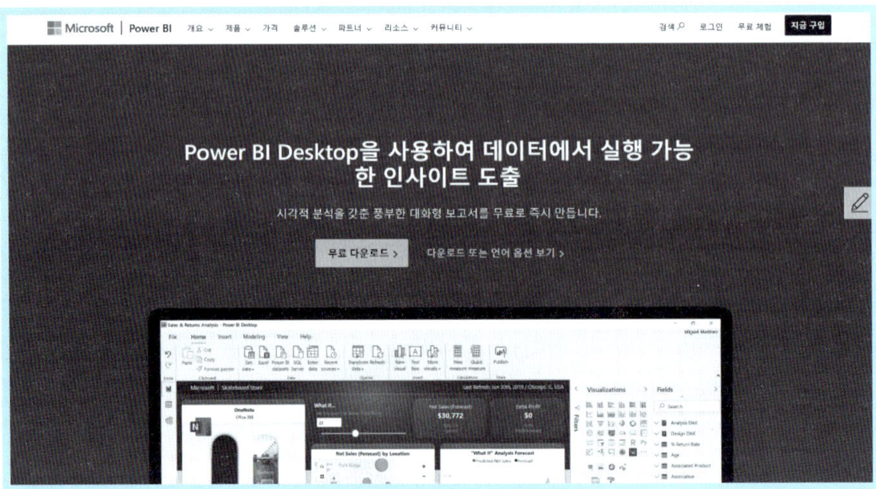

그림 18-23 Power BI 다운로드 페이지

다운로드가 완료되었으면 [그림 18-24]에서 [열기] 탭을 클릭하여 Power BI Desktop을 시작하면 된다.

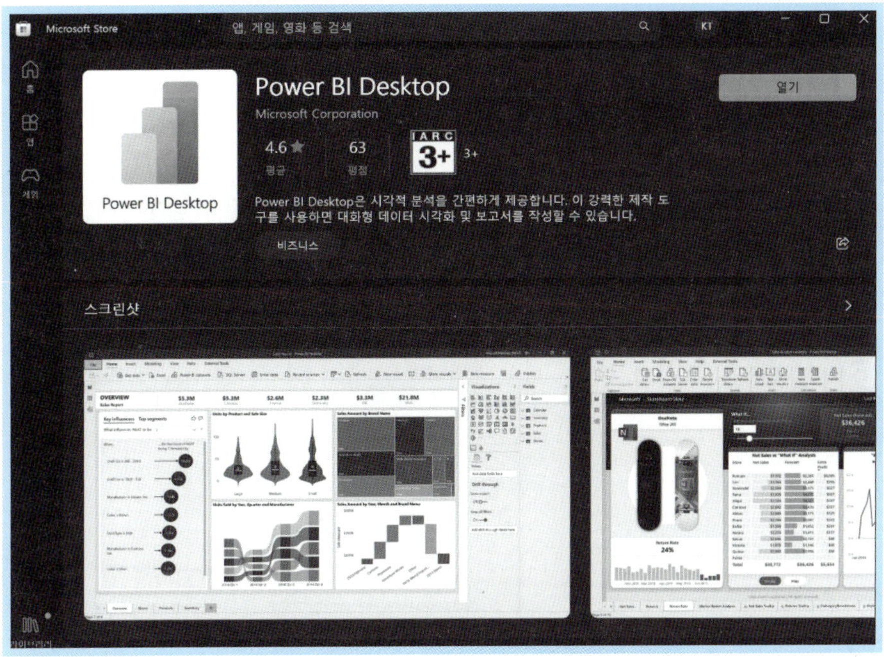

그림 18-24 Power BI Desktop Download Store

Power BI Desktop을 사용하면 다음과 같은 작업을 수행할 수 있다.

- 여러 데이터 원본을 포함하여 데이터에 연결할 수 있다.
- 인사이트 있는 데이터 모델을 작성하는 쿼리를 사용하여 데이터를 공유할 수 있다.
- 데이터 모델을 사용하여 시각화와 보고서를 작성할 수 있다.
- 다른 사용자가 활용, 빌드, 공유할 수 있도록 파일을 공유할 수 있다.

Power BI Desktop은 Microsoft 쿼리 엔진, 데이터 모델링 및 시각화 기술을 통합한다. 데이터 분석가와 기타 사용자는 쿼리, 데이터 연결, 모델, 보고서 컬렉션을 만들고 다른 사용자와 쉽게 공유할 수 있다.

19. Power BI Desktop 활용하기

19.1 Power BI Desktop 튜토리얼

Power BI Desktop 실행하면 [그림 19-1]과 같이 시작 화면을 확인할 수 있다. 시작 화면에서 데이터 가져오기를 선택하거나, 다른 보고서 열기를 선택하거나, 다른 링크를 선택할 수 있다.

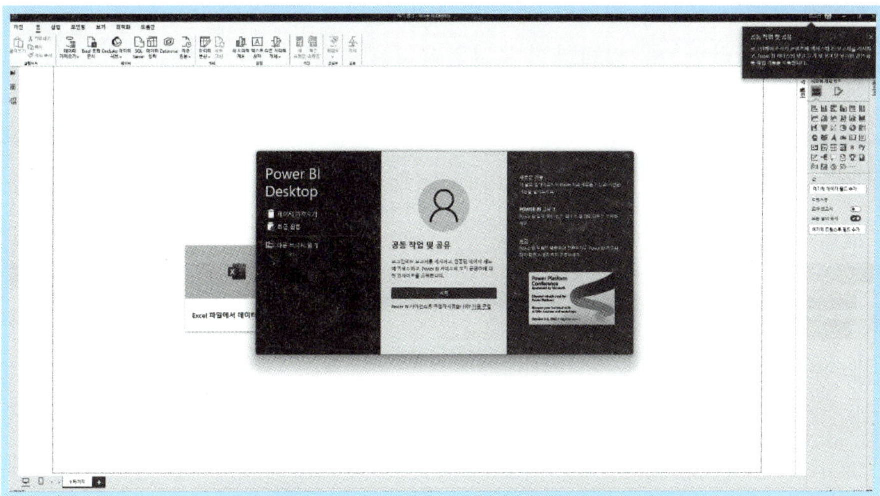

그림 19-1 Power BI Desktop 메인 화면

[그림 19-1]의 시작 버튼을 클릭한 뒤, [그림 19-2]의 전자 메일 주소 입력을 수행하여 로그인 절차를 수행한다.

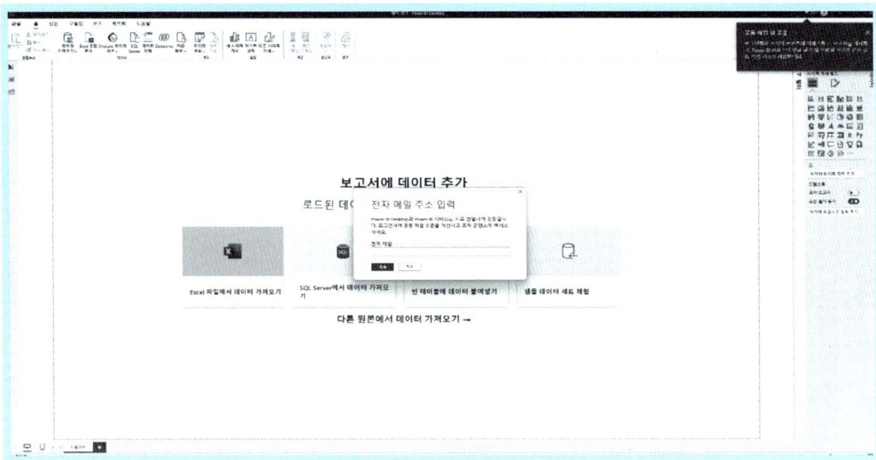

그림 19-2 Power BI Desktop 로그인

[그림 19-3]에서 메일 주소를 입력한 다음 회사 또는 학교 계정을 클릭 후, 계속을 눌러 앞서 가입한 이메일과 비밀번호를 입력하여 로그인을 수행한다.

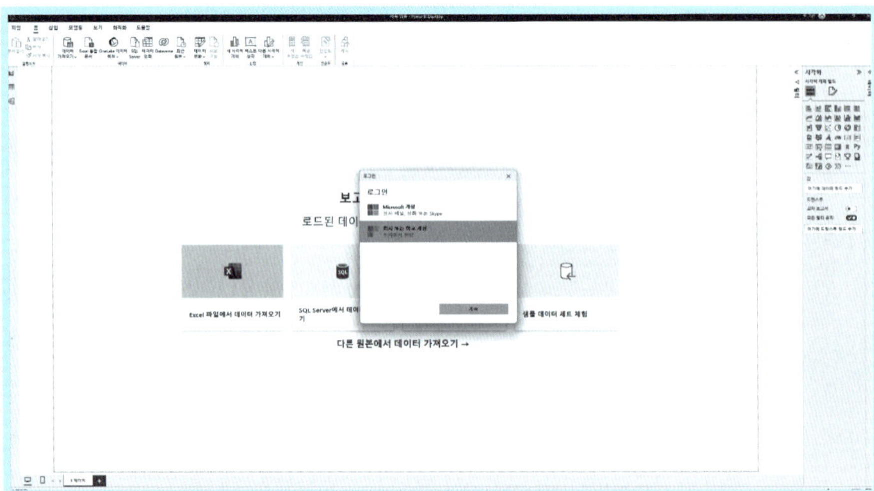

그림 19-3 Power BI Desktop 로그인 방법

로그인을 했다면 [그림 19-4]에서 우측 상단에 보이는 사용자 계정의 이름을 통해 로그인이 성공적으로 수행된 것을 확인할 수 있다.

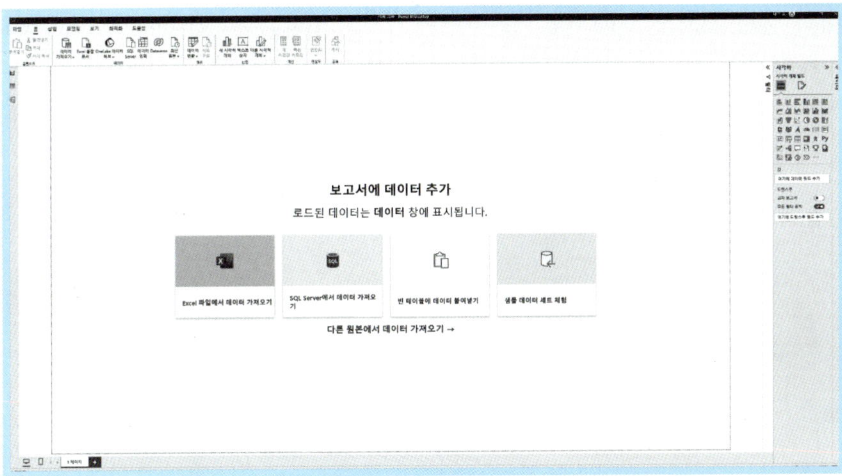

그림 19-4 Power BI Desktop 로그인 완료

(1) 데이터 연결

Power BI Desktop이 설치되면 계속 확장되는 데이터 영역에 연결할 수 있다. 사용 가능한 여러 유형의 데이터 원본을 확인하려면 Power BI Desktop 홈 탭에서 데이터 [가져오기>자세히]를 선택한 다음, 데이터 가져오기 창에서 모든 데이터 원본 목록을 선택한다. 간단한 예제를 통해 Power BI Desktop 홈 탭에서 웹 데이터를 가져와 다루는 법을 알아보자. [그림 19-5]에서 [데이터 가져오기] 탭을 클릭한다음 [웹]을 클릭하여 데이터를 가져오도록 한다.

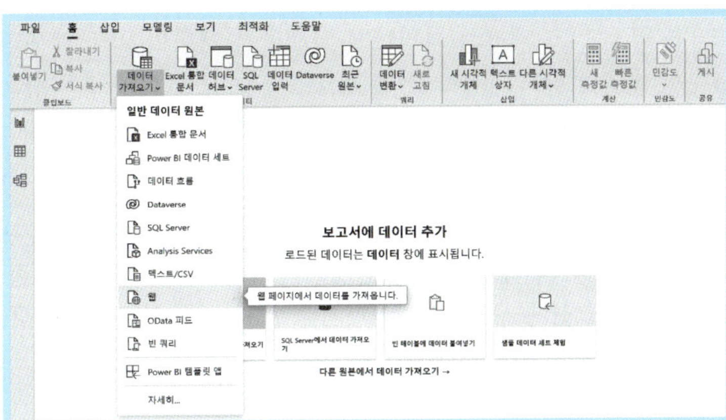

그림 19-5 Power BI 데이터 가져오기

웹에서 대화 상자를 보면 URL 텍스트 필드에 주소(https://www.bankrate.com/retirement/best-and-worst-states-for-retirement/)를 붙여 넣고 확인을 클릭한다.

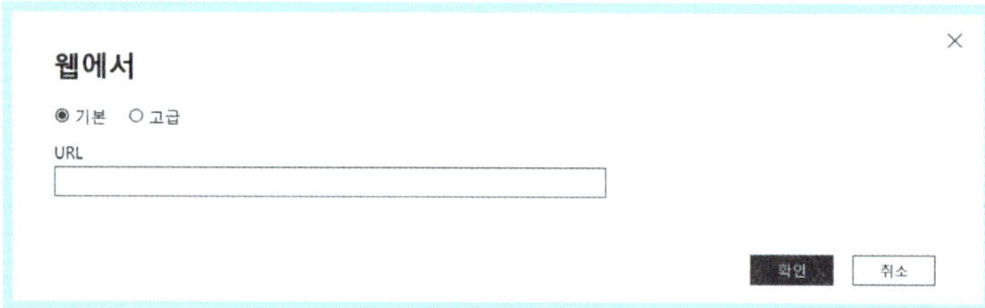

그림 19-6 Power BI 웹 데이터 가져오기

그림 19-7 Power BI 웹 콘텐츠 액세스

메시지가 표시되면 웹 콘텐츠 액세스 화면에서 연결을 선택하여 익명 액세스를 사용한다. Power BI Desktop의 쿼리 기능이 실행되고 웹 리소스에 연결한다. 탐색기 창은 웹 페이지에서 찾은 내용을 반환한다. HTML 테이블에 대한 정보를 파악하고 싶다면 테이블을 선택하여 미리 보기를 표시한다. 이 시점에서 업로드를 선택하여 테이블을 업로드하거나, 테이블 변환을 선택하여 업로드하기 전에 테이블을 변경할 수 있다. 데이터 변환을 선택하면 Power Query 편집기가 시작되고 기본 테이블 뷰가 표시된다. 쿼리 설정 창이 오른쪽에 있거나, 언제든지 Power Query 편집기의 보기 탭에서 쿼리 설정을 선택하여 표시할 수 있다.

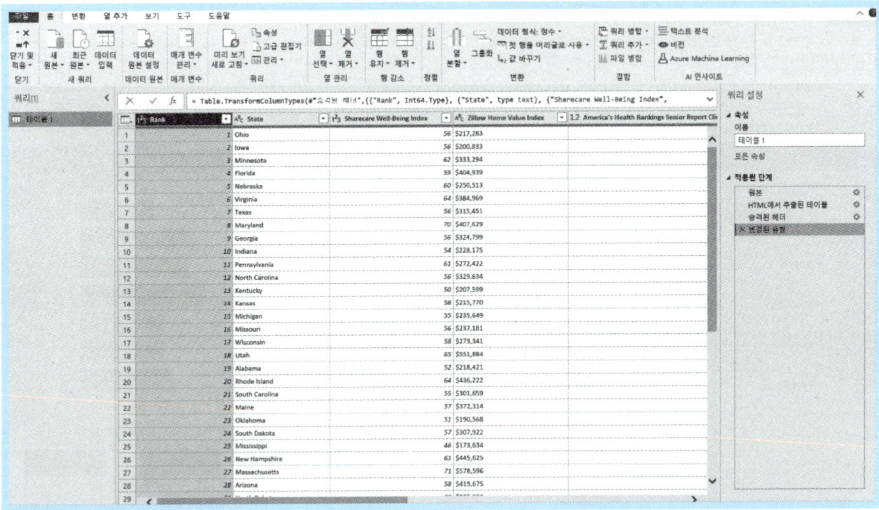

그림 19-8 Power BI 웹 데이터

(2) 데이터 형식 조정

데이터 원본에 연결되었으므로 요구 사항에 맞게 데이터 형식을 지정할 수 있다. 데이터 형식을 조정하려면 먼저 데이터를 업로드하고 표시하는 동안 데이터를 조정한다. 이후 Power Query 편집기에 있는 기능을 활용한다. Power BI에서 조정[Shaping]은 원래 데이터 원본에는 영향을 주지 않고 특정 데이터 뷰에만 적용된다. Power Query 편집기는 쿼리 설정 창의 적용된 단계 아래에 단계를 차례로 캡처한다. 이 쿼리가 데이터 원본에 연결할 때마다 해당 단계가 수행되므로 데이터가 항상 지정된 방식으로 조정된다. 이 프로세스는 Power BI Desktop에서 쿼리를 사용하거나 누구든지 Power BI 서비스 등에서 공유 쿼리를 사용할 때 발생한다. 쿼리 설정의 적용된 단계에는 이미 몇 단계가 포함되어 있다. 각 단계를 선택하여 Power Query 편집기에서 효과를 확인할 수 있다. 먼저 웹 원본을 지정한 다음, 탐색기 창에서 테이블 미리 보기를 실행한다. 세 번째 단계인 형식 변경됨에서 Power BI가 데이터를 가져올 때 정수 데이터를 인식하고 원래 웹 텍스트 데이터 형식을 정수로 자동 변경한다. 데이터 형식을 변경해야 하는 경우 변경할 열을 선택한다. Shift 키를 누른 채 연속된 여러 열을 선택하거나 Ctrl 키를 누른 채 인접하지 않은 열을 선택한다. 열 헤더를 마우스 오른쪽 단추로 클릭하고 형식 변경을 선택한 다음, 메뉴에서 새 데이터 형식을 선택하거나 홈 탭의 변환 그룹에서 데이터 형식 옆에 있는 목록을 드롭 다운하고 새 데이터 형식을 선택한다.

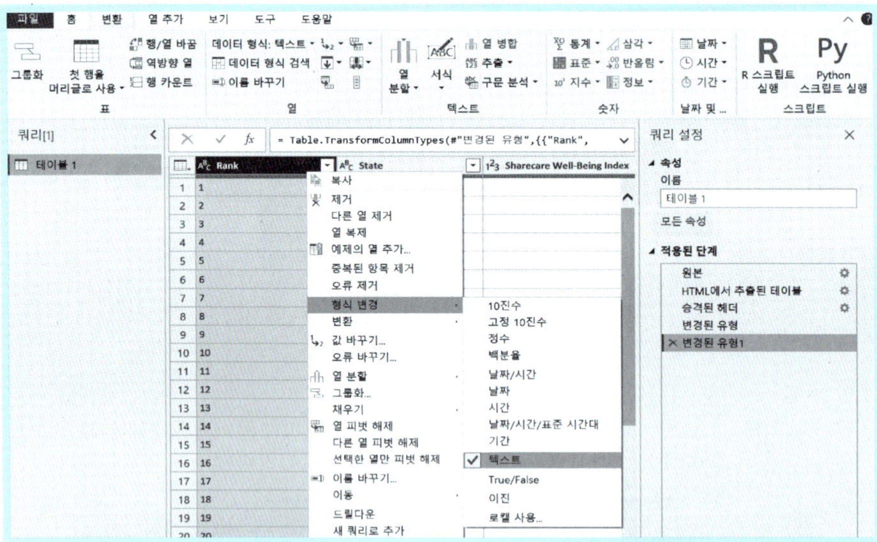

그림 19-9 Power BI 웹 데이터 형식 변경

이제 데이터에 고유한 변경 내용과 변환을 적용하고 적용된 단계에서 확인할 수 있다. 홈 탭에서 행 감소>행 제거>하위 행 제거를 선택한다. 하위 행 제거 대화 상자에서 10을 입력하고 확인을 선택한다. 그러면 하위 10개 행이 테이블에서 제거되고, 하위 행 제거됨 단계가 적용된다.

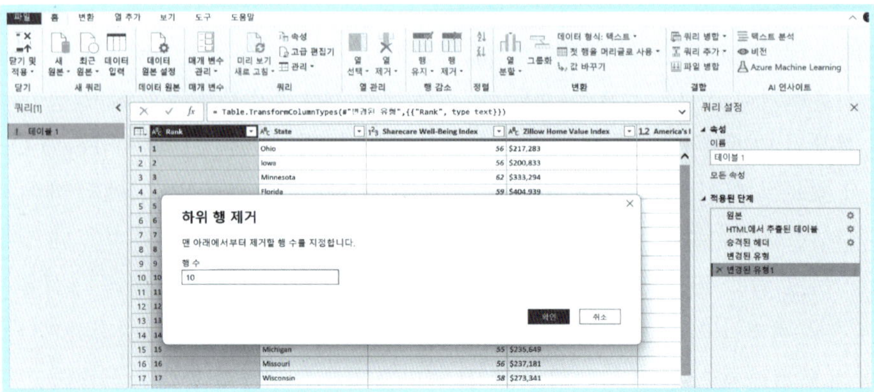

그림 19-10 Power BI 웹 데이터 하위 행 제거

테이블에 요구 사항보다 많은 정보가 있어서 매년 평균 온도 열을 제거하도록 한다. 제거하려는 각 열의 헤더를 선택한 다음 Shift 키를 누른 채 인접한 여러 열을 선택하거나 Ctrl 키를 누른 채 인접하지 않은 열을 선택한다. 그런 다음, 홈 탭의 열 관리 그룹에서 열 제거를 선택한다. 선택한 열 헤더 중 하나를 마우스 오른쪽 단추로 클릭하고 메뉴에서 열 제거를 선택할 수도 있다. 선택한 열이 제거되고 열 제거됨 단계가 적용된다.

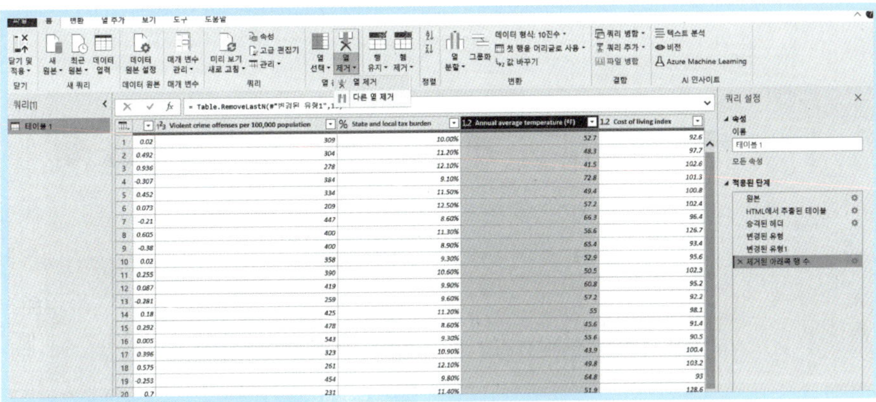

그림 19-11 Power BI 웹 데이터 하위 행 제거

해당 열을 다시 가져오려고 한다면 단계 옆에 있는 삭제 아이콘을 선택하면 적용된 단계 창의 마지막 단계를 실행 취소할 수 있다. 이제 삭제하려는 열만 선택하여 단계를 다시 실행하고, 유연성 향상을 위해 각 열을 개별 단계로 삭제할 수 있다. 적용된 단계 창에서 단계를 마우스 오른쪽 단추로 클릭하고 삭제하거나, 이름을 바꾸거나, 시퀀스에서 위 또는 아래로 이동하거나, 그 뒤에 단계를 추가 또는 삭제할 수 있다. 중간 단계에서는 변경 내용이 후속 단계에 영향을 주고 쿼리를 중단할 수 있는 경우 Power BI Desktop에서 경고를 표시한다.

19.2 Power BI 실습

이번 실습은 Power BI 서비스 기능 중 일부를 소개하는 내용을 담고 있다. 실습을 통해 대시보드에서 데이터를 연결하고, 보고서 및 대시보드를 만드는 방법을 배워보자.

그림 19-12 Power BI 샘플 데이터

데이터를 연결하고 보고서 및 대시보드를 생성하는 과정은 아래와 같다.

1. Power BI 샘플 데이터를 가져온다.
2. 일부 데이터를 가져와 보고서 뷰에서 연다.
3. 해당 데이터를 사용하여 시각화를 만들고 보고서로 저장한다.
4. 보고서에서 타일을 고정하여 대시보드를 만든다.
5. Q&A 도구를 사용하여 대시보드에 다른 시각화를 추가한다.
6. 대시보드의 타일 크기를 조정하고, 타일을 다시 정렬하고, 세부 정보를 편집한다.
7. 데이터 세트, 보고서 및 대시보드를 삭제하여 리소스를 정리한다.

(1) 데이터 가져오기

Power BI 보고서를 만들고자 하는 경우 Power BI Desktop에서 시작하는 경우가 많다. Power BI Desktop은 다양한 기능을 제공한다. 예를 들면 보고서 디자인을 시작하기 전에 데이터를 변환할 뿐만 아니라 형성하고 모델링할 수 있다. 실습을 시작하기 위해서 데이터를 가져오는 과정은 아래와 같다.

❶ Power BI Desktop(app.powerbi.com)을 시작한다.

❷ 탐색 창에서 내 작업 영역을 선택한다.

❸ 내 작업 영역에서 새로 만들기>파일 업로드를 선택한 후 데이터 가져오기 페이지가 열릴 것이다.

❹ 새 콘텐츠 만들기 섹션에서 파일>로컬 파일을 선택한 후 Excel 파일을 저장한 위치를 선택한다.

❺ 컴퓨터에서 파일을 찾은 다음 열기를 선택한다.

❻ 가져오기를 선택하여 Excel 파일을 데이터 세트로 추가한다. 그런 다음, 보고서와 대시보드를 만드는 데 사용할 수 있다. 업로드를 선택하면 전체 Excel 통합 문서가 Power BI에 업로드 되고, Excel Online에서 열어 편집할 수 있다.

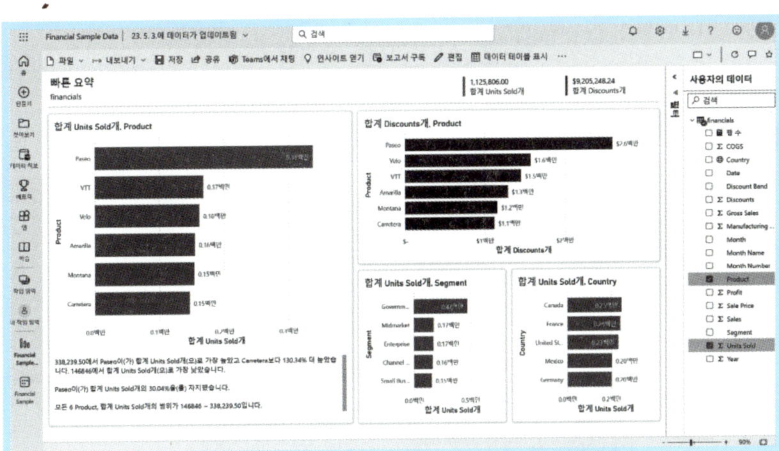

그림 19-13 재무 샘플 보고서

(2) 보고서 차트 만들기

데이터에 연결되었으므로 탐색을 시작한다. 사용자가 알고 싶어하는 내용을 발견하면 보고서 캔버스에 저장할 수 있다. 그런 다음 대시보드에 고정하여 모니터링하고 시간이 지남에 따라 어떻게 변경되는지 확인할 수 있다.

❶ 보고서 편집기에서 페이지의 오른쪽에 있는 필드 창을 사용하여 시각화를 구축한다. Gross Sales 필드를 선택한 다음, Data 필드를 선택한다. Power BI에서 데이터를 분석하고 새로 막대형 차트 시각화를 만든다. 만약 Gross Sales 필드 대신 Data 필드를 먼저 선택한 경우 테이블이 표시된다.

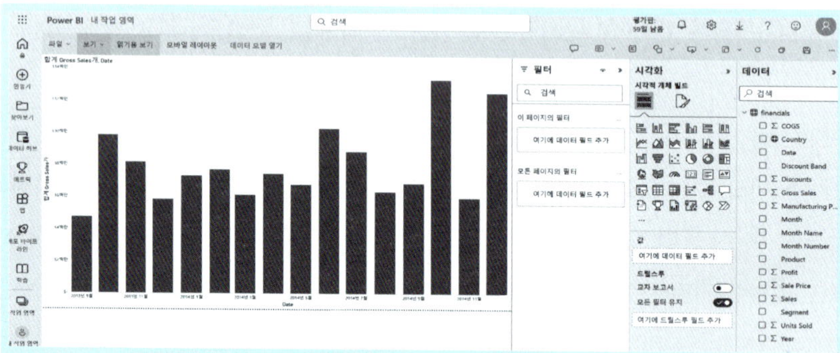

그림 19-14 세로 막대형 차트

❷ 데이터를 표시하는 다른 방법으로 전환해 보자. 꺾은선형 차트는 시간에 따른 값을 표시하는 데 유용한 시각적 개체이다. 시각화 창에서 꺾은선형 차트 아이콘을 선택한다.

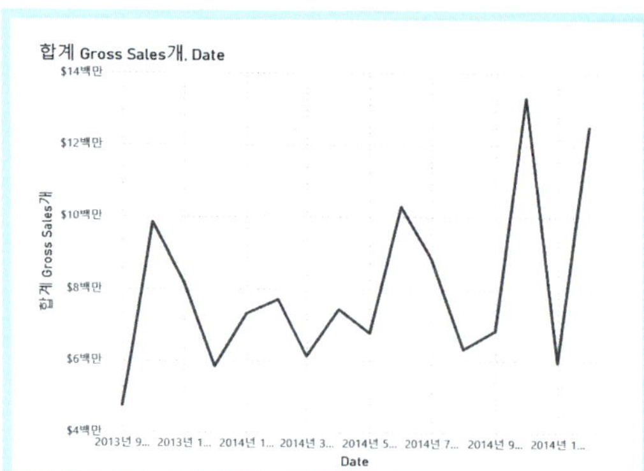

그림 19-15 꺾은선형 차트

❸ 대시보드에 시각화 차트를 고정해 보자. 시각화를 마우스로 가리키고 위 또는 아래에 표시되는 고정 아이콘을 선택하여 고정하거나, 오른쪽 상단 부분에 [데이터 테이블 표시] 탭 옆에 …을 클릭하여 [대시보드 고정]을 클릭한다.

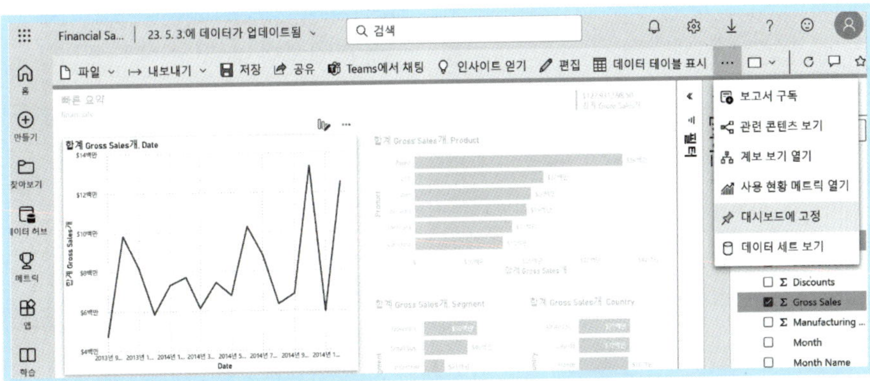

그림 19-16 대시보드 고정 설정

❹ 이 보고서는 새로운 항목이므로, 먼저 저장해야 시각화를 대시보드에 고정할 수 있다는 메시지가 표시된다. 보고서에 이름을 '재무 샘플 보고서' 등으로 지정하고 저장을 선택한다. 이 때 보고서가 읽기 용 보기에서 표시된다.

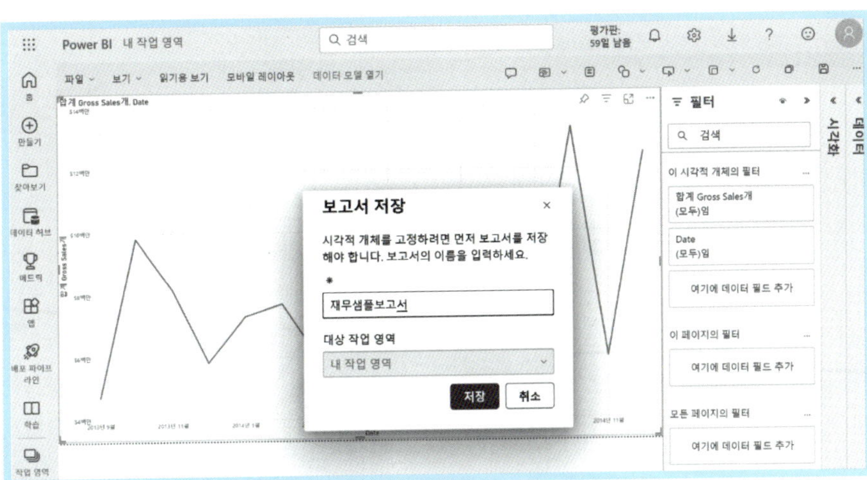

그림 19-17 재무 샘플 보고서 저장

❺ 고정 아이콘을 다시 선택하고 새 대시보드를 선택하고 '재무 샘플 대시보드'로 이름을 지정한다.

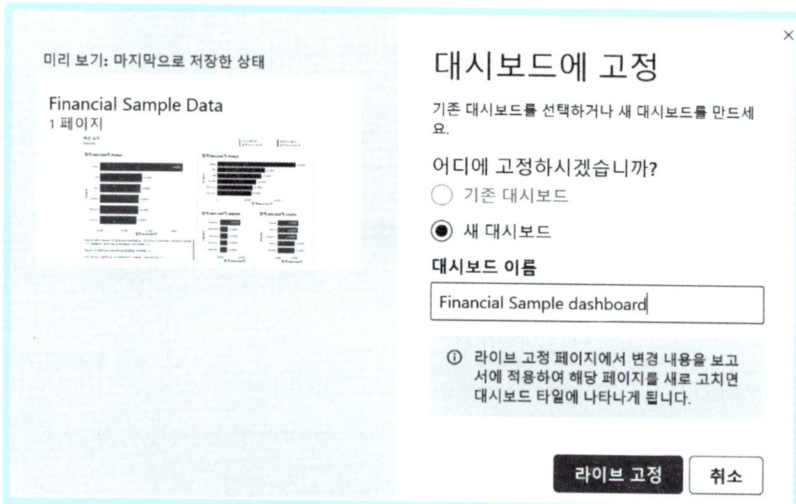

그림 19-18 대시보드 이름 설정

❻ 대시보드로 이동을 선택하여 새 대시보드에 타일로 고정한 꺾은선형 차트를 확인한다.

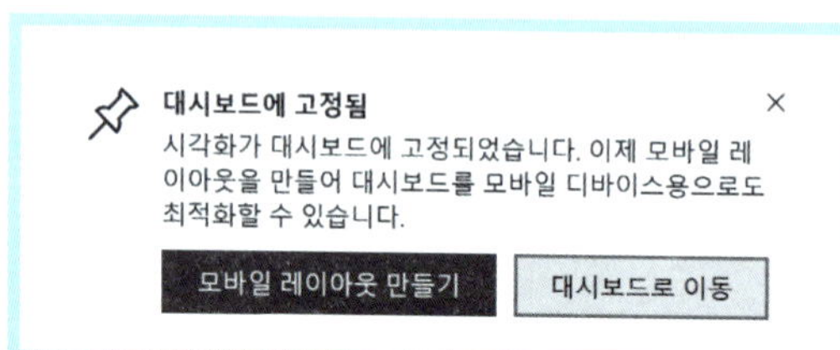

그림 19-19 대시보드 이동 화면

시각적 개체를 고정했으므로 이제 이 시각적 개체는 대시보드에 저장되었다. 데이터가 최신 상태로 유지되므로, 최신 값을 한눈에 추적할 수 있다. 그러나 보고서의 시각화 형식을 변경하는 경우 대시보드의 시각화는 변경되지 않는다.

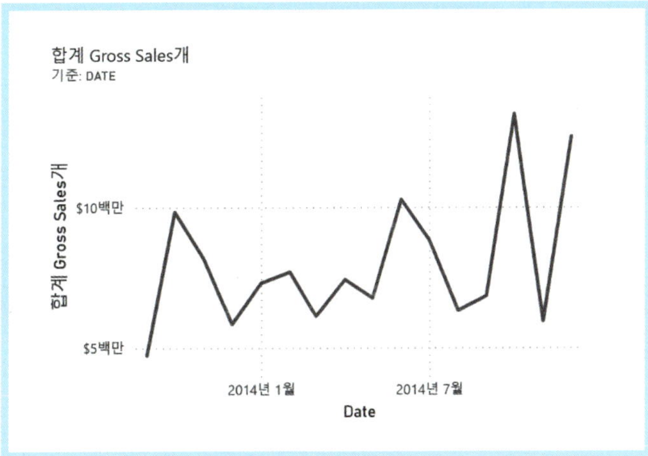

그림 19-20 재무 샘플 그래프

7. 대시보드에서 새 타일을 선택한다. 이후, Power BI가 읽기 용 보기에서 보고서로 돌아간다.
8. 편집용 보기로 다시 전환하려면 메뉴 모음에서 추가 옵션(…)>편집을 선택한다. 편집용 보기로 돌아가 타일을 계속 탐색하고 고정할 수 있다.

(3) Q&A를 사용하여 살펴보기

데이터를 빠르게 살펴보기 위해 Q&A 질문 상자에 질문을 한다. Q&A를 사용하면 데이터에 대한 자연어 쿼리를 만들 수 있다. 대시보드에서 Q&A 상자는 상단 메뉴 모음 아래에 있고, 보고서에는 위쪽 메뉴 모음에 있다. 다음은 Q&A를 사용하여 데이터를 살펴보기 위한 실습 과정은 아래와 같다.

1. 대시보드로 돌아가려면 검은색 Power BI 막대에서 내 작업 영역 머리글 표시줄을 선택한다.
2. 내 작업 영역에서 대시보드를 선택한다.
3. 데이터에 대해 질문하기를 선택한다. Q&A에서 자동으로 몇 가지 제안을 제공한다.

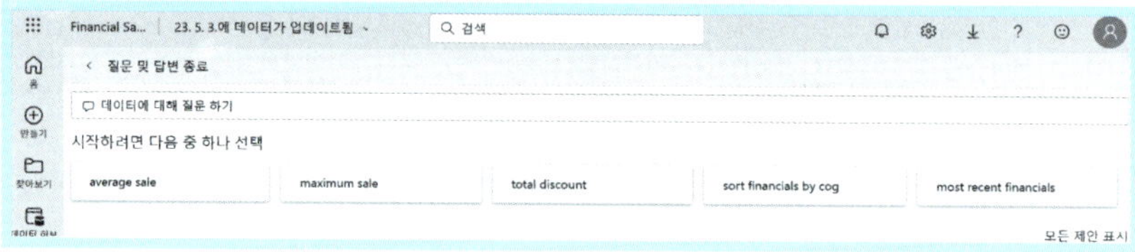

그림 19-21 Q&A 텍스트 필드

4. 일부 제안은 단일 값을 반환한다. 예를 들어 what is the average cog를 선택하면 Q&A에서 답변을 검색하고 카드 시각화 형태로 제공한다.
5. 시각적 개체 고정을 선택하여 이 시각화를 재무 샘플 대시보드에 고정한다.

그림 19-22 평균 판매 금액

6. Q&A로 돌아가서 국가별 총 이익을 입력한다.

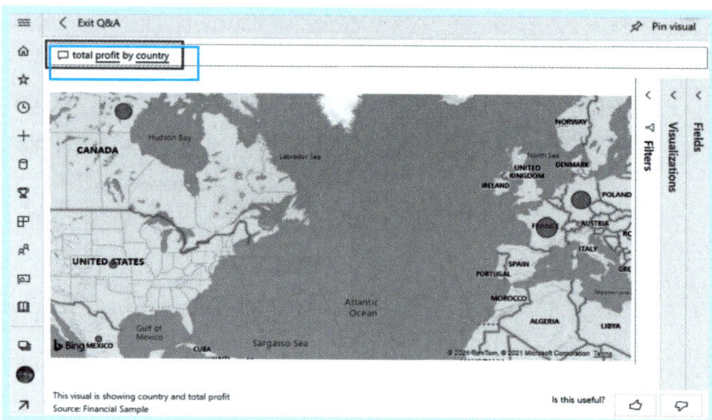

그림 19-23 국가별 총 이익

⑦ 지도를 재무 샘플 대시보드에 고정한다.

⑧ 대시보드에서 방금 고정한 지도를 선택한다. Q&A를 다시 여는 방법을 확인할 수 있다.

⑨ Q&A 상자의 by country 뒤에 커서를 놓고 as bar를 입력한다. Power BI에서 결과가 포함된 막대형 차트가 만들어 진다.

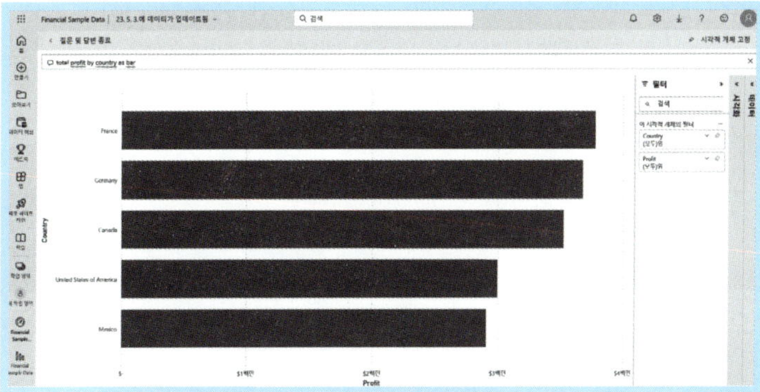

그림 19-24 국가별 총 이익의 막대 그래프

⑩ 막대형 차트도 재무 샘플 대시보드에 고정한다.

⑪ Q&A 끝내기를 선택하여 대시보드로 돌아가면 만들어진 새 타일이 표시된다. Q&A에서 지도를 막대 차트로 변경한 경우에도 타일이 지도로 유지된 것을 볼 수 있을 것이다. 왜냐하면 고정한 것은 지도였기 때문이다.

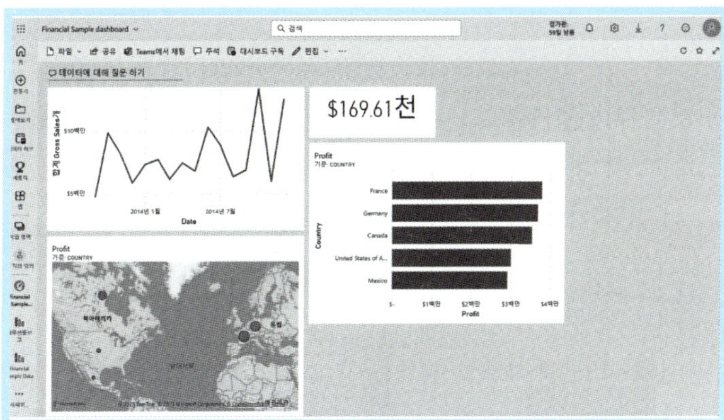

그림 19-25 최종 재무 샘플 대시보드

(4) 타일 위치 변경

Power BI에서는 타일을 재정렬하여 대시보드 공간을 효율적으로 사용할 수 있다.

1. 판매액 평균 타일과 같은 높이로 맞춰질 때까지 총 판매액 꺾은선형 차트 타일의 오른쪽 아래 모퉁이를 위로 배치한다.

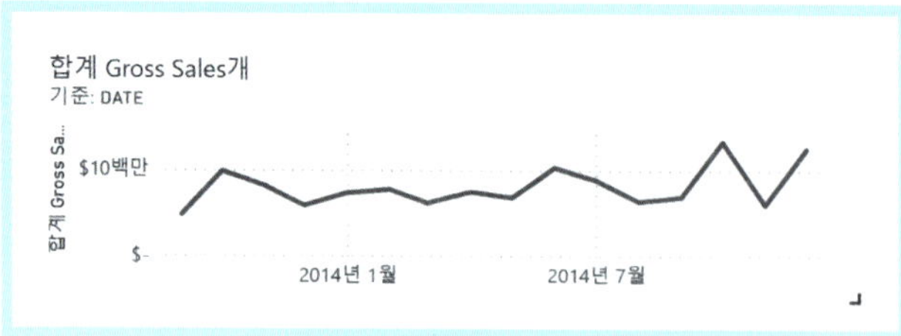

그림 19-26 Gross Sales

2. 판매액 평균 타일에 대한 추가 옵션 (…)> 세부 정보 편집을 선택한다.

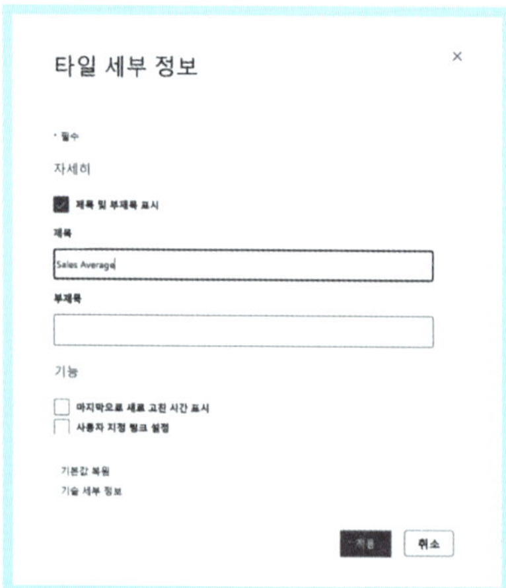

그림 19-27 타일 세부 정보 수정

3. 제목 상자에 판매액 평균 및 적용을 입력한다.
4. 다른 시각적 개체를 함께 다시 정렬한다.

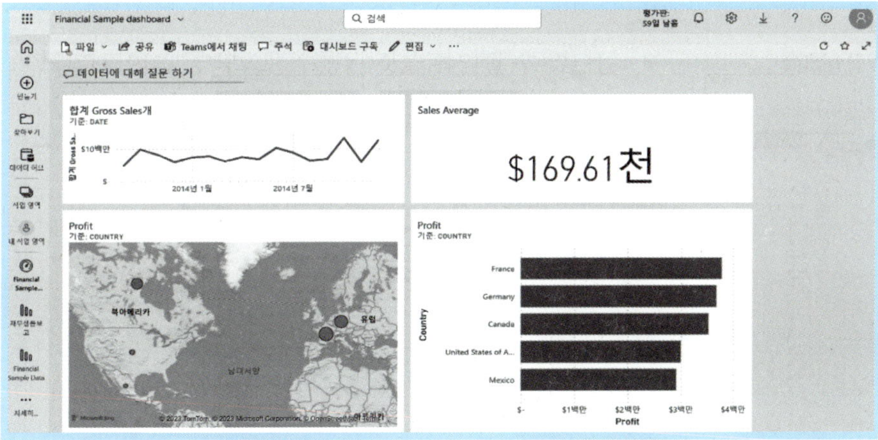

그림 19-28 최종 타일 위치 변경

참고문헌

Russell, S. J., & Norvig, P. (n.d.). Artificial Intelligence: A Modern Approach. Retrieved from https://people.eecs.berkeley.edu/~russell/intro.html

ACM SIGKDD. (2006-04-30). Data Mining Curriculum. Retrieved 2014-01-27 from https://www.kdd.org/curriculum/view/data-mining-curriculum

NeedJarvis. (n.d.). 척도(Metrics)의 설명 및 종류. Retrieved from https://needjarvis.tistory.com/568

Appier. (n.d.). 비지도 학습(Unsupervised Learning) 이해를 돕는 심플 가이드. Retrieved from https://www.appier.com/ko-kr/blog/a-simple-guide-to-unsupervised-learning

Didu-story. (n.d.). 손실함수 (loss function) 종류 및 간단 정리 (feat. keras & pytorch). Retrieved from https://didu-story.tistory.com/27

DoorBW. (n.d.). numpy(넘파이) 기초 정리. Retrieved from https://doorbw.tistory.com/171

Laboputer. (2020-04-25). 넘파이(Numpy) 사용법 알아보기. Retrieved from https://laboputer.github.io/machine-learning/2020/04/25/numpy-quickstart/

Excelsior-cjh. (n.d.). [러닝 텐서플로]Chap01 - 텐서플로 란?. Retrieved from https://excelsior-cjh.tistory.com/148

Naver Blog. (n.d.). 텐서플로란? TensorFlow란 무엇인가?. Retrieved from https://m.blog.naver.com/sincc0715/221809045450

Ratsgo. (2017-04-02). ratsgo's blog for textmining: 로지스틱 회귀. Retrieved from https://ratsgo.github.io/machine%20learning/2017/04/02/logistic/

Stock, Data, Dev. (n.d.). Retrieved from http://pubdata.tistory.com/134

Microsoft. (n.d.). Azure Machine Learning을 위한 알고리즘을 선택하는 방법. Retrieved from https://docs.microsoft.com/ko-kr/azure/machine-learning/studio/algorithm-choice

SlideShare. (n.d.). Microsoft Build: Azure Machine Learning을 위한 알고리즘을 선택하는 방법. Retrieved from https://www.slideshare.net/medit74/ss-74123546?qid=5a76f350-f606-4cb0-aa56-7527fc1d7a67&v=&b=&from_search=2

NVIDIA Korea. (2016-08-03). 인공 지능과 머신 러닝, 딥 러닝의 차이점을 알아보자. Retrieved from http://blogs.nvidia.co.kr/2016/08/03/difference_ai_learning_machinelearning/

Kim, E. J. (2017). 알고리즘으로 배우는 인공지능, 머신러닝, 딥 러닝 입문. 위키북스.

Yang, K. C. (2014). 인공지능 이론 및 실제. 홍릉과학출판사.

Jo, Y. I. (2012). 인공지능시스템. 홍롱과학출판사.

Marsland, S. (2014). Machine Learning: An Algorithm Perspective, Second Edition. CRC Press.

Kim, S. P. (2016). 딥 러닝 첫걸음. 한빛미디어.

Saito, G. (2017). 밑바닥부터 시작하는 딥 러닝. 한빛미디어.

Shalev-Shwartz, S., Ben-David, S. (2014). Understanding Machine Learning: From Theory to Algorithms. Cambridge University Press.

Michalski, R. S., Carbonell, J. G., Mitchell, T. M. (Eds.). (2013). Machine Learning: An Artificial Intelligence Approach. Springer Science & Business Media.

Nillson, N. J. (1998). Artificial Intelligence: A New Synthesis. Elsevier.

Steph Su Reads. (2011). Jeopardy, IBM Challenge, and What It Means for AI. Retrieved from http://stephsureads.blogspot.com/2011/02/jeopardy-ibm-challenge-and-what-it.html

Google Research Blog. (n.d.). Research Blog: AlphaGo: Mastering the ancient game of Go with Machine Learning. Retrieved from https://research.googleblog.com/2016/01/alphago-mastering-ancient-game-of-go.html

BBC News. (2016). Artificial intelligence: Google's AlphaGo beats Go master Lee Se-dol. Retrieved from https://www.bbc.com/news/technology-35785875

DeepMind. (n.d.). AlphaGo. Retrieved from https://deepmind.com/research/case-studies/alphago-the-story-so-far

Cortes, C., & Vapnik, V. N. (1995). Support-vector networks. Machine Learning, 20(3), 273–297.

Ben-Hur, A., Horn, D., Siegelmann, H., & Vapnik, V. N. (2001). Support vector clustering. Journal of Machine Learning Research, 2, 125–137.

Wikipedia. (n.d.). IBM Watson. Retrieved from https://en.wikipedia.org/wiki/Watson_(computer)

Metz, C. (2016). In Major AI Breakthrough, Google System Secretly Beats Top Player at the Ancient Game of Go. Wired. Retrieved from https://www.wired.com/2016/01/in-a-major-breakthrough-googles-ai-beats-a-top-player-at-the-game-of-go/

SK(주)C&C Blog. (n.d.). 왓슨(Watson), 그는 누구인가?. Retrieved from https://blog.skcc.com/2808

DeepMind. (n.d.). AlphaGo. Retrieved from https://deepmind.google/technologies/alphago/

Wikipedia. (n.d.). Monte Carlo tree search. Retrieved from https://en.wikipedia.org/wiki/Monte_Carlo_tree_search

Altman, N. S. (1992). An introduction to kernel and nearest-neighbor nonparametric regression. The American Statistician, 46(3), 175–185.

BEOMSU KIM. (2016-03-11). AlphaGo: AlphaGo Pipeline 헤집기. Retrieved from https://shuuki4.wordpress.com/2016/03/11/alphago-alphago-pipeline-%ED%97%A4%EC%A7%91%EA%B8%B0/

Kaggle. (n.d.). Fashion MNIST. Retrieved from https://www.kaggle.com/datasets/zalando-research/fashionmnist

McCorduck, P. (2004). Machines Who Think, Second Edition. A.K. Peters, Ltd.

McCarthy, J., Minsky, M., Rochester, N., Shannon, C.E. (1955). A Proposal for the Dartmouth Summer Research Project on Artificial Intelligence.

NeedJarvis. (n.d.). 자비스가 필요해. Retrieved from https://needjarvis.tistory.com/715

Samatas, M. (2022). Actionable Insights with Amazon QuickSight: Develop stunning data visualizations and machine learning-driven insights with Amazon QuickSight. Packt Publishing.

Datahunt. (n.d.). Datahunt part of FiscalNote. Retrieved from https://www.thedatahunt.com/trend-insight/reinforcement-learning

Academic Accelerator. (n.d.). Euclidean Plane. Retrieved from https://academic-accelerator.com/encyclopedia/kr/euclidean-plane

Haesun Park (Translator). (n.d.). 신경망. Retrieved from https://ml4a.github.io/ml4a/ko/neural_networks/

oooops.log. (n.d.). 신경세포와 퍼셉트론. Retrieved from https://velog.io/@oooops/%EC%8B%A0%EA%B2%BD%EC%84%B8%ED%8F%AC%EC%99%80-%ED%8D%BC%EC%85%89%ED%8A%B8%EB%A1%A0

Naver Blog. (n.d.). 튜토리얼로 익히는 머신러닝/딥러닝. Retrieved from https://m.blog.naver.com/ckdgus1433/221599517834

Wikipedia. (n.d.). Cross-validation. Retrieved from https://en.wikipedia.org/wiki/Cross-validation_(statistics)

woogong80. (n.d.). IT에서 일하는 비(非) 개발자 이야기. Retrieved from https://woogong80.tistory.com/67

Towards Data Science. (n.d.). Understanding the ROC curve in three visual steps. Retrieved from https://towardsdatascience.com/understanding-the-roc-curve-in-three-visual-steps-795b1399481c

Educative. (n.d.). Overfitting and underfitting. Retrieved from https://www.educative.io/answers/overfitting-and-underfitting

Yngie-C. (2020-04-30). Data science. Retrieved from https://yngie-c.github.io/machine%20learning/2020/04/30/training_test_reg/

K-MOOC. (n.d.). 일반인을 위한 K-MOOC: 주성분 분석과 인공신경망. Retrieved from http://matrix.skku.ac.kr/math4ai-intro/W13/

Hoonst. (2020-09-22). Regression Metric. Retrieved from https://hoonst.github.io/2020/09/22/Regression-Metric/

Park, J. H. (n.d.). 박정현의 데이터사이언스 시작하기 성능평가. Retrieved from https://www.aitimes.com/news/articleView.html?idxno=137087

OpenAI. (n.d.). Text generation models. Retrieved from https://platform.openai.com/docs/guides/gpt

happy-obok. (n.d.). 인공지능 학습하는 오복이. Retrieved from https://happy-obok.tistory.com/55

Never Blog. (n.d.). 잡동사니 탐구 – 참스터디 GodGo. Retrieved from https://blog.naver.com/samsjang/220948258166

rubber-tree. (n.d.). 고양이 미로. Retrieved from https://rubber-tree.tistory.com/entry/%EB%94%A5%EB%9F%AC%EB%8B%9D-%EB%AA%A8%EB%8D%B8-CNN-Convolutional-Neural-Network-%EC%84%A4%EB%AA%85

Medium. (n.d.). [딥러닝/머신러닝]CNN(Convolutional Neural Networks) 쉽게 이해하기. Retrieved from https://ireneban.medium.com/%EB%94%A5%EB%9F%AC%EB%8B%9D-%EB%A8%B8%EC%8B%A0%EB%9F%AC%EB%8B%9D-cnn-convolutional-neural-networks-%EC%89%BD%EA%B2%8C-%EC%9D%B4%ED%95%B4%ED%95%98%EA%B8%B0-836869f88375

Team AI Korea. (n.d.). Recurrent Neural Network (RNN) Tutorial - Part 1. Retrieved from https://aikorea.org/blog/rnn-tutorial-1/

SNUAC. (n.d.). 특별기획: 초거대 AI의 미래(6) 챗GPT 활용 스마트 행정. Retrieved from https://snuac.snu.ac.kr/?p=41791

찾아보기